Artur K. Vogel   **Der Palästinenserstaat**

D1703369

Artur K. Vogel

Der Palästinenserstaat

Arafats langer Marsch nach Jerusalem

Orell Füssli

Gedruckt auf umweltfreundliches, chlorfrei gebleichtes Papier

© Orell Füssli Verlag, Zürich 1995
Umschlaggestaltung: Andreas Zollinger, Zürich,
unter Verwendung einer Abbildung von «Keystone»
Druckvorstufe: Ohmayer GmbH, Typografie Grafik Produktion, Zürich
Druck- und Bindearbeiten: Freiburger Graphische Betriebe, Freiburg im Breisgau
Printed in Germany
ISBN 3 280 02340 8

Inhaltsverzeichnis

1 Krieg, Frieden und Propaganda

Eine Einführung

«Der bewaffnete Kampf ist der einzige Weg zur Befreiung Palästinas.»
(Artikel 9 der revidierten PLO-Charta von 1968)

«Die Möglichkeit – falls wir die Chance erhielten, unsere Streitkräfte aus Samaria, Judäa und Gaza abzuziehen –, diese Gebiete der Kontrolle der Mörderorganisation zu überlassen, die PLO genannt wird, fiele uns nicht einmal im Traum ein.»
(Premierminister Menachem Begin, Knesset-Rede, 28. Dez. 1977)

In den ersten Julitagen 1994 erlebten wir, vielleicht 2000 oder auch 4000 Journalistinnen und Journalisten, zusammen mit Zehntausenden von Bewohnerinnen und Bewohnern des Gaza-Streifens einen jener raren, rührenden Momente, in denen das Gefühl aufkommt, man werde Zeuge eines geschichtlichen Ereignisses: die Ankunft des PLO-Vorsitzenden und neuen Chefs der palästinensischen Behörde, Yassir Arafat. Die Bevölkerung von Gaza feierte emotional, fast frenetisch.

Für die Vorgänge, die zu diesem dramatischen Schritt hinleiteten, dafür, dass sie es wagten, dem sogenannten Friedensprozess Konturen zu geben, der seit Jahren ergebnislos dahingeplätschert war, haben Arafat, der israelische Premierminister Yitzhak Rabin und Aussenminister Shimon Peres am 10. Dezember 1994 in Oslo den Friedensnobelpreis erhalten. Der Preis ist Anerkennung dafür, dass Israelis und Palästinenser die alte Spirale von Krieg, Repression und Gewalt anzuhalten versucht haben.

Der Prozess ist nicht abgeschlossen. Er hat erst gerade begonnen, und sein Ausgang ist offen. Die Hindernisse sind beträchtlich, und zum Zeitpunkt, da dieses Buch beendet wurde, war eher Pessimismus als Euphorie angebracht.

1.1 David gegen Goliath

Auch für Beobachter, die nicht aktiv beteiligt sind, wirft der Konflikt zwischen Israel und den Palästinensern formidable Probleme auf. Europäische und amerikanische Politiker und Publizisten können sich ohne grosse

Vorbelastung mit Kriegen in Ruanda, Afghanistan, Somalia oder Bosnien befassen. Man ist zwar «betroffen», fühlt sich aber nicht verantwortlich.

Eine ebenso kühle Annäherung an die Gründung, den Aufbau und die Politik des Staates Israel, an die Vertreibung der Palästinenser und an ihren Widerstand ist schwierig: Zu gross ist die Kollektivschuld der Europäer am Holocaust und die der Amerikaner mindestens dadurch, dass sie nichts unternahmen, ihn zu stoppen, als dies noch möglich gewesen wäre.

Der israelisch-palästinensische Konflikt ist zwar keine Folge des Naziregimes und seines Genozids an den Juden; sie haben den Lauf der Geschichte Israels und der Palästinenser höchstens beschleunigt, nicht verursacht. Aber wir haben uns zur effizienten Verdrängung dieser unvorstellbar grauenhaften Ereignisse in diesem Jahrhundert in unserem «Kultur»-Kreis eine Haltung angeeignet, die einer nüchternen Überprüfung nicht standhält, dafür als willkommene Beruhigungspille kollektiv geschluckt werden kann: Die Opfer der Naziverbrechen haben ihr Land bekommen, gegen die Opposition palästinensischer Terroristen. Damit ist die historische Rechnung ausgeglichen.

Palästinenser haben sich seit langem gegen die positive Diskriminierung Israels gewehrt. Sie argumentieren, man könne es nicht ihnen anlasten, ausgerechnet auf jenem Land gelebt zu haben, welches die Zionisten unter Bezug auf diffuse, Jahrtausende alte «Rechte» zur neuen Heimat erkoren. Der palästinensische Terrorismus oder Befreiungskampf, je nach Blickwinkel, sei Folge, nicht Ursache des Palästinaproblems gewesen. Selbst wenn der Holocaust am Anfang der jüdischen Landnahme in Palästina gestanden hätte, sei nicht ersichtlich, weshalb ausgerechnet die Palästinenser den Preis für den gezielten, in seiner Monstrosität einmaligen Massenmord bezahlen sollten, den das Hitlerregime und seine Vasallen an den Juden begangen hatten. «Das Opfer eines Opfers zu sein, schafft ziemlich ungewöhnliche Schwierigkeiten», bemerkte Edward Said.[1]

Khaled al-Hassan, ein Mitstreiter Arafats aus alten Tagen, geisselte die Haltung der Europäer in scharfen Worten: «Weil ihr denkt, ihr hättet dadurch, dass ihr eine ganze Nation [die Palästinenser] umgebracht habt, Gerechtigkeit geschaffen. Gerechtigkeit wofür? Gerechtigkeit für das, was ihr ihnen [den Juden] während dem Krieg angetan habt. Und weil ihr Kapitalisten seid, lässt ihr andere, nämlich uns, den Preis für das bezahlen, was ihr getan habt, statt ihn selbst zu bezahlen.»[2]

Während Jahrzehnten verfügten die Israelis über wirksame Instrumente der Öffentlichkeitsarbeit. Unsere Schuldgefühle halfen ihnen, sich als winzige, schwache Nation von heute fünf Millionen Einwohnern darzustellen, die von einer erdrückenden Übermacht arabischer Todfeinde bedroht war. David im Duell gegen Goliath – diese biblische Metapher hielten die Israelis noch aufrecht, und sie wurde von der europäischen und amerikanischen Öffentlichkeit und ihren Medien noch akzeptiert, als Israel (dank den Dollar-Milliarden aus den USA) längst die schlagkräftigste Armee der ganzen Region besass und als einzige Macht im Nahen Osten über ein Arsenal an Atomwaffen verfügte, mit denen jede arabische Hauptstadt mehrmals hätte ausradiert werden können – als Israel, mit andern Worten, selber zum Goliath geworden war.

Die Tatsache, dass einige der gravierendsten Terrorakte der nahöstlichen Geschichte dieses Jahrhunderts nicht von, sondern an Palästinensern verübt wurden, hat man stillschweigend übergangen. Die israelische Propaganda, kombiniert mit unserem Bewusstsein, den Juden ein Unrecht angetan zu haben, das niemals gutzumachen sein werde, erschien glaubwürdiger als die Propaganda der Araber: Ägypter, Syrer und die Organisationen der Palästinenser waren allein deshalb schon verdächtig, weil sie sich im westöstlichen Machtkampf von der Sowjetunion benutzen liessen. Dabei lehnten sich arabische Regime nur deshalb an Moskau an, weil sich Israel die exklusive Protektion Washingtons gesichert hatte.

Die Palästinenser verloren den Public-Relations-Krieg in den USA und Westeuropa wegen des simplen Umstandes, dass sie die Feinde Israels waren. Ihre Vertretung, die PLO, und deren Exponenten trugen durch Billigung, Planung und Exekution barbarischer Terrorakte, durch ihr «revolutionäres» Gehabe und ihre blutrünstige Rhetorik die allenfalls noch fehlenden Pinselstriche zu einem handlichen Feindbild bei; Arafat und seine Mitstreiter Abu Jihad und Abu Iyad bewahrten das martialische Äussere von Guerillakriegern, als sie längst zu saturierten Politikern geworden waren und sich in deutschen Limousinen durch Tunis chauffieren liessen. Arafat sprach noch im Frühjahr 1994 von einem Jihad, einem Krieg der Muslime, einem geheiligten Ringen zur Befreiung Jerusalems, als Palästinensern wie Israelis, ihren amerikanischen Geldgebern, den Arabern und uns als Zeitzeugen längst bewusst war, dass die PLO nie jene «bewaffnete Volksrevolution» inszenieren könnte, zu der sie auch früher die Mittel nicht hatte, die sie aber grossspurig propagierte.

1.2   Neue Geschichtsschreibung

Eine weniger emotionelle Betrachtung ist langfristig für alle Beteiligten hilfreicher als ein permanenter Propagandakrieg. Zur neuen, distanzierteren, wenngleich noch nicht allgemein akzeptierten Darstellung der hundertjährigen Auseinandersetzung haben nicht die Palästinenser hingeleitet; sie konnten ihre Sicht zwar in Ländern der Dritten Welt und in kommunistischen Staaten durchsetzen und errangen in der Uno-Vollversammlung einige Erfolge; in Westeuropa und den USA jedoch wurde sie nicht einmal als ernsthafte Antithese zur israelischen Geschichtsschreibung akzeptiert. Vielmehr haben wir israelischen und jüdischen Denkern zu danken, die sich aufmachten, «die propagandistischen Denkstrukturen aufzulösen, die so lange verhindert hatten, dass ... die Kräfte des Friedens an Boden gewinnen konnten».

Der Mann, von dem dieses Zitat stammt, war ein früher Zionist, Simcha Flapan. [3] Er veröffentlichte 1987 ein bemerkenswertes Buch über die Jahre der Staatsgründung Israels, in welchem er «Verzerrungen und Lügen, die inzwischen zu sakrosankten Mythen geronnen sind», gründlich demontierte. [4] In seinem Werk widerlegte Flapan all die Geschichtsklitterungen, die Israels politische Führer seit der Zeit der Gründung ihres Staates gehätschelt hatten, und die, nur selten widersprochen, bis in unsere Zeit überlebten.

Benny Morris, ein israelischer Historiker, recherchierte akribisch den Exodus der Palästinenser vor und nach der Gründung des Staates Israel und zeigte auf, dass die bisher anerkannte Version dieser Völkerwanderung im grösseren Teil der Fälle nicht zutrifft: Die meisten Palästinenser flohen nicht deshalb, weil ihre Führung sie dazu aufgerufen hatte; sie verliessen ihre Dörfer und Städte, weil sie aktiv und mit Gewalt vertrieben wurden oder weil sie fürchteten, massakriert zu werden wie die Frauen, Kinder und Männer im Dorf Deir Yassin. [5]

Der amerikanische Politphilosoph Noam Chomsky sprach im Zusammenhang mit der weitverbreiteten Ansicht, die Araber hätten den sogenannten Sechstagekrieg von 1967 angezettelt, von «Ammenmärchen»; die Geschichtsschreibung habe in jenem Fall «etablierten Dogmen» Platz gemacht. [6]

Edward Said nannte die einseitig Israel-freundliche Grundtendenz, die bis heute die Nahostpolitik der USA und die Berichterstattung eines Teils ihrer und der europäischen Medien bestimmt, eine «Diktatur der Übereinstimmung». Leute wie Flapan, Chomsky und Morris haben dazu beigetragen, dass diese Diktatur nicht mehr so rigoros ist wie noch vor wenigen Jahren. Dank ihnen kann man heute die Geschehnisse weniger voreingenommen reflektieren, ohne gleich in den Ruch des Antisemitismus zu geraten. [7]

Die distanziertere, an Fakten, nicht an politischen Bedürfnissen und historischem Wunschdenken orientierte Sichtweise lässt auf der andern, der arabischen Seite leider auf sich warten. Zwar gibt es zuhauf originielle und unorthodoxe arabische Denker, doch sie leben oft im freiwilligen oder unfreiwilligen Exil, weil arabische Präsidialregime, Diktaturen und Monarchien ihr Heil weiterhin in der gesteuerten Information suchen und die liebgewordene Fiktion den Tatsachen vorziehen. Die israelische Demokratie hat hier einen Vorsprung.

Die «neue Geschichtsschreibung» in Israel, wie sie ein US-Nachrichtenmagazin nannte, muss ihre volle Wirkung erst noch entfalten. [8] Unter Israelis und Palästinensern, während Jahren und Jahrzehnten mit Propaganda zwangsgefüttert, findet man weiterhin erschreckende Attitüden: Für viele junge Israelis ist ihr Land ein fait accompli, das immer bestanden hat und immer bestehen wird; die Palästinenser haben darin höchstens als exotische Randfiguren Platz, die eine unverständliche Sprache sprechen, Strassen putzen, den Abfall entsorgen, Häuser bauen, und vor denen man sich in Acht nehmen muss, weil sie dazu neigen, Bomben zu werfen oder mit Messern zu stechen. Für viele junge Palästinenser ist Israel eine Kreation des «westlichen Imperialismus», einzig geschaffen, um die Araber, die Muslime ihres Lebensraums zu berauben, sie auszurotten. Die Idee, Israel müsse eliminiert und ins Meer gestossen werden, ist selbst heute noch populär, da ein israelisch-palästinensischer Frieden greifbar nahe, ein Friedensvertrag Israels mit Jordanien unterschrieben ist, und da sogar eine zaghafte Annäherung Syriens an Israel registriert werden kann.

Doch das Umdenken hat begonnen. Yitzhak Rabin, der damalige Generalstabschef und spätere Premierminister, erkannte die Gefahr, die von den Eroberungen im Junikrieg 1967 für sein Land ausging: «Seit 1967 war ich gegen die israelische Souveränität über das ganze Westjordanland. Mit der Souveränität hätten wir den 800 000 Arabern, die dort leben, Bürgerrechte geben müssen. Wenn wir das nicht getan hätten, wäre das Apartheid, und kein jüdischer Staat kann sich eine solche rassistische Politik leisten. Es macht keinen Sinn, einen jüdischen Staat zu haben, der nicht frei und demokratisch ist. Aber wenn wir den Arabern das Stimmrecht geben, wandeln wir Israel von einem zionistischen in ein nichtzionistisches Land». [9]

Seit 1967 haben diverse israelische Regierungen, auch solche, denen Rabin angehörte oder vorstand, die Besetzung perpetuiert und mit forcierter jüdischer Besiedlung der besetzten Gebiete noch akzentuiert und so über den Gaza-Streifen und das Westjordanland ein Apartheid-Regime verhängt, in welchem Juden fast alle, Palästinenser fast keine Rechte besassen.

Arafat liess 1968 die PLO-Charta umschreiben, so dass sie den «bewaffneten Kampf» zum «einzigen Weg für die Befreiung Palästinas» erhob. Mindestens zehn Jahre vor dem Handschlag auf dem Rasen des Weissen Hauses begann Arafat allerdings die Erkenntnis zu dämmern, dass dieser bewaffnete Kampf nicht viel mehr als romantische Ideologie war. Nur stellte sich die Frage, wie diese Erkenntnis all den militanten Gruppen,

den diversen Befreiungsorganisationen und Volksfronten beizubringen sei –
eine Frage, die bis heute nicht beantwortet ist.

Die Widerstände auf beiden Seiten sind immer noch enorm. Die
lückenhaften, mangelhaften und von israelischem Sicherheitsdenken dominierten Abkommen, welche die PLO und die israelische Regierung am
13. September 1993 und danach geschlossen haben, stossen in den besetzten
Gebieten und ausserhalb auf erbitterten Widerstand. Islamische Fundamentalisten, Marxisten und Propagandisten einer unrealistischen Maximal-
lösung, die Israels Existenz vernichten will, opponieren Arafats Friedenspolitik.

Eine ebenso radikale Opposition hat sich auf israelischer Seite for-
miert. Sie besteht nicht nur aus Rechtsextremisten, militanten Siedlern und
Rassisten vom Schlag Baruch Goldsteins, der im Februar 1994 mit einem
Massaker an Palästinensern in Hebron den Lauf der Geschichte anhalten
wollte. Auch Gruppierungen wie der Likud-Block, die zu Israels politischem Establishement gehören, laufen Sturm: Nach seiner Abwahl 1992
vermerkte Yitzhak Shamir, der frühere Premier, die Verhandlungen Israels
mit der PLO «bergen in sich den Samen der Katastrophe für den jüdischen
Staat». 10 Shamir klammert sich bis heute an die Illusion, Frieden und
Sicherheit für Israel und «die Erfüllung des zionistischen Traums in seiner
Gesamtheit», womit er israelische Souveränität mindestens vom Mittelmeer
bis zum Jordan meint, seien gleichzeitig zu haben.

Dass Rabin als Nachfolger Shamirs dessen unfruchtbare Ideologie
über Bord warf und zusammen mit Arafat, der seine irrealen Prinzipien
ebenfalls revidiert hatte, eine dramatische Entwicklung auslöste, wurde
wegen eines andern Ereignisses möglich, welches das Machtgefüge im
ganzen Nahen Osten erneut durchschüttelte: Saddam Husseins Aggression
gegen Kuwait im August 1990 und die Formation der Anti-Irak-Koalition
unter Anführung der USA. Die PLO ging schwer angeschlagen aus jener
Krise hervor: Arafat hatte sich von Saddams irrwitzigem Versprechen ein-
nebeln lassen, er werde «ganz Palästina befreien». Saudis und Kuwaiter
legten Arafats Verhalten, seine Weigerung, die irakische Aggression zu verurteilen, und seine öffentlich applizierten Küsse für «Bruder Saddam» als
feindlichen Akt aus und machten die Geldhahnen zu, aus denen sich die
PLO jahrelang getränkt hatte.

Nach dem Golfkrieg waren Arafat und seine PLO so geschwächt,
dass ihr Kollaps bevorstand. Dadurch erst wurden sie zu akzeptablen Part-
nern für Israel und die USA: Man brauchte sie nicht mehr zu fürchten.
Hätten anderseits die Palästinenser ihre inzwischen fast schon gemässigte
Vertretung verloren, wäre Hamas, der «Islamische Widerstand», die einzige bedeutende Organisation der Palästinenser geblieben. Im Vergleich zu

dieser radikalen islamistischen Opposition erschien die PLO als bei weitem geringeres Übel. Im übrigen hatte Israel den dringenden Wunsch, den aufständischen, unterentwickelten und kaum regierbaren Gaza-Streifen loszuwerden.

Gleichzeitig führte US-Präsident George Bush den Israelis vor Augen, dass das Manna aus Amerika vielleicht nicht ewig vom Himmel fallen würde: Bush hielt einen von Israel geforderten Kredit von zehn Milliarden Dollar zurück und verknüpfte seine Auszahlung mit Bedingungen. Die israelische Regierung muss sich zu jenem Zeitpunkt bewusst geworden sein, dass sich die Position als Stachel in der Flanke der Araber nicht auf ewig halten liess.

So kreuzten sich schliesslich, nach Jahren der blutigen Auseinandersetzung, die Intentionen der PLO und der israelischen Regierung; die Zeit für Friedensgespräche reifte. Einige Israelis begannen zu realisieren, dass ihre offizielle Staats-Mythologie nicht mehr viel taugte; die PLO gestand sich ein, dass die Ideologie des «bewaffneten Befreiungskampfes» auf den Müll gehörte.

Es war vor allem Aussenminister Shimon Peres, ein ehemaliger «Falke», der die Fühler Richtung Tunis ausstreckte und schliesslich den zögernden Rabin überzeugte: «Wir müssen der PLO einen grossen Schritt entgegenkommen. Solange Arafat in Tunis bleibt, verkörpert er die palästinensische Diaspora – und er wird die Verhandlungen boykottieren.» [11] Rabin rang sich endlich dazu durch, jenen Satz wahrzumachen, den er oft ausgesprochen hatte, ohne daraus Konsequenzen zu ziehen: «Frieden macht man mit Feinden, nicht mit Freunden.»

Ausgehend von Yassir Arafats Rückkehr nach Gaza, zeichnet dieses Buch die Auseinandersetzung vom Beginn der zionistischen Besiedlung des Landes gegen Ende des vergangenen Jahrhunderts bis zur Autonomie des Gaza-Streifens und Jerichos Anfang Mai 1994 nach. Auch die Zeit danach, in der die PLO versucht hat, im Gaza-Streifen und im Westjordanland eine Administration zu etablieren, ist berücksichtigt.

Israel ist eine Demokratie, mindestens in seinem Kerngebiet. Seine Politik, seine Entwicklung, seine ideologischen, politischen und sozialen Prinzipien sind von einer Vielzahl von Männern und Frauen geprägt worden. Das könnte man so von der PLO nicht behaupten. Arafat hat die Bewegung während mehr als 25 Jahren dominiert; er hat ihr seinen originalen, höchst umstrittenen Stil aufgezwungen. Arafat ist ein Mann mit vielen Gesichtern, weltweit bekannt und in den Medien präsent, gleichzeitig umschleiert von Legenden und Mythen, die er teils selber übergestreift, die ihm teils von andern umgehängt worden sind. Ein Porträt des PLO-Vorsitzenden schien deshalb angebracht.

Unter Arafats Führung hat sich die PLO in der Zeitspanne von 25 Jahren radikal gewandelt: von einer berüchtigten Bande von Flugzeugentführern und Attentätern zu einer politisch wirksamen und als solche weitherum akzeptierten Kraft. Mit diesem Wandel und mit den Schwierigkeiten, die eine «revolutionäre» Organisation mit einem autokratischen Führer antrifft, wenn sie sich unvorbereitet in der Rolle der Regierung wiederfindet, habe ich mich besonders intensiv befasst.

George Orwell beklagte sich 1938, nachdem von «Homage to Catalonia», seinem Werk über den spanischen Bürgerkrieg, nur 700 Exemplare verkauft worden waren: «Lästig ist, dass, sobald sich etwas wie der spanische Bürgerkrieg ereignet, Hunderte von Journalisten sofort Schundbücher produzieren, die sie mit Schere und Leim zusammenkleistern, und später, wenn die ernsthaften Bücher erscheinen, haben die Leute das Thema bereits satt.» [12] Heute kann man sich Scheren und Kleister sparen: Die Textverarbeitung macht die Verfertigung von «Schund» noch einfacher, die Versuchung noch grösser. Ich habe mich bemüht, ihr zu widerstehen. Dass ich einige Passagen aus meinen bereits publizierten Artikeln wiederverwertet habe, gestehe ich allerdings ein.

Ich bin Reporter, nicht Wissenschaftler. Auf den folgenden Seiten taucht das «Ich» deshalb immer wieder auf. Ich habe mich weitgehend auf Erfahrungen, Eindrücke und Anschauung gestützt, auf meine eigenen und die meiner zahllosen palästinensischen und israelischen, libanesischen und jordanischen Gesprächspartnerinnen und Gesprächspartner. Ich habe mir die Freiheit genommen, mich auf Ereignisse und Entwicklungen zu konzentrieren, die mir besonders signifikant schienen, und dazwischen grosszügig Lücken zu lassen.

Für die Transkription arabischer und hebräischer Eigennamen habe ich im Interesse der Lesbarkeit eine simple, unwissenschaftliche Methode gewählt: Ich habe mich an die von internationalen Nachrichtenagenturen angewandte Schreibweise gehalten – auch dort, wo sie inkonsequent oder unlogisch ist.

Amman, Ende Dezember 1994

2   Triumphzug ins Ungewisse

Yassir Arafats Einzug in Gaza und Jericho

*«Es ist, wie wenn Hitler – ein kleiner Hitler – jüdisches Land betreten
würde, um sich die Verwandten derer anzusehen, die er ermordet hat, und um
sich seine nächsten Opfer auszusuchen.»*
(Rehavam Zeevi, Chef der rechten israelischen Moledet-Partei,
am 30. Juni 1994 vor Reportern.)

*«Im Namen Gottes, des Gnädigen, des Barmherzigen. Brüder Bürger,
bitte helft, die Strassen zu putzen und die Mauern der Häuser zu tünchen
für den Besuch unseres Führers.»*
(Lautsprecherwagen in Gaza-Stadt in der Nacht
auf den 30. Juni 1994.)

Das Hotel Hilton in Tunis thront auf einem Hügel über Mutuelleville, dem
Quartier, wo Botschafter, tunesische Politiker und PLO-Grössen residieren,
unter anderem der Chef selber, Yassir Arafat. Die Zufahrt zum Hotel ist ein
Symbol der arabischen Uneinigkeit: Das Hilton steht an der Strasse der
Arabischen Liga, und der Blick aus den Zimmern auf der Südseite bleibt an
einem vielstöckigen Büropalast im zementfarbenen Rohzustand hängen,
der sich quer in die Landschaft drängt. Mit dem ausufernden Bau im Stil
des neu-arabischen Barock sollte einst der Liga ein Denkmal gesetzt werden – betongewordene Bürokratie auf der grünen Wiese. Doch das Palais
wurde obsolet, als die Liga ihren Hauptsitz von Tunis nach Kairo zurück-
verlegte, von wo sie protestierend ausgezogen war, nachdem der ägyptische
Präsident Anwar as-Sadat 1977 nach Jerusalem gereist war und später mit
Israel Frieden geschlossen hatte.

Das Hilton diente den Rotariern und dem Lions Club als wöchent-
licher Besammlungsort. In der Lobby-Bar liessen sich manchmal spätabends
auffällig geschminkte und locker bekleidete Frauen auf den Kanten der Pol-
sterstühle nieder und warfen auffordernde Blicke in die Richtung einsamer
Reisender, mit denen sie, gegen grosszügige «cadeaux», einen Abend zu ver-
bringen bereit waren. Ebenfalls in dieser Bar unterhielt die Palästinensische
Befreiungsorganisation PLO ein strikte inoffizielles Pressebüro.

Ende Mai 1994 war hier die Vergänglichkeit, die transitorische Natur
allen politischen Trachtens zu spüren: Es herrschte Auf- oder Abbruchstim-
mung, je nach Blickwinkel. Wir sassen auf den unbequemen Sesseln um den

mageren Springbrunnen, tranken Kaffee und warteten; warteten tage- und nächtelang, ertränkten die Ungeduld im Alkohol, ergaben uns dem Fatalismus, der sich in unsere Köpfe schlich und unsern Enthusiasmus allmählich in Lethargie verwandelte.

Von der Bar aus, die den Blick auf den Empfang und auf den kalten, im Kantinenstil gehaltenen coffee shop freihielt, konnten wir eine ununterbrochene Parade von Männern und Frauen aus den israelisch besetzten Gebieten verfolgen: Elias Freij, der graue Bürgermeister von Bethlehem mit seinem sorgfältig gestutzten, grauen Schnäuzchen und der grauen Hose, unter der sich ein tonnenförmiger Bauch wölbte; der imperiale Faisal aus der Jerusalemer Aristokratenfamilie der Husseini, der sich für den wirklichen Palästinenserführer hält, aber klug genug ist, das nicht laut zu sagen; Hanan Ashrawi, die eloquente Professorin aus Ramalla, immer ein Designerfoulard um den Hals geknotet; Saeb Erekat, der quirlige Professor aus Jericho, der die Israelis damit genervt hatte, dass er an der Friedenskonferenz von Madrid Ende Oktober, Anfang November 1991 eine Kefiya über der Schulter seines Designeranzugs trug, ein schwarz-weisses Palästinensertuch wie jenes, mit dem Yassir Arafat seinen kahlen Kopf bedeckt.

Mitarbeiter des PLO-Informationsbüros wieselten durch die Hotelhalle, schwatzten aufgeregt an den Telefonen, erwiesen der palästinensischen Prominenz ihre Referenz, immer auf der Suche nach einem Auto, das sie in dieses oder jenes Büro fahren würde, oder auf der Suche nach PLO-Honoratioren, die Interviews versprochen hatten, aber nicht auffindbar waren, wenn diese sattfinden sollten.

Arafat hatte am 4. Mai in Kairo mit dem israelischen Premierminister Yitzhak Rabin ein Abkommen unterschrieben, das den Weg freimachte für die Umgruppierung der israelischen Besatzungstruppen, die Einsetzung der palästinensischen Polizei und Verwaltung im Gaza-Streifen und in Jericho und für seine eigene Rückkehr in die nunmehr autonomen palästinensischen Gebiete.

Doch Arafat war erschöpft. Seine Hände zitterten, wenn er in seinem Büro unter dem Farbfoto des Felsendoms von Jerusalem sass, das die ganze Wand bedeckte, und die Papiere unterzeichnete, die in ungebrochenem Fluss über sein Pult schwappten. Er spürte wieder die Kopfverletzung, die er sich 1992 bei einer Bruchlandung in der libyschen Wüste zugezogen hatte. Einige Tage zuvor war der 65jährige PLO-Chef im Zustand akuter Erschöpfung ins Hôpital Militaire von Tunis eingeliefert worden; die Ärzte verschrieben ihm eine, zwei Wochen Ruhe; Arafat blieb eine Nacht, dann sass er wieder an seinem Pult. Aus Israel, von wo stets die heissesten, wenn auch nicht die zuverlässigsten Gerüchte stammen, hörte man, Arafat leide an einer schweren Krankheit. Die Gerüchtemacher waren sich nicht ganz einig:

Leukämie? Krebs? Alzheimer? Die Ärzte hätten ihn für gesund erklärt, liess der PLO-Chef durch Marwan Kanafani, seinen Berater und Sprecher, ausrichten.

Kanafani kam nur noch selten ins Hilton, wo er oft gegessen und sich mit Freundinnen und Journalisten getroffen hatte. Er konnte die Arbeit, die uns am wichtigsten war, nicht mehr erledigen: Interviews mit dem «Boss» zu arrangieren. Wir versuchten, ihn unter Druck zu setzen; er entzog sich.

Arafat hielt nächtelange Sitzungen ab: mit den Mitgliedern der neuen Palästinensischen Nationalbehörde, der PNA; mit Botschaftern und Emissären der Europäischen Union und ihrer Mitgliedsländer, von denen er dringend Geld erwartete; mit den Kommandanten der palästinensischen Polizei, deren bereits in Gaza und Jericho stationierte Männer ihre ausstehenden Löhne einforderten.

Die wenigen Pressegespräche, die der PLO-Chef noch gewährte, meist zwischen elf Uhr abends und morgens um drei, endeten oft in Konfusion: Journalistin, Produzentin, Kamera- und Tonmann einer australischen Fernsehstation warf Arafat rüde hinaus, nachdem die Reporterin auf der Suche nach knackigen soundbites eine Frage nach der künftigen palästinensischen Demokratie etwa fünfmal wiederholt hatte in der Hoffnung, doch noch eine exklusive Antwort zu bekommen.

«Das ist ein Verhör, kein Interview», schäumte der PLO-Chef und gab, bevor er hinauslief, seinen Sicherheitsleuten den Befehl, die Videokassetten und Tonbänder zu behändigen. Am folgenden Tag, spätabends, empfing Arafat die Australierinnen nochmals zur Audienz; Kanafani hatte ihn überzeugt, dass ein abgebrochenes Gespräch dem Image schaden könnte. Aber die Stimmung war versaut, sagte Produzentin Petra Campbell nachher: «Es war kein gutes Interview.»

«Wir haben ihn aufgefordert, weniger zu arbeiten», sagte Samir Ghoshe, Mitglied der PLO-Exekutive, in der PNA für das Ressort Arbeit zuständig. 1 Wir trafen Ghoshe eines Abends, kurz vor Mitternacht, in seiner gemütlichen, weissgetünchten Villa, die, wie alle gemütlichen, weissgetünchten Villen der PLO-Grössen, von tunesischen Polizisten und palästinensischen Sicherheitsbeamten bewacht wurde. Goshe war Chef der «Palestinian Struggle Front», der «Palästinensischen Kampffront», einer Organisation, die einst auf der Linie des syrischen Diktators Hafis al-Assad und gegen Arafat war. (Was diese «Front» sei, von der man nicht viel hörte, wollte ich wissen. «Sie besteht aus Ghoshe, seiner Frau und seinem Leibwächter», spottete mein PLO-Begleiter.)

Arafats 15-Stunden-Arbeitstage seien nicht mehr nötig, meinte Ghoshe: «Wir fangen etwas Neues an; niemand wird mehr für sich allein arbeiten; wir werden demokratisch entscheiden und demokratisch handeln.» Das war mehr Wunsch als Wirklichkeit: Der PLO-Chef schien nicht bereit, sich von seinem Management-Stil zu verabschieden, und dieser bestand darin, alles selber zu tun, was darauf hinauslief, dass er die wichtigsten Entscheide jeweils in letzter Minute traf, wenn überhaupt. Die erste Versammlung der PNA berief er nicht ein, bevor diese ihre Aufgaben übernahm, sondern erst drei Wochen später, ab Mittwoch, 25. Mai 1994, mit Unterbrüchen bis zum Samstagabend gegen Mitternacht. Ausserdem waren erst 14 von 24 PNA-Sitzen besetzt. «Den Rest», sagte Marwan Kanafani, «wird der Boss auffüllen, wenn er einmal an Ort ist.»

Wann dieses Grossereignis, Arafats Triumphzug ins Ungewisse, seine lang erwartete Heimkehr nach Gaza oder Jericho, endlich stattfinden werde, war die zentrale Frage, die uns alle beschäftigte. Kanafani zuckte mit den Schultern: «Niemand weiss es, vielleicht nicht einmal der Boss selber.» Andere verliessen sich auf Spekulationen: «Ich weiss mit Sicherheit, dass er am 2. Juni in Jericho ist», sagte ein Kollege, der für eine japanische Fernsehanstalt arbeitete und ein Geheimnis daraus machte, aus welcher verlässlichen Quelle diese wertvolle Information gesprudelt war. «Sei Mitte Juni dort», flüsterte ein Mitarbeiter des PLO-Informationsbüros, das sich auf Briefköpfen geschwollen «Vereinigte Information des Staates Palästina» nannte. «Er kommt nicht vor August», sagte eine Kollegin mehr überzeugt als informiert. «So, wie ich den Alten kenne, wird er eines Tages beschliessen, jetzt sei der richtige Zeitpunkt; er wird sich ins Flugzeug setzen und losfliegen», meinte Kanafani, und er sollte Recht behalten.

Wochenlang hielt uns Arafat in Atem: Würde er endlich seinen Lebensstil als jetsettender Alt-Revolutionär aufgeben, sich niederlassen, die Geschäfte eines «Präsidenten Palästinas» aufnehmen, der er zwar nicht war, als den er sich aber titulieren liess – oder als Mukhtar, als Bürgermeister von Jericho, wie jene lästerten, die den israelisch-palästinensischen Prozess für eine Farce, einen Ausverkauf palästinensischer Rechte an Israel hielten? «Nenn ihn ja nicht Mukhtar von Jericho», warnte Kanafani vor einem Interview, das dann doch nicht stattfand, «ausser Du willst ihn zum Explodieren bringen.»

«Niemand von Arafats Büro hat bisher die israelische Genehmigung für den Umzug bekommen», sagte Kanafani. Samir Ghoshe wusste nur, dass er, der «Arbeitsminister», in einigen Tagen oder Wochen abreisen werde.

In Wirklichkeit war den PLO-Bürokraten gar nicht klar, wen sie auf die Transferliste setzen sollten: Nachdem er die diversen Verträge mit Israel akzeptiert hatte, verlor Arafat viele seiner Mitstreiter, die gegen die Konzessionen der PLO an Israel rebellierten, welche nach ihrer Ansicht viel zu weit gingen. Sogar ein Teil seines Stabes lief davon. Vor allem die «Generation 1948» kehrte Arafat den Rücken: jene Leute, deren Familien vor und während dem ersten israelisch-arabischen Krieg aus Palästina geflohen waren. «Sie haben am meisten geopfert, und jetzt ist ihnen die Rückkehr verwehrt; sie haben nichts mehr zu gewinnen, nichts mehr zu verlieren», meint Riad Ben Fadhel, der in Tunis eine arabische Edition der Zeitung «Le Monde Diplomatique» herausgibt. [2]

Auch «Arbeitsminister» Goshe war ursprünglich gegen die Verträge gewesen; und auch sein Name stand auf einem Papier, in welchem bekannte PLO-Leute mehr Demokratie forderten. Doch «wir fühlen uns dem palästinensischen Volk verpflichtet», sagte er, und die Autonomie der besetzten Gebiete eröffne «die Chance, friedlich für die nationalen Rechte der Palästinenser, für einen unabhängigen Staat mit Jerusalem als Hauptstadt zu ringen».

Vorerst allerdings herrschte in Tunis das Chaos. Auch jene Mitarbeiter, die zum Umzug bereit waren, fanden sich im schwebenden Zustand der Ungewissheit. «Es macht sich Ratlosigkeit breit», sagte Majid al-Masri, ein PLO-Funktionär. Masri fand seinen Namen auf der Liste der Polizisten für Gaza und Jericho, obwohl sein Training schon über zehn Jahre zurücklag: Er war vor 1982 in Beirut zum Freiheitskrieger ausgebildet worden; in Tunis hatte er seit Jahren Büroarbeit als Übersetzer geleistet.

«Vor drei Wochen erhielt ich das Aufgebot; es hiess, ich würde innert 48 Stunden abreisen», erzählte Masri. Er spedierte Frau und Kinder nach Amman, verkaufte Auto und Möbel, vermietete die Wohnung weiter. «Seither warte ich. Ich weiss nicht, wann ich reise, ich weiss nicht, wohin, und ich weiss nicht, welchen Job ich bekommen werde.»

Dass Ende Mai 1994 erst knapp 4000 von geplanten 9000 palästinensischen Polizisten in Gaza und Jericho stationiert waren, schrieben PLO-Leute der israelischen Verzögerungstaktik zu: Die Israelis nähmen jeden Kandidaten skrupulös unter die Lupe. Doch das war nur die Hälfte der Geschichte: Laut Kanafani hatten die Israelis damals schon 6200 Namen akzeptiert und nur 250 abgelehnt, und das hiess: über 2000 warteten wie Majid al-Masri auf den Umzug und konnten nicht gehen, weil ihr Transport oder ihr Arbeitsplatz nicht organisiert waren.

Statt zu regieren und zu delegieren, tat sich der PLO-Chef durch unglaubliche Patzer hervor, wie ein Mann aus seiner nächsten Umgebung kritisierte. Arafat bewies der Welt einmal mehr, dass er «ein gerissener, fast genialer Politiker ist, der sein Leben lang Allianzen geschmiedet und die Araber gegeneinander ausgespielt hat, um zu überleben», wie sich der Journalist Ben Fadhel ausdrückte: «Aber er ist kein Staatsmann.»

Diese fehlende Dimension manifestierte sich etwa am 10. Mai 1994, als sich Arafat in Südafrika mit Präsident Nelson Mandela vergleichen lassen musste – ein Vergleich, der nicht zu seinem Vorteil ausfiel. In einer

Moschee in Johannesburg, aus der Journalisten vorsichtshalber ferngehalten wurden, predigte der PLO-Chef einen neuen Jihad zur Befreiung Jerusalems. Natürlich fand ein Tonband mit seiner Rede den Weg nach Israel und dort in eine Radiosendung; die israelische Regierung reagierte heftig und nutzte Arafats grossspurige Ankündigung für eigene Propaganda: Arafat habe die Abkommen verletzt, wütete Yitzhak Rabin; seine Vertragstreue müsse angezweifelt werden. Israels Premier drohte, Gaza und Jericho wieder zu besetzen und alle Absprachen mit der PLO zu annullieren.

Arafats Mitarbeiter versuchten, den Schaden zu begrenzen: Der Präsident repräsentiere nicht nur Fatah, seine eigene PLO-Organisation, sondern alle Palästinenser, und er habe in Johannesburg etwas sagen wollen für jene, die gegen die Abkommen sind, meinte Mohammed Adwan vom PLO-Informationsdienst. Das machte die Sache nicht besser: Arafat, der seine Fahne in den Wind hängt; Arafat, der den Leuten nach dem Maul redet, der das sagt, was sein Publikum hören will: ein Mann ohne Prinzipien, nicht verlässlich, nicht vertrauenswürdig, nicht konsequent.

Arafats Berater Kanafani wollte das Problem linguistisch aus der Welt schaffen: Sein Chef habe den Ausdruck «Jihad» nicht im Sinn eines Krieges verwendet, sondern von einem friedlichen Kampf um Jerusalem reden wollen. Die Reaktion des «Westens» und Israels sei typisch: «Von Jihad», dozierte Kanafani, der gerade das Rauchen aufgegeben hatte, «kann einer zum Beispiel auch reden, wenn er gegen die Nikotinsucht kämpft.»

Im Zusammenhang mit Palästina allerdings ging es den militanten Palästinensern stets um mehr als blauen Dunst; den Ausdruck «Jihad» benutzten sie im Zusammenhang mit Jerusalem stets für ein kriegerisches Unternehmen.

Samir Ghoshe hielt den israelischen Zweiflern entgegen, dass sich auch Rabin nicht um die Verträge schere, wenn es ihm aus innenpolitischen Gründen zupass komme: Wenn er zum Beispiel darauf dringe, der nach dem Krieg von 1967 völkerrechtswidrig annektierte Ostteil Jerusalems gehöre zur ewigen und unteilbaren Hauptstadt des Landes Israel, missachte Rabin die Abkommen mit der PLO genauso, denn diese sähen vor, dass erst in ein paar Jahren über Jerusalems definitiven Status verhandelt werde.

Kurzfristig hatte die Palästinensische Nationalbehörde viel profanere Probleme als den Kampf um die Heilige Stadt. Am 27. Mai 1994 meldete Wafa, die palästinensische Nachrichtenagentur, in Tunis freudig, am Vortag hätten die Polizisten in Gaza und Jericho erstmals ihren Lohn erhalten; vorher hatten sie, ohne Geld und Nahrungsmittel losgeschickt, bei der Bevölkerung betteln müssen. Nabil Shaath, ein gerissener Geschäftsmann aus Ägypten, starker Mann im Verhandlungsteam der PLO mit Israel, in der Behörde der autonomen Gebiete für das Planungsressort zuständig, hatte das Geld eigenhändig gebracht und für seine Verteilung gesorgt. Das Vorgehen konnte man schwerlich als geordneten Finanzmechanismus bezeichnen – und vor allem war kaum Geld vorhanden.

«Das ist unsere grösste Sorge», sagte Kanafani: Hunderte von Millionen Dollars waren versprochen, von den USA, der Europäischen Union, Norwegen, der Weltbank und so weiter; doch bis Ende Mai 1994, mehr als acht Monate nach dem «historischen Handschlag» in Washington zwischen Arafat und Rabin, war noch nicht viel ausbezahlt. Und das würde sich rasch auf die Moral der Betroffenen auswirken, wie die PLO-Regierenden wussten: Die verarmte Bevölkerung Gazas würde die Autonomie an ihrem wirtschaftlichen und sozialen Erfolg messen. «Mit jedem Tag, an dem nichts geschieht, wird die Opposition grösser», vermutete Riad Ben Fadhel: «Wenn Arafat nichts liefert, wird sein Stern rasch verblassen.»

2.1 Die Dächer von Jericho

Nicht nur in Tunis warteten Journalistinnen und Journalisten untätig und ungeduldig. In Jericho, dem Landstädtchen im Jordantal, 390 Meter unter Meereshöhe, bezahlten amerikanische, britische und japanische Fernsehanstalten bis zu 7000 Dollar pro Woche für das zweifelhafte Privileg, ihre Kameraleute und Journalisten auf Flachdächern am Hauptplatz der erbarmunglosen Sonne aussetzen zu dürfen. Über den Dächern von Jericho entstand eine High-Tech-Zeltstadt, ausgerüstet mit Parabolantennen, mobilen Kameras, Richtmikrophonen und improvisierten Matratzenlagern für jene besonders Erbarmungswürdigen, die dazu verdammt waren, Tag und Nacht auszuharren, um die Ankunft des Erlauchten unter keinen Umständen zu verpassen.

Doch Arafat kam nicht.

Noch am 22. Juni rief mich Mohammed Adwan aus Tunis an und gab Entwarnung: «Vor September läuft gar nichts.» Ich meldete das getreulich in einem kleinen Artikel für meine Zeitungen, und das war, wie ich aus Erfahrung hätte wissen müssen, ein grosser Irrtum. Gerade zum Zeitpunkt nämlich, als die Fernsehanstalten anfingen, die anschwellenden Spesenrechnungen auf Kosten und Nutzen zu überprüfen, und als die ersten begannen, ihre Leute aus Jericho abzuziehen, als europäische und amerikanische Korrespondenten die Koffer packten, um mit ihren Ferienplänen ernst zu machen, als andere sich auf einen untätigen Sommer einrichteten, kam die Nachricht – kurz und plötzlich, wie Marwan Kanafani prophezeit hatte. Viele meiner in Jordanien stationierten Kolleginnen und Kollegen und mich selber erwischte sie zum denkbar ungünstigsten Augenblick: Es war ein

Mittwoch, und wir waren den ganzen Tag unterwegs, abgeschnitten von jeder Kommunikation, auf einer vom jordanischen Informationsministerium arrangierten Besichtigungstour in das Jordantal und den tief eingekerbten Canyon des Yarmuk-Flusses, der Jordanien von Syrien und von den israelisch besetzten Golan-Höhen trennt. Armeeoffiziere, ein Vizedirektor der «Jordan River Authority» und Mitarbeiter des Informationsministeriums zeigten uns an Ort und Stelle, wo Israel Wasser abzweigte, das die Jordanier für sich beanspruchten, und wo Jordanien Gebiete zurückforderte, welche Israel besetzt hielt. Wenn es im Sommer 1994 irgendwo Fortschritte geben würde, dachten wir, dann zwischen Jordanien und Israel und nicht in den autonomen Palästinensergebieten.

Abends kamen wir verschwitzt zurück nach Amman, nur um von Reuters und der Associated Press mit der nüchternen Telex-Nachricht überrascht zu werden, der PLO-Vorsitzende habe die israelische Regierung darüber informiert, dass er in zwei, drei Tagen in Gaza anzukommen gedenke.

Noch am Dienstag hatten die meisten PLO-Funktionäre nichts von Arafats Reiseplänen gewusst; die israelischen Behörden wurden am Dienstagabend informiert – das jedenfalls beteuerten sie; eine weitere Öffentlichkeit erfuhr davon am Mittwoch. Und noch am Donnerstag war unklar, wann Arafat denn anreisen werde: schon am Freitag, erst am Samstag oder vielleicht in den frühen Morgenstunden wie einst die Fedaiyn der Palästinensischen Befreiungsarmee? Erst am Donnerstagabend gab Nabil Shaath genaueres bekannt: Arafat werde am Freitagnachmittag um 15 Uhr, nach dem Mittagsgebet der Muslime und vor Anbruch des jüdischen Sabbat, am Grenzübergang von Rafah erwartet.

Es entstand nun eine Situation, wie kein Thriller-Autor sie zu erfinden wagte. Israels Sicherheitskräfte sahen sich mit dem konfrontiert, was man ein Alptraum-Szenario nennt: ein Attentat auf Arafat, begangen von palästinensischen Extremisten, von gedungenen Killern, von jüdischen Fanatikern, von Islamisten, Messianisten, Fundamentalisten, Terroristen, und wenn möglich auf einem Gebiet, das noch immer unter israelischer Kontrolle stand.

Also waren sie gezwungen, zum Schutz des einstigen Todfeindes, den sie in Jordanien, im Libanon, in Tunesien mehrmals umzubringen versucht hatten, eine der grössten Operationen aller Zeiten zu starten. Die Behörden gaben dem Unterfangen den Namen «Blazing Desert», was als glühende, strahlende, brennende oder auch leuchtende Wüste übersetzt werden kann und uns einige exegetische Probleme aufgab, denn eine Wüste sucht man in Gaza vergebens, und was dort brannte, waren höchsten die Müllhaufen oder die Barrikaden aus alten Autoreifen, wenn wieder einmal ein Streik oder eine «Aktion» angesagt waren.

24

Mindestens seit dem Besuch des ägyptischen Präsidenten Anwar as-Sadat in Jerusalem 17 Jahre zuvor waren nicht mehr so viele Ordnungshüter im Einsatz. Sämtlichen Polizisten wurde für das Wochenende der Urlaub gestrichen; rund 10 000, die Hälfte des ganzen Bestandes, sollten die Zufahrtstrassen zum Gaza-Streifen und nach Jerusalem überwachen. Die Armee war in Alarmbereitschaft.

Israelische Rechtsparteien und jüdische Siedlergruppen wollten den drei- oder viertägigen Besuch nicht untätig verstreichen lassen; schon für Donnerstagabend planten sie Demonstrationen und die Besetzung von Strassenkreuzungen im ganzen Land. «Wir werden die Stadt und das ganze Land in Flammen setzen. Arafat wird Gaza nicht lebend verlassen», verkündeten extremistische Siedler. Der Chef des rechtsnationalen Likud-Blocks, Binyamin Netanyahu, kündigte massivste Proteste in Jerusalem an. Eine Siedlerorganisation setzte 100 000 Shekel (knapp 35 000 Dollar) Belohnung für die «Ergreifung» Arafats aus.

Rabbiner Shlomo Goren rief israelische Soldaten und Polizisten auf, den Befehl zum Schutz Arafats zu missachten. Goren war einst Chef-Rabbiner der israelischen Streitkräfte gewesen und 1969, trotz oder wegen seines Hangs zum messianischen Fundamentalismus, Chef-Rabbiner des Staates Israel geworden, ein Amt, das er bis 1979 behielt. Noch heute erzählt man sich in Jerusalem, wie Goren am 16. August 1967, wenige Wochen, nachdem die israelische Armee die Golan-Höhen, das Westjordanland, die Sinai-Halbinsel, den Gaza-Streifen und den Ostteil Jerusalems erobert hatte, in Militäruniform mit allen Insignien seines Generalsranges mit einer Schar Getreuer die muslimischen Wächter des Tempelbergs in Jerusalem übertölpelt und den Ort gestürmt hatte, wo zwei islamische Heiligtümer stehen, die Omar-Moschee, besser bekannt als Felsendom, und die al-Aksa-Moschee.

Auf dem offenen Platz zwischen den beiden Bauwerken wollte Rabbiner Goren eine Synagoge bauen. Dieser Platz sei den Muslimen nicht heilig, erläuterte er, was sie dadurch manifestierten, dass sie die Schuhe nicht auszögen, wenn sie ihn beträten. «Panik verbreitete sich unter Jerusalems Muslimen», schrieb der Publizist Amos Elon: Goren und seine Mitstreiter weckten die alte Furcht, «die Juden wollten die Moscheen niederreissen, um ihren Tempel wieder aufzubauen». [3]

Rabbi Goren also hatte vor dem Arafat-Besuch ein religiöses Dekret erlassen, das jeden Juden verpflichtete, Arafat zu töten – eine «jüdische Fatwa», wie aufgeklärtere Israelis witzelten, ähnlich jenem Richtspruch, in welchem Ayatollah Khomeini einst den Schriftsteller Salman Rushdie verurteilt hatte, und der bis heute gilt.

«Natürlich werden wir den Leuten erlauben, ihre Meinung auszudrücken», sagte Polizeiminister Moshe Shahal. «Aber wir werden aggressiv darauf beharren, dass die Ordnung aufrecht erhalten wird und alles im Rahmen der Gesetze abläuft.»

Die Bedrohung Arafats von innen her, von den Palästinensern selbst, schien geringer: Exponenten der Hamas, der «Islamischen Widerstandsbewegung», verdammten zwar den PLO-Chef als «Verräter» und «Ausverkäufer der Heimat».[4] Trotzdem sagte ein Hamas-Sprecher in Amman, Arafat sei, wenngleich nur als gewöhnlicher Mann, nicht als Präsident, «willkommen wie jeder andere Palästinenser, der in die Heimat zurückkehrt». Hamas war gegen den Friedensprozess, hatte aber Konfrontationen mit den in Gaza und Jericho stationierten palästinensischen Polizisten und der Palästinensischen Nationalbehörde bisher vermieden.

Die palästinensischen Bürokraten hatten sich ebenfalls gewappnet: «Arafats Männer», die Polizisten, bei ihrer Ankunft wenige Wochen zuvor gefeiert wie Helden, konnten zum erstenmal ihre Bedeutung voll ausspielen, und sie machten sich wenig beliebt bei denen, die, im Gegensatz zu ihnen, unter der israelischen Besatzungszeit gelitten, wilde Ausschreitungen und Auswüchse während der Intifada, willkürliche Verhaftung und Einkerkerung, Sprengung von Wohnhäusern und den Tod von Angehörigen ertragen und erlitten hatten.

Nur wenige Polizisten kamen aus dem Gaza-Streifen selbst. Die meisten hatten jahrelang in Bagdad, Kairo, Amman oder im Jemen vor sich hin vegetiert, nominell Kämpfer in der «Palästinensischen Befreiungsarmee», in Wirklichkeit schlecht bezahlte, unnütze Staffage. Andere waren im Libanon in ebenso blutige wie sinnlose Bruderzwiste verwickelt gewesen. In Gaza fühlten sie sich trotz des nationalistischen Taumels, der die ganze Gegend erfasst hatte, nicht wirklich zu Hause. Sie hatten die Eigenarten der Länder mitgebracht, in denen sie Jahre gelebt hatten, und manche sogar ihren Dialekt: Die Palästinenser aus Ägypten hatten sich jene Mischung aus kolonialem britischem Kasernenhofton und osmanischem Bürokratismus angewöhnt, den man auch bei ägyptischen Beamten beobachten kann; jene, die aus Tunis kamen, gaben sich dem angenehmen laissez-faire hin und wollten vor allem nicht gestört werden; jene aus Bagdad befahlen, schrien herum und erwarteten unbedingten Gehorsam, wie er Ordnungskräften in Diktaturen erwiesen wird; die Libanon-Palästinenser waren bereit, die Regeln diskret zu beugen, Vergehen zu übersehen und Augen zuzudrücken, so lange für sie dabei ein konkreter Vorteil in Form von Dollars, israelischen Schekeln oder jordanischen Dinaren herausschaute.

Die Bewohnerinnen und Bewohner Gazas hingegen, in jahrelangem zivilem Ungehorsam gegen die israelischen Soldaten gestählt und gehärtet, liessen sich von hergelaufenen Uniformierten und von überforderten Angehörigen der «Palästinensischen Sicherheit» nicht einschüchtern. An Strassenkreuzungen kam es, wenn drei, vier Polizisten versuchten, die einen Autos aufzuhalten, um die andern durchzulassen, zu lärmigen Szenen, in denen sich Polizisten und Zivilisten wüste Schimpfwörter zuschrien, die meist mit den Geschlechtsteilen von Müttern und Schwestern oder mit andern Unterleibsorganen zu tun hatten. Mehrmals wurden Waffen gezückt; mehrmals wurden Schiessereien im allerletzten Augenblick verhindert.

Journalistinnen und Journalisten, die zu Tausenden in Gaza einfielen, hatten sich schon in Jerusalem von der «Palestinian Broadcasting Corporation» Presseausweise verkaufen lassen. Die taugten hier nichts, wurde ihnen in Gaza beschieden; Hunderte von Journalistinnen und Journalisten verbrachten also Stunden und manche einen ganzen Tag damit, in den chaotischen Büros der «Palestinian Writer's Association – Gaza Branch» ihre Passfotos abzugeben, Fragebogen auszufüllen und dann zu warten. Die Personalien wurden vom palästinensischen Sicherheitsdienst überprüft; dann wurden die Fotos ausser Haus in Ausweise geklebt, diese wurden in Plastik eingeschweisst, kamen stapelweise zurück, und endlich wurden die Namen der Glücklichen ausgerufen, deren Pressekarten bereitlagen.

Auch die Bewohner Gazas bereiteten sich vor: In der Nacht auf Donnerstag fuhren Lautsprecherwagen durch die verschlafenen Strassen und forderten die Leute auf, ihre Häuser frisch zu streichen, die zahllosen Graffiti zu überpinseln, die als Ersatz für Zeitungen auf sämtlichen Gebäuden prangten, und die Abfallhaufen in den Strassen zu beseitigen.

2.2   Liebling des Volkes

Und dann ist er da, endlich angekommen, endlich anzuschauen, endlich anzufassen, der «Befreier», der «Retter», der «grosse Führer», der «Liebling des Volkes», welcher «Licht in unsere Häuser bringt», wie die zahllosen Spruchbänder verkünden. Ägyptens Präsident Hosni Mubarak hat ihn vom Flugplatz von al-Arish am Mittelmeer bis zum Schlagbaum von Rafah begleitet, der Ägypten vom einst ägyptischen Gaza-Streifen trennt.

Arafat kommt zu Fuss über die Grenze. Es ist der 1. Juli 1994, 15.10 Uhr. Ehrengäste, allen voran der Bürgermeister von Rafah, Abdel-Hadi Tahir, die stundenlang auf ihn gewartet haben und mit feuchten Fingern, vor Aufregung zitternd, die Blätter mit den vorbereiteten Reden umklammern, wendet er sich nur kurz zu. Die Reden bleiben ungehalten.

Dann tut Arafat, worauf er jahrelang gewartet hat: Er kniet sich nieder und küsst den sandigen Boden Palästinas. «Allah ist gross, er macht es möglich, dass Abu Ammar kommen kann», proklamiert einer. Eine Musikkapelle der Pfadfinder spielt die palästinensische Hymne; sie hat in der gleissenden Sonne stundenlang geübt. Arafat schreitet mit vorgewölbtem Bauch, die Hand militärisch an der Stirn, eine Ehrengarde ab, die den Auftritt ebenfalls während Stunden geprobt hat. Der Präsident kämpft gegen die Rührung; Tränen stehen ihm zuvorderst. Er wird von begeisterten, mit Kalaschnikows wedelnden Polizisten auf die Schultern gehoben, durch die ekstatische Menge getragen. Überall flattern die schwarz-rot-grün-weissen Flaggen Palästinas.

Arafat stellt sich auf den Sitz seines dunklen Mercedes, steckt den Kopf zum Schiebedach hinaus, und sein Konvoy von Autos und offenen Lieferwagen mit Bewaffneten braust davon. Arafats Kefiya bläht sich wie eine Fahne im Fahrtwind; die Kolonne deckt die herausgeputzten Mädchen, die Beduinenkrieger, die in den Sätteln reich geschmückter Pferde sitzen und ihre alten Vorderladergewehre schwenken, und die transpirierenden Honoratioren in dunklen Anzügen mit einer Staubwolke zu.

Der Pulk rast Richtung Gaza-Stadt, vorbei an jubelnden Menschenmassen, über die Kreuzung von Gush Katif.

Dort, auf dem Weg zu einer der jüdischen Siedlungen im Gaza-Streifen, hat es zuvor eine kleine Auseinandersetzung zwischen Siedlern und Palästinensern gegeben. Die Siedler haben Transparente aufgehängt und Mauern bepinselt – «Arafat Mörder», «Arafat gleich Hitler», «Wir werden niemals weichen», «Israel steht nicht zum Verkauf» – und ein Spalier blauweisser Fahnen mit dem Davidstern gebildet. Die israelische Armee ist angerückt, um die Siedler von einem Handgemenge mit herumstehenden Palästinensern abzuhalten; die Palästinenser haben – ein alter, jahrelang eingeübter Reflex – die Soldaten mit Steinen eingedeckt. Dann ist die gemeinsame israelisch-palästinensische Patrouille mit ihren orangen Flaggen herangebraust; die palästinensischen Polizisten haben die Palästinenser, die israelischen Soldaten die Israelis zurückgedrängt – eine ganz neue Aufgabenteilung.

Die israelischen Flaggen bleiben hängen, und auch die Spruchbänder werden dem «Präsidenten» nicht erspart, als er später daran vorbeifährt.

Arafat ist jetzt in Gaza-Stadt eingefahren. Auf dem Hauptplatz, wo er reden wird, wogt eine schreiende, stossende, stampfende Menge; die Leute werfen die Fäuste in die Luft; Ambulanzen preschen mit jaulenden Sirenen durch das Gedränge, um die Ohnmächtigen, die halb zu Tode Getrampelten aufzunehmen und einige, die sich beim Einsturz eines Eternitdaches verletzt haben. Ein junger Mann stürzt von einer Palme, in deren Ästen die Neugierigen wie überreife Datteln hängen; er hat sich zu weit vorgewagt, der Ast ist gebrochen; sein Gehirn spritzt auf den Asphalt.

Vor dem Gebäude, das die israelische Armee als Hauptquartier benutzt und als letztes in der Stadt geräumt hatte, hat das Empfangskomitee eine Bühne und eine Ehrentribüne eingerichtet. Eine alte Frau in traditioneller Tracht, die nicht einen Blumenstrauss, nein, einen ganzen Strauch mit Blüten vor sich her trägt und schreit: «Ich will Abu Ammar sehen, ich bin die Mutter eines Märtyrers», wird von zivilen Sicherheitsleuten grob zurückgestossen. Ich spüre im Gedränge den Lauf einer Kalaschnikow an der Nase; ein Gewehrkolben wird mir in den Rücken gestossen, eine Pistole schlägt an meine Hüfte; ein Fotograf, einen Kopf grösser als ich, drückt mir seinen vom Schweiss durchtränkten Hemdrücken ins Gesicht.

Arafat hebt zu einer improvisierten, lauten, heiseren Rede an, unterbrochen von zehntausendstimmigem Jubel, von Sprechchören.

«Die nationale Einheit ist der Schild auf unserem Marsch, ist der Schild unserers Volkes. Deshalb rufe ich Euch zu: Einheit, Einheit, Einheit...»

Die Lautsprecher krächzen und pfeifen; die Menge johlt im Chor: «Einheit, Einheit.»

«Hört mir zu!» schreit er ins Mikrophon: «Wir brauchen nationale Einheit. Grosse, grosse, grosse, grosse Aufgaben erwarten uns, um unsere Heimat aufzubauen, um zu renovieren, was die Besetzer zerstört haben.» Er wirft seine gespreizten Finger zum V-Zeichen in die Luft. Die Ehrengäste bewerfen ihn mit Nelken.

Arafat ruft seine Gegner auf, die «Bürde gemeinsam zu tragen»; auch die «Märtyrer» und die eingekerkerten Anführer der islamistischen Hamas erwähnt er mit ehrenden Sätzen; er fleht alle Palästinenser an, gemeinsam für die Durchsetzung des Abkommens mit Israel, für die Ausweitung der autonomen Gebiete auf das ganze Westjordanland, für einen künftigen Staat Palästina zu kämpfen.

«Wir blicken von hier zur Moschee von Hebron und nach Bethlehem und allen andern Städten im Westjordanland. Und wenn wir nach Hebron gegangen sind, werden wir nach Jerusalem gehen...»

«Al-Quds, al-Quds, al-Quds», schreit die Menge: «Jerusalem, Jerusalem, Jerusalem.»

«...jawohl, nach Jerusalem. Wir haben unsern Märtyrern versprochen, dass wir in Jerusalem für sie beten werden. Wir werden in der al-Aksa-Moschee für sie beten.» Das Reizwort «Jihad», das ihm erst vor kurzem Ungemach mit Israel eingetragen hat, vermeidet Arafat geflissentlich: kein «Krieg» diesmal, auf dem Hauptplatz von Gaza-Stadt. Und diejenigen, die es erst möglich gemacht haben, dass er überhaupt hier steht, vergisst er in seiner improvisierten Rede: die Opfer der Intifada, die «Kinder der Steine», die dafür, dass sie gegen die israelischen Soldaten angetreten sind, mit dem sofortigen Tod bestraft oder monatelang ohne Urteil eingekerkert worden sind. Umm Jihad, die Witwe seines Stellvertreters Khalil Wazir, der 1988 von Israelis umgebracht worden ist, flüstert es ihm über die Schulter ein, und alle können es über die Lautsprecher hören: «Abu Ammar, die Kinder der Steine!»

Andere vermissen Hinweise auf wichtige Forderungen: Wo ist die Aussage, dass palästinensische Flüchtlinge in Jordanien, im Libanon, in Syrien zurückkehren dürfen? Und wo das Versprechen, die jüdischen Siedlungen im Gaza-Streifen und im Westjordanland zu räumen?

«Man hat überhaupt nichts verstanden», brummelt wenig später Haidar Abdash-Shafi, der Arzt und Lokalpolitiker, der als Leiter der palästinensischen Delegation an den Verhandlungen von Madrid Ende Oktober 1991 zum Medienstar geworden war. «Doktor Haidar», wie er in Gaza genannt wird, war zu Fuss auf dem Heimweg; er war gegen die Verträge, die Arafat mit den Israelis geschlossen hatte, und fand, es gebe überhaupt nichts zu feiern.

2.3   Staub und Tränen

Yassir Arafats Ankunft im Gaza-Streifen war ein hektisches, staubiges, heisses, ein tränenreiches Spektakel, eine überschäumende Feier für viele, aber nicht alle Palästinenserinnen und Palästinenser, ein Rummelplatz der schwitzenden Medienleute. Doch schon am Tag danach, einem Samstag, senkte sich wieder der Alltag über Gaza-Stadt: Die Läden waren offen wie an jedem Tag, an dem nicht gestreikt wird. Autos verstopften die Strassen; wild gestikulierende palästinensische Polizisten behinderten den Verkehr mehr, als dass sie ihn regelten; entnervte Autofahrer brüllten ihnen Obszönitäten zu.

Arafat hob sofort zu einem Monsterprogramm an. Er präsidierte im Hotel Palestine eine Sitzung der Palästinensischen Nationalbehörde, empfing arabische Journalisten zu einer Pressekonferenz, an der man nicht viel mehr verstand als bei seiner Rede. Einige ägyptische Journalisten wurden von palästinensischen Sicherheitsleuten zusammengeschlagen.

Israelische Friedensaktivisten trabten an.

28 junge Palästinenser, die bei Zusammenstössen mit israelischem Militär verkrüppelt worden waren, überhäufte er mit Lob. Ihre Klage, sie hätten seit Monaten oder Jahren die winzige Rente nicht mehr bekommen, die den «Helden der Intifada» und den Familien der «Märtyrer» zusteht, konnte Arafat nur an die PNA weiterleiten.

Ähnliche Beschwerden, die er ähnlich hilflos parierte, wurden ihm auch im Flüchtlingslager Jabaliya vorgetragen, jenem Slum mit über 70 000

30

Einwohnern und, wie Uno-Leute schätzen, 70 Prozent Arbeitslosigkeit. Dessen erbärmliche Hoffnungslosigkeit, verstärkt durch permanente Übergriffe der israelische Armee, hatten im Dezember 1987 die Explosion der Intifada gezündet, des Aufstandes, welcher alsbald auf alle besetzten Gebiete überschwappte.

Arafats Konvoi kam meist nur langsam voran, mit heulenden Sirenen, vor und hinter seinem Mercedes ein Dutzend Geländewagen voller Bewaffneter. Der PLO-Vorsitzende, der unter der Uniform eine kugelsichere Weste trug, wirkte noch fülliger als sonst.

In Jabaliya bekam Arafat sein grösstes Handicap, das er bei der freitäglichen Rede noch geflissentlich umgangen hatte, drastisch vor Augen geführt: Wenn es nicht gelingt, die Infrastruktur des Gaza-Streifens rasch zu sanieren, neue Arbeitsplätze und Wohnraum für die weit über 800 000 Menschen zu schaffen und die Wirtschaft anzukurbeln, werden sich «in zwei drei Monaten die Massen, die ihm jetzt zujubeln, von Arafat abwenden», meinte der Ökonom Khaled Fayad.

«Der Handel, den wir (mit Israel) abgeschlossen haben, macht nicht alle Palästinenser glücklich,» sagte Arafat in Jabaliya vor der Faluja-Schule, wo ein neues Podest auf ihn wartete und er eine neue Rede halten musste: «mich übrigens auch nicht, er macht auch mich nicht glücklich. Aber ich sage es Euch: Unter den Voraussetzungen, die momentan international und in Arabien vorherrschen, ist es der beste, den wir bekommen konnten.»

«Hört mir zu!» Arafat versuchte, die schreiende Menge vor der Schule zu beruhigen: «Hört mir jetzt zu! Ihr wisst, die Weltbank und die Geberländer haben versucht, uns inakzeptable Bedingungen aufzuzwingen.» Lauter Beifall, obwohl Abu Ammar nur andeuten wollte, dass er mit leeren Händen gekommen war. «Diese Bedingungen – ich habe sie zurückgewiesen, ich habe sie in Eurem Namen zurückgewiesen, weil ich nicht zulasse, dass Nicht-Palästinenser sich erlauben, über unsere nationale Ökonomie zu bestimmen. Wir werden doch nicht von einer militärischen in eine wirtschaftliche Besetzung überwechseln.»

Arafats Konvoi verlor sich in den staubigen, übelriechenden Nebenstrassen, immer gefolgt von Hunderten, Tausenden aufgeregter Fans. Die glücklichsten von ihnen berührten einen Zipfel von Arafats Uniformtuch, vielleicht sogar seine Hand, riefen ihm, von Emotionen überwältigt, zu: «Abu Ammar! Mit unserer Seele, mit unserem Blut opfern wir uns für Dich!» «Opfert Euch nicht für mich», antwortete Arafat: «Opfert Euch für Palästina!»

In einem Gespräch mit Diplomaten und Vertretern internationaler Organisationen kam Arafat in gemesseneren Worten auf das Thema zurück: «Die meisten Hilfeleistungen bestehen bisher nur aus Unterschriften auf

Papieren», jammerte er. Insgesamt seien für das laufende Jahr 720 Millionen Dollar zugesagt worden; erhalten habe die PLO aber nur 60. Die hätten genügt, um vorerst die Polizisten und Beamten zu bezahlen, «aber nicht, um wirklich zu starten», nicht, um Planungsgremien, wirtschaftliche und administrative Strukturen aufzubauen, welche die Weltbank verlangt, bevor sie den Rest des Geldes transferieren will: «ein Teufelskreis». Vor arabischen Journalisten appellierte der PLO-Chef an die Golfstaaten, die palästinensischen Brüder nicht zu vergessen.

2.4   Arafat Mörder – Rabin Verräter

Nach dem freitäglichen Massenauflauf in Gaza-Stadt ein neuer Schauplatz, ein neuer Massenauflauf: Wir stehen auf dem Zionsplatz, mitten im Westteil Jerusalems. Er werde «sehr bald in Jerusalem beten», hatte Arafat angekündigt; das muss für die Zehntausenden von jüdischen Manifestanten, die jetzt, nach Ende des Sabbats, in der «Heiligen Stadt» auf die Strasse gehen, die in Massen zusammenströmen, wie eine Drohung geklungen haben.

Sprecher der Siedler haben ein Gerücht in die Welt gesetzt: Arafat werde schon am Samstag, am 2. Juli, nach Jerusalem kommen, um in der al-Aksa-Moschee zu beten: «Die Schlacht um Jerusalem hat begonnen», posaunen sie. Das Gerücht ist von PLO-Funktionären und Mitgliedern der israelischen Regierung umgehend dementiert worden, aber es hat gewirkt: Zehntausende sind gekommen; der Platz ist gerammelt voll.

Frauen mit Kopftüchern, Kleinkinder auf den Armen, Babies in Kinderwagen, bärtige Familienväter mit Kippahs auf dem Kopf und Revolvern am Gürtel, Siedler mit umgehängten Uzi-Maschinenpistolen, dazwischen einige Ultra-Orthodoxe aus Mea Shearim und den Yeshivas in der Altstadt, deren Gebetsschnüre unter den schwarzen Jacken hervorbaumeln, mit schwarzen Hüten und Schläfenlocken, vor allem aber Zehntausende von gewöhnlichen Israelinnen und Israelis drängen sich auf dem Platz und in den umliegenden Strassen, auf der Ben Yehuda, auf der Jaffa-Strasse vom Bar-Kochba-Platz bis hinauf zur King George – vor den Buchhandlungen, den Souvenir-, Kleider-. und Schuhläden, den Kiosken, den koscheren Restaurants und schmuddeligen fast-food-Buden.

«Dies ist ein Münchner Abkommen», flucht Daniel Fradkin, ein Violinist aus Russland. «Rabin hat mit der Suche nach einer Lösung begonnen und als Verräter wie Neville Chamberlain geendet», wie der britische Premier, der 1938 das «Appeasement» mit Hitler verantwortete und meinte, damit «Frieden für unsere Zeit» ausgehandelt zu haben.

Auf einer Telefonzelle versuchen drei Jugendliche unter heftigem Applaus der Umstehenden eine Palästinenserflagge zu verbrennen; sie verbrauchen viele Streichhölzer; die Fahne wehrt sich gegen das Verbranntwerden. 1967, nach dem Sechstagekrieg, «war Rabin ein Volksheld», wettert Haddari Aharon, ein Bürger aus Tel Aviv, «jetzt ist er ein Verräter».

Von einem Balkon im dritten Stock eines Bürogebäudes starrt alles auf den Platz hinunter, was in der israelischen Rechtsopposition Rang und Namen hat: Likud-Chef Binyamin Netanyahu, der frühere Panzergeneral und Kriegsminister Ariel Sharon, Ex-Premier Yitzhak Shamir, Jerusalems Bürgermeister Ehud Olmert und mehr als ein Dutzend weitere Parteigrössen. [5] Das Geländer des Balkons ist in ein Spruchband aus Stoff gehüllt, das auf Hebräisch und Englisch verkündet: «Death to Arafat – Tod Arafat.»

Über den Köpfen der Demonstranten flattern blau-weisse israelische Flaggen; Davidsterne kräuseln sich im milden Abendwind; das gelbe Licht der Strassenlampen beleuchtet die Spruchbänder vor den alten Mauern aus gelbem Jerusalem-Stein: «Rabin Verräter – Arafat Mörder».

«In Blut und Feuer werfen wir Rabin raus», haben einige auf ihre Transparente gepinselt, eine Abwandlung der früheren Kampfparole der PLO: «In Blut und Feuer werfen wir Israel raus.» Plakate werden herumgetragen mit einer Fotomontage, die Premier Rabin mit einer Kefiya auf dem Kopf zeigt, dem schwarz-weissen Kopfschmuck Arafats. Rabins Porträt brennt besser als die Palästinenserflagge. Und immer wieder wird Arafats Tod gefordert, auf Spruchbändern und in Sprechchören. «Arafat gehört vor ein Kriegsgericht, nicht nach Israel», schreit Netanyahu von seinem Balkon hinunter: «Wir sind hier, um Jerusalem, Galiläa und den Negev zu verteidigen. Wir sind hier, um einen palästinensischen Staat zu verhindern. Wir sind hier, um sicherzustellen, dass Jerusalem, die ewige Hauptstadt des jüdischen Volkes, nicht wieder geteilt wird.»

Diese ist längst geteilt an diesem hitzigen Samstagabend: Die Polizei hat alle Kreuzungen zwischen West- und Ostjerusalem abgesperrt. Israelis gehen ohnehin nicht «hinüber» zu den Arabern; jetzt könnten sie nicht einmal, wenn sie wollten. Ich kann auch nicht, und dass ich im Hotel «American Colony» wohne, das sich auf der «Araberseite» befindet, stimmt die Polizisten nicht um, denen ich das erkläre; es macht mich nur verdächtig.

«Dies ist keine Demonstration wie jede andere», hat Aharon Domb verkündet, der Sprecher des «Rates der jüdischen Gemeinschaften in Judäa, Samaria und Gaza»: «Wir werden das Alltagsleben in der Stadt unterbrechen.» Doch während Bürgermeister Olmert an der Demo mitbrüllt, verhindert seine Polizei, verstärkt durch Einheiten aus Tel Aviv, aus Haifa, aus Netanya, genau das: Einige hundert Demonstranten wollen zum Araberprügeln durch das Damaskustor in die Altstadt eindringen: Die Polizei ist schon da und hält sie zurück, notfalls mit Gewalt.

Eine Bäckerei am Damaskustor wird demoliert, einige Autos mit blauen Nummernschildern aus den besetzten Gebieten brennen, ein paar Schaufenster gehen zu Bruch; mehr können die Demonstranten nicht anrichten.

Das gleiche Bild später vor dem Jaffa-Tor. Es ist inzwischen ein, zwei Uhr morgens. Die Familienväter und -mütter mit ihren Kleinkindern sind in ihren Ford Transit und Subaru pick-ups längst in die Siedlungen rund um Jerusalem zurückgekehrt; ein harter Kern von Demonstranten schwatzt auf die Polizisten ein; ausgerechnet jetzt, um drei Uhr morgens, pochen ein paar Yeshiva-Schüler und amerikanische Touristen auf ihr «Recht», an der Klagemauer zu beten.

Wir diskutieren mit angehenden Rabbinern aus Brooklyn, käsigen Knaben in schwarzen Hüten. Einer, der Arafat für den schlimmsten Terroristen der Weltgeschichte hält, muss zuerst in nahöstlicher Geografie aufgeklärt werden: Er weiss nicht, dass Amman die Hauptstadt Jordaniens ist – immerhin Israels Nachbarland –, und fragt erstaunt, fast besorgt, ob man denn mit Familie und Kindern an einem solchen Ort, unter lauter Arabern, getrost leben könne.

Baruch Goldstein wird gepriesen: Der Massenmörder von Hebron transformiert sich hier, vor dem Jaffa-Tor, frühmorgens um drei zum Freiheitshelden, zum «König Israels», wie ein paar junge Leute skandieren. Einige besonders renitente Demonstranten werden von Polizisten abgeführt.

Doch am Sonntagmorgen ist der Spuk vorbei. Yitzhak Rabin beschwert sich an der wöchentlichen Sitzung seines Kabinetts indigniert über den Ausdruck «Verräter». Im Regierungsviertel, auf dem sogenannten Demonstrantenhügel, einer Zeltstadt der Unzufriedenen, gibt es nochmals eine lautstarke Manifestation. Die Polizei nimmt 65 Leute fest; Rabin und seine Minister werden daran erinnert, dass ein harter Kern von Israelis lieber die ganze Welt gegen sich als einen Vertrag mit der PLO hätte.

2.5   Und dann der Alltag

Natürlich komme er nicht zur Stippvisite, sondern er werde sich in den autonomen Gebieten niederlassen, versicherte Arafat. Das dürfte erhebliche Probleme geben, wie sein Besuch zeigte: Der «Präsident» war ständig von Bewaffneten umgeben, welche die Leute zurückdrängten und notfalls auf sie eindroschen, wenn das Gedränge zu gross wurde. Arafat vermied vorerst jedes «Bad in der Menge», raste im Mercedes von Ort zu Ort.

Solch dramatische Symbolik mochte aus Gründen der Sicherheit berechtigt sein, schliesslich wollten ihm diverse Radikale an den Kragen. Sie verstärkte aber den Eindruck, den viele Kritiker hatten: Dass sich die PLO-Führung aus dem fernen Tunis über jene Palästinenser erheben wollte, die siebenundzwanzig Jahre Besetzung und sechseinhalb Jahre Intifada erlitten hatten.

«Wir wollen einen Führer für uns, nicht eine unnahbare Figur wie Mubarak oder Assad», die Präsidenten Ägyptens und Syriens, schimpfte ein frustrierter Mann, der im Massenauflauf in Gaza-Stadt so weit abgedrängt worden war, dass er Abu Ammar nicht einmal sehen konnte. Doch am Sonntag taute der «Präsident» auf. «Lasst die Leute in Ruhe», rief er den Leibwächtern zu. «Lasst sie näher heran.» Und die begeisterte Menge rief er auf: «Kommt näher, kommt näher, alle von Euch, näher!» Obwohl seine Stimme vom vielen Reden brüchig geworden war, beharrte Arafat auf seinem Programm: Er besuchte eine neue Fabrik für Fruchtsäfte, den Bauplatz eines Spitals, eine Oberschule, eine Universität. Überall, wo sein Konvoy erwartet wurde, sammelten sich Scharen am Strassenrand, wie wenn der chaotische Fahrplan im voraus publiziert worden wäre. Er fuhr den Streifen in seiner ganzen Länge ab, von Gaza-Stadt bis nach Rafah; in Khan Yunis und Deir al-Balah blieb seine Autokolonne in Massen begeisterter Palästinenser stecken. «Gott behüte Dich, Abu Ammar», schrien alte Frauen.

Am Montag, während Arafat seine hektische Visite kreuz und quer durch den Gaza-Streifen fortsetzte, spannten seine Bürokraten uns, die sogenannte Weltpresse, einmal mehr auf die Folter: Zuerst war der Besuch des «Präsidenten» in Jericho für Sonntag geplant gewesen, dann wurde er auf Montag verschoben, schliesslich auf den Dienstagmorgen. PLO-Funktionäre nannten Sicherheitsgründe für die Verschiebung: Nach den Anti-Arafat-Demonstrationen musste Jericho abgeriegelt werden, um Konfrontationen zu vermeiden.

Jüdische Siedler drohten neue Proteste an. Die Tageszeitung «Maariv» behauptete unter anderem, die Siedler wollten das «Orient House» stürmen, jenes ehemalige Hotel in Ost-Jerusalem, das einigen Palästinenserführern und vor allem Faisal Husseini als Hauptquartier dient.

Nach vier tumultuösen Tagen in Gaza erlebte Yassir Arafat in Jericho einen enttäuschenden Besuchstag, eine Anti-Klimax. Jüdische Siedler hatten ihre Drohung wahrgemacht: Schon im Morgengrauen blockierten sie die Hauptstrasse von Jerusalem nach Jericho und fast alle Zufahrtstrassen aus dem Westjordanland und errichteten Barrikaden aus brennenden Reifen.

Polizei und Militär wandten nur sanften Druck an, um die Manifestanten von den Strassen zu schieben. Wir kamen zu dritt in einem Mietwagen durch; andere Journalisten zerfetzten die Reifen ihrer Autos an fingerlangen, metallenen Dreispitzen, welche die Siedler auf die Strasse gestreut hatten, oder kehrten entmutigt um.

Falls Arafat das gleiche Gedränge wie in Gaza erwartet hatte, muss er enttäuscht gewesen sein: Statt der erhofften zweihunderttausend warteten nur einige tausend Zaungäste im grossen Busterminal ausserhalb des Städtchens auf seine Ankunft: lokale Fatah-Bosse, Würdenträger muslimischer Gemeinschaften, der griechisch-orthodoxen und der römisch-katholischen Kirche sowie zwei antizionistische Rabbiner, dazu die uniformierten Pfadfinder, eine Dudelsack-Band und Kontingente der palästinensischen Polizei. Die Fernsehcrews hatten wochenlang vergeblich am Hauptplatz gewartet; jetzt mussten sie ihr Material eilends zusammenpacken, mussten sich ein paar Kilometer nach Osten verschieben, in Richtung des Jordans.

Arafat landet kurz vor neun Uhr in einem ägyptischen Helikopter auf dem Parkplatz. Der grösste Teil des Feldes, welches für die Zuschauer umzäunt worden war, ist leer, und leer bleibt es bis zum Ende der Veranstaltung. Trotzdem brechen die Sicherheitsvorkehrungen völlig zusammen; hysterische Interventionen der palästinensischen Polizisten und der zivilen Sicherheitsleute nützten nichts: Die Menge durchbricht an mehreren Stellen den doppelten Zaun und dringt zum Podium vor, auf dem Arafat und die Würdenträger sitzen.

«Kommt näher; kommt näher!», ruft Arafat ins Mikrophon; eine Frau erklimmt die Ehrentribüne und küsst ihn auf den Mund. Die Leibwächter haben Mühe, das Podium vor den anbrandenden Massen zu verteidigen; man wird an einen Auftritt von Mick Jagger oder Michael Jackson erinnert.

In seiner kurzen, wirren Rede, vorgetragen mit brechender Stimme, repetiert Arafat alles, was er schon in Gaza gesagt hat, unter anderem sein Versprechen, die abgeschlossenen Verträge einzuhalten. Er wirft aber der israelischen Regierung vor, diese zu missachten: «Heute schlossen sie die Strassen und hinderten die Menschen aus dem Westjordanland daran, nach Jericho zu fahren.» Das widerspreche den Vereinbarungen.

Nabil Shaath, Mitglied der neuen Palästinensischen Nationalbehörde (PNA), behauptete später, ausser einer einzigen seien alle Strassen nach Jericho von Siedlern oder der Armee abgeriegelt worden. [6] Der israelische Regierungssprecher Uri Dromi lässt die Behauptung Arafats und Shaaths über die Pager der in Israel akkreditierten Presse umgehend «kategorisch dementieren».

Ein Mitarbeiter von Shaath hat eine andere Erklärung für das mangelnde Interesse. In einem Café im Stadtzentrum sagt er mir: «Ausser in Jericho haben die Palästinenser im Westjordanland bisher nichts vom Friedensprozess gespürt»; sie warteten immer noch auf eine konkrete Verbesserung ihrer Lebensumstände; erst dann könnten sie sich vielleicht für Arafat begeistern.

Gegen zwölf Uhr mittags verlieren die paar tausend Menschen, die sich nach Arafats Rede auf Jerichos Hauptplatz versammelt hatten, das Interesse; der Platz, in eine Gluthitze von 45 Grad getaucht, leert sich. Arafat lässt sich derweil in sein Amt einschwören und nimmt anschliessend jenen Mitgliedern der Nationalbehörde den Amtseid ab, die schon bestimmt sind und die den Weg nach Jericho gefunden haben. Nicht dabei sind Yassir Abed Rabbo (Kultur und Information), Abu Alaa (Finanzen) und Samir Ghoshe (Arbeit). Sie haben aus Tunis verärgert verlauten lassen, die Einladung sei zu kurzfristig ergangen. Jene, die da sind, schwören ihre unbedingte Treue auf die palästinensische Verfassung – wenn sie denn einst geschrieben sein wird.

Offiziell ins Amt eingesetzt sind erst 13 PNA-Mitglieder; sechs Sitze im 25köpfigen Rat sind noch nicht besetzt. Arafats Sprecher Marwan Kanafani hatte in Tunis gesagt, der «Chef» halte die vakanten Plätze für Vertreter oppositioneller Gruppen wie der Hamas und der Volksfront für die Befreiung Palästinas (PFLP) offen. Beide haben Arafats Besuch gerügt und jede Mitarbeit abgelehnt.

Eigentlich wollte Arafat von Jericho über Jordanien ausreisen. Doch König Hussein bedeutete ihm, ein Empfang an der Allenby-Brücke über den Jordan oder wenigstens auf dem Flughafen von Amman komme «aus Termingründen» nicht in Frage. In Wirklichkeit war die Beziehung zwischen Arafat und König Hussein gestört: Die PLO hatte mehrere Abkommen vor allem im wirtschaftlichen Bereich, die sie mit Jordanien geschlossen hatte, dadurch gebrochen, dass sie später mit Israel Vereinbarungen traf, die jenen mit dem Königreich widersprachen.

Auch andere Nachbarn waren verstimmt: Die vom Staat kontrollierten syrischen Medien kritisierten den Arafat-Besuch scharf. «Die Ironie war, dass Arafat die Autonomen Gebiete nur dank strikten Vorsichtsmassnahmen der israelischen Sicherheitskräfte betreten konnte», schrieb die «Syria Times». Die Regierungszeitung «Tishreen» warf der PLO vor, «der arabischen Front einen schweren Schlag versetzt» zu haben. Israel wolle nicht mit starken arabischen Parteien wie den Syrern verhandeln, sondern nur «mit schwachen Arabern, um ihnen mehr Konzessionen abpressen zu können».

Die Euphorie verpuffte rasch; auf frenetischen Applaus folgte für den PLO-Chef und seine Nationalbehörde die Bewährungsprobe: Die eigenen

Leute nicht zu enttäuschen, die Wirtschaft anzukurbeln, Israel von der Befähigung zum Regieren zu überzeugen und sich keine zusätzlichen Feinde zu schaffen, waren monumentale Aufgaben. Im Gaza-Streifen zog der Alltag ein; Arafat gehörte bald zum Stadtbild. Er musste nun mit dem Regieren beginnen; die Monate der Wahrheit brachen an: keine Show mehr, keine internationalen Präsidentenspiele, nur noch harte Arbeit. «Viele Leute warten darauf, dass er von Tunis nach Jericho umzieht», hatte Edward Said vor dem Ereignis gesagt: «Dann, denke ich, werden seine wahren Probleme erst beginnen.»

3   Das Verheissene Land

Zwei Völker kämpfen um Palästina

> «Und der Herr redete mit Mose ... und sprach: Rede mit den Israeliten
> und sprich zu ihnen: Wenn ihr über den Jordan in das Land Kanaan
> hinüberkommt, so sollt ihr alle Bewohner des Landes vor euch vertreiben ...
> Und ihr sollt das Land in Besitz nehmen und darin wohnen; denn euch
> habe ich das Land bestimmt, dass ihr es besitzet».
> (4. Buch Mose 33,50–53)

> «Das Wiedererwachen der arabischen Nation und wachsende jüdische
> Bemühungen, das antike Königreich in grossem Stil wiederaufzubauen –
> diese zwei Bewegungen sind dazu vorbestimmt, einander beständig
> zu bekämpfen, bis die eine über die andere triumphiert.»
> (Neguib Azoury: Le réveil de la Nation Arabe, Paris 1905)

> «Zwischen dem Mittelmeer und dem Jordan wird es nur einen Staat geben,
> und dieser Staat heisst Israel.»
> (Eljakim Haetzni, Ideologe der Siedlerbewegung Gush Emunim,
> Interview mit dem Autor, Kiryat Arba, 3. Juni 1985.)

Die Stimmung im Markt von Hebron ist beinahe friedlich. Keine «finster-
drohenden Blicke der Besetzten», wie sie John le Carré schilderte; [1] nicht
«explosive Stille», sondern lautstarke Geschäftigkeit: Männer in schwarz-
weissen Kefiyas, der traditionellen arabischen Kopfbedeckung, und Frauen,
die ihre Haare unter weissen Kopftüchern verbergen, drängeln vor den
Marktständen, wo sich Gemüse, Orangen und Äpfel, Pfannen und anderes
Haushaltgerät, Kleider und Schuhe türmen. Die Verkäufer schenken Kaffee
und Tee in kleinen Gläsern aus und beschweren sich über den Geiz der
potentiellen Kunden, die jeden Preis herunterhandeln wollen: «Du treibst
mich und meine Familie in die Armut.»

Die Käufer lamentieren ob der rasenden Teuerung: «Du ziehst mir
den letzten Shekel aus der Tasche; wie soll ich meine Kinder ernähren?»
Die Gesetze von Angebot und Nachfrage, Kauf und Verkauf bestimmen
den Ton. Es ist Juni 1985; «Intifada» ist ein Ausdruck, der sich erst zweieinhalb Jahre später ins Vokabular und ins Bewusstsein einprägen wird.

Wir sind in einem Mercedes-Taxi gekommen, das ein älterer Palästinenser gelenkt hat, von Jerusalem über Bethlehem nach Hebron. Mein

Begleiter, Israel Stockmann, ein Israeli, der sich als Zionist versteht und seine Meinung in kehligem Arabisch verkündet, wird nicht angefeindet. Die Männer auf dem Markt wollen nur ihr Leben verdienen, sagen sie, und die Israelis behindern sie mehr durch ihre Wirtschaftspolitik als durch ihre militärische Präsenz.

Bedrohlich wirken mitten im Marktgetümmel nicht einmal die militärischen Bewacher eines von Stacheldraht umzäunten Trümmerhaufens. Sie dösen in vorfabrizierten Wachhäuschen, Gewehr über den Knien, vor sich hin. Über Drahtverhau und Ruinen flattert der Davidstern. Seit den Tagen von Moses haben Juden in Hebron gelebt; Abraham, von Juden, Christen und Muslimen gleichermassen als «Stammvater» verehrt, ist hier beerdigt. 1929 zerstörten Araber das jüdische Quartier und benutzten danach, wie Stockmann mit Schaudern erzählt, die Synagogen zur Verrichtung der Notdurft: «Dem Massaker fiel jeder zehnte der 700 Juden in Hebron zum Opfer; der Rest wurde vertrieben.»

Natürlich war das Massaker von Hebron, das in Israel noch heute heftige Emotionen weckt, kein isoliertes Ereignis; es stand nicht am Anfang jenes Prozesses, der dazu führte, dass zwei Völker Anspruch auf das selbe Land erhoben und diesen Anspruch mit ähnlichen Mitteln, aber unterschiedlichem Erfolg durchzusetzen versuchten.

Zwischen Stacheldraht und Schutt, im Schutz von Maschinenpistolen und Panzerfahrzeugen, haben sich mitten in der Stadt wieder Juden niedergelassen, Anhänger der radikalen Siedlerbewegung Gush Emunim («Block der Getreuen») mit ihrem Anführer, dem Rabbiner Moshe Levinger. Einige leben in renovierten Häusern, andere in Wohncontainern; kümmerliche Bäumchen, die in ausrangierten Öltonnen spriessen, suggerieren Zivilisation.

Für Miriam Levinger, die Frau des Rabbiners und Mutter von (damals) elf Kindern, hat das Provisorium etwas Paradiesisches; es ist eine erfüllte Verheissung. «Ist es nicht ein Wunder?» fragt die von alttestamentarischem Pathos befeuerte und von missionarischem Eifer für «Erez Israel» beseelte Rebbezin, während sie uns in ihrem bescheidenen, spärlich eingerichteten Wohnzimmer, in welchem schwer die Küchengerüche stehen, eine süsse Limonade serviert. [2] Miriam Levinger ist New Yorkerin, gehört zu jenen Gush-Emunim-Anhängern, die aus den USA stammen, amerikanische Pässe haben und die Siedlerbewegung dominieren: «Ist es nicht ein Wunder? Die Babylonier, die den ersten Tempel zerstörten, sind vom Erdboden verschwunden. Und wir Juden sitzen hier, 3000 Jahre später, mitten in Hebron. Die Griechen sind verschwunden; die Römer, die den zweiten Tempel zerstörten, sind verschwunden, aber wir Juden existieren. Wir werden uns nie mehr vertreiben lassen, nie, nie mehr.»

Das biblische «Kernland» ist der Kern des Unfriedens: wo Juden kämpfen und bekämpft werden; wo sich Rabbi Levinger und seine Getreuen ein selbstgewähltes Ghetto geschaffen haben, eine von Feinden umstellte Bleibe im Heiligen Land; wo sich bärtige Siedler mit Maschinenpistolen gegen steinewerfende arabische Jugendliche verteidigen; wo für viele Juden sämtliche Palästinenser Terroristen sind, die ausgeschafft, eingekerkert oder umgebracht gehören, und in den Augen vieler Palästinenser alle Israelis zionistische Imperialisten.

Der amerikanische Nobelpreisträger für Literatur, Saul Bellow, lässt in einem Roman einen jüdischen Professor sagen: «Wäre es nicht die schaurigste der Ironien, wenn sich die Juden zweckdienlich für eine zweite Endlösung in einem Land versammelt hätten?» [3] Und er fährt selber fort: «Das ist ein Gedanke, der in jüdischen Köpfen gelegentlich auftaucht. Er ist von der weiteren Überlegung begleitet (teils stolz, meist bitter), dass wir Juden das Talent zu besitzen scheinen, den Kern der Krise zu finden.» – Kern der Krise ja, aber gegen eine «zweite Endlösung» ist man gewappnet.

Kiryat Arba ist nicht das, was man sich unter einer Siedlung vorstellen mag, obwohl seine Bewohner sich als Pioniere verstehen – Pioniere einer neuen Art, nicht mehr sozialistisch wie die Russen, Polen, Rumänen und Deutschen, die das Land einst aufbauten, sondern erhitzt von einem mystischen, oftmals von fundamentalistisch-religiösen Motiven geschürten Feuer.

Kiryat Arba hat nichts Provisorisches, keine Wohnwagen, keine Wohncontainer, kein Wellblech. Es ist auf den ersten Blick eine ziemlich gewöhnliche Vorstadt aus uniformen Blöcken mit viel Grün, was sie vom angrenzenden, staubigen, verwinkelten Hebron unterscheidet. Auf den zweiten Blick erweist sich Kiryat Arba als zementierter Gebietsanspruch, mit Stacheldraht und abschliessbarem Tor gesichert und von Uniformierten bewacht. Die Siedlung wurde Anfang 1968, wenige Monate nach der Eroberung des Westjordanlandes, mit Billigung, ja Unterstützung der israelischen Regierung gebaut, auf Land, das zuvor seinen arabischen Besitzern weggenommen worden war. Kiryat Arba hat aus israelischer Sicht nichts Illegales. Trotzdem ist auch hier jene Bunkermentalität vieler jüdischer Siedlungen im Westjordanland und im Gaza-Streifen zu spüren. Das Sagen haben Gush-Emunim-Exponenten und die Anhänger des noch radikaleren, rassistischen Rabbiners Meir Kahane und seiner Kach-Partei, welche die Araber gewaltsam aus «Erez Israel» vertreiben wollen. [4]

1985 machte Kiryat Arba von sich reden, als sein Stadtrat beschloss, alle arabischen Gärtner, Strassenputzer und Müllabfuhrmänner zu entlassen. Aber das war nur ein Vorspiel. Kiryat Arba entwickelte sich zum Zentrum und zum Symbol des radikalen jüdischen Widerstandes gegen jede Konzession an die Palästinenser, zu einem Ort, wo Waffen gehortet, Übergriffe und Terrorakte ausgetüftelt wurden. Am 25. Februar 1994 wäre es den fanatischsten unter den Siedlern beinahe gelungen, den Friedensprozess endgültig zu erledigen: Der Arzt Baruch Goldstein, ein Bürger von Kiryat Arba und Mitglied seines Stadtrates, ermordete an jenem Freitagmorgen während der Gebetszeit der Muslime im Abraham-Heiligtum von Hebron 29 Palästinenser, bevor er selber getötet wurde.

Ich hatte erwartet, den PLO-Chef im Zustand der Auflösung vorzufinden, als ich ihn wenige Tage nach dem Massaker zu einem Interview traf. Yassir Arafat verfluchte lautstark die israelischen Streitkräfte, denen er schwerwiegende Vorwürfe machte: «Also: Einige Einheiten, Generäle oder Offiziere der israelischen Armee waren involviert mit den bewaffneten Siedlern. Und wir haben seither ein weiteres Massaker gehabt: 37 Menschen sind getötet worden, mehr als 400 verletzt und mehr als 2000 verhaftet.» [5]

Doch Arafat, der sämtliche betroffenen Familien angerufen, sich ihre Trauer angehört, sie getröstet und mit neuen Versprechen versorgt hatte, schien erstaunlich gelöst, viel ruhiger als in den Wochen zuvor, da er sich pessimistisch über den Verlauf des Friedensprozesses geäussert, von «Katastrophe, Blutvergiessen, Konfusion» geredet hatte. Vor dem Massaker hatte alle Welt ihm die Schuld für Verzögerungen und Pannen zugeschoben; mit der Bluttat von Hebron waren die Palästinenser moralisch reingewaschen worden.

3.1 Goldenes Zeitalter

«Ich bin das Gegenteil eines Rassisten, auch wenn mich gewisse Leute als Rassist beschimpfen, diese Trottel in Tel Aviv, die unser Land am liebsten an die Araber verschachern würden. Ich habe nichts gegen Araber; viele sind meine Klienten.» So begrüsst uns Eljakim Haetzni. Sein Name steht auf Hebräisch und Arabisch an der Wohnungstür. «Ich will die Palästinenser nicht vertreiben; ich bin kein Meir Kahane. Aber die Araber müssen sich anpassen; sie leben in einem jüdischen Staat, in unserem Staat, der ihnen sogar das Recht gibt, ihre Religion ungestört auszuüben. Aber sie sind die Minderheit; sie müssen sich anpassen. Es ist doch natürlich, dass sich eine Minderheit der Mehrheit anpassen muss.» [6]

Haetzni, in Norddeutschland geboren, ist einer der politischen Vordenker von Gush Emunim. Sein Kopf ist nicht bedeckt; er nimmt die mosaischen Gesetze nicht so genau, im Gegensatz zu vielen andern Siedlern. Er ist einer von denen, über die ihre gegnerischen Landsleute, aber auch

Araber spotten: «Sie glauben nicht an Gott, aber daran, dass er ihnen das Heilige Land versprochen hat.»

Haetzni malt ein grossformatiges, schwarz-weisses Panorama, das keinen Platz für Grautöne lässt. «Woher leiten Sie den Anspruch nicht nur auf Israel in den Grenzen von 1948, sondern auch auf die 1967 besetzten Gebiete ab?» will ich wissen. «Wir Juden beantworten eine Frage gern mit einer Gegenfrage: Woher nahmen die Zionisten die Legitimation für die Gründung Tel Avivs?»

Auch wenn die meisten Juden, die ab 1882 Palästina besiedelten, keine religiösen Leute waren, will sich Haetzni hier auf die Bibel berufen, nehme ich an. «Richtig. Und, erlaubt uns die Bibel, Tel Aviv zu haben, aber nicht Hebron oder Nablus?». [7] «Judäa heisst Judäa», fährt Haetzni fort: «Allein schon vom Namen her gibt es eine Verbindung zwischen Judäa und uns Juden. Judäa bleibt jüdisch, ebenso wie Samaria» [8] Das eigentliche Ziel der Kolonisation hätten die Zionisten also erst 1967 erreicht, als sie das Westjordanland eroberten: «Das Land Zion, das heisst Jerusalem, Hebron, Bethlehem, Jericho. Ich bin Jude, und das ist das Land der Juden.»

Judäa hiess einst tatsächlich Judäa oder Juda. David, ungefähr 1006 vor unserer Zeitrechnung in Hebron zum König gesalbt, dehnte seinen Herrschaftsbereich aus und machte Jerusalem zur Hauptstadt. Gegen Schluss seiner rund 30 Jahre dauernden Amtszeit regierte er über ein Reich, das nicht nur das heutige Israel und die besetzten Palästinensergebiete umfasste, sondern auch Teile der heutigen Staaten Syrien und Jordanien. Seine Regierungszeit leuchtet in der jüdischen Geschichtsschreibung als «goldenes Zeitalter», doch sein Staat hielt nicht lange. Schon sein Sohn und Nachfolger, Salomo, verlor die aramäischen Provinzen; [9] nach Salomos Tod spaltete sich das Reich; im Norden gründeten die «zehn Stämme» Israel mit Sichem (Nablus) und später Samaria als Hauptstadt; dem Stamm Davids blieb das kleinere Juda im Süden mit Jerusalem. Israel wurde um 722 vor unserer Zeitrechnung von den Assyrern unterworfen. Juda und seine Hauptstadt Jerusalem gerieten zwischen die Fronten der Grossmächte Ägypten und Babylonien.

Dessen König Nebukadnezar griff 597 ein erstes Mal an. 586 kam er erneut und machte diesmal tabula rasa: Die Babylonier zerstörten Jerusalem, brannten den ersten, unter Salomo errichteten Tempel nieder, und entführten die Judäer in die «babylonische Gefangenschaft». [10]

Knapp 40 Jahre später wurde das baylonische Reich von Cyrus, dem Perser, erobert; die Juden konnten zurückkehren. Jerusalem, wieder aufgebaut, wurde zum Sitz des persischen Statthalters und gleichzeitig zum geistigen Zentrum, zum Mittelpunkt eines jüdischen Gottesstaates.

Nach der Eroberung durch Alexander den Grossen (332 v. Chr.) geriet Palästina unter mazedonische Herrschaft, später verkörpert durch die in Syrien regierenden Seleukiden. Gegen sie rebellierten 168 die jüdischen Hasmonäer, eine ländliche Priestersippe. Die Juden mussten zwar später die Hegemonie der Seleukiden anerkennen, erhielten aber als hasmonäisches Königreich nochmals – und zum letzten Mal bis 1948 – weitgehende politische Unabhängigkeit.

63 v. Chr. eroberten die Römer Jerusalem und gliederten Palästina in das römische Reich ein; 70 n. Chr. schlug Titus, der Sohn von Kaiser Vespasian, einen Aufstand der Juden nieder und zerstörte Jerusalem. Ein letztesmal erhoben sich die Juden 133 n. Chr.

Eljakim Haetzni leitet also den Anspruch auf das Westjordanland und den Gaza-Streifen, die 1967 von Israel «besetzten» oder «befreiten» Gebiete, ab von der Tatsache, dass auf diesen Territorien vor 3000 Jahren ein jüdisches Reich bestand, das sich, mit Unterbrüchen, ein Jahrtausend lang mehr schlecht als recht halten konnte.

Haetzni hat sich in Rage geredet; seine Argumente, in jahrelangen Auseinandersetzungen mit politischen Gegnern, von denen er in Israel viele hat, mit Journalisten und andern Skeptikern geformt, sprudeln in kompaktem Redefluss hervor. Bei der Behauptung jedoch, Judäa heisse Judäa und gebe sich so schon etymologisch als den Juden gehörend zu erkennen, bedient sich der Anwalt eines rhetorischen Tricks: Judäa heisst nicht einfach Judäa; es hiess in Wirklichkeit seit etwa dem Jahr 135 unserer Zeitrechnung nicht mehr so; die Römer nannten die Gegend Palaestina, die Araber Filastin. [11] Judäa blieb nur in den Köpfen der Juden bestehen, die davon träumten, auf das Land zurückzukehren. «Judäa» als Bezeichnung für ein Gebiet wurde erst wieder in Gebrauch genommen, als es darum ging, mit eben diesem Namen den jüdischen Anspruch auf das Gebiet zu begründen.

Haetzni pocht auf historische Rechte auch deshalb, weil «die Juden früher hier waren als die Araber, die sich jetzt Palästinenser nennen». Wer sich vergegenwärtigt, wohin diese Argumentation führen könnte, braucht nur einen Geschichtsatlas durchzublättern: Saddam Hussein könnte seine Ansprüche auf die Territorien des neubabylonischen Imperiums ausdehnen; es erstreckte sich vom Persischen Golf über den heutigen Irak und Teile des Irans im Westen bis nach Syrien, in den Libanon, nach Jordanien – und nach Israel.

Die Mullas in Teheran könnten sich daran machen, das Persische Weltreich (559 bis 330 v. Chr.) wiederherzustellen, das sich vom Indus im Osten und dem Aralsee im Nordosten über das heutige Pakistan und Afghanistan bis zum Mittelmeer im Westen und über die ganze Türkei zum Schwarzen Meer im Nordwesten erstreckte, Israel wiederum inklusive.

Wo die Argumente mit «geschichtlichen Rechten» allzu gefährlich werden, schwenkt Haetzni über auf «moralische Rechte» nach all den Greueln, die den Juden in Europa und besonders im Dritten Reich widerfahren sind. Wenn man ihm entgegenhält, dass die Palästinenser nicht für das Dritte Reich verantwortlich gewesen seien, aber trotzdem die Folgen des Nazi-Genozides zu tragen gehabt hätten, verweist Haetzni schliesslich auf «das Recht, das zu verteidigen, was die Juden in Palästina geschaffen haben». Er beruft sich also auf das Recht des Stärkeren.

3.2   Sehnsucht nach Zion

Als die römischen Herrscher die Juden im Jahr 70 aus Palästina vertrieben und ihren Tempel zerstörten, schufen sie eine unauslöschliche Sehnsucht, sich «nächstes Jahr in Jerusalem» wiederzufinden. Die ideologische Legitimation, sich Palästinas zu bemächtigen, bezogen die Zionisten aus der Hartnäckigkeit, mit der sich diese Sehnsucht über mehr als 1800 Jahre hinweg am Leben hielt, aus der Tatsache, dass die Juden dieses eine Ziel nie aus den Augen verloren, und dass sie mit überwältigender Geduld auf den richtigen Augenblick warteten, um den alten Traum wahrmachen zu können.

Im Zeitalter des Nationalismus in Europa, das gleichzeitig ein Zeitalter neuer Judenverfolgungen wurde, nahm diese Sehnsucht ideologische und nationalistische Formen an. Visionäre begannen, konkrete Ziele zu formulieren. Da war der Rabbiner Judah Alkalai, ein «obskurer Prediger in einer kleinen sephardischen Gemeinschaft, Semlin, in der Nähe von Belgrad». Rabbi Alkalai veröffentlichte 1843 ein Pamphlet, worin er mit der alten jüdischen Doktrin brach, die Ankunft des Messias sei Voraussetzung für die Rückkehr ins Gelobte Land. [12]

Zur gleichen Zeit machte sich der Rabbiner Zvi Hirsch Kalischer in der Stadt Thorn in Ostpreussen Gedanken über die Rückkehr des Messias. Er verwarf die traditionelle Ansicht, dass «der Messias plötzlich einen Stoss aus seinem Grossen Shofar (dem Widderhorn) abgeben und alle Erdenbewohner zum Erzittern bringen wird». Die Erlösung werde vielmehr beginnen, wenn «die Nationen ihre Zustimmung dazu geben, dass sich Israels Verstreute im Heiligen Land versammeln». [13] Der «Vater des politischen Zionismus», der Journalist und Doktor der Rechte Theodor Herzl aus Budapest wurde als Auslandskorrespondent in Paris ab 1894 Zeuge der Dreyfus-Affäre, die ihm drastisch vor Augen führte, welche Macht der Antisemitismus sogar in «aufgeklärten» Staaten wie Frankreich entfalten konnte. Herzl schloss daraus, dass die einzige Chance der Juden langfristig in der Gründung eines eigenen, souveränen Staates lag. [14]

Die grösste Ausdehnung des Osmanischen Reichs

Donau

Wien

Budapest

TRANSSIL

Venedig

UNGARN

KROATIEN

Belgrad

BOSNIEN

HERZE-
GOWINA   SERBIEN

● Rom

MONTE-
NEGRO

● Sof

ALBANIEN

MAKED

Algier

Athen

Tunis

Mittelmeer

K

Tripolis

Bengasi

LIBYEN

Grenzen des Osmanischen Reichs
- - - - - - - -

0   500 km

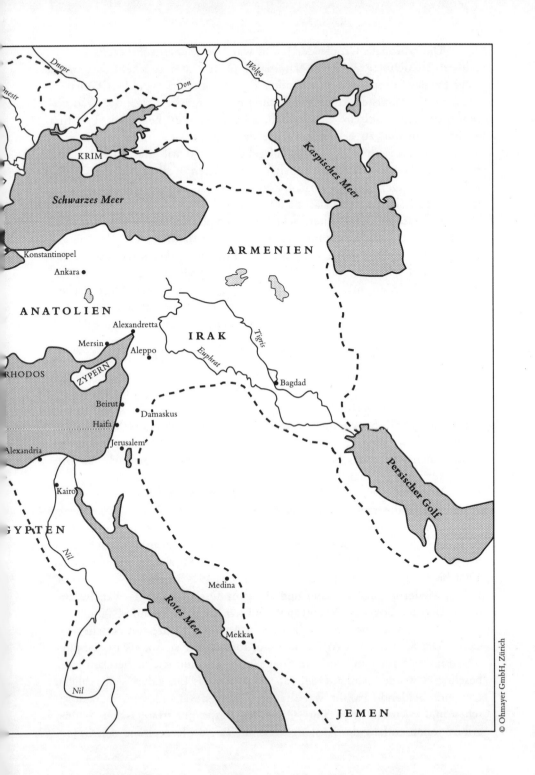

Die nationale Utopie der Juden war also theoretisch bereits ausformuliert, als sich der arabische Nationalismus erst zu entwickeln begann. In ihrer für das Europa des ausgehenden 19. Jahrhunderts typischen Weltsicht nahmen die Zionisten keine Rücksicht auf die ansässige, in ihren Traditionen verhaftete arabische Gesellschaft, als sie um 1880 begannen, Palästina zu erwerben und zu besiedeln. Ausserdem hatten viele Juden aus Europa einen technologischen Vorsprung mitgebracht, und wie die britischen und französischen Kolonisatoren in Afrika und Asien wollten sie die angeblichen Segnungen der modernen Zeit auf die in ihrem Selbstverständnis unterentwickelte Region Palästina übertragen.

Die Utopie der Pioniere schildert der Publizist Amos Elon so: «Genau genommen waren sie Einwanderer. Aber messianische Veranlagung gebiert oft ihre eigene, spezielle Sprache, und die Neuankommenden brauchten das Wort selten. ... Sie bezeichneten sich als „olim“, ein fast mystischer Ausdruck, beladen mit Gefühl, urzeitlichem Glauben und historischen Assoziationen. Er bedeutet „jene, die emporsteigen“, die auf eine Pilgerreise gehen, sich über weltliche Bedürfnisse erheben. Immigration nach Palästina wurde Aliya genannt (wörtlich „Aufstieg“).» [15]

Getrieben waren die ersten Einwanderer nach Palästina, das damals noch unter osmanischer Herrschaft stand, auch von den Pogromen in Russland, die um 1880 begonnen hatten. Moshe Lilienblum, ein bekannter jüdischer Humanist, verbrachte zwei Tage im Keller seines Hauses, während ein russischer Mob in seiner Strasse wütete: «Alle alten Ideale verliessen mich in einem Blitz. Es gibt kein Heim für uns in diesem oder irgend einem andern Land der Nichtjuden)», schrieb er. Emigration nach Palästina wurde für ihn zur einzigen Lösung. [16]

Während der ersten Aliya bis 1903 wanderten etwa 25 000 Juden nach Palästina ein, die meisten aus Russland. Viele waren allerdings enttäuscht vom «Land, in welchem unsere Väter seit urdenklichen Zeiten Ruhe fanden», wie sich Lilienblum 1882 ausdrückte; sie gaben bald auf und zogen wieder weg, oft in die USA. [17] Während der zweiten Einwanderungswelle von 1904 bis zum Ausbruch des Ersten Weltkriegs 1914 kamen weitere 40 000 Juden, wiederum aus Russland und aus ganz Osteuropa. 1914 war die arabische Bevölkerung auf 500 000 angewachsen, die jüdische auf 90 000.

Die zionistische Führung hatte von Anfang an klare strategische Vorgaben. Der Schriftsteller Arthur Koestler formulierte sie so: «Wäre die jüdische Einwanderung nur auf die Städte und die industrielle Beschäftigung beschränkt worden, so hätte der Judenstaat nie das Licht der Welt erblickt. Der entscheidende Faktor war die Eroberung des Landes im metaphorischen und buchstäblichen Sinn. Ohne den Besitz der strategischen Schlüsselpositionen entlang des Küstengürtels, im Tal von Jezreel und den Grenz-

Aussenposten, die über Galiläa, Judäa und den Negev verstreut waren, wären die Juden nicht in der Lage gewesen, sich selbst zu verteidigen».[18]

Die Einwanderung von Juden nach Palästina hatte also eine klar expansionistische Stossrichtung; Ziel war die «Rückkehr», aber auch die Besetzung: «Sehr bald entwickelte die zionistische Organisation einen Besiedlungsplan, der gezielt Land nach strategischen und expansionistischen Gesichtspunkten erwarb».[19]

3.3   Blut und Feuer

Der Zionismus hatte von Anfang an zwei Gesichter. Theodor Herzl schrieb zwar in seinem «Judenstaat», Palästinenser bekämen in Israel die gleichen Rechte wie Juden; in einem Roman namens «Altneuland» malte er ein utopisches Palästina, in welchem Eingesessene und Neuankömmlinge in gemeinsamem Wohlstand und in Harmonie zusammenlebten. In seinen Tagebüchern jedoch, die erst 26 Jahre nach dem «Judenstaat» publiziert wurden, sah Herzl eine graduelle Übernahme des Landes durch die Juden vor, den Ausschluss arabischer Arbeiter von jüdischem Land, einen Boykott nichtjüdischer Güter. Und in der Schlussphase sollte die nunmehr landlose und verarmte ansässige Bevölkerung «unbemerkt» über die Grenzen abgeschoben werden.[20]

Auch David Ben Gurion hatte diese zwei Seiten.[21] «Wir haben nicht die Absicht, die Araber zur Seite zu drängen, ihnen ihr Land zu nehmen oder sie zu enterben», schrieb er während dem Ersten Weltkrieg.[22] Ganz anders klang derselbe Mann in einem Brief an seinen Sohn Amos im Jahr 1938: «Wir müssen die Araber vertreiben und ihren Platz einnehmen... und falls wir Gewalt anwenden müssen – nicht um die Araber im Negev und in Transjordanien zu enteignen, sondern um unsere eigenen Rechte zu garantieren, an diesen Orten zu siedeln – dann haben wir Gewalt zu unserer Verfügung».[23]

Schon während der zweiten Aliya begannen jüdische Siedler, arabische Arbeiter auszuschliessen. 1907 wurde der erste Kibbuz gebaut, gedacht als Einrichtung, mit der die Landnahme durch jüdische Arbeit abgesichert werden sollte. Ungefähr zur selben Zeit gründeten Ben Gurion und sein Gefährte Yitzhak Ben Zvi, der später Israels zweiter Staatspräsident wurde, die erste jüdische Verteidigungsorganisation. Bei der Gründungsversammlung war den Anwesenden klar, dass «Erez Israel» nur unter Anwendung von Gewalt entstehen könne. Amos Elon zitiert Ben Zvis Eindruck so: Die Anwesenden «machten einander Mut», weil sie wussten, «dass die Nation nicht durch Worte gerettet wird, noch dass ein Land durch Vorträge wiederaufgebaut wird. „In Blut und Feuer fiel Judäa, in Blut und Feuer wird es auferstehen."» [24] Radikale Palästinenserorganisationen kopierten später diesen Satz: «In Blut und Feuer soll Israel untergehen.» Und am 2. Juli 1994, bei der grossen Anti-Arafat-Demonstration auf dem Zionsplatz von Jerusalem, tauchte er erneut auf: «In Blut und Feuer werfen wir Rabin raus», hatten radikale Israelis auf ihre Banner geschrieben.

Während des Ersten Weltkriegs sammelten Zionisten auf Seite der Alliierten Kriegserfahrung. Nach dessen Ende und bis 1920, als die Haganah, die erste zionistische Armee, gegründet wurde, übernahmen viele der Demobilisierten militärische Aufgaben in Palästina. Mitte der zwanziger Jahre bildeten zionistische Arbeiterparteien ideologisch motivierte Arbeiterlegionen, die mithalfen, das Territorium der jüdischen Besiedlung auszudehnen, indem sie neue, oft paramilitärisch organisierte Kibbuzim gründeten. Gebremst wurde die Expansion allerdings durch heftige Fraktionskämpfe und durch auseinanderstrebende politische Ambitionen diverser Gruppierungen der gemässigten bis extremen Linken, die versuchten, die Yishuv, die vorstaatliche jüdische Gemeinschaft, unter ihre Kontrolle zu bringen [25].

In ihrem heiligen Eifer bei der Eroberung der «Heimat» verdrängten viele der jüdischen Nationalisten eine unbequeme Tatsache: Dass das Land, welches sie besiedeln wollten, schon besiedelt war und keineswegs offen und brach dalag. Der Zionist Yitzhak Epstein vermerkte 1907: «Unter all den schwierigen Fragen im Zusammenhang mit dem Konzept der Wiedergeburt unseres Volkes auf seiner eigenen Erde gibt es eine Frage, die viel schwerer wiegt als alle andern zusammengenommen. Das ist die Frage nach unserem Verhältnis zu den Arabern.» Die Zionisten, kritisierte Epstein in einer hebräischen Zeitung, hätten die Araber in Palästina «ganz einfach vergessen». [26]

Wenn man in zionistischen Zirkeln ausnahmsweise auf das Thema der Bevölkerung Palästinas zu reden kam, dann sprach man von «wilden Tieren der Wüste», von einem «Volk von dummen Eseln, die nicht wissen, was um sie herum vorgeht», wie der russische Zionist Asher Ginsberg, der sich später Achad HaAm nannte, 1891 vermerkte. [27] Zwar «betrieben die Zionisten vehement und unter grossen menschlichen Opfern eine nationale und soziale Wiedergeburt ihres alten Heimatlandes». Aber «sie schlossen die Augen vor der Möglichkeit, dass die Araber in Palästina ähnliche Hoffnungen für sich selber hegen könnten». [28]

1880, vor der ersten Aliya, lebten im späteren britischen Mandatsgebiet Palästina rund 24 000 meist ultra-orthodoxe Juden und etwa 470 000 Araber. Das Argument, bis in die jüngste Zeit vorgebracht, ist also leicht widerlegbar: Palästina war nicht «unbesiedelt». Die Araber, die sich später als «Palästinenser» zu fühlen begannen, waren vor den jüdischen Einwanderern da.[29]

Die über Dutzende von Generationen hinweg kultivierte Gewissheit der Juden, irgendwann in ihr Verheissenes Land zurückkehren zu können, gepaart mit der hochgehaltenen Meinung, das «auserwählte Volk» zu sein – was impliziert, dass alle andern Völker nicht «auserwählt», mithin minderwertig seien und sich dem «göttlichen Willen» zu unterwerfen hätten – drückte sich sofort in der Behandlung jener Araber aus, die das Pech hatten, in jenem Gebiet zu leben, das die Juden zur neuen Heimat erklärt hatten. Sir John Chancellor, britischer Hochkommissar in Palästina von 1928 bis 1931, bemerkte dazu: «Was es so schwierig macht, mit ihnen [den Zionisten] umzugehen, ist, dass sie sich nicht um Rechte und Gefühle anderer kümmern, aber sehr genau sind, wenn sie ihre eigenen Ansprüche unterstreichen. Sogar als Minderheit in Palästina nehmen die Juden gegenüber den Arabern eine Attitüde arroganter Überlegenheit an, welche ihnen die Araber mit ihrer Tradition von Freundlichkeit und guten Manieren schwer verübeln».[30] Der britische Historiker Arnold Toynbee verglich die Haltung der Zionisten gegenüber den Arabern in Palästina mit dem, «was man in Südafrika Segregation nennt».[31]

Erster arabischer Widerstand regte sich bald. Zwischen 1908 und 1914 wurden in Haifa, Jaffa, Damaskus und Beirut antizionistische Zeitungen gegründet, die gegen die jüdische Besiedlung Stellung bezogen. Doch die meisten Araber nahmen die Ansprüche der Juden nicht ernst: Sie stellten über 90 Prozent der Bevölkerung; ihre Vorfahren hatten während Hunderten von Jahren in Palästina gelebt; Palästina war während 1300 Jahren Teil der arabischen Zivilisation gewesen. Um 1930 kamen jährlich weniger als 5000 Immigranten; 1928 war die Zahl der jüdischen Auswanderer aus Palästina sogar grösser als die Zahl der Einwanderer. Viele Palästinenser dachten, ein Kampf gegen den Zionismus sei unnötig, die Aliya werde sich von selbst erledigen.

Mit dem aufkommenden Antisemitismus in Mitteleuropa und der sich abzeichnenden «Endlösung der Judenfrage» in Deutschland und in den vom Dritten Reich besetzten Gebieten änderte sich die Lage dramatisch: Nach Hitlers Machtübernahme 1933 wuchs die jüdische Bevölkerung Palästinas innert dreier Jahre von 230 000 auf 400 000.

Viele der Immigranten der zweiten Einwanderungswelle ab 1904 bis zum Ersten Weltkrieg waren Leute, die durch die kommunistische Schule gegangen waren, revolutionäre Kaderarbeit geleistet und sozialistische Denkmodelle absorbiert hatten, die sie mit jüdisch-nationalistischen Ideen paarten und in die Tat umzusetzen gedachten. Dass das vorstaatliche «Erez Israel», das Land Israel, auch Yishuv genannt, auf sozialistischen Ideen basierte, ist eine grossartige historische Ironie, wenn man die Entwicklung des Staates Israel nach 1948 betrachtet: die wirtschaftliche Abhängigkeit Israels von den USA, die politische Symbiose zwischen der nordamerikanischen Supermacht und dem winzigen Staat am östlichen Mittelmeer, die fortgesetzten Kriege gegen sogenannt sozialistische arabische Staaten.

Die palästinensische Gesellschaft hingegen war zur Zeit der ersten und zweiten Aliya und auch zur Zeit der Unabhängigkeit Israels genau das, was viele arabische Gesellschaften bis heute sind: das pure Gegenteil von «sozialistisch». Etwa zwei Drittel aller Palästinenser lebten auf dem Land; die Dörfer waren «sozial und politisch auf sich selbst bezogen und abgeschlossen; ökonomisch waren sie weitgehend selbstversorgend». [32] Das Leben der weitgehend ungebildeten Fellachen und Beduinen war vom Wetter, den Jahreszeiten, Fruchtzyklen, der Religion, den Traditionen und Überlieferungen dominiert, nicht von politischer und theologischer Theorie. In den Städten bildete sich ein Proletariat aus arbeitsuchender Landbevölkerung; während der Zeit des britischen Mandats (1917 bis 1948) entwickelte sich ausserdem eine schmale städtische Mittelschicht von Beamten, Ärzten, Anwälten und Händlern. Die jüdischen Pioniere stiessen in Palästina auf eine vormoderne, weitgehend ländliche Gesellschaft, in der neun von zehn Erwachsenen Analphabeten waren.

Der städtischen palästinensischen Oberschicht gehörten zu Beginn des 20. Jahrhunderts dieselben Familien an, die man auch jetzt, kurz vor der nächsten Jahrhundertwende, in den führenden Positionen findet: etwa die Husseini, Nashashibi und Nusseibeh. Von den 32 Mitgliedern des «Hohen Arabischen Rates», eines Komitees zur Bekämpfung der zionistischen Eroberung Palästinas, das im April 1936 gegründet wurde, gehörten 28 diesem «palästinensischen Adel» an. Und der war in sich gespalten: Zwei Fraktionen bekämpften sich bis aufs Blut. Die eine wurde von den Husseini dominiert. Sie bildeten mit Haj Amin an der Spitze, dem Mufti von Jerusalem, später von den Briten zum «Grossmufti» befördert, dann wegen Aktivitäten für Nazideutschland ausgewiesen, und dem «Obersten Rat der Muslime» die offizielle, antizionistische, antibritische und antijordanische Partei. Die andere Seite, durch ihre Opposition gegen die Husseini definiert, wurde von den Nashashibi angeführt.

3.4   Churchills Füllfederhalter

Entscheide über die Zukunft Palästinas blieben nicht den Palästinensern und den Juden überlassen; dafür war die Gegend an der Schnittstelle Europas, Kleinasiens und Afrikas viel zu attraktiv. «Der Schlüssel zur internationalen Politik des Nahen Ostens findet sich in den Beziehungen zwischen aussenstehenden Mächten und lokalen Kräften».[33]

Schon in der Antike hatten sich Babylonier, Assyrer, Ägypter darum gestritten, später Griechen und Römer, Araber und Kreuzfahrer, die osmanischen Türken und die Franzosen unter Napoleon. Vor dem Ersten Weltkrieg machten sich Briten, Franzosen und Osmanen die Herrschaft streitig.[34] Seiner Britannischen Majestät Regierung machte deshalb während des Kriegs eine ganze Reihe von Versprechen in alle Richtungen.

Dem Herrscher im Hijaz (der heutigen Westregion Saudi-Arabiens), Sharif Hussein, dem Emir von Mekka und Medina, versprachen die Briten 1915, sie würden «die Unabhängigkeit der Araber anerkennen und unterstützen», wenn Hussein gegen die Türken in den Krieg zöge.

Mit den Franzosen schlossen die Briten im April 1916 das Sykes-Picot-Abkommen. Darin teilten die beiden das Land zwischen Mittelmeer und Persisch-Arabischem Golf, noch weitgehend unter osmanischer Kontrolle, untereinander in zwei Einflusssphären auf: Syrien und der Libanon für die Franzosen; Palästina (inklusive Transjordanien) und der Irak für die Briten.

Das vielleicht folgenreichste Versprechen war eine «Sympathie-Erklärung» des damaligen britischen Aussenministers Arthur Balfour an Lord Rothschild, einen führenden britischen Zionisten. Balfour informierte Rothschild im November 1917, die Regierung Seiner Majestät betrachte «mit Wohlwollen die Schaffung einer nationalen Heimstätte für das jüdische Volk in Palästina und wird die grössten Bemühungen unternehmen, um die Erreichung dieses Ziels zu erleichtern».[35]

Diese drei und weitere Absichtserklärungen mussten unweigerlich zum Zusammenstoss divergierender Interessen führen. «Während des Ersten Weltkriegs zerstörten Grossbritannien und seine Alliierten die alte Ordnung im arabischsprachigen Nahen Osten, ohne die langfristigen Konsequenzen in Betracht zu ziehen. Im Nachgang zum Krieg modelten sie den Nahen Osten nach ihrem eigenen Bild um und bauten eine neue politische und territoriale Ordnung auf den Ruinen der alten. Sie schufen Staaten, ernannten Personen, um sie zu regieren, und legten Grenzen zwischen sie. Aber die meisten der neuen Staaten waren schwach und instabil, den Herrschern fehlte die Legitimität, und die Grenzen waren willkürlich, unlogisch und ungerecht und gaben starken Wiedervereinigungstendenzen Auftrieb».[36]

Sharif Hussein sah in den Briefen des britischen Hochkommissars in Ägypten, Henry McMahon, eine Garantie dafür, dass er und seine Familie der Haschemiten auserkoren seien, über einen künftigen unabhängigen Staat der Araber zu gebieten. Die Legitimation für diesen Anspruch leitete Hussein aus der Tatsache ab, dass die Haschemiten ihre Abstammung direkt auf die Familie des Propheten Mohammed zurückführen und damit in der islamischen Welt eine besondere Stellung geniessen.

Im Briefwechsel zwischen Hussein und dem Hochkommissar in Kairo ist dieser Anspruch allerdings nicht abgestützt: Am 25. Oktober 1915 informierte McMahon den Sharifen, sein Land sei bereit, den Arabern die Unabhängigkeit «in allen Regionen, deren Grenzen von Sharif Hussein abgesteckt worden sind», zu gewähren. Einschränkend fügte er bei: «Die zwei Distrikte Mersin und Alexandrette (beide in der heutigen Türkei) und Teile Syriens, die westlich der Distrikte von Damaskus, Homs, Hama und Aleppo liegen, können nicht als rein arabisch bezeichnet werden und sollten von den geforderten Grenzen ausgeschlossen werden.»

Am 5. November 1915 schrieb Hussein zurück, der Verwaltungsbezirk von Beirut müsse in den arabischen Staat eingeschlossen werden, denn dabei handle es sich um eine «rein arabische Provinz». McMahon antwortete am 14. Dezember diplomatisch: Husseins Ansinnen verlange nach «sorgfältiger Überprüfung».

Während der Norden Palästinas, der zum Verwaltungsbezirk Beirut gehörte, in diesen Überlegungen offensichtlich einbezogen war, sucht man im Briefwechsel vergeblich jede Nennung von Palästina und Jerusalem. Israelische Geschichtsschreiber haben daraus abgeleitet, McMahon habe auch Palästina von Husseins Ansprüchen ausgenommen.[37] In Wirklichkeit lässt der Briefwechsel nur einen Schluss zu: Da Hussein alles «arabische» Land gefordert hatte, zu dem er auch Palästina zählte, und da Palästina offensichtlich nicht «westlich von Damaskus, Homs und Hama» und erst recht nicht in den «Distrikten von Alexandrette und Mersin» liegt, schlossen McMahon und Hussein das Gebiet in den «unabhängigen arabischen Staat» ein.[38]

Die Idee der «Heimstätte für die Juden in Palästina» war ebenfalls diffus. Die Zionisten arbeiteten zielstrebig auf einen jüdischen Staat hin, wie unzählige Protokolle belegen; die «zivilen Rechte der nichtjüdischen Bevölkerung Palästinas», welche die Balfour-Deklaration ausdrücklich schützen wollte, spielten dabei keine Rolle. Dies fiel auch Winston Churchill auf, der nach dem Ersten Weltkrieg als Kolonialminister Ordnung in das Chaos britischer Nahostpolitik bringen sollte. In einem «Weissbuch», im Juni 1922 veröffentlicht, schrieb er, es gebe «unautorisierte Aussagen», wonach die Balfour-Deklaration einem «jüdischen Palästina» Vorschub leisten sollte: «Sätze sind verwendet worden wie der, Palästina sollte «so jüdisch werden wie England englisch ist». Seiner Majestät Regierung betrachtet jede solche Erwartung als undurchführbar und hat kein solches Ziel vor Augen. Noch hat sie jemals das Verschwinden oder die Unterwerfung der arabischen Bevölkerung, Sprache oder Kultur erwogen.» Genau das, was die britische Regierung «niemals erwogen» hatte, war die Absicht der zionistischen Führung.[39]

Dasselbe bemerkte eine Kommission, die US-Präsident Woodrow Wilson eingesetzt hatte, um nach dem Ersten Weltkrieg Entscheidungsgrundlagen dafür zu schaffen, wer Mandatsmacht in Palästina werden sollte. Die Kommission schrieb in ihrem Bericht vom 28. August 1919, sie habe feststellen müssen, «dass die Zionisten sich darauf vorbereiten, die gegenwärtige nicht-jüdische Bevölkerung Palästinas praktisch vollständig zu enteignen». [40]

Später leiteten arabische Nationalisten aus dem Versprechen McMahons an Hussein, dem geheimen Sykes-Picot-Abkommen und der Balfour-Deklaration eine «Verschwörung gegen die Araber und Muslime» ab, wie der syrische Politologe Bassam Tibi schreibt: «Einmal habe man mit falschen Versprechungen die Araber gegen die Türken, d. h. Muslime gegen Muslime aufgehetzt und somit die Arabische Revolte von 1916 ausgelöst; zum andern habe der Westen die Araber durch seine Verschwörung betrogen, da ihr Lohn für den Aufstand gegen die Türken im Jahre 1916 nicht den versprochenen Grossstaat, sondern die Aufteilung des islamischen Orients in europäische „Mandatsgebiete" (sprich: Kolonien) war.» [41]

Diese «Grosse arabische Revolte» gegen die Türkenherrschaft, der die Jordanier immer noch jedes Jahr mit grossem Pomp, mit Militärparaden und feurigen Reden gedenken, war, als sie im Juni 1916 losbrach, weder «gross» noch eine wirkliche «Revolte». Statt der versprochenen 250 000 Krieger konnte Sharif Hussein nur ein paar tausend Beduinen mobilisieren, die kaum Kriegserfahrung hatten und schlecht bewaffnet waren. «Die grosse Mobilmachung», schreibt Tibi, «war schlicht ein Bluff, basierend auf der Phantasie eines Emirs, der gern König aller Araber werden wollte.» Ihr erster Angriff gegen die mit modernem Kriegsgerät ausgerüsteten türkischen Garnisonen von Taif und Mekka scheiterte kläglich; Husseins Beduinen flohen; die Briten mussten Truppen aus Ägypten in den Hijaz verlegen, denen die Osmanen schliesslich unterlagen. Zwar gebar der Aufstand eine legendäre Gestalt, einen Helden wie aus einem Hollywood-Film: Lawrence von Arabien. Doch dieser hat in der Retrospektive mehr für das amerikanische Kino geleistet als für die Befreiung der Araber von den Osmanen.

Am 19. Dezember 1917 zog der britische General Sir Edmund Allenby in Jerusalem ein; bis Ende 1918 eroberten die Briten auch das heutige Syrien, den Libanon und den Irak.

Neben den Palästinensern, den Zionisten und den Briten richteten auch andere ihr Begehr auf Palästina, das fruchtbare Land zwischen dem Mittelmeer und dem Jordan: Die Haschemiten in ihrem Traum von der Herrschaft über ganz Arabien hatten andere Intentionen als die Nationalisten in Palästina und Syrien und die Christen im Libanon. Sharif Hussein hatte den Nahen Osten in seinen Machtträumen bereits aufgeteilt: Ali, sein ältester Sohn, sollte über die arabische Halbinsel herrschen, Abdullah über den Irak und Feisal, der jüngste, über Syrien, und zu Syrien zählte Hussein auch den Libanon und Palästina.

Zur Erfüllung dieser Grossmachtideen waren fast alle Mittel recht. Faisal schloss am 3. Januar 1919, während den Verhandlungen für eine Friedensordnung nach dem Ersten Weltkrieg, ein Abkommen mit Chaim Weizmann, dem Vorsitzenden der zionistischen Organisation und späteren ersten israelischen Staatspräsidenten. Es sprach von «alten Banden» und «rassischer Blutsverwandtschaft» zwischen Arabern und Juden; Weizmann und Feisal vereinbarten, die jüdische Immigration in Palästina «zu fördern und zu stimulieren»; sie versprachen einander enge Zusammenarbeit und eine sofortige Definition der Grenzen zwischen Palästina und dem «Arabischen Königreich» nach Abschluss der Konferenz. [42]

Im März 1919 schrieb Feisal in einem Brief an den amerikanischen Zionisten Felix Frankfurter: «Wir Araber, besonders die Gebildeten unter uns, betrachten die zionistische Bewegung mit grösster Sympathie... Wir arbeiten gemeinsam für einen besseren und anderen Nahen Osten, und unsere Bewegungen ergänzen einander. ... In Syrien hat es Platz für uns beide.»

Zehn Jahre später wollte Feisal, der am 23. August 1921 König des Irak geworden war, von diesen Avancen an die Zionisten nichts mehr wissen: «Seine Majestät erinnert sich nicht, irgend etwas in dieser Art... geschrieben zu haben», liess er verlauten.

Feisal bekam den irakischen Thron von den Briten als Trostpreis dafür, dass er von den Franzosen aus Syrien vertrieben worden war, als dessen Militärverwalter ihn die Briten eingesetzt hatten. Der zweite Sohn Husseins, Abdullah, statt König des Irak zu werden, wurde als Emir, als Fürst in jenes praktisch leere Wüstengebiet gesetzt, das die Briten «Transjordanien» tauften, in jenen Teil des Mandatsgebietes Palästina, der sich östlich des Jordans befand. Fast bis zu seinem Tod wandte Abdullah erfolglos jeden Trick an, um seinem Staat auch Syrien anzugliedern, aus dem sein Bruder Feisal verjagt worden war. [43]

Jordanien war, wie der Irak, eine Kreation des britischen Ministers für die Kolonien, Winston Churchill, der sich von Lawrence von Arabien beraten liess. [44] Auf Transjordanien war Churchill besonders stolz: Er habe es mit einem Strich seines Füllfederhalters geschaffen, brüstete er sich, und zwar «an einem lichten Sonntagnachmittag»; nachher sei noch genug Zeit geblieben, «um vor Sonnenuntergang die wunderbare Ansicht Jerusalems zu malen».

Hussein, Abdullahs Vater, blieb nicht mehr lang in Mekka; seine grandiosen Pläne zerbarsten: 1924 vetrieb Abdul-Aziz bin Abdar-Rahman bin Feisal bin Turki Al Saud, bekannt als Ibn Saud, der mächtige wahabitische Fürst aus der Gegend von Riad, die Haschemiten aus Mekka und dem Hijaz: Der Traum vom arabischen Grossreich unter der Führung der Haschemiten war ausgeträumt. Und weil Ibn Saud bei seinem blutigen Feldzug gegen Sharif Hussein mindestens die stillschweigende Unterstützung Englands hatte, trug die Gründung Saudi-Arabiens weiter bei zur Legende der «Verschwörung». Bis heute ist das Verhältnis zwischen Saudi-Arabien und Jordanien – dem einzigen Königreich, das den Haschemiten geblieben ist, nachdem sie 1958 auch im Irak durch einen Militärputsch weggefegt wurden – durch die Ereignisse in den zwanziger Jahren getrübt.

Die zionistische Organisation hatte die Balfour-Deklaration nicht als «Sympathiekundgebung» aufgefasst, als die sie etikettiert war, sondern als völkerrechtlich verbindliche Zusage der Errichtung eines jüdischen Staates in ganz Palästina. Im Februar 1919 unterbreitete sie einen Plan für ein jüdisches Siedlungsgebiet, welches das Territorium von Sidon im Norden (heute Libanon) bis fast nach Damaskus, dann auf dem Gebiet Syriens und des heutigen Jordanien, entlang der Hijaz-Bahnlinie bis hinunter nach Maan und nach Akaba am Roten Meer, schliesslich in gerader Linie nordwestlich bis Rafah im heutigen Gaza-Streifen umfasste. Der Plan wurde von der Pariser Friedenskonferenz abgelehnt.

3.5   Quelle der Gewalt

Hochkommissar Chancellor zog später ernüchternde Schlüsse: «Die Fakten ... sind, dass in der ernsthaften Lage des Kriegs die britische Regierung Versprechungen an die Araber und Versprechungen an die Juden gemacht hat, die miteinander unvereinbar und unmöglich zu erfüllen sind.» [45]

Trotz des offensichtlichen Doppelspiels, das britische Regierungen in Palästina gespielt hatten, und trotz diverser Vorbehalte einzelner Mitglieder des Völkerbundes beschloss dessen Mehrheit am 24. Juli 1922 in San Remo, den Briten das Mandat über Palästina zu übertragen. Dem Mandatsauftrag an London legte der Völkerbund jene Versprechungen zugrunde, die Aussenminister Balfour fünf Jahre zuvor gemacht hatte. Damit entstand erstmals ein völkerrechtlich vertretbarer Anspruch der Zionisten auf eine Heimstätte in Palästina, wenn auch nicht auf einen rein jüdischen Staat und erst recht nicht auf die Herrschaft über das ganze Mandatsgebiet.

Zwar meint Eljakim Haetzni, eigentlich gehöre auch das Königreich Jordanien zum Staat Israel: «Aber wir verzichten darauf. Nach dem Holocaust sind sechs Millionen Menschen nicht mehr da, die wir zur Kultivierung von Ost-Palästina gebraucht hätten. Wir geben uns zufrieden mit dem Land Kanaan, das uns die Bibel verheissen hat, und das sich vom Mittelmeer bis zum Jordan erstreckt.»[46] Doch Artikel 25 des Mandates autorisierte die Briten, die Einführung der Mandatsbestimmungen in den «Territorien zwischen dem Jordan und den östlichen Grenzen Palästinas» zu verschieben oder ganz zurückzuhalten, wenn «die existierenden lokalen Gegebenheiten» dies erforderten. Davon, dass das Land östlich des Jordans den Zionisten «gestohlen» worden sei, wie jüdische Ultranationalisten behaupten, kann also nicht die Rede sein.

Die Mandatsverwaltung sah sich schon bald mit den Folgen der britischen Politik während des Erstens Weltkriegs konfrontiert: mit einer Reihe von Widersprüchlichkeiten, welche die britischen Politiker geschaffen hatten, um die Araber und die Juden auf Londons Seite zu bringen und gegen den Osmanen zu mobilisieren. Arabische Nationalisten und die Führung der Palästineser – so weit von einer solchen geredet werden konnte – versuchten sich ab 1920 in passivem Widerstand und bestritten die Gültigkeit der Balfour-Deklaration. Manifestationen und Protestaktionen der Araber häuften sich. Die Zeit des britischen Mandats in Palästina wurde so «zum schlimmsten Fleck auf der britischen Weste und zu einer wichtigen, langfristigen Quelle von Streit und Gewalt».[47]

Britische Regierungen reagierten mit dem üblichen Instrument ratloser Politiker: Sie setzten Kommissionen ein. Schon 1921 registrierte die Haycraft-Kommission zunehmende Unruhe unter den palästinensischen Arabern, die befürchteten, von den Zionisten enteignet und unterdrückt zu werden. Direkte arabisch-zionistische Verhandlungen in Genf, Kairo und London brachten 1922 keine Lösung. Neue, schwere Unruhen 1929, bei denen unter anderem die jüdische Gemeinschaft in Hebron massakriert und vertrieben wurde, riefen eine weitere Kommission auf den Plan, die Hope-Simson-Kommission, und dann noch eine, die Shaw-Kommission. Beide stellten eine schleichende Diskriminierung der Palästinenser fest; die Shaw-Ideen schlugen sich 1930 in einem britischen Weissbuch nieder, welches die Einschränkung der jüdischen Einwanderung, Kontrolle der Landverkäufe und einen Stopp der Vertreibung palästinensischer Bauern und Landarbeiter vorsah. Das Weissbuch, nach dem damaligen Labour-Aussenminister Lord Passfield als «Passfield-Memorandum» bekannt geworden, versprach den arabischen Palästinensern grössere Autonomie im Rahmen des Mandats.[48]

Die Zionisten begehrten lautstark auf; Chaim Weizmann trat aus Protest von seinem Posten als Präsident der Zionistischen Organisation zurück. In einem Brief an Weizmann desavouierte der Labour-Premier James Ramsey MacDonald seine eigene Administration; er zog, ohne das direkt zu sagen, das «Passfield-Memorandum» zurück.[49]

Im Herbst 1933 fanden Grossdemonstrationen in Jerusalem und in Jaffa statt; mehrere Demonstranten wurden von britischer Polizei getötet.

Im November 1935 gab es erste Untergrundaktionen gegen die Briten: Izzedin al-Kassem, ein religiöser Sheikh, dessen Anhänger vor allem aus den Slums von Haifa stammten, wurde in den Hügeln um Jenin von Briten gestellt und und zusammen mit vier Mitstreitern erschossen. [50] Mitte April 1936 riefen die Araber in Palästina einen Generalstreik aus; er war verbunden mit intensiven Aktivitäten gegen Juden und ihre Einrichtungen. In den sechs Streikmonaten kamen 80 Juden gewaltsam ums Leben, über 100 Palästinenser und 33 britische Soldaten.

Nach den Unruhen von 1936 kam wiederum eine Königliche Kommission, diesmal unter Earl Peel. Sie befand, «dass das Mandat nicht durchführbar war. Die Vorschläge der sechs weisen Engländer basierten auf jenem Prinzip, das König Salomo berühmt gemacht hatte: das Land zwischen den beiden sich bekriegenden Gemeinschaften aufzuteilen». [51] Die «etablierte zionistische Führung» unter David Ben Gurion, wie Yitzhak Shamir in seinen Memoiren sarkastisch bemerkt, akzeptierte den Plan ohne Enthusiasmus und gegen massive Opposition der nationalen Rechten, zu der Shamir gehörte. [52] Ben Gurion «behauptete, dass, wenn nichts anderes, ein jüdischer Staat – so grotesk auch immer seine Umrisse und so verletzlich auch immer er sein möge – wenigstens die Rettung einiger Juden aus Europa möglich machen würde». Die rechtsextremen Untergrundorganisationen «machten sich daran, die Teilung zu bekämpfen, die sie als absurd und sinnlos denunzierten».

Die Araber waren nicht bereit, traditionelle und mehrheitlich arabische Gebiete wie Galiläa aufzugeben; sie beharrten darauf, das ganze Land gehöre ihnen, lehnten den Plan ab und organisierten neue Aktionen. Eine Folge des Peel-Planes war, dass sich die Husseini-Familie und ihre Anhänger endgültig auf die Seite der Rebellion schlugen.

Die Briten gaben die Teilungspläne vorerst auf. Im Mai 1939 veröffentlichte die Regierung ein weiteres Weissbuch, das einem Widerruf der Balfour-Deklaration gleichkam: Jüdische Immigration und Landkäufe sollten rigide limitiert werden; Grossbritannien akzeptierte die arabische Forderung nach Selbstbestimmung. [53] Die Jewish Agency wies das Papier in bitterem Ton zurück und sprach von einem «territorialen Ghetto der Juden in ihrem eigenen Heimatland», das geschaffen werde. Auch die Palästinenser lehnten die neue britische Politik ab; nach ihrer Meinung sollten sofort ein arabischer Staat ausgerufen werden. [54]

Im Sommer 1994, als König Hussein von Jordanien den Kriegszustand mit Israel offiziell für beendet erklärte und sich mit Premierminister Yitzhak Rabin zuerst in Washington, später auch auf jordanischem Boden traf, evozierte er das Andenken an seinen Grossvater Abdullah, den Emir von Transjordanien und ersten Souverän des «Haschemitischen Königreichs». Vor dem US-Kongress sagte Hussein am 26. Juli: «Ich war an der Seite meines Grossvaters, König Abdullah, vor den Toren der al-Aksa-Moschee, als er zum Märtyrer wurde. Er war ein Mann des Friedens, der sein Leben für dieses Ideal hingab. Ich habe mein Leben verbürgt, um seinen Traum zu verwirklichen.» [55]

Tatsächlich konnten sich die Zionisten mit der palästinensischen Führung unter Haj Amin al-Husseini nicht mehr verständigen. Er hatte sich nach Deutschland abgesetzt und schmiedete mit Hitler, mit dessen Aussenminister Ribbentrop und andern Nazigrössen Pläne gegen die Briten und gegen die Juden. Diese wollte Hitler ausrotten – ein Vorhaben, das ihm beinahe gelungen wäre –; mit jenen stand er im Krieg.

Die jüdische Führung in Palästina suchte deshalb nach möglichen Gesprächspartnern unter den Herrschern der umliegenden arabischen Staaten. Aber im Irak, 1932 offiziell unabhängig geworden, gab es starke prodeutsche Tendenzen. Syrien und der Libanon wurden während des Zweiten Weltkriegs vom französischen Vichy-Regime kontrolliert, das mit Deutschland kollaborierte. Und Ägypten war nicht gewillt, offen gegen die Palästinenser zu intervenieren, obwohl König Faruk heimlich hoffte, seinem Land einen Teil Palästinas einverleiben zu können.

Den einzigen Erfolg hatten die Zionisten in Transjordanien: Abdullah war wirtschaftlich und militärisch auf die britische Mandatsmacht angewiesen und hatte gleichzeitig Aspirationen auf Teile Palästinas. Am 17. November 1947 schloss Golda Meir, die spätere Premierministerin, mit Abdullah ein geheimes Abkommen: Nach Abzug der Briten würde Palästina zwischen den Zionisten und Transjordanien aufgeteilt.

Das Mandat kam zu seinem Ende; Grossbritannien, durch den Krieg geschwächt, konnte sich nicht mehr ernsthaft als nahöstliche Schutzmacht aufführen; der neue Nachkriegs-Premier, der Sozialist Clement Attlee, zog die USA heran. Die Erkenntnisse einer anglo-amerikanischen Kommission, eingesetzt im November 1945, gipfelten darin, dass es in Palästina keinen rein jüdischen und keinen rein arabischen Staat geben solle. Die Kommission schlug vor, Palästina unter Verwaltung der Vereinten Nationen zu stellen. [56]

Der britische Aussenminister Ernest Bevin kündigte am 14. Februar 1947 an, dass Grossbritannien das Palästinaproblem der Uno übergeben werde. Diese setzte als erstes nochmals eine Kommission ein – das United Nations Special Committee on Palestine oder UNSCOP –, welche in ihrem Rapport vom 31. August 1947 forderte, das Mandat solle beendet und Palästina in die Unabhängigkeit entlassen werden. [57]

Am 29. November 1947 verabschiedeten die Vereinten Nationen eine Resolution, welche Palästina in zwei unabhängige Staaten aufteilte, einen jüdischen und einen arabischen, und welche Jerusalem und seine

Der UNO-Teilungsplan von 1947

LIBANON

SYRIEN

Nahariya

Safed

Tiberias-See

Haifa

Mittelmeer

Jenin

Nablus

Jordan

Tel-Aviv
Jaffa

TRANS-
JORDANIEN

Jeru-
salem

Gaza

Gush Etzion

Hebron

Totes Meer

Beersheba

al-Arish

ÄGYPTEN

Negev

Sinai

0   50 km

Eilat
Akaba

Grenze des britischen
Mandatsgebiets 1922–47

Der vorgeschlagene
jüdische Staat

Der vorgeschlagene
arabische Staat

Jerusalem und Vororte
wären internationale Zone
geblieben

© Ohmayer GmbH, Zürich

Umgebung zur «internationalen Zone» erklärte. «Das Prinzip, das dem Entscheid zugrunde lag, war, dass zwei intensive nationalistische Strömungen ob Palästina zusammengeprallt waren. Beide hatten ihre Werte und waren doch völlig unvereinbar.» [58]Die Juden akzeptierten, und David Ben Gurion rief am 14. Mai 1948 um Mitternacht den Staat Israel aus. Die Araber lehnten den Uno-Teilungsplan ab und bereiteten sich auf den Krieg vor. Das ist jedenfalls die weithin akzeptierte Kurzform der Ereignisse, die alsbald zum ersten arabisch-israelischen Krieg führten: «Die Araber zogen es 1948 vor, uns „ins Meer zu werfen". Wir haben sie besiegt, unter furchtbaren Opfern. Ein Prozent der israelischen Bevölkerung kam ums Leben. Das Mini-Luxemburg, das die Uno uns zugestand – die Grenzen dieses Mini-Luxemburg sind mit unserem Blut weggewaschen worden», sagte mir Eljakim Haetzni. [59]

Simcha Flapan, ein alter Zionist und früher Friedensaktivist, widerspricht dieser Darstellung: «Das scheinbare Ja Israels zur UN-Teilungsresolution blieb lange die wirksamste Waffe der israelischen Propaganda, auch noch, als man längst begonnen hatte, gegen einen Paragraphen nach dem andern zu verstossen. Noch heute, da Israel die West Bank, die Golanhöhen und den Südlibanon kontrolliert, klammern die Israelis sich an diesen in ihrem nationalen Selbstverständnis und ihren Schulbüchern gleichermassen fest verankerten Mythos.» [60]

In Wirklichkeit, so Flapan, sei das Einverständnis der provisorischen israelischen Regierung zur Teilung des Mandatsgebiets «nur ein taktisches Zugeständnis im Rahmen einer unveränderten Gesamtstrategie» gewesen: «Diese Strategie zielte darauf ab, zunächst einmal die Schaffung eines selbständigen Staates der arabischen Palästinenser zu hintertreiben. ... Des weiteren zielte diese Strategie auf die Ausweitung des von der Uno für den jüdischen Staat ausgewiesenen Territoriums.» [61]

3.6 Judäa und Samaria – vorfabriziert

Die expansionistische Gesamtstrategie der Zionisten wäre beinahe aufgegangen, als Israel im Juni 1967 das Westjordanland, den Gaza-Streifenn und die Golan-Höhen eroberte und mit ihrer Besiedlung begann. Für die Exponenten der Siedlerbewegungen ist das Ergebnis jenes Krieges sozusagen natürlich: «Die Strasse von Hebron über Jerusalem nach Nablus», sagte Eljakim Haetzni, «ist unsere Via Appia», eine Heerstrasse also, eine strategische Arterie. [62]

Wer auf dieser «Via Appia» von Hebron in Richtung Jerusalem fährt, wird mit den Segnungen von Pioniergeist und Profitstreben im Verheissenen Land beglückt. Rechter Hand am Hang die Siedlung Efrat, festungsartig in die judäische (oder palästinensische) Landschaft geklotzt. «Das Eindringen», schrieb der israelische Schriftsteller Amos Oz, «wird nichts mit einer Verschmelzung gemeinsam haben, sondern ein Eindringen von Eroberung, Unterwerfung und Vernichtung sein.» Und: «Wohin führen wir unsere alte, biblische Sehnsucht, wenn ganz Judäa und Samaria mit aus Fertigteilen erbauten Villen überzogen wird?»[63]

760 000 Araber lebten 1985 in den besetzten Gebieten des Westjordanlandes, 1994 waren es fast eine Million, doch für jüdische Siedler ist genug Platz; Platz für Fertigteilsiedlungen, für Containersiedlungen, für Wehrsiedlungen, für Trutzburgen, für strategische Strassen: Über die Hälfte des Westjordanlandes, es ist 5570 Quadratkilometer gross, gehört heute jüdischen Privatleuten, dem jüdischen Nationalfonds, Baukonsortien, Kibbuzim und dem Staat Israel.

Ein kleiner Teil dieses Landes ist seinen arabischen Eigentümern abgekauft worden. Ein anderer Teil stammt von Enteignungen für angebliche Verteidigungszwecke. Weitere grosse Stücke haben skrupellose Spekulanten von arabischen Besitzern mit gefälschten Verträgen ertrogen. Einiges Land hatte vor dem Krieg dem jordanischen Staat gehört, und Israel «erbte» es. Den grössten Teil jedoch eigneten sich die Israelis mit einem legalistischen Trick an: Sie erklärten alles Territorium, an dem niemand sonst Eigentum nachweisen konnte oder das seit mehr als zehn Jahren nicht bebaut worden war, für «verlassenes Eigentum», das dem Staat zufalle. Den palästinensischen Besitzern gelang es oft nicht, die geforderten Dokumente beizubringen, die ihre Rechte belegten; oder sie konnten die teuren Anwalts- und Kanzleikosten nicht aufbringen; oder sie hatten vor israelischen Gerichten keine Chance.

Aber die Träume von einem Grossisrael sind nicht Realität geworden. Von einer Million Juden in «Judäa und Samaria» schwärmte Menachem Begin, als er 1977 Premierminister wurde – das Land sollte demographisch erobert werden, eine jüdische Mehrheit sollte jede Verhandlung über die Rückgabe unmöglich machen. 1985 lebten 42 000 bis 55 000 Juden im Westjordanland, je nach politischem Standpunkt des Schätzenden; 1994 waren es gegen 300 000, wenn man die Bewohnerinnen und Bewohner der Neubauviertel rund um Jerusalem dazurechnete.

Weiter auf der «Via Appia», vor Bethlehem, weist eine Tafel zur Linken nach Gush Ezion, dem Block Zions. Am 12. Mai 1948 hatten Soldaten der Arabischen Legion den Zionsblock überrannt; 150 Juden kamen ums Leben. Am 24. September 1967, zweieinhalb Monate nach der israelischen Eroberung des Westjordanlandes, präsentierte Premier Levi Eshkol Pläne für die Wiederbesiedlung. Drei Tage später marschierten die ersten Jugendlichen auf, zumeist Nachkommen jener Juden, die 1948 vertrieben oder umgebracht worden waren.

Die neuen Siedler verstehen sich als legitime Nachfahren der ersten Zionisten. Einen Unterschied gibt es allerdings. Gush Ezion war früher eine Pioniersiedlung laizistischer, sozialistischer Kibbuzniks; heute wird der Ort von einer massigen Yeshiva, einer religiösen Schule, dominiert, ein weisser Kubus, der weit herum sichtbar in der Sonne leuchtet und die eher schäbigen Reihenwohnhäuser in den Schatten stellt. Die Siedler haben zur Religion zurückgefunden, zu einer radikalen Religiosität, die in ihrer Ausschliesslichkeit extremistische Tendenzen nährt.

Es ist inzwischen Oktober 1985. Die Spirale der Gewalt, wie man das im Journalistenjargon nennt, hat sich weiter gedreht: Im Hafen von Larnaca auf Zypern sind drei israelische Touristen auf ihrer Jacht umgebracht worden, wahrscheinlich von Männern der «Force 17», einer PLO-Gruppierung, deren Hauptaufgabe die Bewachung Yassir Arafats ist. Die PLO behauptet, eine der Getöteten sei Sylvia Raphael gewesen, eine Agentin des israelischen Geheimdienstes Mossad, und sie habe den Mord am ehemaligen Chef des PLO-Sicherheitsdepartements, Ali Hassan Salameh, vorbereitet.

Angeblich zur Vergeltung hat die israelische Luftwaffe einen lange im voraus geplanten Luftangriff gegen das «Force 17»-Hauptquartier in Tunesien geflogen. Im bombardierten Quartier ausserhalb der Hauptstadt Tunis hatte PLO-Chef Yassir Arafat gelegentlich geschlafen. Auch er war ein Ziel des Angriffs, aber er war angeblich gerade beim Frühsport, als die Israelis zuschlugen. «Das Joggen hat mir das Leben gerettet», wird er später behaupten und so zum Mythos beitragen, einen «Riecher für Gefahr» zu haben. 24 Palästinenser und 14 Tunesier wurden getötet, nach andern Angaben starben sogar 73 Menschen.

Jetzt ist die Reihe an der «Palästinensischen Befreiungsfront» (PLF) von Abul Abbas: Sie plant die Entführung des italienischen Kreuzfahrtschiffes «Achille Lauro» bei seiner Einfahrt in den israelischen Hafen von Ashdod und die Sprengung eines Munitionsdepots. Doch die PLF-Männer geraten in Panik, als das Gerücht aufkommt, israelische Agenten hätten ihren Plan aufgedeckt. Sie bringen das Schiff schon kurz nach der Ausfahrt aus dem ägyptischen Hafen Alexandria in ihre Gewalt, halten 80 Passagiere als Geiseln und erschiessen einen behinderten jüdischen Passagier, Leon Klinghoffer, dessen Leiche sie im Rollstuhl über Bord stossen.

In den besetzten Gebieten explodieren gewalttätige Demonstrationen und Streiks; sie geben einen Vorgeschmack auf die Intifada, die gut zwei Jahre später ausbrechen wird. Juden feiern enthusiastisch den «genialen Handstreich gegen Yassir Arafats Terroristen» im 2000 Kilometer entfernten Tunesien; Palästinenser fühlen sich einmal mehr gedemütigt. Das

64

israelische Militär, noch im Frühjahr kaum präsent, markiert in arabischen Dörfern und Städten Stärke. In Hebron werden vier junge Palästinenser erschossen, ein fünfter schwer verletzt.

Die Landschaft nördlich von Jerusalem, zwischen Ramalla und Nablus, hügelauf und hügelab, würde von Pilgertouristen wohl als «biblisch» bezeichnet. Die Abhänge, viele von ihnen seit Jahrhunderten terrassiert, sind mit Olivenbäumen bepflanzt: Ölberge, wie sie in der Bibel heissen. Von weitem sind die stehenden Kolonnen zu sehen: Wer eine grüne oder blaue Kontrollnummer am Auto hat und sich damit als Araber aus dem Westjordanland zu erkennen gibt, muss mit Schikanen, erniedrigenden Prozeduren und langer Warterei rechnen. Wenn er Pech hat, werden das ganze Taxi und das Gepäck aller Mitfahrer auseinandergenommen. Hat er noch mehr Pech, verschwindet er für unbestimmte Zeit in einem Gefängnis. Wessen Auto hingegen eine gelbe Nummer ziert – jene aus dem israelischen «Kernland», sie steht auch den jüdischen Siedlern in den okkupierten Territorien zu – wird durchgewunken, fährt cool an den wartenden Taxis und Bussen und Lastwagen vorbei, von Menschen angestarrt, denen die Wut im Gesicht steht. In Eli, einer Siedlung aus einem guten Dutzend vorfabrizierter Häuser zwischen Ramalla und Nablus, haben sich Tausende von Gush-Emunim-Anhängern versammelt; sie werden weiträumig von der Polizei abgeschirmt. Eli, ein verlorener Posten weit draussen im Land der Araber, soll eine richtige Siedlung werden; heute ist Einweihung.[64] Ein Kinderchor singt zu Tonbandmusik; dann spielt eine jiddische Folkloregruppe. Wohnbauminister David Levy vom Likud-Block hält eine kurze, flammende Rede.[65] Ein Rabbiner aus den USA spricht den Segen. Kinder purzeln auf dem abschüssigen Terrain, ihre Mütter tragen trotz der Hitze dunkle Strümpfe, langärmlige Kleider und Kopftücher. Junge Männer und Frauen, die Maschinenpistolen lässig über die Schultern gehängt, und Familienväter mit Revolvern im Hosenbund machen klar, was die Feinde erwartet. «Gush Emunim», sagt der junge, bärtige Mann am Informationsstand, «ist keine Partei, sondern ein Gefühl, das im Herzen getragen wird.»

Eli ist nur wenige Kilometer von Nablus entfernt. Es ist mit etwa 70 000 Einwohnern neben Ost-Jerusalem und Hebron die grösste arabische Stadt im Westjordanland. Nablus ist nicht nur Flüchtlingselend; Nablus ist auch steingewordene palästinensische Widersprüchlichkeit: Rund um die Stadt, an den Flanken der Hügel, protzen gleissende Villen mit Säulenvorhallen, mit breiten Garagen für mehrere Autos, mit ausladenden Terrassen, Veranden und Gärten. Hier hat sich die palästinensische Schickeria niedergelassen; hier leben jene, die ihre Geschäfte mit Israel oder Jordanien oder mit beiden und sämtlichen andern arabischen Staaten machen.

Hatem Abu Ghazala ist Arzt und einer der palästinensischen Wortführer von Nablus, Mitglied des Palästinensischen Nationalrats PNC, des Exilparlaments. «Meine Aufgabe», sagt der Doktor, «ist, über die Leiden des palästinensischen Volkes zu reden.» [66]

Welches sind denn die Leiden seines Volkes? «Wir werden willkürlich verhaftet. Unsere Schulen werden willkürlich geschlossen. Unsere Häuser werden gesprengt, ohne Gerichtsverfahren, ohne dass wir angehört würden. Wir werden erniedrigt und gedemütigt. Wir haben in unserer eigenen Stadt nichts zu sagen; sie wird von einem israelischen Militärgouverneur regiert.» Und weiter? «Die Israelis haben unsere ökonomische Entwicklung gestoppt.»

Das trifft allerdings kaum zu: «Nablus hat sich flächenmässig seit der Besetzung um das Vier- bis Fünffache vergrössert», sagt mir Mohammed al-Masri, Angehöriger einer führenden Familie und reicher Fabrikant. [67] Auf drängende Fragen meines Begleiters Israel Stockmann, der die Vorwürfe nicht auf den Israelis sitzen lassen will, räumt Masri ein: «Trotz der Wirtschaftskrise in Israel geht es uns ökonomisch seit 1967 besser als vorher.»

Doktor Abu Ghazala hat eine Erklärung: «Ein Kapitalist bleibt ein Kapitalist. Wir haben zwei bis drei Prozent Millionäre in Nablus. Sobald sie mit den Israelis kollaborieren, können sie expandieren, können kommen und gehen, wie sie wollen.»

Der Doktor, ein Mann mit schütterem, weissem Haar und einem ausgefransten, gelblichen Schnurrbart, hat gerade gesagt, dass er nicht mehr an eine friedliche Lösung glaube: «Ich bin gegen die Anwendung von Gewalt. Aber die Israelis können uns nicht auf alle Zeiten hinhalten. Zwanzig Jahre sind genug. Wenn sie uns weiter unterdrücken, müssen sie sich auf bewaffneten Widerstand gefasst machen.» Eine prophetische Bemerkung, wie sich wenige Jahre später weisen sollte. «Wir Alten sind zwar müde, aber die Jungen werden ungeduldig, das sage ich Ihnen.»

«Hör nicht auf ihn», warnt mich Stockmann im Flüsterton: «Er ist ein Propagandist der PLO.» Da klingelt das Telefon. Abu Ghazala antwortet, erbleicht, reicht wortlos den Hörer herüber. In gebrochenem Arabisch stösst der Anrufer Morddrohungen gegen den Arzt aus; eindeutig ein Israeli, stellt Stockmann fest.

4   Israel ohne Araber

Verlorene Kriege, verlorene Heimat

> «Wie man rückblickend erkennt, zielte der Plan (der Zionisten) auf
> nichts anderes ab als auf Annexion – die Zerstörung arabischer Dörfer,
> an deren Stelle anschliessend jüdische Dörfer entstehen sollten.»
> (Simcha Flapan: «Die Geburt Israels – Mythos und Wirklichkeit»,
> S. 63/64.)

Shlomo Gold war mir als Spezialist im israelischen Verteidigungsministrium
vorgestellt worden, der mit der Beschaffung und Auswertung von Informationen zu tun habe. [1] Ich hatte einen hartgesottenen Spion erwartet
und war erstaunt, als er vor unserer Tafelrunde sein politisches Credo aus-
breitete – oder seine den ausländischen Journalisten reservierte Tischrede,
wer weiss: «Ich gehöre zu den „Tauben", und momentan herrschen die „Falken", wie ihr wisst. Ich bin dafür, dass wir zusammen mit den Palästinensern eine friedliche Lösung suchen. Im Gegensatz zu unserem Premierminister bin ich dafür, dass wir erobertes Land im Austausch gegen
unumstössliche und international abgesicherte Friedensgarantien abtreten
sollten.» [2]
   «Alles eroberte Land?» «Am Ende ja, alles.»
   «Auch Jerusalem?»
   «Alles ausser Jerusalem.»
   «Aber du weisst genau, dass die Palästinenser auch den besetzten arabischen Teil Jerusalems zurückhaben wollen. Jerusalem könnte nie aus einer
umfassenden Lösung ausgeschlossen werden», wende ich ein.
   «Jerusalem hat für uns eine ganz besondere Bedeutung, einen senti-
mentalen Wert, wenn man so sagen kann. Nenn es meinetwegen historisch-
politische Mythologie oder wie auch immer. Wir fühlen uns dieser Stadt
verbunden wie keiner andern. Mit dem ewigen Jerusalem, um das wir gelitten haben, aus dem wir mehrmals vertrieben worden sind, zuletzt 1948, vor
nur 40 Jahren. Ich könnte sogar davon überzeugt werden, vielleicht, dass
wir auch über Jerusalem verhandeln. Aber erst am Schluss; erst, wenn alles
andere geregelt ist. Vielleicht könnte man eine Lösung finden mit selbstver-
walteten Stadtteilen der einzelnen Gemeinschaften und einer gemeinsamen
jüdisch-christlich-muslimischen Zentralverwaltung», mein Gold.
   «Du reduzierst damit den Streit um Jerusalem auf eine religiöse Dimension, und das ist falsch, meiner Meinung nach», werfe ich ein: «Gerade

für eure jetzige Regierung ist Jerusalem in erster Linie ein politischer Faktor, ein Machtmittel. Indem ihr Jerusalem beherrscht, macht Ihr den Arabern ein für allemal klar, dass sie keine Chence gegen Euch haben. Dass sie nur dann eine Lösung bekommen, wenn sie sich unterwerfen. Ich glaube aber, dass eure Haltung einer echten Lösung im Weg steht. Ich weiss nicht, ob Eure Sturheit nicht eines Tages auf Euch zurückfallen wird.»

«Du siehst das falsch. Unsere Sturheit ist in Wirklichkeit Handlungsunfähigkeit. Wir haben keine stabile Regierung, und nur eine stabile Regierung, die sich auf eine klare Mehrheit stützt, könnte wirklich handeln. Begin konnte mit den Ägyptern Frieden machen, weil er einer stabilen Regierung vorstand.[3] Jetzt läuft nichts, international, weil bei uns intern alles wackelt», sagt Gold.

«Dafür könnt ihr kaum die Araber verantwortlich machen», sage ich.

«Natürlich nicht. Wir sind selber verantwortlich», bestätigt Gold.

«Und die Araber müssen die Konsequenzen tragen? Weil ihr handlungsunfähig seid, könnt ihr keinen Frieden schliessen, und sie bekommen ihr Land nicht zurück?»

Der erste israelisch-arabische Krieg, den die Israelis Unabhängigkeitskrieg nennen, begann nicht mit der Unabhängigkeit Israels, sondern «sechs Monate zuvor, am Tag, nachdem die UN für die Teilung gestimmt hatte, weil die Araber bereit waren, uns daran zu hindern, den Plan zur Erfüllung zu bringen», schrieb Yitzhak Rabin.[4] Weil die Araber «klar eine Politik des Alles oder Nichts – was hiess, alles für sie, nichts für uns» betrieben, so Rabin in seiner Autobiographie, begannen die Streitkräfte des künftigen Staates Israel ihren eigenen Krieg, den ersten in einer längeren Reihe von «Präventivschlägen». Auch die Ziele waren zum voraus klar: «Der erste arabisch-israelische Krieg entwickelte sich rasch zu einem Grapschen nach Land».[5] Erstes Objekt der jüdischen Streitkräfte, in der Haganah und den 1941 gegründeten Eliteeinheiten der Palmach organisiert, war Jerusalem. Die Stadt hätte laut dem Uno-Teilungsplan nicht zum künftigen jüdischen Staat gehört. Doch die politische Führung des Yishuv, die den Plan theoretisch akzeptiert hatte, wollte in Wirklichkeit nicht auf die «Heilige Stadt» verzichten. «Über 90 000 Juden lebten in Jerusalem», schreibt Rabin, «was sie nicht nur zur überwältigenden Mehrheit der Bevölkerung der Stadt machte, sondern auch zu einer substantiellen Portion der jüdischen Bevölkerung des gesamten Landes (die sich auf etwa 600 000 Leute belief).» Die Zionisten waren auf den Kampf vorbereitet: Neben der Haganah und der Palmach, den «offiziellen» Streitkräften des Yishuv, operierten rechtsnationale Guerillaorganisationen, die Irgun Zvai Leumi[6], abgekürzt IZL, als Etzel bekanntgeworden, und die Lohamei Herut Yisrael, auch Lehi genannt.[7]

Der einstige Irgun-Aktivist und spätere Premierminister Yitzhak Shamir, in Israel wegen seiner Körpergrösse der «kleine Terrorist» genannt, gibt in seinen Memoiren eine schwärmerische Schilderung des Irgun-Untergrunds: «Hier war ich, zwanzig Jahre alt, exakt, wo ich sein wollte. ... Alle von uns hier, schliesslich, was immer unsere persönliches Sicht des Zionsumus, unsere unterschiedlichen Hintergründe und Gewohnheiten waren, teilten eine kollektive Hoffnung und eine sehr lange Vergangenheit.» [8]

Die Irgun hatte bald ihre «Märtyrer», wie der palästinensische Untergrund die seinen. Der erste Jude, der in Palästina gehenkt wurde, war der Irgun-Aktivist Shlomo Ben-Yosef, verurteilte von einem britischen Militärgericht. Die Reaktion auf die Exekution war genau von der Qualität, die israelische Politiker, und besonders lautstark Shamir selbst, in Zukunft als «Terrorismus» apostrophierten – wenn es eine Reaktion von Arabern war: «1942 explodierte eine Mine in einer... Wohnung in Tel Aviv; drei Polizisten, die dahin gerufen worden waren, versuchten, die Türe aufzusprengen, und die Explosion einer zweiten Mine tötete sie. Einer war der Polizeioffizier, der Ben-Yosef gehenkt hatte. Es hatte vier Jahre gebraucht, aber das Konto war ausgeglichen.» [9]

Nachdem Grossbritannien 1939 sein «Weissbuch» publiziert hatte, das die jüdische Immigration beschränken wollte, lancierte die Irgun eine Mordkampagne gegen britische Beamte in Palästina. Wenig später kehrte sie ihre Politik um und forderte ihre Mitglieder auf, der britischen Armee beizutreten. Im November 1943 wurde Menachem Begin, ein anderer späterer Premier, Irgun-Kommandant, und er wendete deren Politik erneut um 180 Grad: Am 1. Februar 1944 erklärte er den Briten den Krieg, weil sie «das jüdische Volk verraten» hätten.

Lehi propagierte zur Lösung des «Palästinaproblems» den «Bevölkerungstransfer», nichts anderes als ein verniedlichender Ausdruck für die gewaltsame Abschiebung der Palästinenser über die Grenzen des «jüdischen Heimatlandes» hinaus. Avraham Stern wurde 1942 in Tel Aviv von Polizisten erschossen; die Organisation erhielt ein Dreiergremium als Führung, dem Shamir angehörte.

Die Haganah und die sozialistische Führung des Yishuv hatten die Irgun und Lehi stets mit Verachtung behandelt. Aber nach 1948 wurden die meisten Kämpfer der revisionistischen Gruppen in die neuen «Israelischen Verteidigungskräfte» (IDF oder «Zahal») übernommen; Mitgliedschaft bei den einst offiziell verpönten Organisationen berechtigte zu einer staatlichen Rente [10].

Die neue Labour-Regierung, die im Juli 1945 in London das konservative Kabinett von Winston Churchill ablöste, hatte ebenfalls keine kreativen Ideen. Die israelischen Sozialisten hatten gehofft, ihre Parteifreunde in Grossbritannien würden ihren Plänen entgegenkommen; sie sahen sich rasch enttäuscht. Die Briten riegelten Palästian zusehends ab; ihre Marine kaperte Schiffe mit Einwanderern; Juden, die gerade den europäischen Vernichtungslagern entkommen waren, wurden in neuen, britischen Gefangenenlagern vor allem auf der Insel Zypern interniert. Haganah und Irgun überboten einander in tollkühnen Aktionen zur Einschleusung illegaler Immigranten, und die Irgun lancierte eine neue Terrorkampagne. Sie gipfelte am 26. Juli 1946 im Bombenattentat gegen das King-David-Hotel in Jerusalem, wo sich das Hauptquartier der britischen Armee befand. 91 Menschen wurden getötet, Engländer, Araber und Juden.

Schliesslich setzten auch die USA Grossbritannien unter Druck: Präsident Harry Truman, der für die Kongresswahlen im November 1946 auf die jüdischen Stimmen angewiesen war, verlangte, Palästina müsse mindestens 100 000 zusätzliche Juden aufnehmen. So begann jene besondere Beziehung zwischen Israel und der Grossmacht USA, die bis heute darin besteht, dass US-Regierungen und -Präsidenten praktisch jeden Wunsch Israels erfüllen müssen, wenn sie nicht die Unterstützung der relativ kleinen, aber politisch aktiven jüdischen Gemeinschaften in den USA und ihrer mächtigen Medien verlieren wollen.

Die Irgun wies auch den Uno-Teilungsplan von 1947 zurück und führte ihre Terrorkampagne gegen Araber fort; ihr Ziel war ein jüdischer Staat auf dem gesamten britischen Mandatsgebiet Palästina. Berüchtigt wurde Menachem Begins Organisation unter anderem durch das Massaker im Dorf Deir Yassin bei Jerusalem, dem im April 1948 über 250 Frauen, Kinder und Männer zum Opfer fielen.

Am 20. September 1948 wurde die Irgun aufgelöst, nachdem es der mit ihr rivalisierenden Schwesterorganisation Lehi zuvor noch gelungen war, den Vermittler der Uno, den schwedischen Grafen Folke Bernadotte, zu ermorden.

4.1   Wie einst Dschinghis Khan

Wir sitzen im Restaurant des Hospizes «Notre Dame de France», eines düsteren Monuments des katholischen Grössenwahns, erbaut 1888 an einer Stelle, die 60 Jahre später, nach dem ersten israelisch-arabischen Krieg, als «grüne Linie» Jerusalem teilen sollte. Sarah Weizenbaum mit der dünnen Stimme, deren gichtige Hände zittern, wenn sie sich eine Zigarette ansteckt, wirkt zerbrechlich zwischen ihrem mächtigen, vollbärtigen Mann David und dem robusten Shlomo Gold. Gold und Weizenbaum, Forscher

70

an einer israelischen Universität, wenn man seiner Visitenkarte glauben darf, hatten im Krieg von 1967, Gold 25, Weizenbaum knapp 40 Jahre alt, auf dem Dach ebendieses Steinkolosses mit seinen 546 Pilgerzellen ausgeharrt, in dessen Erdgeschoss wir jetzt bei diskreter Beleuchtung teure französische Speisen und israelische Weine bestellen. Sie observierten die Schlacht um Jerusalem und meldeten ihre Erkenntnisse an die Armeekommandos weiter.

Schon 1948, im ersten Krieg, war «Notre Dame» ein strategisches Gebäude gewesen, eine Festung inmitten der Brandung, mit Ausblick über die Altstadt von Jerusalem, welche die Juden damals nicht erobern konnten, 19 Jahre später aber sehr wohl. Fotos aus jener Zeit zeigen das Hospiz mit einem mehrstöckigen Loch in der Fassade.

Weizenbaum redet eindringlich: «Für uns hat Jerusalem eine ganz besondere Bedeutung. Wir haben darum gekämpft; ich schon 1948, da war Shlomo noch zu jung; und 1967 haben wir gemeinsam gekämpft. Wir haben unser Leben für diese Stadt aufs Spiel gesetzt, weil ihre Befreiung für uns so etwas wie eine Wiedergeburt war – oder jedenfalls die Erfüllung eines uralten Traumes. Ich glaube, mir hätte es nichts ausgemacht, für Jerusalem zu sterben, für die Erfüllung dieses Traumes zu sterben. Deshalb kann ich nicht objektiv sein. Kein Jude kann objektiv sein, wenn es um Jerusalem geht.»

Gold pflichtet bei: «Wir haben unser Leben für Jerusalem riskiert. Obwohl ich in Tel Aviv lebe und mich dort viel wohler fühle. Jerusalem ist nicht in erster Linie eine Stadt, sondern ein Symbol. Ein Symbol der Rettung, nachdem wir kurz zuvor als Volk beinahe ausgerottet worden wären.»

Bis vor einigen Jahren war die Geschichte Israels mindestens für israelische Geschichtsschreiber eine simple Angelegenheit: 1948 wurde der durch Uno-Dekret legitimierte Staat Israel von Araberhorden angegriffen; er musste sich verteidigen. Die in Zahl und Qualität ihrer Waffen wie im Bestand ihrer Truppen unterlegenen Israelis gewannen durch schieres Glück und wegen der Überlegenheit ihrer Sache, die den jungen Kriegern Mut und Zuversicht einflösste, sowie wegen ihrer moralischen Stärke. Dass dieser Befreiungskampf 600 000 oder auch 700 000 oder 760 000 Palästinenserinnen und Palästinenser zu Flüchtlingen machte, schrieb die israelische Historie der Führung der Araber zu, die ihre Leute in Erwartung eines raschen Sieges per Radio aufforderte, Häuser und Dörfer vorübergehend zu verlassen.

Mit dem Wandel, dem die Region unterworfen ist, hat sich auch das israelische Geschichtsbild graduell verändert: Eine kritischere Garde von Historikern ist nicht mehr bereit, Tatsachen zu unterdrücken und zu verfälschen und die unvoreingenommene Forschung einer staatserhaltenden

Ideologie zu opfern. Zu diesen Leuten gehört Benny Morris, der reklamiert, Generationen von Israelis seien «mit Halbwahrheiten und Lügen» abgespeist worden. [11] Morris räumt in seinem 1987 publizierten Werk «The Birth of the Palestinian Refugee Problem, 1947–1949» mit einigen israelischen Geschichtsmythen auf.

Die Mär von der «freiwilligen» oder sogar durch ihre Führung «angezettelten» Flucht der Palästinenser ist schon seit längerem überholt: «Ungefähr ein Drittel der palästinensischen Flüchtlinge beschloss aus eigenen Stücken zu fliehen, vor allem am Anfang des Krieges. Ein weiteres Drittel floh aufgrund psychologischer Massnahmen der Juden. Man sagte ihnen, es sei besser für sie, freiwillig zu gehen, als erobert zu werden. Das letzte Drittel wurde regelrecht durch Gewalt vertrieben», sagte Meir Pail, ein Ex-Major der Palmach. [12]

Das Buch von Benny Morris ist zum Bersten gefüllt mit minuziösen Details über jedes Dorf, jeden Weiler, jede Stadt, welche die Palästinenserinnen und Palästinenser in Panik aufgaben und den nachrückenden jüdischen Truppen überliessen. Die Juden begingen Massaker, nicht nur jenes von Deir Yassin, sondern auch eines in Lyddah (heute Lod) bei Tel Aviv, wo, als Antwort auf die Aktivität einiger Heckenschützen, etwa 250 Zivilisten getötet wurden. Diese Massaker lösten neue Flüchtlingsströme aus; das, was bis heute euphemistisch das «Palästinenserproblem» genannt wird, nahm seinen Anfang.

Yitzhak Rabin beklagt sich in seinen Memoiren über den Zustand der jüdischen Streitkräfte vor der Unabhängigkeit: «Die Führung des Yishuv hatte nicht genug Waffen von der notwendigen Qualität vorbereitet, und die Kampfverbände waren nicht genügend trainiert. Kein anderes Volk hat so wenige, so schlecht bewaffnete [Leute] damit beauftragt, seine Unabhängigkeit zu gewinnen und zu bewahren.» [13]

Tatsächlich waren die entschlossenen Kämpfer der Haganah und des Palmach und die fanatisierten IZL- und Lehi-Mitglieder vor dem Unabhängigkeitskrieg den dörflichen arabischen Milizen zahlenmässig und von der Qualität ihrer Bewaffnung her überlegen, wie Morris und andere «neue» Historiker belegen. Die arabischen Milizionäre waren kaum ausgebildet, mit antiken Waffen ausgerüstet, und vor allem gab es nicht die Spur einer Koordination.

Zwischen Februar und Mai 1948 konsolidierten die jüdischen Streitkräfte ihren Halt innerhalb jener Zone, welche die Uno dem jüdischen Staat zuerkannt hatte, und eroberten strategische Positionen ausserhalb. Nach dem Massaker von Deir Yassin und andern Übergriffen hatte die palästinensische Bevölkerung im Gebiet des zukünftigen Israel sich zu einem Massenexodus aufgemacht; in Dörfern und Städten, aus denen die Araber vertrieben werden sollten, verkehrten Lautsprecherwagen der jüdischen Kampfverbände, welche die Leute zur Flucht aufriefen und sie auf das Schicksal der Bewohner von Deir Yassin aufmerksam machten.

Die Strategie der politischen Führung, der Haganah und der Palmach war von Anfang an nicht nur defensiv. Ben Gurion hatte die britischen Teilungspläne der dreissiger Jahre akzeptiert, «nicht, weil er zufrieden ist mit einem Teil des Landes, sondern aufgrund der Annahme, dass, wenn wir nach Etablierung des Staates eine grosse Streitmacht gebildet haben – wir die Teilung des Landes (zwischen Juden und Arabern) aufheben und uns über das ganze Land Israel ausdehnen werden», wie es im Protokolle eines Treffens der Exekutive der Jewish Agency am 7. Juni 1938 heisst. [14] Ben Gurion war nicht der einzige, der eine schleichende Expansion anstrebte; in diesem Ziel waren sich viele Sozialisten und alle ihre rechtsnationalen Gegner einig. [15]

Die Palästinenser mussten also davon ausgehen, dass die Zionisten längerfristig ihre Vertreibung anstrebten. An einer Konferenz der arabischen Aussenminister in Kairo im Dezember 1947 fassten britische Beobachter die Stimmung so zusammen: Das langfristige Ziel der Juden sei «die Erwerbung von ganz Palästina, ganz Transjordanien und möglicherweise einige Landstriche im Südlibanon und in Südsyrien». [16] Wer 1994 Israels Karten studiert, wird sehen, dass es sich bei diesem düsteren Szenario der Araber nur teilweise um eine sich selbst erfüllende Prophezeiung handelte: Transjordanien ist, als Königreich Jordanien, ein eigenständiger Staat geblieben; ganz Palästina hingegen sowie die syrischen Golan-Höhen und ein Teil des Südlibanon sind in den Händen Israels.

Als sich am 14. Mai 1948 die letzten britischen Beamten und Soldaten unzeremoniell aus Palästina davonmachten, hatte die politische Führung des Yishuv, die um Mitternacht den neuen Staat ausrief, ihre ersten Kriegsziele bereits erreicht: Ein Korridor von Tel Aviv nach Jerusalem war geöffnet und gesichert; arabische Städte wie Jaffa (50 000 Vertriebene) und Haifa (65 000 Vertriebene) waren geräumt.

Die Yishuv hatte nur einen schweren Verlust erlitten: Nachdem Kfar Ezion, das Hauptdorf im Zionsblock, einer Ansammlung jüdischer Siedlungen zwischen Bethlehem und Hebron, ab dem 13. April mehrere arabische Attacken abgewehrt hatte, fiel es am 12. Mai. Die Angreifer massakrierten die Bevölkerung; nur vier von über 100 Bewohnern überlebten. Zwei Tage später fiel das letzte Dorf im Zionsblock, Ein Tzurim.

König Abdullah versuchte zu retten, was zu retten war. «Nachdem die Juden Ende April den südlichen Teil Jerusalems angegriffen hatten, war sogar der syrische Premierminister gezwungen, die Pilgerfahrt (nach Amman) zu machen. Als die palästinensischen Städte Tiberias, Haifa, Safad und

Jaffa fielen, kamen Palästinenser in zunehmender Zahl nach Amman und baten ihn, ihre Städte zu schützen.»[17] In der Nacht auf den 11. Mai 1948 traf sich Abdullah ein letztes Mal mit Golda Meir, die als Araberin verkleidet nach Amman gekommen war. Abdullah, beunruhigt und gequält flehte sie vergebens an, die Ausrufung des Staates Israel hinauszuzögern.[18]

Die arabischen Staaten pressten Abdullah zu stärkerem Engagement; auch die Palästinenser versuchten, ihn unter Druck zu setzen. Aber dem König waren die Hände gebunden. Seine Armee, die «Arabische Legion», wurde von Grossbritannien finanziert und ausgerüstet; viele ihrer Offiziere waren Briten; Oberkommandierender war der britische General John Bagot Glubb («Glubb Pasha»). Dieser drückte gegenüber dem britischen Botschafter in Amman, Alec Kirkbride, seine doppelte Loyalität so aus: «Theoretisch bin ich ein Abenteurer, der seine Dienste als Söldner einer fremden Regierung zur Verfügung gestellt hat. In Wirklichkeit spielt die Arabische Legion eine Rolle in der britischen Strategie, und die britische Regierung gibt jedes Jahr Millionen dafür aus. Ich bin deshalb der Ansicht, dass ich in meiner gegenwärtigen Stellung der britischen Regierung diene.»[19]

Die britische Regierung hatte das gesamte Gebiet, das dem künftigen Staat Israel von der Uno zugewiesen worden war, gegenüber Abdullah und Glubb für «off limits» erklärt.[20] Die beste arabische Armee stand also für einen Angriff gegen das Herzland des neuen Staates Israel überhaupt nicht zur Verfügung. Sie marschierte am 15. Mai 1948 über den Jordan und in die Hügel um Ramallah und Nablus, dem Kernland der Palästinenser – der Eingesessenen wie der Flüchtlinge der vergangenen Monate.

Zwei Infanteriekompanien wurden auf dem Ölberg bei Jerusalem stationiert, griffen aber nicht in die Kämpfe ein. Während zweier Tage ignorierte der General wiederholt Befehle Abdullahs zum Angriff; erst am 19. Mai schlug er zu. Nach heftigen Kämpfen eroberte die jordanisch-britische Armee am 28. Mai das jüdische Quartier in der Altstadt von Jerusalem. Die überlebenden 1300 Bewohner, meist orthodoxe Juden, wurden vertrieben.

Von den übrigen Armeen, die am 15. Mai angriffen, war nur die ägyptische ein ernstzunehmender Faktor. Ihr gelang es, grosse Teile des Negev zu besetzen, der laut Uno-Teilungsplan zu Israel gehören sollte, und bis 15 Kilometer vor Tel Aviv vorzurücken. Ausserdem eroberten die Ägypter Hebron und Bethlehem, die eigentlich Teil des neuen Palästinenserstaates werden sollten.

Doch effektiv scheiterten die Ägypter: Azzam Pasha, Generalsekretär der Arabischen Liga, hatte grossspurig verkündet, die Araber würden «wie einst Dschinghis Khan oder Tamerlan» in Palästina einfallen. Die Juden, mit andern Worten, sollten niedergemetzelt, ins Meer geworfen, vernichtet

Der arabisch-israelische Krieg 1948–49

LIBANON

SYRIEN

Mittelmeer

Nahariya

Haifa

Beit Schean

Jenin

Jordan

Kalkiliya

TRANS-JORDANIEN

Tel-Aviv
Jaffa

WEST-JORDAN-LAND

Amman

Jerusalem

Gaza

Hebron

Totes Meer

Rafah

al-Arish

ÄGYPTEN

Neger

Sinai

Unter israelischer Kontrolle
am 1. Juni 1948

Erobert durch Israel
1948/49

Grenzen des Staates
Israel 1949–67

0   30 km

Taba   Akaba

© Ohmayer GmbH, Zürich

werden. In Wirklichkeit hatten die Juden zwar den regulären arabischen Armeen zu Beginn keine ebenbürtige Bewaffnung entgegenzuhalten; sie besassen keine Panzer und kaum Artillerie, dafür, anders, als es die populäre Meinung will, eine zahlenmässig überlegene Streitmacht: «Bis Mai 1948», schrieb Morris, «hatte die Haganah in stehenden militärischen Formationen 35 780 Leute mobilisiert – 5500 mehr als die Gesamtzahl der regulären arabischen Armeen.» Die IDF als Nachfolger der Haganah zählte im Juli 1948 bereits 63 000 Mann.

Vor allem hatten die jüdischen Streitkräfte eine effizientere Befehls- und Organisationsstruktur, einen zentralisierten Generalstab mit logistischen, nachrichtendienstlichen und operationellen Branchen. Die arabischen Armeen standen zwar theoretisch unter dem Oberkommando von König Abdullah; zwei Tage vor dem Ende des Mandats hatte sich die politische Kommission der Arabischen Liga in Amman darauf geeinigt, dass Transjordanien, der Libanon, Syrien, der Irak und Ägypten Truppen senden würden. Aber eine gemeinsame Strategie gab es nicht; die beteiligten Regime hatten unterschiedliche Intentionen. Abdullah war nur daran interessiert, sein Wüstenreich um das fruchtbare Westjordanland und Jerusalem zu erweitern.

Darüber, wie die Iraker auf den Krieg vorbereitet waren, zirkuliert in Amman noch heute eine Anekdote: Eine mechanisierte irakische Kompanie, auf dem Weg nach Palästina, machte vor dem Hotel Philadelphia beim römischen Amphitheater in Ammans Stadtzentrum halt; die Offiziere begaben sich auf die Suche nach Landkarten Palästinas; der Manager des Hotels erbarmte sich und nahm eine grosse Touristenkarte von der Wand im Esssaal; so ausgerüstet, rollten die Iraker weiter Richtung Westen.

Der von der Uno eingesetzte Vermittler, der schwedische Graf Folke Bernadotte, setzte am 11. Juni 1948, drei Monate vor seiner Ermordung, einen einmonatigen Waffenstillstand durch. Die Jordanier akzeptierten unter Druck der Briten, welche die Waffenlieferungen an Abdullah, an den Irak und an Ägypten eingestellt hatten.

Jordanien fand sich in einer relativ guten Position: Die Arabische Legion hatte jene Gebiete, die nicht zum neuen jüdischen Staat gehören sollten, mehr oder weniger halten können und hatte vor allem die israelische Eroberung der arabischen Stadtteile Jerusalems und des Haram ash-Sharif, des Tempelbergs, verhindert. Die übrigen arabischen Staaten verdächtigten Abdullah nach wie vor und zu Recht, nur seine eigenen Interessen wahrzunehmen. Deshalb konnten die Jordanier an einem Treffen in Kairo Anfang Juli 1948 nicht zu sehr auf die Fortsetzung des Waffenstillstands drängen, dessen Beendigung Syrien, der Libanon und der Irak, die am wenigsten zum Krieg beigetragen hatten, am lautstärksten forderten. Auch die Ägypter neigten eher dazu, die Waffenruhe fortzusetzen, wollten sich aber nicht offen engagieren. Schliesslich stimmten die Jordanier mit der Mehrheit für einen Neubeginn des Kriegs am 9. Juli.

Die zweite Kriegsrunde verlief für die Araber katastrophal. Israel hatte die vierwöchige Waffenruhe exzellent genutzt, die Kräfteverhältnisse hatten sich dramatisch verschoben: Israel war in der Lage, in grossem Stil aufzurüsten und zu mobilisieren, während Transjordanien, Ägypten und der Irak durch das britische Waffen- und Munitionsembargo behindert waren.

«Anfang Juni begannen unsere Bemühungen, Waffen zu erwerben, Früchte zu tragen», schrieb Rabin: «Gewehre, Maschinengewehre, Messerschmitts und Spitfires wurden in der Tschechoslowakei gekauft.» [21] Zweifellos hatte die Sowjetunion den Handel sanktioniert; sie sah darin eine Möglichkeit, das «imperialistische» Grossbritannien und seine Alliierten in Transjordanien, im Irak und in Ägypten zu schwächen.

In den zehn Tagen zwischen dem ersten und einem zweiten Waffenstillstand erlitten die Araber Niederlagen an mehreren Fronten: Die Arabische Legion, König Abdullahs Armee, musste Lydda und Ramle aufgeben, zwei Städte zwischen Jerusalem und Tel Aviv; ihre 50 000 bis 70 000 Einwohner wurden vertrieben. Die Israelis besetzten Nazareth, «um unsere Position in Mittel-Galiläa zu verbessern», so Rabin: «Darüberhinaus wurde die Offensive der Ägypter im Süden abgeblockt, und wir hatten ein Loch in die ägyptischen Linien gerissen, die den Negev vom Norden trennten.»

Den nächsten Waffenstillstand benutzten die Israelis, um ihre «Strategie für den Durchbruch durch die ägyptischen Linien und die Befreiung des Negev zu planen». [22] «Die arabischen Armeen zeigten wenig Neigung, den Krieg wieder aufzunehmen», vermerkt Rabin nun beinahe bedauernd; die Israelis, welche «die Absicht hatten, Beersheva zu nehmen und wenn möglich Gaza auch» – zwei Städte, welche die Uno den Arabern zugesprochen hatte – mussten «einen Vorwand finden, um den Waffenstillstand zu brechen». Um die Ägypter zu einer Handlung zu verleiten, die als «Kriegsgrund» herhalten könnte, trieben die Israelis «als beabsichtigten Akt der Provokation» einen Versorgungskonvoi durch die ägyptischen Linien, wobei «unsere einzige Befürchtung war, die Ägypter könnten ihre Taktik ändern und den Konvoi durchlassen. Und genau das» – zur grossen Frustration Rabins und der andern beteiligten Offiziere – «passierte. Die Entschuldigung für unsern Angriff entschlüpfte uns.»

Schliesslich, dank «ein paar vereinzelten Schüssen hier und dort, hatten wir unseren Vorwand», vermerkt Rabin erleichtert. Nach siebentägigen Kämpfen öffneten die Israelis einen Korridor in den südlichen Negev, wo sich mehrere jüdische Siedlungen, abgeschnitten vom Kernland, befanden, und am letzten Tag vor einem neuen Waffenstillstand eroberten sie Beersheva. Die Ägypter zogen sich später von der ganzen Mittelmeerküste bis hinunter nach Gaza zurück. Etwa ein Viertel ihrer Armee war jedoch eingekesselt und konnte erst im Februar 1949 abziehen, nachdem Israel und Ägypten ein Waffenstillstandsabkommen unterschrieben hatten.

Am 22. Dezember 1948 griffen die Israelis im Süden erneut an und trieben die Ägypter innert fünf Tagen «aus dem Territorium von Mandatspalästina hinaus», schreibt Rabin, der dort zuständige Kommandant. Er wurde allerdings zurückgepfiffen, als er die ägyptische Stadt al-Arish einnehmen wollte: «Wenn al-Arish in unsere Hände gefallen wäre», notierte er in seinen Memoiren nostalgisch, «wäre die ägyptische Armee in Gaza abgeschnitten gewesen; der grösste Teil des Sinai wäre unser gewesen; und die nachfolgende israelische Militärgeschichte hätte einen andern Verlauf genommen.»

Während der Operationen im Süden nahmen die Israelis zahlreiche arabische Dörfer und Städte ein, neben Beersheva im Negev auch Ishdud an der Mittelmeerküste; diese «Eroberungen bewirkten den Exodus von Tausenden von neuen und alten Flüchtlingen».[23] Yigal Allon, der Kommandant der Südfront, wollte «araberfreie» Landstriche im Rücken; «der Exodus aus dem Süden in den Gaza-Streifen und nach Hebron war komplett».[24]

Vertreibungen waren inzwischen zu einer halbwegs offenen Politik der israelischen Regierung unter David Ben Gurion geworden. Schon am 26. September hatte er dem Kabinett mitgeteilt, falls die Kämpfe im Norden wieder beginnen sollten, werde Galiläa von Arabern «gesäubert» und «geleert». Am 21. Oktober sagte Ben Gurion, die Araber «im Land Israel haben nur noch eine Funktion – wegzurennen».[25] Am 29. Oktober griffen die Israelis im Norden an, besetzten den noch verbleibenden Rest Galiläas und vertrieben die Hälfte oder auch zwei Drittel der dort lebenden 50 000 bis 60 000 Palästinenser in den Libanon.

Nicht alle Araber konnten «wegrennen»: Im mehrheitlich christlichen Dorf Eilabun, das sich kampflos ergeben hatte, töteten die Israelis zwölf Jugendliche und einen alten Mann, nachdem sie die verstümmelten Leichen zweier israelischer Soldaten gefunden hatten. Israel Galili, Führer der sozialistischen Mapam-Partei, zählte am 11. November 1948 einige Greueltaten aus dem Oktober-Feldzug auf: «In Safsaf wurden 52 Männer mit Stricken zusammengebunden, in eine Grube geworfen und beschossen. Zehn wurden getötet. ... Drei Fälle von Vergewaltigung.» In Jish «wurden eine Mutter und ihr Baby und elf weitere getötet». In Sasa gab es «Fälle von Massenmord», obwohl sich das Dorf, «tausend weisse Fahnen schwenkend», ergeben hatte. In Saliha «wurden 94 Leute in einem Haus in die Luft gesprengt», und so weiter. «Die Greueltaten im Oktober waren zu konzentriert, zu verbreitet und zu schwerwiegend, als dass sie hätten ignoriert werden können.»[26] Die Regierung setzte eine Untersuchungskommission ein; Landwirtschaftsminister Aharon Zisling bemerkte, «auch Juden haben Nazi-Akte begangen», schlug aber vor, Israel sollte gegen aussen nichts zugeben, um seinen guten Namen nicht zu verlieren.[27] Schliesslich wurden einige Soldaten gemassregelt oder zu kurzen Gefängnisstrafen verurteilt.

4.2   Sieger und Besiegte

Nach dem Krieg und den Waffenstillstandsverhandlungen auf Rhodos gab es zwei Sieger: die Israelis, die ihre Grenzen weit über das Gebiet hinaus ausgedehnt hatten, das ihnen die Uno zugesprochen hatte, und der jordanische König Abdullah, der das Westjordanland erobert hatte, das er 1950 annektierte. Doch damit begann der wirkliche Konflikt erst. «Palästina wurde, um es kurz zu sagen, zu einem der beherrschenden und dramatischen globalen Probleme seit dem Ende des Zweiten Weltkriegs», schrieb Anthony Parsons.[28]

So hatten die Briten als Mandatsmacht nicht etwa die Zionisten betrogen, wie diese behaupteten: Die 1917 im Brief Balfours versprochene «jüdische Heimstätte in Palästina» war, nach jahrzehntelangen Auseinandersetzungen, zustande gekommen. Betrogen – von den Briten, den Jordaniern, den Zionisten, den Ägyptern, der Arabischen Liga und in gewissem Sinn von ihrer eigenen Führung – waren die Palästinenser, denen in besagtem Brief versprochen worden war, ihre Rechte würden nicht beschnitten.

Der jüdische Staat konsolidierte sich nach dem überwältigenden Sieg rasch; noch 1949 und 1950 wurden die neuen Grenzen in Verletzung der Waffenstillstandsabkommen von arabischen Dörfern «gesäubert»; die meisten der verlassenen arabischen Siedlungen und Städte wurden von jüdischen Einwanderen besetzt, die nach der Unabhängigkeit zu Zehntausenden ins Land strömten.

Die arabische Welt, durch die vernichtende und demütigende Niederlage zutiefst schockiert, veränderte sich rapide. In Syrien putschte 1949 die Armee und schuf einen neuen Trend einander ablösender Umstürze und «Revolutionen», der sich bis 1970 hielt, als der Kommandant der Luftwaffe, General Hafez al-Assad, an die Macht kam, an der er sich bis heute hat halten können. König Abdullah wurde 1951 ermordet. 1952 stürzten die «Freien Offiziere» um General Mohammed Naguib und Oberst Gamal Abdel-Nasser den ägyptischen König Faruk.

Das Hauptinteresse der USA und ihrer europäischen Verbündeten verlagerte sich in jenen Jahren dramatisch: Die Sowjetunion, Partner im Krieg gegen Nazideutschland, wurde zum allgegenwärtigen Feind, der Kalte Krieg begann.

Grossbritannien entwarf eine Reihe von Plänen zur Verteidigung des Nahen Ostens gegen die «kommunistische Gefahr». Eine dieser Kopfgeburten war der Bagdad-Pakt von 1955, ein Verteidigungsbündnis zwischen dem Irak, dem Iran, der Türkei und Pakistan. Auch andere arabische Länder, allen voran Ägypten, sollten in den Pakt eingeschlossen werden; die USA nämlich begrüssten die ägyptische Revolution anfänglich als eine Bewegung, die mit sozialen und ökonomischen Reformen die Attraktivität der Kommunisten für den arabischen Raum mindern würde. Nasser jedoch bezeichnete den Pakt als Versuch, westliche Dominanz im Nahen Osten zu perpetuieren.

Für die Araber war die Bedrohung durch Israel zwar viel konkreter als die Bedrohung durch die Sowjetunion.[29] Doch Äyptens Beziehungen zu den USA und Westeuropa wurden auch dadurch getrübt, dass sich Nasser weigerte, sich im Kalten Krieg auf die Seite der USA zu schlagen; stattdessen gründete er mit Jugoslawiens kommunistischem Diktator, Josip Broz Tito, und andern die Bewegung der blockfreien Staaten.

Als die USA sich weigerten, Ägypten Waffen zu liefern, wandte sich Nasser an die Sowjets; im September 1955 schloss er mit der Tschechoslowakei – die sieben Jahre zuvor den Israelis geholfen hatte, sich gegen Ägypten und die andern arabische Nachbarn zu verteidigen – einen umfangreichen Waffenhandel ab.

Der endgültige Bruch kam, als die Amerikaner auch ihr Versprechen widerriefen, den Asswan-Staudamm in Oberägypten zu finanzieren, den Nasser als unabdingbar für die Entwicklung der ägyptischen Wirtschaft betrachtete.

Die konventionelle Geschichtsschreibung bringt die palästinensisch-israelischen Konfrontationen jener Jahre ungefähr auf folgenden Nenner: Die Palästinenser, über ganz Arabien verstreut, konnten keinen Krieg gegen Israel lostreten; dazu hatten sie die Mittel nicht. Also «versuchten sie es mit militärischen Nadelstichen der „Fedaiyn"», um «in einer schier ausweg- und tatsächlich politisch-militärisch hoffnungslosen Situation den israelischen Feind wenigstens (zu) stören».[30] «Fast 1000 Israelis fielen diesen Fedaiyn-Angriffen in den Jahren 1951 bis 1955 zum Opfer.»

Die Wirklichkeit war, wie immer, viel komplexer. Aus den Tagebüchern von Moshe Sharett, der Ben Gurion im Oktober 1953 kurzzeitig als Premier ablöste und erfolglos auf Verträge mit den Arabern hinarbeitete, weiss man unter anderem, dass die «Sicherheitskrise» an Israels Süd- und Ostgrenze durch «eine lange Reihe falscher Zwischenfälle und Feindseligkeiten, die wir erfunden haben ... viele Zusammenstösse, die wir provozierten... und Verstösse gegen die Gesetze durch unsere Leute» mitverursacht worden war. [31]

Im Konzept vieler Ideologen, besonders Ben Gurions und Moshe Dayans, musste sich Israel hinter einem «eisernen Wall» verschanzen. Israels Sicherheit und jene Kräfte, die das Land verteidigten, wurden zum Selbstzweck. Gleichzeitig war die territoriale Ausdehnung Israels ein strategisches Ziel, in welchem die meisten israelischen Politiker übereinstimmten.

Ben Gurion musste zwar im Oktober 1953 zurücktreten, aber er behielt die Fäden in der Hand. Bevor er sich offiziell in seinen Kibbuz im Negev zurückzog, ernannte er Pinhas Lavon zum Verteidigungsminister, Moshe Dayan zum Generalstabschef und Shimon Peres zum Generaldirektor des Verteidigungsministeriums – alle drei galten als «Falken», als Vertreter einer unerbittlichen, von militärischem Denken dominierten Linie. Peres zum Beispiel, der Friedensnobelpreisträger von 1994, wurde zum «Vater der israelischen Atombombe».

Sharett wurde am 14. Oktober 1953 geschäftsführender Premier; er konnte sich allerdings nicht gegen das militärische Establishment durchsetzen, das ihm Informationen vorenthielt und seine Instruktionen missachtete. Diese Haltung wurde ihm schon in der ersten Nacht seiner Amtszeit vordemonstriert: 200 bis 300 israelische Soldaten drangen in die demilitarisierte Zone an der Grenze zu Jordanien ein, überfielen das Dorf Kibiya, das angeblich palästinensischen Freischärlern Unterschlupf gewährt hatte, sprengten 41 Häuser und eine Schule und und töteten 69 Zivilisten.

Der Übergriff war von einer neuen Einheit begangen worden, der Kompanie 101 unter einem gewissen Major Ariel Sharon. Einziger Existenzgrund der Kompanie waren «Vergeltungsschläge»; brutale Ruchlosigkeit war Bedingung für die Aufnahme in die Einheit. [32] Die Vergeltung hatte auf jeden Fall sehr viel härter auszufallen als die Tat, die jeweils vergolten werden sollte – ein Prinzip, das Israel im Südlibanon auch Ende 1994 weiterhin hochhielt. [33]

Die israelische Führung schmiedete in diesen Jahren auch Pläne für andere Feldzüge: Am 19. Oktober 1953, fünf Tage nach seinem ersten Rücktritt, erläuterte Ben Gurion vor dem Kabinett während zweieinhalb Stunden seine Pläne für die «zweite Phase des Befreiungskrieges», wie Sharett seinem Tagebuch anvertraute. Am 23. Oktober erklärte General Mattityahu Peled einer Delegation von US-Zionisten, dass (laut Sharett) «die Armee die gegenwärtigen Grenzen zu Jordanien für inakzeptabel hält» und «einen Krieg plant, um den Rest des westlichen Landes Israel (das heisst das Westjordanland) zu erobern». [34]

Am 31. Januar 1954 schrieb Sharett, dass Dayan dem Kabinett «einen

Plan nach dem andern präsentiert hat für direkte Aktionen», um einen Krieg mit Ägypten zu provozieren. Im Februar 1954 entwarfen Ben Gurion – offiziell immer noch im Ruhestand – und Verteidigungsminister Lavon die Idee eines von Israel etablierten Staates christlicher Maroniten im Libanon; der Süden jenes Landes, bewohnt mehrheitlich von schiitischen Muslimen, wäre für diesen Staat nicht brauchbar und könnte Israel einverleibt werden [35].

Nach dem Anschlag auf einen Bus zwischen Beersheva und Eilat, bei dem im März 1954 zehn Passagiere getötet wurden, verlangte Ben Gurion die «Besetzung jordanischen Landes». Moshe Sharett schrieb am 14. April in sein Tagebuch, das US-Aussenministerium sei überzeugt von der Existenz eines «israelischen Vergeltungsplans», entworfen, um «einen Krieg zu erzwingen». [36] Falls es diesen Plan gab, so ging er schliesslich in Erfüllung. Nasser hatte angeblich noch 1954 geglaubt, Ägypten müsse sich nicht hochrüsten, «weil der Zwist mit Israel friedlich geregelt werden konnte»; das sagte er im Februar 1970 in einem Interview mit «Le Monde». [37] Zwei Ereignisse änderten diese Meinung abrupt: Im Juli 1954, während den britisch-ägyptischen Verhandlungen, aktivierten die Israelis in Ägypten eine Gruppe von Saboteuren, die in Kairo und Alexandria Bombenattentate gegen amerikanische und britische Kulturzentren, britische Kinos, ägyptische Postämter und öffentliche Gebäude verübten. Die Bande flog auf; zwei ägyptische Juden wurden zum Tod verurteilt und gehenkt, andere erhielten langjährigen Gefängnisstrafen. Drei der vier beteiligten israelischen Offiziere entkamen, einer beging Selbstmord. Die Aktion, darauf angelegt, Ägyptens Beziehung zum Westen zu ruinieren, ging, benannt nach dem Verteidigungsminister, als «Lavon-Affäre» in die israelische Geschichte ein; Lavon musste deswegen im Februar 1955 zurücktreten; Ben Gurion liess sich von Sharett erneut zum Verteidigungsminister machen und verdrängte diesen gegen Ende des Jahres auch als Premier.

Die Lavon-Affäre provozierte die Ägypter zu einer Reihe kleiner Übergriffe auf israelisches Territorium, und zur Vergeltung befahl Ben Gurion am 28. Februar 1955 eine massive Aktion gegen Gaza. Dabei wurden etwa 40 ägyptische Soldaten und eine unbekannte Zahl von Zivilpersonen getötet.

4.3   Ende eines Empires

Die Israelis suchten nach einem Vorwand für einen Krieg gegen Ägypten. Ihre Ziele waren im voraus klar: Besetzung der Sinai-Halbinsel; Kontrolle des Suez-Kanals und der Zufahrt zum Roten Meer; Ausrottung der Fedaiyn, die (von Nassers Regime eher zurückgehalten), in beschränktem Mass von Ägypten aus operierten, und der Sturz Nassers. [38]

Ägypten hatte schon 1951 die Strasse von Tiran am Eingang zum Roten Meer für die Lieferung strategischer Güter in den israelischen Hafen Eilat gesperrt. Aber eine fünf Jahre alte Provokation war als Begründung für einen Krieg etwas weit hergeholt. So kam der nächste Schritt Nassers gerade gelegen: Am 26. Juli 1956, dem vierten Jahrestag der ägyptischen Revolution, verstaatlichte er den Suez-Kanal, der sich nach wie vor in den Händen von Franzosen und Briten befand und von britischen Truppen «beschützt» wurde.

Viele Ägypter hatten die ausländische Kontrolle des Kanals schon lange als ein Relikt des Kolonialismus verabscheut. Nasser hatte um die Übergabe des Kanals verhandelt, und Grossbritannien willigte 1954 ein, den Kanal innert 20 Monaten an Ägypten abzutreten. Ägypten war bereit, die bisherigen Eigner zu entschädigen.

Allein hätte Israel Ägypten in einer Woche besiegen können, lamentierte Moshe Dayan später. Israel hatte eine stehende Armee von 45 000 Soldaten und 155 Kampfflugzeuge zu seiner Verfügung, darunter moderne Mystère-II-Bomber aus Frankreich, die erst Anfang Jahr eingetroffen waren. Ägypten konnte nur 30 000 Mann und 70 Flugzeuge aufbieten. Aber Israel zog eine «Verschwörung» mit den alten Kolonialmächten Frankreich und Britannien vor, und das sollte sich als schwerer Fehler erweisen. [39]

Die Briten wurden seit Oktober 1951 wieder von den Konservativen regiert; Anthony Eden löste im April 1955 Winston Churchill, der 80 Jahre alt, zurückgetreten war, als Premier ab und gewann im Mai vorzeitige Neuwahlen. «Eden war besessen vom Bild Nassers als eines zweiten Hitlers», schreibt der britische Historiker David Thomson, «der das ganze Gewebe der westlichen Sicherheit gegen den Kommunismus bedrohte. „Einem Mann mit Oberst Nassers Ruf", schrieb Eden, „konnte nicht erlaubt werden, seinen Daumen an unserer Luftröhre zu haben."» [40]

Frankreich und Grossbritannien vereinbarten mit Israel folgende Taktik: «Eine israelische Invasion des Sinai. Frankreich und Grossbritannien verlangten dann, dass sich Israel und Ägypten je zehn Meilen vom Suez-Kanal zurückziehen sollten. Als Nasser sich weigerte, griffen Frankreich und Grossbritannien Ägypten an.» [41] Israel stiess bis zum Suez-Kanal vor; die beiden westeuropäischen Staaten attackierten am 31. Oktober 1956, besetzten Port Said am Mittelmeer und einen Teil des Kanals.

Militärisch war der Sinai- und Suez-Feldzug für Israel ein Erfolg. Ben Gurion, am Ufer des Kanals stehend, rief das «dritte jüdische Königreich» aus – nach dem Reich Davids und jenem der Hasmonäer. Doch für Grossbritannien wurde der Krieg zur Katastrophe. «Die britischen Führer brachten es fertig, Unmoral (Verachtung für internationales Recht), politische Torheit (Verschwörung mit den Israelis) und Inkompetenz (gescheiterte Durchführung der militärischen Operation) zu verbinden. Suez war der falsche Krieg zur falschen Zeit ob dem falschen Grund gegen den falschen Gegner.» [42] Die Welt war empört. «Ausser Australien und Belgien unterstützte kaum jemand Grossbritannien und Frankreich.» [43] Eden bekam Probleme mit der Labour-Opposition und einigen Ministern seiner eigenen Regierung. Vor allem reagierten die USA unerwartet heftig; sie drohten mit Wirtschaftssanktionen gegen die europäischen Aggressoren. Die Sowjets hatten zum selben Zeitpunkt den Aufstand in Ungarn gewaltsam unterdrückt, und die Regierung in Washington, der wieder einmal Wahlen bevorstanden, konnte nicht die eine Okkupation vehement verurteilen, die andere billigen.

Frankreich und Grossbritannien stoppten ihren Angriff am 6. November und erklärten sich bereit, ihre Truppen nach Ankunft einer UN-Überwachungsmission zurückzuziehen. Die Knesset stimmte am 14. November dem Vorhaben zu, den Sinai zu räumen. Moshe Dayan verzögerte den Rückzug bis in den Frühling 1957.

Für die Araber hatte sich Israel endgültig als nahöstlicher Vollzugsgehilfe der «Imperialisten» erwiesen, und Nasser triumphierte, weil er diesem «Fremdkörper auf arabischem Land» eine politischen Niederlage bereitet habe. Grossbritannien musste die Idee, ein Imperium zu sein, endgültig aufgeben. Die «Sunday Times» schrieb Jahre später, Eden sei der letzte Premierminister gewesen, «der glaubte, Grossbritannien sei eine Grossmacht, und der erste, der mit einer Krise konfrontiert war, die ohne Zweifel bewies, dass es das nicht mehr war». [44]

Mit dem Krieg, der euphemistisch als «Suez-Krise» in die Geschichte eingegangen ist, war die Rolle der Europäer im Nahen Osten beendet; es begann eine Phase, in der die Supermächte USA und Sowjetunion ihre Stellvertreterkriege in dieser Region austrugen.

4.4   Hoffen auf Krieg

Obwohl seine Träume von einem «Erez Israel» in den Grenzen des Königreichs von David vorerst begraben waren, wurde Moshe Dayan im Krieg von 1956 zum Volkshelden. Er war, mit Ben Gurion und andern, wesentlich an der Militarisierung der israelischen Gesellschaft beteiligt, wie ein Tagebuch-Eintrag Sharetts vom 26. Mai 1955 belegt: Vor israelischen Botschaftern hatte der General gesagt, Israel müsse «das Schwert als wichtigstes, wenn nicht einziges Instrument betrachten, um seine Moral hochzuhalten und die moralische Spannung zu erhalten. Für dieses Ziel sollte (Israel) – nein, es muss – Gefahren erfinden. ... Über allem andern, lasst uns auf einen neuen Krieg hoffen, ... so dass wir unsere Probleme endlich loswerden und unseren Lebensraum erwerben.» [45] Nach seiner Pensionierung als Generalstabschef wurde Dayan 1959 in die Knesset gewählt und alsbald zum Landwirtschaftsminister ernannt. Er war, zusammen mit Shimon Peres und andern «Falken», einer der Minister, die für einen neuen Krieg plädierten, um die Araber endgültig Israels Vormachtansprüchen zu unterwerfen.

Dayan musste bis 1967 warten, aber dann wurde er voll entschädigt. Der Sechstagekrieg ist, nach der Ermordung John F. Kennedys in Dallas am 22. November 1963, eines der ersten weltpolitischen Ereignisse, an die ich mich bewusst erinnere. Ich war damals ein 14jähriger Gymnasiast, und unser Professor für römisch-katholische Religionslehre, ein rundköpfiger, als «Modernist» verschriener Mann, der seinen Gott durch den Psychoanalytiker C. G. Jung ersetzt hatte, geriet in metaphysische Wallung: Der Sieg des Auserwählten Volkes über die kulturlosen Araber wurde in seiner Darstellung zu einem endgültigen Sieg des Guten über das Böse und zu einer Erfüllung biblischer Prophezeiungen: Die Araber hatten sich gegen Israel verschworen; Ägyptens Präsident Nasser, die Syrer und der jordanische König Hussein wollten die Juden ins Meer werfen; jetzt hatten sie die historische Quittung.

In dieser simplen Form hat der Krieg von 1967 Einzug in Werke der Geschichtsschreibung gehalten: «1967 entfesselten die Syrer, Jordanier, Iraker, Saudis und Ägypter – von der Sowjetunion dazu ermutigt – einen Krieg, um den Staat Israel zu zerstören.» [46] Ebenso schlicht präsentierten gewisse amerikanische Schreiber die Faktenlage: Henry Siegman, Direktor des Amerikanisch-Jüdischen Kongresses, meinte in der «New York Times»: «Arabische Länder fielen ohne Provokation in ein friedliches Nachbarland ein»; die «NYT»-Redaktion gab noch einen drauf, indem sie behauptete, die Besetzung des Westjordanlandes habe begonnen, «nachdem arabische Armeen Israel angegriffen hatten». [47] Diese Aussagen hätten nur einen Makel: die Fakten, schrieb Noam Chmosky. Man kann den Krieg von 1967 drehen und wenden, wie man will; man kann «Besitz von der Geschichte ergreifen und sie für den Zweck der Mächtigen zurechtbiegen», wie es beliebt; [48] eine Tatsache bleibt: Nicht Ägypten hat im Juni 1967 angegriffen, nicht Jordanien, nicht Syrien, erst recht nicht Saudi-Arabien, das sich als reaktionäres Feudalreich zuallerletzt von der Sowjetunion hätte «ermutigen» lassen, sondern Israel. In Wirklichkeit gab es in Israel eine mächtige Tendenz, Konflikte mit den Arabern gewaltsam zu lösen. Im Juni 1963 war Ben Gurion zwar erneut zurückgetreten, diesmal endgültig, und

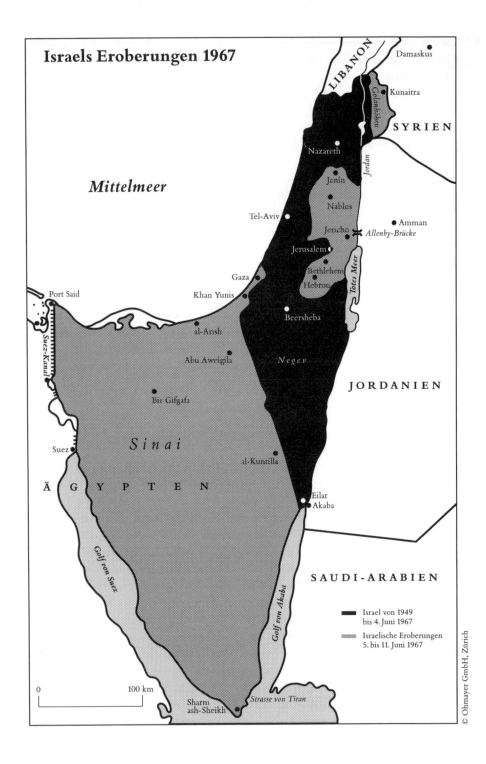

Israels Eroberungen 1967

LIBANON

Damaskus

Kunaitra

SYRIEN

Golanhöhen

Jordan

Mittelmeer

Nazareth

Jenin

Nablus

Tel-Aviv

Jericho

Amman

Allenby-Brücke

Jerusalem

Bethlehem

Hebron

Gaza

Totes Meer

Khan Yunis

Beersheba

al-Arısh

Negev

Port Said

Abu Aweigila

Suez-Kanal

JORDANIEN

Bir Gifgafa

Sinai

Suez

al-Kuntilla

Ä G Y P T E N

Eilat

Akaba

SAUDI-ARABIEN

Golf von Suez

Golf von Akaba

Israel von 1949
bis 4. Juni 1967

Israelische Eroberungen
5. bis 11. Juni 1967

0   100 km

Sharm
ash-Sheikh

Strasse von Tiran

© Ohmayer GmbH, Zürich

sein Nachfolger als Premier und als Verteidigungsminister, Levi Eshkol, gehörte eher zur Fraktion der «Tauben» in der sozialistischen Mapai. Aber die politische und militärische Führung der Streitkräfte blieb eine Domäne der «Falken»: Peres war seit 1959 stellvertretender Verteidigungsminister; Moshe Dayan wurde am 1. Januar 1964 Generalstabschef. Kommandant der Luftwaffe war ein ehemaliger Irgun-Aktivist, Ezer Weizmann, der an das Recht Israels auf das ganze Mandatsgebiet glaubte und sich entsprechend verhielt. [49]

Dass in jenen Jahren die Fatah von Yassir Arafat, Gruppen der von Ägypten aus der Taufe gehobenen PLO und andere palästinensische Kommandos von Jordanien und dem Libanon aus Israel in grösserem Stil infiltrierten und dort Sabotage- und Terrorakte verübten, und dass sie den Israelis damit Gelegenheit zu Vergeltungsschlägen gaben, ist bekannt. Weniger bekannt ist, dass Israel seinerseits die Nachbarn gezielt provozierte. Man braucht keine Bücher araberfreundlicher Autoren oder «neuer» israelischer Historiker zu zitieren; Yitzhak Rabin liefert die Fakten gleich selber: «Ich begann meine Amtszeit als Generalstabschef gerade, als unsere nationale Wasserversorgung – die entworfen worden war, um Wasser vom Fluss Jordan im Norden abzuzweigen und in den Süden zu bringen – in Betrieb genommen werden sollte. Unsere Nachbarn waren in hellem Aufruhr.» [50] Dieser Aufruhr dürfte Rabin nicht erstaunt haben. Der Jordan, der zwischen der jordanisch-israelischen Demarkationslinie südlich von Beit Shean und dem Toten Meer über 60 Kilometer lang ausschliesslich durch jordanisches Territorium floss, war für die Wasserversorgung des Jordantals, des einzigen bedeutenden Agrargebiets im Königreich, lebenswichtig.

Die arabischen Staaten beschlossen an einer Gipfelkonferenz in Kairo, die israelischen Pläne zu durchkreuzen; im November begann Syrien die Konstruktion eines Kanals, mit dem Wasser vom Hasbani, einem Jordan-Zubringer, abgezweigt werden sollte, bevor es israelisches Territorium erreichte. Die Arbeiten am syrischen Kanal fielen zusammen mit einer «erhöhten Spannung an der syrischen Grenze», schreibt Rabin, aber offensichtlich glaubte auch er nicht daran, dass die Syrer einen Krieg provozieren wollten; die Scharmützel schreibt er der Tatsache zu, dass sich in jenem Grenzgebiet eben «unsere Installationen zur Wasserentnahme» befanden.

Was den Israelis recht war, durfte den Syrern keinesfalls billig sein: «Es gab Meinungsverschiedenheiten in Israel über die Art, wie auf diese offene Herausforderung [d. h. den syrischen Kanalbau] reagiert werden sollte. Einige, darunter der frühere Generalstabschef Dayan, glaubten, der einzige Weg, die Syrer davon abzuhalten, die Jordan-Zubringer abzuzweigen, sei eine Besetzung des Gebiets, durch welches der syrische Kanal führen sollte.»

Rabin wollte keinen ausgewachsenen Krieg und erhielt stattdessen von Premierminister Eshkol die Erlaubnis, Luftangriffe zu fliegen. Mitte November beschossen die Syrer vom Golan hinunter jüdische Siedlungen mit Artillerie; die israelische Luftwaffe schlug zurück; das Ergebnis war laut Rabin «exzellent». Allerdings bauten die Syrer trotzdem an ihrem Kanal weiter – der sich völlig auf syrischem Territorium befand und mithin etwa so legal oder illegal war wie die Wasserentnahme der Israelis aus dem Jordan –, «und so entschied ich, einen neuen Stich zu versuchen».

Diesmal liess Rabin seine Panzer von israelischem Gebiet aus die syrische Baustelle beschiessen; «innert kurzer Zeit waren die syrischen Baumaschinen durch direkte Treffer mit Brandgranaten vernichtet». Erst nach einem zweiten Angriff gaben die Syrer das Bauvorhaben auf.

Ägypten und Syrien schlossen 1966 einen Verteidigungspakt. Doch die Ägypter weigerten sich, den Syrern zu Hilfe zu kommen, nachdem die israelische Luftwaffe am 7. April 1967 sechs syrische MIG-Kampfflugzeuge abgeschossen hatte: «Verlasst Euch nicht darauf, dass wir Euch wegen eines beschränkten Vorfalls zu Hilfe kommen. So lange Israel keinen umfassenden Angriff gegen Syrien lanciert, werden wir uns nicht vorzeitig in einen Krieg hineinziehen lassen.» [51] «Wir wussten, dass Nasser nicht die Absicht hatte, uns anzugreifen», sagte Israels Generalstabschef im Februar 1968, nach geschlagener Schlacht, einem Interviewer von «Le Monde».

Allerdings lieferte Nasser den Israelis wiederum, wie schon 1956, den Anlass, ihrerseits den Krieg loszutreten, den ihre militärische Führung längst vorbereitet hatte: «Zwischen dem 11. und dem 13. Mai fütterten die Russen den Syrern falsche Informationen, wonach die IDF elf bis 13 Brigaden an Israels Nordgrenze aufgefahren habe und kurz vor einem frontalen Angriff stehe.» [52] Nasser sah sich zum Handeln gezwungen, wenn er seinen Ruf in Syrien und andern arabischen Ländern nicht endgültig ruinieren wollte. Am 15. Mai setzten sich die ersten ägyptischen Truppen aus der Umgebung von Kairo in Richtung Suez-Kanal in Marsch. Am Tag darauf forderte der ägyptische Präsident den Abzug der Uno-Überwachungstruppen (UNEF) von der israelisch-ägyptischen Grenze und der Strasse von Tiran, dem Eingang zum Golf von Akaba; am 18. Mai, nachdem ihn Uno-Generalsekretär U Thant vor die Wahl gestellt hatte, die UNEF entweder so zu lassen, wie sie war, oder die ganze Mission abzubrechen, entschied sich Nasser für die Ausweisung der Überwacher aus dem ganzen Sinai. Am 23. Mai schloss Nasser die Strasse von Tiran für Schiffe von und nach Eilat – ein Akt, den Israel stets als Casus belli bezeichnet hatte.

Nasser sagte in einer Rede am 26. Mai 1967, Ägypten habe «in jüngster Zeit gefühlt, dass wir stark genug sind, um, falls wir in einen Krieg mit Israel eintreten müssten, mit Gottes Hilfe triumphieren zu können». [53]

Nassers Intimus, der Publizist Mohammed Hassanain Heikal, explizierte gleichentags in einem Artikel in der Tageszeitung «al-Ahram», weshalb «ein bewaffneter Zusammenstoss mit Israel unvermeidlich ist».[54] Die Ägypter schlossen am 30. Mai und am 4. Juni Verteidigungspakte mit Jordanien und dem Irak, und Jordaniens König Hussein reiste nach Kairo, um seine Armee formell dem ägyptischen Kommando zu unterstellen.

In Kairo rechnete man allerdings weniger mit einer israelischen Offensive gegen Ägypten als vielmehr mit einer Attacke gegen Syrien, und Rabin war noch zu diesem Zeitpunkt überzeugt, dass auch Ägypten nicht angreifen und seine Truppen nach einiger Zeit in den Westen des Suez-Kanals zurückziehen werde.[55] Der israelischen Militärführung war, sich mit andern Worten, bewusst, dass Nassers angebliche Kriegsvorbereitungen nur Drohgebärden waren.

«Die Art und das Ausmass unserer Vergeltungsaktionen gegen Syrien und Jordanien hatte Nasser keine andere Wahl gelassen, um sein Image und Prestige in seinem eigenen Land und in der ganzen arabischen Welt zu verteidigen», schrieb Rabin: «Aber wir mussten auf die militärischen Bewegungen in Ägypten reagieren, um unsere Sicherheit zu gewährleisten und unsere Position der Abschreckung hochzuhalten.»[56]

Rabin diskutierte die Lage am 22. Mai mit Ben Gurion, dem pensionierten Staatsmann, und dieser sprach sich, zum grossen Missfallen des Generalstabschefs, gegen einen Krieg aus: «Du hast den Staat in eine schwierige Situation manövriert. Wir dürfen nicht in den Krieg ziehen. Wir sind isoliert, Du trägst die Verantwortung dafür.»[57]

Auch Innenminister Moshe Shapira von der nationalreligiösen Partei war gegen eine Offensive: «1950 und 1951 war die Strasse (von Tiran) geschlossen; eilte Israel in den Krieg? Die Strasse blieb bis 1956 geschlossen; gefährdete das Israels Sicherheit?» fragte er.[58] «Wenn wir angegriffen werden, kämpfen wir natürlich um unser Leben. Aber die Initiative ergreifen? Diesen Fluch eigenhändig auf uns laden? Willst Du die Verantwortung übernehmen, Israel zu gefährden?»

Ezer Weizmann hingegen, der stellvertretende Generalstabschef, drängte schon am 23. und 24. Mai auf einen Angriff.[59] Die Nationalreligiösen drohten, aus der Koalition auszutreten; Premier Eshkols Autorität verfiel rasch; den Entscheid, gegen Ägypten loszuschlagen, konnte oder wollte er nicht treffen, zumal die Signale aus Washington zweideutig waren und Präsident Lyndon B. Johnson die Israelis mehrmals warnen liess, wenn sie als erste zuschlügen, müssten die USA ihre Militärhilfe einstellen – eine Drohung, die kaum jemand in Israel ernst nahm und die wohl nicht ernstzunehmen war. Nach einwöchiger Verzögerung, welche die israelische Militärführung mit zunehmender Ungeduld überstand, wie Rabin in seinen

Memoiren wortreich schildert, nahm Eshkol am Abend des 1. Juni Menachem Begin in sein Kabinett auf, ernannte Moshe Dayan zum Verteidigungsminister und bildete eine «Regierung der Nationalen Einheit», die vier Tage später den Befehl zum Angriff gab.

4.5 Überwältigender Sieg

Am Morgen des 5. Juni griffen israelische Kampfflugzeuge Ägypten an und zerstörten innert weniger Stunden die gesamte ägyptische Luftwaffe; die israelische Armee überschritt die Grenze und drang rasch in den Sinai vor. Israel warnte gleichzeitig über mehrere Kanäle den jordanischen König Hussein davor, in den Krieg einzugreifen. Doch dieser hätte das Abseitsstehen politisch nicht überlebt; anders als 1956 war er gezwungen, das Verteidigungsabkommen mit Ägypten zu erfüllen.

Vielleicht übertreibt Noam Chomsky, wenn er den Eintritt Jordaniens, Syriens und des Irak in den Krieg mit dem Jahr 1939 vergleicht, «als England und Frankreich in den Krieg zogen, nachdem Deutschland ihren Alliierten Polen angegriffen hatte». «Man könnte argumentieren», fährt er fort, «dass der israelische Angriff legitim war, aber ihn in eine arabische Invasion umzuwandeln, ist eher unverfroren – oder wäre es, wenn dieser Brauch nicht zur Routine geworden wäre.» [60]

Die syrische, jordanische und Teile der irakischen Luftwaffe, den Ägyptern verpflichtet, griffen am 5. Juni um 11.50 Uhr an und wurden von den Israelis innert zwei Stunden fast völlig aufgerieben. Jordanien warf auch seine Armee in den Krieg, während Syrien zögerte. Dies verärgerte den Kommandanten der israelischen Südfront, David Elazar, gewaltig: «Was ist mit den Syrern? Werden die ungeschoren davonkommen?» Immer wieder drängte Elazar auf den Befehl zum Angriff; Dayan verweigerte ihn vorerst. [61] Am zweiten Kriegstag räumten die Ägypter Sharm ash-Sheikh; ihre Armee im Sinai war besiegt. Am dritten gab Dayan den Befehl zum Angriff auf die Altstadt von Jerusalem. Am vierten Kriegstag, dem 8. Juni, kapitulierte die ägyptische Armee und akzeptierte einen Waffenstillstand. Der ganze Sinai, der Gaza-Streifen, Jerusalem und das Westjordanland – der grösste Teil dessen also, was Weizmann, Dayan, Ben Gurion und viele andere als legitimes Gebiet von «Erez Israel» betrachteten –, war in den Händen der Israelis.

Jetzt «konnten wir unsere ungeteilte Aufmerksamkeit der syrischen Front widmen», schreibt Rabin. [62] Allerdings hatte Syrien dem Waffenstillstand ebenfalls zugestimmt: «Der Krieg war effektiv zu Ende.» [63] Doch am 9. Juni um 6.45 Uhr gab Verteidigungsminister Dayan den Befehl zum Angriff gegen die Syrer. Rabin hatte «kein Verlangen», ob dieser Verletzung internationaler Abmachungen «spitzfindig zu werden, als die Syrer den Lohn für ihre hinterhältige Aggressivität und Arroganz bekamen». Unter schweren Kämpfen eroberte Israel die Golan-Höhen und ihre Hauptstadt Kuneitra. Am Abend des 10. Juni trat schliesslich ein zweiter Waffenstillstand mit Syrien in Kraft, den die Israelis gleich nochmals verletzten, indem sie an verschiedenen Stellen vorrückten, «um unsere Frontlinie zu verstärken», und indem sie den Hermon-Berg besetzten, den die syrischen Truppen verlassen hatten. [64]

Israel hatte einen überwältigenden Sieg errungen; die wildesten zionistischen Träume waren innert sechs Tagen in Erfüllung gegangen. Doch die Euphorie hielt nicht lange. Rabin erkannte «drei zentrale Probleme», die der Sieg mit sich brachte: «Wir fanden uns im Besitz eines enormen Territoriums ... dreimal die Grösse des Vorkriegs-Staates Israel ... und wir hatten Mühe, neue defensive Linien an allen drei Fronten zu etablieren.» [65] «Das zweite Problem war, dass nun eine Million feindlicher Araber – im Westjordanland und im Gaza-Streifen – unter israelischer Herrschaft lebten.» «Und schliesslich war von Anfang an klar, dass man Israel nicht in Frieden lassen werde, um mit den Konsequenzen aus seinen territorialen Gewinnen fertigzuwerden.»

Im Restaurant des Hospizes «Notre Dame de France» sind wir inzwischen beim Hauptgang angelangt; die meisten haben Lammkoteletten und Broccoli bestellt. Sarah Weizenbaum lässt das Fleisch stehen, zündet sich stattdessen erregt eine Zigarette an: «Ich bin mit Shlomo absolut nicht einverstanden, absolut nicht. Ich bin dafür, dass sich die Palästinenser anpassen. Die, die sich nicht anpassen wollen, sollen gehen. Es gibt genug Platz in den arabischen Ländern für ein paar hunderttausend zusätzliche Araber. Schaut Euch Saudi-Arabien an: Ein riesiges Land für eine Handvoll Leute. Sie hocken auf unermesslichen Ölvorräten und verdienen sich dumm und dämlich. Wenn sie sich so brüderlich mit den Palästinensern verbunden fühlen, sollen die Saudis sie doch aufnehmen. Sie haben genug Geld und genug Platz, während es hier in Israel eng wird. Hier ist ganz einfach kein Platz für Leute, die sich nicht anpassen wollen. Und auch nicht für Leute, die nicht an diesem Staat teilhaben wollen.»

«Ihr seid ja nicht einmal bereit, ihnen die gleichen Rechte zu geben, die ihr selber habt», werfe ich ein: «Nicht einmal euer Minister für arabische Angelegenheiten ist ein Araber. Wie könnt ihr da Kooperation fordern?»

Sarah Weizenbaum stösst mit einer schroffen Geste den vollen Teller von sich: «Was ich an euch Europäern nicht mag: Dass ihr immer meint, uns moralisches Verhalten beibringen zu müssen. Ausgerechnet ihr. Wir haben Hitler nicht erfunden», schreit sie. Sie hat von englisch auf deutsch gewechselt: «Hitler war eure Erfindung. Mischt euch nicht länger ein. Ihr wolltet uns loswerden; ihr seid uns losgeworden. Jene, die euch entkamen, haben sich hier eine eigene Ecke geschaffen. Seid doch froh! Wir sind weg. Wir haben uns unsere Ecke geschaffen, unter unglaublichen Entbehrungen, bedroht von allen Seiten. Wir lassen uns diese Ecke nicht nehmen. In dieser Ecke werden wir tun und lassen, was wir für richtig halten. Wir lassen uns nicht dreinreden. Und wenn ihr meint, uns dreinreden zu müssen, dann schaut euch zuerst um! Haben die Syrer in ihrem Staat irgend etwas zu sagen, oder die Ägypter, oder erst recht die Iraker? Wir sind die einzige Demokratie in der ganzen Region, die einzige Demokratie weit und breit.»

«Deshalb, weil ihr die einzige Demokratie seid, misst man euch mit anderen Massstäben als die Syrer oder Iraker ...», werfe ich kleinlaut ein.

«Übrigens haben die Araber im Kernland die gleichen Rechte wie die Juden», sagt Weizenbaum.

«Aber nicht in den besetzten Gebieten», antworte ich.

«Für die besetzten Gebiete muss zuerst ein definitiver Status gefunden werden. Die arabischen Staaten müssen ihre Opposition gegen die Existenz Israels aufgeben. Müssen den Wunsch aufgeben, Israel zu vernichten», sagt Weizenbaum, und seine Frau redet gleichzeitig weiter:

«Ich bin dafür, dass wir Judäa, Samaria und den Gaza-Streifen annektieren und allen Palästinensern volle Rechte geben, wenn sie bereit sind, an unserm Staat mitzuarbeiten. Wenn nicht, sollen sie gehen.»

«Aber es ist immer noch euer Staat und nicht ihrer. Ihr könnt nicht erwarten, dass sich jemand für einen Staat engagiert, der nicht sein Staat ist.»

Wieder mischt sich Gold ein: «Ich meine, wir müssen die Territorien aufgeben, wenn uns die Araber und die Amerikaner garantieren, dass es keinen Krieg mehr gibt; dass die Territorien demilitarisiert bleiben; dass nie mehr Krieg ausgeht von den Territorien und kein Terrorismus. Vor allem kein Terrorismus, davor haben unsere Leute am meisten Angst: Vor den Angriffen auf Schulbusse, auf Kibbuzim und Einkaufszentren. Wir tauschen Land gegen ein umfassendes Friedensabkommen, an dem sich alle Araber beteiligen, und das von den Amerikanern garantiert wird.»

Ich habe Sarah und David Weizenbaum seit jenem Nachtessen im Oktober 1988 nicht mehr gesehen und frage mich, ob ihr Sohn Yossi, damals 12, 13 Jahre alt, seinen Berufstraum erfüllen konnte: Er wollte Kampfflieger in der israelischen Luftwaffe werden.

5   Ein palästinensischer Messias

Friedensnobelpreis für einen Alt-Terroristen

> *«Das ist mein Schicksal, und ich habe beschlossen, es zu akzeptieren.*
> *Ich war ein erfolgreicher Ingenieur, Unternehmer, aber als ich mich*
> *entschlossen hatte, mich der Revolution anzuschliessen, habe ich alles hinter*
> *mir gelassen. Ich bedaure es nicht.»*
> (Yassir Arafat, Interview mit dem Autor, Tunis, 9. März 1994.)

> *«Kein Mensch ist in Israel so verhasst wie Arafat. Es ist, als hätten sich*
> *hundert Jahre Feindschaft, Hass und Ängste auf diesen einen Mann*
> *konzentriert.»*
> (Der israelische Publizist Uri Avnery in «Der Spiegel», Nr. 23/1994.)

Yassir Arafat lässt eine Wortkanonade auf Yitzhak Rabin ab, eine wilde, sich überstürzende Kaskade arabischer und englischer Phrasen. Ein Satz sticht besonders hervor, bringt die vielleicht 150 Zuschauerinnen und Zuschauer zu brüllendem Lachen: Das strapazierte vom «Peace of the Braves», vom «Frieden der Mutigen», wird in Arafats approximativem Englisch zu «Ze Piss of ze Braves».

Das politische Kabarett von Nabil Sawalha und Hisham Yanis, gegeben allabendlich im ehemaligen Rainbow-Kino in Amman, heisst «as-Salam ya Salam», was nur ungefähr mit «Der Friede – mein Gott!» oder «Der Friede, was soll's?» übersetzt werden kann. Hisham mimt den PLO-Vorsitzenden in seiner ganzen Eitelkeit, seinem übersprudelnden Drang nach Worten und Bewegung, seiner Manie, alle (männlichen) Anwesenden abzuküssen, und Nabil gibt eine lebensnahe Parodie des israelischen Premierministers Yitzhak Rabin: bedächtig, emotionslos und unerbittlich.

Arafat beklagt sich über die Grösse Jerichos und die Grösse der palästinensischen Flaggen, die Rabin zulassen wolle: Da werde er nur Chef eines Verkaufsstandes für Bananen, über dem eine bikinigrosse Fahne flattere. «Mein Kopf wird in Jordanien sein und meine Füsse in Israel.»

«Meinst Du, die Jordanier würden Deinen Kopf dranlassen?» fragt Rabin kühl.

Hisham parodiert auch den israelischen Oppositionsführer Benyamin Nethanyahu:

«What peace do you want?»

«We want a piece of Lebanon, a piece of Syria, and Palestine in one piece.» [1]

Die wilden Phrasen drischt Arafat auch im wirklichen Leben: «Ze Piss of ze Braves», wirft er uns an den Kopf. «Wir Palästinenser sind stolz auf unsere Demokratie.» – «Ich kann mein Volk nicht täuschen.» [2]

Marwan Kanafani, sein Pressesprecher, hatte uns gewarnt: «Der Präsident ist müde. Macht nicht zu lang! Provoziert ihn nicht!» In der Nacht zuvor, morgens gegen halb drei, hatte der «Alte», wie er in seiner Entourage genannt wird, einen vereinbarten Termin abgesagt. Aber jetzt empfing er uns mit überbordender Herzlichkeit, stöhnte über die Menge von Papier, die er unterschreiben müsse, erzählte, dass er täglich zwei Filzschreiber verbrauche, dass er gerne Zeichentrickfilme anschaue, dass seine Ehe mit Suha Tawil an seiner Situation nichts geändert habe: «Sonst wäre ich jetzt nicht hier». Er kramt in Reminiszenzen aus Beirut, schildert, wie er seine Pistole habe brauchen müssen, um sein nacktes Leben gegen «israelische Aggressoren» zu verteidigen.

Yassir Arafat hat Charme. Er geht direkt auf die Leute zu. Man fühlt sich wohl in seiner Gesellschaft. Am Schluss umarmt er uns zum Gruppenfoto. Aber kann ein Mann, der von Tom and Jerry, Mickey Mouse und Bugs Bunny schwärmt, der sich über den Verschleiss von Filzstiften ärgert, der den ganzen Tag CNN schaut – mit abgeschaltetem Ton: Kann ein solcher Mann als künftiger Präsident eines künftigen Staates ernstgenommen werden?

Spätestens nach dem Krieg von 1967, noch zu Nassers Lebzeiten, hatte sich die Lage um Israel erneut radikal geändert. Erst jetzt, wegen «der militärischen Tüchtigkeit, die Israel im Sechstagekrieg demonstriert hatte, wandelte sich das ungleiche amerikanisch-israelische Verhältnis in eine strategische Partnerschaft. Israels Fähigkeit, Gewalt in einer so vernichtenden und entscheidenden Art anzuwenden, schuf einen scharfen Kontrast zur Impotenz amerikanischer Streitkräfte in Vietnam.» [3]

«Vom militärischen Gesichtspunkt aus war Israel jetzt in einer stärkeren Position als je zuvor», schrieb Chaim Herzog, der spätere Staatspräsident. [4] Aber Israel hatte sich mit den Eroberungen von 1967 erneut übernommen, mehr noch als im Suezkrieg von 1956. Die 800 000 Araber in Israels neuerworbenen Territorien, über die sich Yitzhak Rabin unmittelbar nach Kriegsende besorgt geäussert hatte, [5] und die bis 1993 auf beinahe zwei Millionen anwuchsen, sollten für den Judenstaat zu einem unlösbaren Problem werden, anders als die 165 000, die nach Krieg und Vertreibung 1948/49 in Israels damaligen Grenzen übriggeblieben waren und sich, als «israelische Araber», mehr oder weniger in ein Staatswesen integriert hatten, das ihnen theoretisch die gleichen Rechte gab wie seinen jüdischen Bürgern.

Mit der Palästinensischen Befreiungsorganisation, der PLO, und ihrem Vorsitzenden ab 1969, Yassir Arafat, bekamen die Israelis eine Opposition ausserhalb und innerhalb ihrer Grenzen, die stärker war als alle früheren Gegner. 1948 hatte der «Schock des Exils» in vielen Palästinensern erst das Bewusstsein geweckt, einer definierten, palästinensischen Nation anzugehören, bemerkte der bekannte Nahost-Gelehrte Albert Hourani. 1967, nach der zweiten verheerenden Niederlage der arabischen Armeen gegen Israel, nach der schmerzhaften Erkenntnis, dass die arabischen Brüder unfähig oder unwillig seien, den Palästinensern ihre frühere Heimat zurückzugeben, wandelte sich die 1964 gegründete PLO von einer Marionette, an deren Fäden Ägypten, Syrien, Jordanien und andere zogen, zu einer selbstbewussten und, trotz unvorstellbarer Hindernisse und krasser Fehler ihrer Führung, schliesslich auch erstaunlich erfolgreichen Organisation.

Der palästinensische Widerstand wurde bald von einer Figur verkörpert, die in der Weltpolitik des 20. Jahrhunderts eine einsame Stellung einnehmen sollte: Von den einen verehrt wie ein Gott, ein Messias, ein Moses, der das verstreute Palästinenservolk zurück ins Verheissene Land führen werde; als leibhaftiger Gottseibeiuns gehasst oder gefürchtet von andern; ein staatenloser «Präsident», der viel bekannter war als die meisten echten Staatsoberhäupter; eine undurchsichtige, faszinierende, manchmal Abscheu, manchmal Mitleid erregende Mischung aus Clown, Machiavelli, Trivialphilosoph, Gaukler und Poseur; ein Mann, der zu raffinierten politischen Manövern und unglaublichen Fehlleistungen fähig war, der mit Treffsicherheit die falschen Allianzen einging, etwa jene mit dem Kuwait-Eroberer Saddam Hussein, der «keine Gelegenheit verpasste, eine Gelegenheit zu verpassen», wie sich der einstige israelische Aussenminister Abba Eban treffend ausdrückte, der tiefste Tiefpunkte überstand und dazu, wie er selber sagt, etwa 40 Mordanschläge und 1992 einen Flugzeugabsturz in der libyschen Wüste, und der erstaunliche politische Erfolge durch stupide Patzer gefährdete: Yassir Arafat.

Dem formidablen Taktiker und Pragmatiker gelang ein Kunststück, um das ihn vor allem israelische Politiker beneiden müssten: ein Volk zusammenzuhalten, das wie kein anderes – ausser vielleicht den Israelis selbst – politisiert war und dessen Organisationen, eine wirre Kollektion von Befreiungs-, Kampf- und Volksfronten und islamischen Widerstandsgruppen, die ganze politische Bandbreite belegten. Da gab es virulente Marxisten neben Grossbürgern, Blut-und-Boden-Nationalisten neben Pan-Arabisten, die wiederum in Pro-Syrer, Pro-Iraker und Pro-Ägypter zerfielen, Muslim-

Fundamentalisten neben griechisch-orthodoxen Christen und Atheisten. Dass all diese Gruppen und Grüppchen im Exil einander nicht längst aufgerieben haben, obwohl sie es ausgiebig und in unterschiedlichsten Koalitionen versuchten, sondern dass es immer wieder gelang, die einen in den Schoss der PLO zurückzuholen, wenn andere gerade dabei waren, sich von der Mutterorganisation abzunabeln, ist Arafats Verdienst – vielleicht sein wichtigstes.

Allein in den Jahren 1993 und 1994 fand man Yassir Arafat auf der politischen Achterbahn mehrmals weit oben und mehrmals ganz zuunterst. Im Sommer 1993 schien die lange Karriere des PLO-Vorsitzenden zur Neige zu gehen: Arafat präsidierte eine Organisation, die praktisch bankrott und am Ende ihres politischen Lateins war; in Scharen liefen ihr die Mitstreiter davon. Arabische Medien und die eigenen Anhänger, sogar im engsten Führungszirkel seiner PLO, geisselten Arafats autoritäres Gehabe; sein Hang zum Zeremoniell, zu Symbolen, zu pathetischer Gestik und rastlosem Polittourismus wurden ihm als Zeichen eines sinn- und ziellosen Aktionismus angekreidet; seiner Frau Suha Tawil, weniger als halb so alt wie der Vorsitzende, warfen neidische PLO-Funktionäre Verschwendung, Nepotismus und ungebührliche Einmischung in die internen Angelegenheiten der Organisation vor. Das politische Geschick, ein Markenzeichen des alternden Guerillachefs, schien ihn verlassen zu haben.

Doch wenige Wochen später war der 64jährige so weit oben wie nie zuvor – und vielleicht nie mehr danach. Am 13. September 1993 erhielt er auf dem Rasen vor dem Weissen Haus, in Washingtons spätsommerlicher Sonne gleissend, die höchsten politischen Weihen, die ein Staatsmann bekommen kann. Von Israel wurde er endlich als Partner akzeptiert. Die USA, die noch zwei Jahre zuvor zusammen mit der rechtsnationalen Regierung von Yitzhak Shamir die Meinung verfochten hatten, ein Friede im Nahen Osten sei unter Ausschluss der PLO möglich, hatten sich damit abgefunden, dass kein Weg an Arafat vorbeiführe. Der PLO-Chef spürte wohlig das Schulterklopfen des amerikanischen Präsidenten Clinton. Das Präsidium über einen echten, wenn auch mickrigen Staat statt des Präsidiums über ein Luftschloss mit zahllosen Türmen, Zinnen und Besenkammern, um die sich alle möglichen «Volksbefreiungsbewegungen» und «Kampffronten» prügelten, schien in Reichweite.

Arafat hatte dank der wendigen Diplomatie seiner Leute in den Geheimverhandlungen mit Israel eines seiner wichtigsten Ziele erreicht: «Von Anfang an, seit dem Beginn dieses Jahrhunderts, hat es konzertierte Versuche gegeben, die Palästinenser von der politischen und geografischen Landkarte des Nahen Ostens auszuradieren. Ich werde den Tag im Jahr 1952 nie vergessen, als der Generalsekretär der Vereinten Nationen, Trygve

Lie, die Palästinafrage aus der Traktandenliste der UN-Vollversammlung entfernte und sie der Flüchtlingsorganisation übergab. Mit einer Handbewegung relegierte Herr Lie uns von einer moralischen Frage und einer politischen Sache zu Zahlen in den Flüchtlingsstatistiken der Vereinten Nationen. Also ist unsere grösste Errungenschaft für mich, dass wir unseren Platz und die Präsenz unseres Volkes auf der Landkarte wieder erkämpft haben. Und niemand, niemand kann fünf Millionen Palästinensern weiterhin ihre Rechte, ihre heiligen Orte oder ihre Träume verweigern.»

Der PLO-Vorsitzende hatte fast 20 Jahre lang auf diesen Moment hingearbeitet, wenn auch auf Zickzack-Kursen und mit ein paar spektakulären Abstechern. Schon seit 1974, nach dem Scheitern seiner Terrororganisation «Schwarzer September», hatte es dem PLO-Chef allmählich gedämmert, dass nur politisches Geschick, nicht der «bewaffnete Kampf» zum Ziel führen könne. Das jedenfalls behaupten mehrere seiner Mitstreiter. Marwan Kanafani, sein Berater und Pressesprecher, meinte: «Der Boss war uns allen immer voraus. Wir hatten Mühe, mit ihm Schritt zu halten, und wenn wir ihn jeweils aufholten, mussten wir zugeben, dass er den absolut richtigen Weg gegangen war.» [6] Doch Arafat «musste sich immer bewusst sein, dass er ein sehr verzetteltes Volk im Rücken hatte», sagte mir ein Mitarbeiter seines Pressebüros in Tunis.

Arafat gab sich zwar mit seinen Operettenuniformen, der Pistole am Gürtel und der schwarz-weissen Kefiya auf dem Kopf alle Mühe, wie ein Wüstenkrieger aufzutreten. Aber er war seit langem mehr Politiker als Feldherr, und seine Bereitschaft zu Kompromissen mit Israel war viel grösser, als seine Auftritte und seine Reden ahnen liessen. Das martialische Äussere scheint wie eine Maskerade. Zeitungsschreiber haben angeregt, Arafat sollte seine Uniform ausziehen, seine Kefiya ablegen und sich rasieren, um so auch äusserlich zu demonstrieren, dass die Zeit des Krieges vorbei, die Zeit der Verhandlungen und des Friedens angebrochen sei; dass er sich zum Staatsmann gewandelt habe, den man respektieren könne.

Doch wie sähe Arafat barhäuptig und im Business-Anzug aus? Er wäre ein kleiner Mann, gerade 165 Zentimeter gross, völlig kahl mit Ausnahme eines dünnen Haarkranzes, dazu mit einem Bauch, der sich in der Leibesmitte konisch wölbt. Es gibt zahllose palästinensische, jordanische, ägyptische, syrische Beamte und Lokalpolitiker, die genau diesem Bild entsprechen, und Arafat will sich abheben. Die Macht der Symbole ist ein zentraler Faktor seiner Existenz, und schliesslich ist er «nicht irgend ein Häuptling», wie sich Nabil Shaath, der wichtigste Mann in der autonomen Palästinenserverwaltung, Anfang 1994 ausdrückte.

«Das ist mein Stil, okay», sagt der «Alte», entweder barsch oder amüsiert, je nach Laune, wenn man ihn auf sein kurioses outfit anspricht. Und natürlich hat er recht: Wenn kaum jemand den Bürgermeister von Bethlehem erkennen würde, so ist Abu Ammar unverwechselbar.

Rasch kam der nächste Absturz: Statt dass Jericho und der Gaza-Streifen, wie in Washington vereinbart, am 13. Dezember 1993 autonom wurden, verbissen sich die Unterhändler der PLO und Israels in den Details, und wenn nach nächtelangem Feilschen ein Kompromiss in Reichweite schien, funkte Arafat dazwischen. Die Menschen in den besetzten Gebieten begannen sich zu fragen, ob der ganze Friedensprozess ein Phantom, eine Farce oder vielleicht gemeiner Verrat sei.

Als fast niemand mehr daran glaubte, kam schliesslich am 4. Mai 1994 in Kairo ein Kompromiss zustande; Arafat hatte sich dem massiven Druck des ägyptischen Präsidenten Hosni Mubarak, seines Aussenministers Amer Mussa und seines persönlichen Beraters Usama al-Baz gebeugt.

Nochmals knapp zwei Monate später zog Arafat triumphal in Gaza ein. Und am 14. Oktober 1994 wurde ihm, zusammen mit dem israelischen Premierminister Yitzhak Rabin und Aussenminister Shimon Peres, der Friedens-Nobelpreis zugesprochen.

5.1   Frühe Intifada

Im Schauspielern, in der Kreation von Legenden und Mythen ist der PLO-Chef unübertroffen; das macht ihn zum Prototypen eines geschickten Politikers und lässt seine Biographen verzweifeln. Die Politologin Nadia Benjelloun-Ollivier meint schlicht, es sei unmöglich, eine akkurate Biographie des PLO-Vorsitzenden zu schreiben: «Man weiss weniges von seinen ersten Jahren und seiner Adoleszenz, erst recht, weil sie sich in einer turbulenten Region abspielten, wo sich die Menschen und die Ereignisse im Lauf der Jahrzehnte stark bewegt haben; später ist sie untrennbar vermischt mit der Geschichte der palästinensischen Bewegung.» [7]

Jene, die es trotzdem versucht haben, widersprechen einander in zentralen Punkten: Der Ort und das genaue Datum von Arafats Geburt zum Beispiel sind umstritten. Der PLO-Chef insistiert, in Jerusalem zur Welt gekommen zu sein. Seine Mutter Sahwa stammte aus der bekannten Jerusalemer Familie Abu Saud. Einer der Chefs dieser Sippe, Sheikh Hassan Abu Saud, war ein enger Mitarbeiter von Haj Amin al-Husseini, den die Briten 1922 zum «Grossmufti von Jerusalem» befördert hatten.

Allerdings gibt es eine ägyptische Urkunde, auf der die Geburt von Mohammed Abdar-Rauf Arafat al-Qudwa al-Husseini in Kairo registriert ist, und zwar am 24. August 1929. Und weil sein Vater, Abdar-Rauf al-Qudwa, ein Händler, der zwei Jahre zuvor mit seiner Familie nach Kairo gezogen war, aus Gaza stammte, geben vor allem israelische Autoren oft Gaza als Geburtsort an. Die ägyptische Urkunde könnte, argumentieren die Anhänger der Jerusalem-Theorie, ein Trick der Familie gewesen sein: Sie garantierte dem Sprössling eine kostenlose Schulbildung in Kairo.

Mehrere Autoren, die sich auf Aussagen aus Arafats Familie stützen, meinen, Arafats offizielle Version könnte tatsächlich zutreffen: Dass Sahwa Abu Saud al-Qudwa, wohnhaft in Kairo, im Sommer 1929 nach Jerusalem zurückkehrte, um im Kreis ihrer Familie mit ihrem Sohn niederzukommen – eine Trennung von ihrem Mann, die in seiner Familie als Schande gelten musste und deshalb nicht gross publiziert wurde.

Als Vierjähriger verlor Arafat seine Mutter; sein Vater heiratete eine zweite und dann eine dritte Frau; der junge Mohammed wurde jetzt, zusammen mit seinem jüngeren Bruder Fathi, tatsächlich nach Jerusalem geschickt, um bei der Familie Abu Saud zu leben, die ein Haus in der Altstadt besass. Hier, mitten in der Zeit des Umbruches, als Palästina noch britisches Mandatsgebiet war und Zionisten und Palästinenser begannen, um das gleiche Land zu kämpfen, wuchs Arafat auf, hier wurde das Bewusstsein des späteren Palästinenserführers geformt: das Bewusstsein, dass der Unterdrücker nur eine Strasse entfernt wohnte; dass man das Schicksal in die eigenen Hände nehmen musste, weil einem niemand half; dass man um seine Rechte kämpfen musste. Seine neue Familie stand in doppeltem Sinn mitten im Geschehen: Ihr Haus lehnte sich direkt an die Klagemauer an, um die sich Juden und Muslime bis 1967 streiten sollten, und Arafats Onkel, Sheikh Hassan, ein prominenter Mufti und islamischer Richter, wurde zum vehementen palästinensischen Nationalisten.

Hassan Abu Saud impfte den beiden Jungen, Mohammed und Fathi, nicht nur den Islam ein, sondern auch den arabischen Nationalismus und den Widerstand gegen den Kolonialismus, der in seinem Verständnis durch Zionisten und Briten gleichermassen verkörpert wurde. [8]

Arafats Geburtsjahr 1929 war ein Wendepunkt in den Beziehungen zwischen Juden und Arabern in Palästina; einige Geschichtsschreiber datieren den Beginn der kriegerischen Phase im israelisch-palästinensischen Konflikt exakt auf den Monat von Arafats Geburt: Am Versöhnungstag des Jahres 1929, einem der höchsten jüdischen Feiertage, versuchten die Juden, ihre Präsenz an der Klagemauer zu festigen, ein Ort mitten in der arabischen Altstadt, auf den auch die Muslime als Fundament ihres Haramash-Sharif, des Tempelberges, Anspruch erhoben. Die Juden stellten Leuchter auf, die sie über Nacht brennen liessen, einen Paravent, um Frauen und Männer voneinander zu trennen, und ein Lesepult mit einem offenen Buch.

Sheikh Hassan griff persönlich ein, wie sein Sohn den Arafat-Bio-

graphen John und Janet Wallach erzählt hat, während Haj Amin, der Grossmufti, von einem Fenster aus zuschaute: «Mein Vater schloss das Buch,
machte die Lichter aus und kam zurück.» Die Familie Abu Saud habe während dieser Minuten um das Leben von Sheikh Hassan gebangt.

Nach den Vorfällen an der Mauer wurden Massendemonstrationen
organisiert, und es kam zu gewalttätigen Ausschreitungen; aus Hebron wurden alle Juden vertrieben, 67 wurden massakriert, weitere in Safad, Haifa
und anderswo. Insgesamt kamen in jenen Tagen 135 Juden und 116 Araber
gewaltsam ums Leben.

Jerusalem kam nicht zu Ruhe. 1930 wurden drei Araber gehenkt,
17 zu lebenslangen Zuchthausstrafen verurteilt, Hunderte verhaftet. 1931
gab es im ganzen Land neue Manifestationen, und im August rief das
«Arabische Exekutivkomitee» unter Führung des Muftis Haj Amin al-Husseini einen Generalstreik aus.

1936 inszenierten die Syrer einen Streik gegen ihre Mandatsmacht,
die Franzosen; als Resultat erhielten sie verbindliche Zusicherungen für die
Unabhängigkeit. In Palästina wurden Komitees gegründet, welche die gleiche Strategie einschlagen wollten; ein «Arabischer Hoher Rat» sollte den
Widerstand koordinieren; Haj Amin wurde sein Vorsitzender. Der Rat
beschloss eine doppelte Strategie: Kampf gegen die Briten und die Zionisten. Der neue Generalstreik von 1936 hielt sechs Monate; Arafat und sein
Bruder Fathi machten begeistert mit; es sei so etwas wie eine erste Intifada
gewesen, erzählt der PLO-Chef noch heute: Steine werfen und davon-
laufen, sich vor britischen Polizisten und Soldaten in Hauseingängen, Kel-
lern und Hinterhöfen verstecken; hinausrennen und wieder Steine schmeis-
sen. Ein Ereignis ist ihm allerdings besonders in Erinnerung geblieben: Die
Briten «stürmten unser Haus, und ich fand mich inmitten von Soldaten. Sie
schlugen mich, und sie schlugen meinen Bruder Fathi. Er war ein kleines
Kind, und ich war etwa sieben Jahre alt. Sie liessen mich laufen, nachdem
sie mich geschlagen hatten, aber sie verhafteten meinen Onkel und führten ihn ab.» [9]

Im Jahr darauf legte die britische Peel-Kommission ihren Teilungs-
plan vor; die Araber wiesen ihn ab und revoltierten von neuem. Die Briten
schlugen diesmal sofort zu, verhafteten die Streikführer, auch Mitglieder
der Abu-Saud-Familie. Haj Amin entkam ins Ausland, und die Arafat-
Brüder wurden in den Zug nach Kairo gesteckt. Der Streik hielt diesmal
drei Jahre. Für Yassir und die andern Kinder, die in den engen Gassen der
Altstadt von Jerusalem gespielt und Steine gegen die Briten und die Juden
geworfen hatten, waren Haj Amin al-Husseini und Sheikh Hassan Abu Saud
zu Helden geworden.

Die arabische Revolte hatte auch eine düstere Seite, ähnlich wie die

Intifada 50 Jahre später: Die Aggressionen richteten sich nicht nur gegen Briten und Zionisten; Palästinenser brachten auch Palästinenser um, aus politischen Gründen, wegen «offener Rechnungen» und aus purem Machtstreben. Besonders brutal wüteten der Husseini-Clan und seine Anhänger: Ihre beliebtesten Opfer waren Angehörige und Parteigänger jener Familie, die ihr während Jahrhunderten die Vormachtstellung im arabischen Jerusalem streitig gemacht hatte: die Nashashibi.

Arafat ging in Kairo ans Gymnasium. Nach dem Krieg kam auch Haj Amin in Ägypten an; er war aus dem besiegten Nazideutschland geflohen, wo ihm ein Kriegsverbrecherprozess drohte. Sheikh Hassan Abu Saud fand sich in der ägyptischen Hauptstadt ein, und vor allem Abdal-Kader al-Husseini, ein militärischer Führer des Palästinenseraufstandes. Abdal-Kader wurde, wie sich sein Sohn Feisal al-Husseini erinnert, zu einem leuchtenden Vorbild für den Teenager Arafat, der sich damals noch nicht «Yassir» nannte. [10] Abdal-Kader führte das klandestine Doppelleben eines Guerilleros, reiste heimlich zwischen Kairo und Palästina hin und her. In Palästina befehligte er bewaffnete Kommandos; in Ägypten bildete er junge Anhänger aus. In seiner Küche, so will es die Legende, lernte Arafat Bomben bauen und entschärfen; auf geheimen Exerzierplätzen erhielten er und seine Gefährten ersten militärischen Drill. Abdal-Kader wurde vom Helden zum Märtyrer: Am 9. April 1948, im Krieg um die Zufahrtsstrasse zu Jerusalem, kam er im Dorf al-Qastal ums Leben.

Der Beginn der «militärischen» Laufbahn Arafats ist ähnlich nebulös wie die Umstände seiner Geburt. In Interviews hat er behauptet, unmittelbar nach dem Zweiten Weltkrieg beauftragt worden zu sein, für die palästinensischen Milizen Waffen zu kaufen, zuerst in versteckten Läden in Kairo, später in der Wüste um al-Alamein. Diese war nach der gewaltigen Schlacht zwischen Briten und Deutschen zum Schrottplatz für Kriegsgerät geworden; Beduinen hatten noch brauchbare Waffen eingesammelt und geheime Lager angelegt. Diese stöberte Arafat auf, und er kaufte zusammen, was ihm für den Befreiungskampf in Palästina nützlich schien. Die Waffen seien in einem Flugzeug des jemenitischen Imams nach Palästina geflogen und insgeheim auf einem Flugfeld bei Jericho ausgeladen worden.

Die Geschichte könnte direkt aus einem Abenteuerroman stammen, und tatsächlich hat sie mindestens ein Autor aufgegriffen: Len Deighton in seinem 1991 veröffentlichten Thriller «City of Gold». Aber für Arafat kam es noch dicker – immer nach seiner selbstgefertigten Geschichtsschreibung: Nachdem er sich als Waffenkäufer bewährt hatte, wurde er, ein minderjähriger Student in Kairo, vor dem Krieg von 1948 nach Palästina zurückgeschickt, und zwar wiederum nach Jerusalem. Diese Stadt hat eine magische Bedeutung für den PLO-Chef; sie ist sein Fixpunkt, das Ziel, das am Ende des langen Marsches leuchtet. Ebenso, wie Jerusalem für die Juden das Sinnbild der Rückkehr nach «Erez Israel» war, so ist sie für Arafat die objektivierte Sehnsucht nach Palästina. Wo er sein Quartier aufschlug, in Kuwait, in Jordanien, in Beirut, in Tunis – stets hingen Fotografien des Felsendoms an den Wänden. Jene in Tunis wurde weltberühmt: Sie bedeckte fast die ganze Wand hinter Arafats Schreibtisch; wenn er fotografiert oder von Fernsehteams gefilmt wurde, strahlte stets der mit Mosaiken bedeckte, sechseckige Bau mit seiner goldenen Kuppel im Hintergrund.

Dann griffen, am 15. Mai 1948, dem Tag, da Israel seine Unabhängigkeit proklamierte, die Armeen der arabischen Staaten in den Krieg ein. Sie entwaffneten die palästinensischen Freischärler und verboten ihnen, weiter Krieg zu führen. «Ich erinnere mich immer noch daran, wie die Araber die Entscheidung trafen, uns von der Teilnahme [am Krieg] abzuhalten. Ich war wütend. Sie nahmen uns unsere Waffen ab, und wir begannen zu spüren, dass irgend etwas falsch war. Da gab es einen Verrat. In Wirklichkeit führten die keinen richtigen Krieg; sie gaben nur Lippenbekenntnisse ab.» Dies sei einer der tödlichen Fehler der Araber gewesen: Sie waren gegen die Teilung Palästinas, «aber sie unternahmen nichts». [11]

Vielleicht ist seine Teilnahme am ersten israelisch-arabischen Krieg eine Fiktion, die der junge Mohammed Abdar-Rauf Arafat sorgfältig konstruiert hatte – der «Verrat» war keine: Abdullah, der König von Transjordanien, hatte sich mit Golda Meir, die alsbald der neuen israelischen Regierung angehören und später Premierministerin werden sollte, insgeheim darauf geeinigt, das Mandatsgebiet zwischen Jordanien und dem künftigen Staat Israel aufzuteilen. [12]

Einige Palästinenserführer waren auf Abdullahs Seite: Die Familie Nashashibi befürwortete den Zusammenschluss Restpalästinas mit Jordanien. Die Nationalisten um Amin al-Husseini, denen sich Arafat nahe fühlte, bekämpften ihn, und König Abdullah bezahlte dafür 1951 mit dem Leben: Er wurde von Palästinensern, die von Haj Amin inspiriert waren, vor der al-Aksa-Moschee auf dem Haram ash-Sharif erschossen.

Sein militärisches Training mit Abdal-Kader, seine Abstecher zum Waffenkauf in die Wüste, sein Kampf in Palästina nach dem Teilungsbeschluss der Uno sind Eckpfeiler in Arafats privater Mythologie, die er sich nicht untergraben lässt. Allerdings ist es noch keinem Biographen gelungen, gültige Beweise dafür zu finden, dass Arafat tatsächlich in Palästina gekämpft oder dass er in jenen entscheidenden Monaten vielleicht doch eher in Kairo geblieben ist.

Den Heiligenschein des Freiheitskämpfers brauchte Arafat jedenfalls, um mit seinen Mitverschworenen mithalten zu können. Denn während Mohammed Abdar-Rauf in Kairo ein einigermassen komfortables Leben führte und mit seiner Familie in einer geräumigen Wohnung im bourgeoisen Vorort Heliopolis lebte, machten andere Palästinenser traumatische Erfahrungen.

Salah Khalaf, genannt Abu Iyad, später als Stratege der Terrororganisation «Schwarzer September» berüchtigt, nannte seine Flucht aus Jaffa am 13. Mai 1948 «jenes Erlebnis, das mein Leben geprägt hat». Als damals Vierzehnjähriger war er «überwältigt von der Masse von Menschen – Frauen, Kinder und Männer – die zum Meer rannten, um dem Hagel der israelischen Bomben zu entgehen»; die «gebeugt waren unter der Last des Gepäcks, das sie in der Eile zusammengerafft hatten»; die «verzweifelt versuchten, auf alten Fischerbooten ihr nacktes Leben zu retten». [13]

Khalil al-Wazir, unter dem Kriegsnamen Abu Jihad bekannt geworden, wurde am 12. Juli 1948 als Zwölfjähriger mit seiner Familie aus Ramle vertrieben. Der spätere militärische Führer der Fatah und der PLO landete in den Flüchtlingslagern des Gaza-Streifens, wo die militante antiisraelische Opposition gedieh.

Georges Habbash, der in Beirut Medizin studierte, war nach Lydda zurückgekehrt und arbeitete als Sanitäter; dort ereilte ihn das Flüchtlingsschicksal einen Tag später als Wazir im benachbarten Ramle. Verschiedene brutale Übergriffe israelischer Soldaten und schliesslich die Flucht der Bewohnerinnen und Bewohner von Lydda (heute Lod) am 13. Juli 1948 hätten ihn gelehrt, «mein ganzes Leben für die gerechte Sache der Palästinenser zu opfern», sagte der Kinderarzt Habbash später in Interviews. Er gründete 1969 eine der extremsten Palästinensergruppen, die «Volksfront für die Befreiung Palästinas» (PFLP).

Falls Arafat in jenen bewegten Tagen tatsächlich in Kairo verharrte, hatte er seinen künftigen Mitstreitern wenig entgegenzuhalten: Er musste seine Biographie würzen, um im Kreis der Betroffenen und Vertriebenen legitim mitreden zu können. In den Kriegstagen lernte Arafat jedenfalls – ob auf die harte Tour oder von fern, ob im Schlachtengetümmel oder nur in der Theorie – dass die Palästinenser im Kampf für ihre Rechte keine Freunde hatten, auch nicht in den arabischen Staaten, und dass sie ihr Schicksal selber in die Hand nehmen mussten, wenn sie mehr als ein weiteres vergessenes, untergegangenes nahöstliches Volk werden wollten.

5.2 Der ägyptische Ingenieur

600 000 oder auch 750 000 Palästinenser waren im israelisch-arabischen Krieg vertrieben worden, lebten verzettelt über die arabischen Länder. Jene, die Besitztümer hatten retten können, liessen sich in den Städten

nieder – Amman blähte sich innert kürzester Zeit von einem abgelegenen Wüstenort mit etwa 50 000 Einwohnern zur Grossstadt auf. Jene, die nichts hatten, wurden in staubigen, trostlosen Lagern im Libanon, in Jordanien, im Westjordanland und im Gaza-Streifen zusammengepfercht, wo es oft an allem fehlte: an Wasser- und Stromversorgung, an Schulen und Kliniken. Ernährt und unterstützt wurden sie von einer neuen Uno-Agentur, der United Nations Work and Relief Agency (UNWRA). Nur Jordanien gab Palästinensern und Palästinenserinnen, die 1948 geflohen waren, die Staatsbürgerschaft; im Libanon, in Syrien, im Irak, in Kuwait blieben sie Bürger zweiter Klasse.

Arafat selber zieht den Vergleich: Wie früher die Juden, so waren jetzt die Palästinenser in der Diaspora verstreut; ein Volk, das – kaum hatte es sein Nationalgefühl entwickelt – den endgültigen Abschied aus der Geschichte riskierte. Und wie früher den Juden blieb den Palästinensern ein einziger Reichtum, den ihnen niemand entwenden konnte: Bildung. Die Kinder des vertriebenen Bürgertums wurden an die Universitäten geschickt; palästinensische Akademikerinnen, Akademiker und Berufsleute wurden zur intellektuellen und professionellen Elite der arabischen Welt. Anwälte, Ingenieure, Ärzte, Verwaltungsfachleute, Lehrer und Ökonomen halfen mit, die über Nacht reich gewordenen, aber politisch und gesellschaftlich rückständigen Ölstaaten wie Kuwait, Saudi-Arabien oder die Emirate am Golf zu entwickeln; sie gründeten Handelshäuser, Versicherungen, Banken, Schulen, Universitäten, Bauunternehmungen, Zeitungen.

«Wir haben Kuwait geschaffen», sagt mein Vermieter in Amman, Nayef Kharma, Professor für englische Sprache. Er lebte 45 Jahre im Emirat, erinnert sich, wie der konservative, jeder Bildung abholde, im Sommer unerträglich heisse Ort am Persisch-Arabischen Golf sich zu einer hypermodernen Stadt mit Fünfsternhotels, vollklimatisierten Büroblöcken, Villenvororten, Universitäten und sechsspurigen Autobahnen entwickelte. Wie Hunderttausende anderer Palästinenserinnen und Palästinenser, Jordanierinnen und Jordanier musste Kharma das Emirat nach der Befreiung von der irakischen Besatzungsarmee 1991 verlassen: Die Kuwaiter behandelten sie kollektiv als «Kollaborateure» – und das hatten sie Yassir Arafat und seinen Bruderküssen für Saddam Hussein zu verdanken.

Arafat schlug die beinahe klassische Laufbahn eines Palästinensers aus bürgerlichem Haus ein. Eigentlich wollte er in den USA studieren; nachdem er monatelang vergeblich eine Antwort auf seine Bewerbung erwartet hatte, immatrikulierte er sich an der modernen Fuad-Universität in Kairo (heute Kairo-Universität). Wenig später, für ihn zu spät, kam die Bestätigung aus den USA, und wenn Yassir Arafat, wie ursprünglich geplant, nach Texas gezogen wäre, um Fachmann für Ölbohrungen zu werden, hätte die jüngste Geschichte des Nahen Ostens vielleicht einen anderen Verlauf genommen. In Kairo studierte Arafat Ingenieurwesen, aber er war kein brillianter Student. Sein Hauptinteresse war die Politik, nicht nur die palästinensische, auch die ägyptische. Er wurde in der «Allgemeinen Vereinigung der palästinensischen Studenten» (GUPS) aktiv. 1952 eroberten Arafat und seine Kollegen Salah Khalaf, Khalil Wazir und Faruk Kaddumi deren Vorstand. Sie waren erfolgreich, weil sie auf einer unverfänglichen, überparteilichen Liste kandidiert und zur Einheit statt zum Streit unter den vorherrschenden politischen Strömungen aufgerufen hatten, zum Kampf aller Palästinenser gegen Israel anstelle der permanenten, aufreibenden Auseinandersetzungen zwischen Marxisten, Baathisten, Muslimbrüdern, Nasseristen und Nationalisten. Mitkämpfer aus jener Zeit schildern Arafats politische Philosophie als eine Mischung von sozialistischen und pan-arabischen Ideen mit der Ideologie der Muslimbrüder, einer militant religiösen und, wie man heute sagen würde, fundamentalistischen Vereinigung, die 1928 gegründet worden war.

Gleichzeitig hatte Arafats Existenz eine leichtere Seite. Es fällt schwer, sich den politisch wendigen, aber physisch eher schwerfälligen PLO-Chef als behenden Tänzer, Reiter und Gesellschaftslöwen vorzustellen, aber Pferde, der Tango und das typisch englische Ritual des nachmittäglichen Tees waren in Kairo neben der Politik und der militärischen Ausbildung seine Lieblingsbeschäftigungen. Sie trugen Mohammed Abdar-Rauf Arafat im Freundeskreis den Übernamen Yassir ein, «der, dem alles leichtfällt».

Der südamerikanische Tanz gab, nachdem 1993 die Verhandlungen zwischen der PLO und Israel bekanntgeworden waren, eine von Arafats meistverwendeten Metaphern ab: Wann immer Gefahr bestand, dass Israel die Gespräche blockieren oder Rabin, verlassen vom eigenen Mut, den Friedensprozess einfrieren könnte, sagte der PLO-Chef seinen Interviewern: «Man kann den Tango nicht alleine tanzen».

Teetrinker und Tangotänzer Arafat bereitete sich zur selben Zeit auf den Krieg gegen die «Kolonialisten» vor, im Fall seines Gastlandes Ägypten gegen die Briten, im Fall seiner Heimat Palästina gegen die Zionisten. Jeden Morgen, sechsmal pro Woche, absolvierte er einen Trainingskurs, der auf dem Campus der Universität gegeben wurde. Im Sommer kam ein zweimonatiges Trainingslager dazu, und Arafat erwarb schliesslich ein Zertifikat als Reserveoffizier der ägyptischen Armee.

Wenn Arafat kein herausragender Ingenieurstudent war, dann war er ein umso eifrigerer Rekrut. Dass er allerdings, wie er selber behauptet hat, während der ägyptischen Revolution, die 1951 begann, an Kommandoaktionen der Muslimbrüder gegen die britische Armee in der Suez-Kanalzone teilgenommen hätte, daran vermögen sich seine damaligen Kumpane nicht mehr zu erinnern.

Kairo war zu Beginn der Fünfzigerjahre eine Stadt im Aufruhr: Demonstrationen gegen die Briten, die das korrupte und verbrauchte Regime von König Faruk stützten, waren an der Tagesordnung; die Stadt wimmelte von sozialistischen, fundamentalistischen, nationalistischen Studenten aus allen arabischen Gebieten. Salah Khalaf kam 1951 mitten in diesem revolutionären Trubel aus Gaza in Kairo an, um an der tausendjährigen al-Azhar-Universität zu studieren. Wann genau er Arafat zum erstenmal getroffen hat, daran konnte er sich bei unserem Gespräch 1989 nicht mehr erinnern: «Wichtig war, dass uns die Lage in Kairo die Möglichkeit gab, unsere Beziehung zu begründen und zu festigen. Ich hatte später manche Auseinandersetzung mit Arafat. Aber unsere gemeinsamen Erlebnisse während unserer Jahre in Kairo haben uns immer wieder die Möglichkeit gegeben, Differenzen freundschaftlich zu beenden.»

Khalaf hatte bereits Erfahrungen mit der ägyptischen Polizei gesammelt, als er Arafat kennenlernte: Er war eineinhalb Monate ins Gefängnis gesperrt worden, weil er mit andern palästinensischen Studenten das Büro von Ahmed Shukeiri gestürmt und verwüstet hatte. Shukeiri war stellvertretender Generalsekretär der Arabischen Liga und als solcher für die Palästinafrage zuständig.[14] Die Wut der Studenten hatte er sich zugezogen, weil die Liga beschlossen hatte, Stipendien für Palästinenser zu kürzen.

Arafats erster öffentlicher Auftritt, sein erster Schritt auf die politische Bühne des Nahen Ostens, die er während Jahrzehnten dominieren sollte, wurde am 13. Januar 1953 in einer Meldung der Tageszeitunng «al-Ahram» verzeichnet: Arafat hatte mit einer Gruppe von palästinensischen Studenten nach einer Demonstration in Kairo eine Bittschrift an den Premierminister, General Mohammed Nagib, verfasst.[15] «Vergiss Palästina nicht!» hiess es in der Petition, welche die jungen Palästinenser theatralisch mit ihrem Blut geschrieben hatten. Arafat dürfte über das Foto in «al-Ahram» erfreut gewesen sein, das ihn bei der Übergabe des Briefes zeigte, aber nicht über die Notiz selber: Seine Name war zu «Farhat» entstellt worden.

Die palästinensische Zelle um Arafat und Salah Khalaf in Kairo war nicht der einzige Nukleus einer künftigen «Befreiungsorganisation». In Beirut, dem lebensfrohen «Paris des Nahen Ostens», scharte der griechisch-orthodoxe Arzt Georges Habbash, etwa fünf Jahre älter als Arafat, eine Gruppe von Palästinensern um sich, die seine pan-arabischen und marxistischen Ideen teilten und in den Cafés am Mittelmeer diskutierten. Bevor Habbash nach Amman zog, um eine Praxis als Kinderarzt zu eröffnen, gründeten sie eine von Nassers Ideologie inspirierte «Arabische National-bewegung».

Der vehementeste palästinensische Widerstand entwickelte sich im Gaza-Streifen. Ägypten hatte diesen im Krieg von 1948/49 erobert, gab ihm jedoch einen halb-autonomen Status, ganz anders als das Westjordan-land, über welches König Abdullah und später sein Enkel, König Hussein, ein striktes Regime verhängten. Khalil al-Wazir, ein noch nicht zwanzig-jähriger Flüchtling aus Ramle, wurde in Gaza zum Prototypen des palästi-nensischen «Feday», zu «einem, der sein Leben darbringt». Mustafa Hafez, ein ägyptischer Geheimdienstoffizier, organisierte in Gaza mit Nassers Ein-willigung einen palästinensischen Untergrund; Wazir und andere junge Leute sabotierten nachts Wasser- und Stromleitungen jüdischer Siedlungen jenseits der Grenze und legten Minen.

Arafat und Wazir, der sein wichtigster Mitstreiter werden sollte, lern-ten sich erst 1955 kennen, und zwar, wie Wazir berichtete, während einer Demonstration gegen Israel in Gaza. Diese war nach einem Schlag gegen Gaza organisiert worden, mit dem die israelische Armee ein Attentat ver-gelten wollte, an dem Wazir teilgenommen hatte.

General Nagib wurde unter anderem gestürzt, weil ihn Nasser, der starke Mann in der ägyptischen Offiziers-Junta, verdächtigte, mit der Mus-limbrüderschaft zu kollaborieren, deren Aktivitäten im Februar 1954 ohne Nagibs Wissen verboten worden waren. Nasser entging am 26. Oktober 1954 in Alexandria einem Attentat der Islamisten und ordnete daraufhin eine massive Aktion gegen sie an.

Das Verbot und die Polizeiaktionen hatten direkte Auswirkungen auf Arafat, der, wenn nicht als Mitglied, so bestimmt als Sympathisant und po-litischer Aktivist in den umfangreichen Dossiers der ägyptischen Geheim-polizei figurierte. Der Student und künftige PLO-Chef verbrachte drei Monate im Gefängnis; nach seiner Freilassung verengte sich sein Hand-lungsspielraum in Ägypten. 1955 und 1956 wurden für Yassir Arafat trotz-dem entscheidende Jahre: Der 26jährige graduierte endlich, mit zwei Jahren Verspätung, von der Ingenieurschule an der Universität von Kairo, nachdem er zuvor zweimal in Mathematik durchgefallen war.

Im August 1956 reisten Arafat und zwei weitere Mitglieder des Exe-kutivkomitees der palästinensischen Studentenliga, Salah Khalaf und Zuheir al-Alami, nach Prag zu einem Treffen des internationalen Studentenkon-gresses, einer Vereinigung von Studentenverbänden aus kommunistischen und Drittwelt-Ländern. Die drei errangen einen kleinen, aber wichtigen diplomatischen Erfolg: Ihre Studentenunion wurde als Vollmitglied aufge-nommen.

Arafat war von seiner Mission absolut überzeugt, obwohl sie noch nicht wirklich begonnen hatte: Er nannte sich «Mr. Palestine», unterschrieb so seine Briefe, und «führte sich auf, als ob er der Präsident Palästinas wäre, nicht der Präsident der palästinensischen Studenten», wie sich sein Kritiker Edward Said ausdrückt. Für Arafats spätere diplomatische Vorstösse rund um den Globus erwies sich Prag als gute Ausgangsbasis: Obwohl die drei Emissäre nur Arabisch sprachen, Englisch nur brockenweise beherrschten und erst recht keine anderen Sprachen, gelang es ihnen, Kontakte zu knüpfen; sie heimsten Einladungen nach Moskau und in die DDR ein, und Arafat blieb in brieflichem Kontakt mit mehreren Studentenvertretern, die er in Prag getroffen hatte und die allmählich begannen, in ihren Ländern die politischen Leitern zu erklimmen. Auf den Sommer in Prag geht auch eine Änderung in Arafats Garderobe zurück, die ihm ein unverwechselbares Profil geben sollte: In der Tschechoslowakei angekommen, nahm er eine Kefiya aus dem Koffer, setzte sie sich auf und stach so aus der Menge der versammelten Studenten unübersehbar hervor, in der er, klein und mager, sonst unweigerlich untergegangen wäre. Arafats erste Kefiya war weiss, wie Bilder aus jener Zeit belegen, noch nicht das schwarz-weiss gemusterte Modell späterer Jahre.

Kaum zurück, wurde Reserveoffizier Arafat zum Krieg aufgeboten: Nachdem Nasser im Juli den Suez-Kanal verstaatlicht hatte, marschierten israelische Truppen Ende Oktober im Gaza-Streifen und in der Sinai-Halbinsel ein und drangen bis zum Ostufer des Suez-Kanals vor. Briten und Franzosen, in geheimer Absprache mit Israel, überfielen Anfang November Port Said am Eingang zum Kanal; in heftigen Strassenkämpfen kamen fast 3000 Ägypterinnen und Ägypter, Zivilisten wie Soldaten, ums Leben; die Invasoren verloren 150 Soldaten.

Arafat wurde als Experte für die Entschärfung von Bomben zugezogen. Ob er dabei im Stab des ägyptischen Oberbefehlshabers Dienst leistete, wie er behauptet, bei General Abdal-Hakim Amer, der später zum Feldmarschall befördert wurde, oder ob er eine untergeordnete Rolle spielte, was wahrscheinlicher ist, kann nicht mehr eruiert werden. Jedenfalls sammelte der Hauptmann der Reserve und künftige PLO-Chef am Suez-Kanal seine ersten und letzten Erfahrungen in einem konventionellen Krieg.

Unter dem Druck der USA mussten die Israelis, die Briten und Franzosen ihr Suez-Abenteuer nach wenigen Tagen abbrechen. Nasser feierte die militärische Niederlage, die nur dank der US-Intervention nicht in eine ähnliche Katastrophe ausmündete wie der Krieg von 1948/49, als grossen politischen Sieg, und die Palästinenser um Arafat, die ihre Loyalität bewiesen hatten, hofften auf positive Impulse für ihre Bewegung. Das Gegenteil traf ein: Nasser erhielt zwar nach einem Waffenstillstandsabkommen mit Israel 1957 den Sinai und den Gaza-Streifen zurück, und Arafat, Salah Khalaf und Khalil al-Wazir konzipierten in Kairo einen vereinigten palästinensischen Widerstand (den sie wenig später in Kuwait gründen sollten). Aber Nasser tolerierte die Aktivitäten der palästinensischen Fedaiyn in Gaza nicht weiter; Israel hatte zweimal demonstriert, dass es in der Lage sei, ihn militärisch zu dominieren, wann immer es beliebte. Ausserdem ging Nasser nach der Suez-Krise mit erneuter Heftigkeit gegen die Muslimbrüder und gegen alle andern vor, die er als Bedrohung für Ägyptens Sicherheit betrachtete. Studentische und palästinensische Aktivisten wie Arafat, der mit der Bruderschaft mindestens angebandelt hatte, und Khalaf, der ihr angehörte, wurden intensivster Überwachung durch die Geheimdienste unterworfen: Kairo wandelte sich von einer offenen Stadt im Aufbruch, von einem Nährboden für alle möglichen umstürzlerischen Bewegungen, zur Hauptstadt eines rigiden Polizeistaates. Ausserdem setzte Nasser mehr und mehr auf Gruppierungen mit pan-arabischen Ideen. Arafat, seine Mitstreiter und ihr virulenter Nationalismus passten nicht mehr ins Konzept.

Stattdessen unterstützte Nasser politisch und finanziell die Arabische Nationalbewegung von Georges Habbash, die mehr auf ein «Vereintes Arabien», weniger auf einen palästinensischen Nationalstaat hinzuarbeiten schien. Arafat war, zum zweitenmal nach dem beschämenden Auftritt der arabischen Staaten im ersten israelisch-arabischen Krieg, davon überzeugt, dass die Palästinenser von den arabischen Regimen nicht mehr als Lippenbekenntnisse erwarten konnten.

Nach seinem Studienabschluss trat Arafat einen schlecht bezahlten und wenig attraktiven Regierungsjob in einer trostlosen ägyptischen Provinzstadt an, wo er am Ausbau der Kanalisation mitarbeitete. Er war gelangweilt, wurde rastlos, konnte sich nicht mehr entfalten und beschloss schliesslich, nach Kuwait zu ziehen, in das Emirat, das gerade begonnen hatte, sich dank den neuerdings fliessenden Ölmilliarden vom abgelegenen Wüstenort in eine Landschaft zu verwandeln, die eher an Südkalifornien als an Arabien erinnerte. Strassen, Schulen, Häuser, Regierungsgebäude, Flughäfen mussten gebaut werden; es brauchte Beamte, Lehrer, Spezialisten, doch ausgebildete Kuwaiter gab es kaum. Bald waren 50 Prozent der Fachleute und Akademiker und 80 Prozent der Lehrerinnen und Lehrer im Emirat Palästinenser.

5.3 Konspiration in Kuwait

In Kuwait führte Arafat das abgeschiedene Leben eines Fremdarbeiters, eines sehr gut bezahlten allerdings. Eines seiner Motive für den Umzug war simpel gewesen, dazu steht er noch heute: «Ich wollte Geld verdienen.» Das gelang ihm. Sein Anfangsgehalt als Ingenieur, der für den kuwaitischen Staat den Bau von Strassen und Brücken überwachte, betrug 30 000 Dollar pro Jahr. Bald hatte er daneben als selbständiger Bauunternehmer ein zusätzliches Einkommen. «Ich wurde in Kuwait ein reicher Mann», sagte er, «fast ein Millionär.» [16]

Doch als Junggeselle war er in dem puritanischen Emirat von allen Vergnügungen abgeschnitten: Unverheiratete Männer wurden in eigentlichen Ghettos untergebracht, die zu Beginn nichts anderes waren als Ansammlungen von Holzhütten ohne Klimatisierung und anderen Komfort. Es blieben nur die geheime politische Konspiration und der Konsum, und dem gab sich Arafat für kurze Zeit voll hin. All die Attribute, deren Fehlen ihn später gegenüber den meisten andern arabischen Politikern auszeichnen sollte, gehörten für einige Jahre dazu: Ferien in Südfrankreich, in Italien und Griechenland; Autos, von denen er mehrere besass. Freunde erzählen von Ausflügen nach Beirut, nach Bagdad und Damaskus, mit Vorliebe in einem der Amerikanerwagen, die Arafat und seine Kollegen fuhren. Einem Interviewer gegenüber schwärmte der PLO-Chef besonders von einem zweifarbigen Cabriolet in seinem Wagenpark, einem amerikanischen Ford Thunderbird. Aber einen asketischen Zug hatte Arafat schon, bevor er zum Guerillachef im Untergrund wurde: Er rauchte nicht, trank keinen Alkohol, und sexuelle Ausschweifungen sind ebenfalls nicht bekannt. Arafat sei im Gegenteil «den Frauen gegenüber eher scheu» gewesen, erzählte Abu Iyad. [17]

Kuwait hätte man sich jenen Jahren ebensowenig wie heute als Ort vorstellen können, der sich für die Gründung einer revolutionären Bewegung anbot. Doch genau das taten Arafat und einige seiner engsten Mitstreiter aus den Tagen in Kairo und Gaza an den langen, durch keine Ablenkung verkürzten Abenden. Irgendwann gegen Ende 1958 setzten sich fünf junge Männer in einem ihrer Häuser in Kuwait heimlich zusammen. Arafat und Khalil al-Wazir, die Anführer, waren sich seit langem über einige grundlegende Fakten einig gewesen: Kein arabischer Staat würde seine Armeen losschicken, um den Palästinensern ihr Land zurückzugeben; falls sie überhaupt noch gegen Israel kämpfen sollten, dann nur für ihre eigenen Interessen. Die Palästinenser mussten sich folglich, wenn sie jemals in die Heimat zurückkehren wollten, selber um ihre Zukunft kümmern. Ein Jahr später, 1959, stiess auch Salah Khalaf aus Kairo zur verschworenen Gruppe, und im Oktober jenes Jahres begannen die Männer ernsthaft, der neuen Organisation eine Struktur zu geben.

Der Name, mit dem sie sich schmückten, klang für den Winzling reichlich grossartig: «Palästinensische Befreiungsbewegung», auf Arabisch «Harakat Tahrir Filastin». Abgekürzt allerdings hätte die Bewegung einen Namen gehabt, der dann doch zu martialisch gewesen wäre: das arabische

Akronym für die Bewegung hätte «Hataf» gelautet – «Tod». Also kam einer der Konspiratoren auf die Idee, es zu «Fatah» umzudrehen. «Ich selber habe die Idee gehabt», brüstet sich Arafat: «Ich habe der Bewegung ihren Namen gegeben.» Salah Khalaf allerdings beteuerte noch 1989, ein junger palästinensischer Mathematiker namens Adel Abdal-Karim habe den Namen Fatah kreiert, der wenige Jahre später begann, als ein ferner, aber stetig näherkommender Donner durch den Nahen Osten zu grollen. Fatah heisst «Öffnung» und «Eroberung». – «Es ist ein Ausdruck aus dem Koran», sagt Arafat. «Fatah meint, die Tore für den triumphalen Sieger aufzumachen.»

Arafat blieb bis Ende 1964 in Kuwait. Tagsüber gingen er und seine Mitverschworenen ihren «bürgerlichen» Berufen nach; nachts entwarfen sie Strategien und Taktiken und schrieben die Artikel für ihr Magazin. Dieses, «Filastinuna» genannt, «Unser Palästina», hatte zu Beginn eine grössere Wirkung als al-Fatah selbst. Es war ein krud zusammengekleistertes Blättchen, das in wilden Slogans und feuriger Revolutionsrhetorik nach bewaffnetem Kampf und Rückeroberung Palästinas schrie; aber viele Palästinenser sahen darin ihre eigenen Frustrationen und Hoffnungen reflektiert. Jede Ausgabe von «Filastinuna», das im Libanon gedruckt und in Syrien und Ägypten alsbald verboten wurde, publizierte eine Postfachnummer in Beirut, und der Erfolg war beachtlich: Zu Hunderten reagierten junge Palästinenser auf die Kampfparolen; Fatah wuchs von einer winzigen Verschwörergruppe zu einer Sammlung aktiver Zellen im Untergrund.

Um die einzelnen Gruppen keinem unnötigen Risiko auszusetzen, war Fatah «vertikal strukturiert», wie Khalaf in unserem Gespräch erklärte: «Nur ihr Organisator kannte die Mitglieder, für die er verantwortlich war. Zwischen den einzelnen Zellen, die aus zehn bis fünfzehn Leuten bestanden, gab es keine direkten Verbindungen.» Fatah-Mitglieder mussten einen Teil ihres Einkommens abliefern; mit dem Geld wurden Waffen und Sprengstoff gekauft.

Auch zur Fatah-Führung stiessen in jenen Jahren Leute, die das Geschick der Organisation und später, als die Fatah in der PLO die dominierende Rolle zu spielen begann, das Geschick der gesamten Palästinenserbewegung prägten. Nach Salah Khalaf kam Faruk Kaddumi, ein Hitzkopf, der im kuwaitischen Gesundheitsministerium arbeitete; dann Khaled al-Hassan, ein prominenter Palästinenser, der Generalsekretär der kuwaitischen Stadtplanungsbehörde wurde.

Die stärksten Impulse gaben mehrere kollektive Beitritte: 1961 schloss sich eine bereits organisierte Gruppe von palästinensischen Aktivisten in einem andern Ölemirat, Qatar, geschlossen der Fatah an. Arafat, den einige schon aus Kairo kannten, und al-Wazir, mit dem andere in Gaza Kontakte gehabt hatten, überzeugten die Palästinenser in Qatar, dass ein Zusammenschluss der «palästinensischen Sache» nur nützlich sein konnte. In Qatar konnten die Palästinenser, im Gegensatz zu Kuwait, relativ frei agieren, brauchten keine konspirativen Wohnungen, um sich zu treffen, und erhielten die Erlaubnis, Manifestationen abzuhalten. Wichtig waren Arafat aber vor allem die Ableger, welche die Leute in Qatar schon in mehreren Golfländern etabliert hatten.

Ein willkommener Fatah-Rekrut jener Zeit war ein Mann namens Abu Nabil, der es in Libyen, damals noch ein Königreich, zum stellvertretenden Chef des Staatssicherheitsdienstes gebracht hatte. Abu Nabils Morgengabe an die Fatah waren beste Kontakte zum lokalen Establishment, der vom anlaufenden Ölgeschäft reich gewordenen libyschen Bourgeoisie und den schätzungsweise 5000 Palästinensern, die dort lebten. Für Arafat tat sich eine ergiebige Geldquelle auf.

Den grössten Mitgliederzuwachs erhielt Fatah 1963. Hani al-Hassan, der jüngere Bruder von Khaled, studierte in Darmstadt und hatte in Deutschland und Europa ein eindrückliches Netz von Gruppen palästinensischer Aktivisten aufgezogen und sich zum Präsidenten der internationalen Vereinigung der palästinensischen Studenten aufgeschwungen. Arafat liess ihn nach Kuwait kommen und überzeugte ihn, sich mit seinen Anhängern der Fatah anzuschliessen. Al-Hassan selber schätzte die Zahl der Mitglieder seiner Gruppen auf 12 000 – das heisst mindestens das Fünfzigfache von dem, was Arafat zu jener Zeit tatsächlich kommandierte. [18]

Arafat, zusammen mit Khalil al-Wazir und Khaled al-Hassan, gewann Hani al-Hassan mit einem Trick, der zu einem weiteren Charaktermerkmal des Fatah-Chefs werden sollte: Er stellte den Wunsch wortreich als Realität dar, übertrieb die Zahl und die Bewaffnung seiner Krieger masslos, erzählte von Helikoptern und Raketen, wo nur Gewehre, ein paar Handgranaten und Sprengstoff vorhanden waren, und von Tausenden von Kämpfern, wo es einige Dutzend oder hundert gab.

Fast wäre der Zusammenschluss gescheitert, als Arafat und Hani al-Hassan eine lautstarke Auseinandersetzung ob dem Königreich Jordanien hatten. Hassan, der in den fünfziger Jahren erlebt hatte, wie die Palästinenser im Westjordanland von den jordanischen Truppen und der Geheimpolizei unterdrückt wurden, plädierte dafür, König Hussein zu stürzen und Jordanien zum ersten Bestandteil eines Palästinenserstaats zu machen; Arafat wollte die Kräfte nicht verzetteln und sich auf den Kampf gegen Israel konzentrieren.

Hani liess sich überzeugen, reiste zurück nach Deutschland, schloss seine Gruppen der Fatah an und öffnete dieser so ihre wichtigste Finanzquelle, indem er jedem Mitglied eine Steuer von 20 Dollar pro Monat auferlegte. Alle ein, zwei Monate reiste Abu Jihad an, um das Geld abzuholen.

5.4 Ein Kollektiv, diktatorisch geführt

Arafat hatte bereits seinen typischen Stil entwickelt, an den er sich bis heute klammert, hatte sich die Verhaltensweise eines Guerilleros und Verschwörers angewöhnt: Er reiste mit falschen Pässen und falschen Bärten für geheime Treffen mit den neuen Mitstreitern nach Jordanien, Ägypten, Syrien, Algerien, Libyen und in den Libanon und schlief jede Nacht in einem andern Bett, um Attentaten zu entgehen. Seine kreativste Zeit wurde die Nacht; am besten arbeitete er zwischen abends zehn und morgens drei, vier Uhr.

Die Organisation sorgte auch für theatralische Aspekte, die Arafats Hang zur Symbolik zweifellos entgegenkamen: Um ihre «bürgerliche» und ihre «militärische» Existenz voneinander abgrenzen und sich gegen israelische und arabische Geheimdienste schützen zu können, nahmen die Fatah-Exponenten Kriegsnamen an, die alle auf dem Wort Abu, «Vater von...», basierten. Arafat wurde zu Abu Ammar, nach dem legendären Ammar bin Yassir, einem Vertrauten und Mitstreiter des Propheten Mohammed, der sich durch übermenschliche Ausdauer auszeichnete. Khalil al-Wazir nannte sich Abu Jihad, «Vater des Krieges»; Salah Khalaf wurde zu Abu Iyad, Faruk Kaddumi zu Abu Lutuf, Khaled al-Hassan zu Abu Said, und so weiter. «Wir waren eine verschworene Gemeinschaft von Freunden», sagte mir Abu Iyad, «und das war eines der Geheimnisse unseres Erfolgs.» Der Name Fatah wurde in den ersten Jahren nur in diesem intimen Kreis verwendet; «gegen aussen hielten wir ihn geheim.»

Anfang 1963 installierte Fatah ihr erstes Zentralkomitee, jenes 15köpfige Gremium, das bis heute mindestens theoretisch für die Führung der Organisation zuständig ist. Neben Arafat gehörten ihm Abu Jihad, Khaled al-Hassan und Adel Abdal-Karim an. Dabei kam es rasch zu ersten Auseinandersetzungen, wie Khaled al-Hassan sagte: «Wir dachten, die Fatah als revolutionäre Bewegung müsse kollektiv geführt werden. Abu Ammar forderte die oberste Führungsverantwortung für sich allein.» [19]

In jener Zeit wäre die Fatah beinahe auseinandergebrochen. Es entwickelte sich ein heftiger ideologischer Streit über den richtigen Zeitpunkt für die ersten «militärischen» Aktionen. Wenn man gegen Israel losschlagen wollte, musste Fatah von einer Kader- zu einer Massenorganisation werden, und das war sie nicht. Arafat und die Anhänger seiner Theorie, alsbald die «Fraktion der Verrückten» genannt, plädierten für einen baldigen Beginn des «bewaffneten Kampfes»; seine Begründung war, man könne eine Revolution nicht künstlich schaffen und steuern; sie entwickle eine eigene Dynamik, die man nicht bremsen dürfe. Khaled al-Hassan, Wortführer der «Fraktion der Vernünftigen», versuchte, Arafat zu bremsen. Er wollte zuerst genügend ausgebildete Kämpfer zur Verfügung haben, genug Waffen, versteckt an den taktisch richtigen Positionen, und er wollte gesunde Finanzen, um die Familien späterer Märtyrer entschädigen zu können.

Al-Hassans Gruppe war die grössere, doch Arafat hatte bereits begonnen, den Alleinherrscher zu markieren und einsame Entscheide zu fällen – ein Zug, der ihn später mehrmals fast zu Fall gebracht hätte. Also griff Khaled al-Hassan zum einzigen Mittel, das ihm zur Verfügung stand: Er blockierte den Geldfluss.

In dieser Situation erhielt Arafat Unterstützung ausgerechnet vom kleinen Bruder seines wichtigsten Widersachers, von Hani al-Hassan, der die in Europa eingesammelten Finanzen künftig direkt dem Vorsitzenden zukommen liess. Arafat nahm auch aus diesem Vorgang ein Prinzip mit auf den weiteren Lebensweg: Fortan gab er Geldangelegenheiten nicht mehr aus der Hand, kontrollierte, eröffnete und schloss Bankkonten selber, verteilte die Mittel so, wie es ihm beliebte und opportun schien, und liess selbst engste Mitarbeiter im Ungewissen über den Zustand der Finanzen. Arafat schuf ein legendäres finanzielles Labyrinth. Dessen Entwirrung werde «mindestens fünfzig Jahre brauchen, wenn der Vorsitzende einmal nicht mehr unter uns ist», spottete der Bankier und Oslo-Unterhändler Ahmed Qurei (Abu Alaa) einst.

Ob es wahr sei, dass «Präsident» Arafat jeden Cheque von mehr als fünfhundert Dollar selber unterschreibe, fragte ich im Dezember 1993 einen PLO-Funktionär. «Das ist nicht wahr», antwortete dieser: «Arafat unterschreibt auch Cheques von weniger als hundert Dollar.»

Ende 1964 hörte die Fatah auf, eine konspirative Gruppe von Intellektuellen und Möchtegern-Revolutionären zu sein, und wurde zur Guerillaarmee, die zwar mehr gefürchtet als wirklich schlagkräftig war, aber in den folgenden Jahren nicht nur die Politik Israels massgeblich beeinflussen, sondern auch Jordanien an den Rand eines Bürgerkriegs manövrieren und den Libanon in einen ausgewachsenen, fünfzehn Jahre dauernden Bürgerkrieg stürzen sollte. Arafat wurde zum schillerndsten und umstrittensten Politiker mindestens des Nahen Ostens; Fatah und einige ihrer Unterorganisationen wie der «Schwarze September» wurden zum Synonym für Terror – für Mordanschläge, Flugzeugentführungen, Attentate.

Die erste bewaffnete Aktion der Fatah war ein Misserfolg, über den sich die Israelis höchstens amüsierten. Ein Ingenieur, der für die israelische Wasserbehörde arbeitete, fand am 3. Januar 1965 in einem Kanal in Galiläa, der zu jenem System gehörte, mit dem der Negev mit Wasser aus dem See Genezareth versorgt wurde, einen Plastiksack, der mit Lederriemen zusammengehalten wurde und zehn Stangen Gelignite, Batterien und einen alten Wecker enthielt. Die Bombe war so dilettantisch zusammengebastelt, dass sie nicht hätte explodieren können, und der Zeitpunkt der Explosion war auf mehrere Stunden später eingestellt, so dass die Entsorgung keine Probleme bot.

Die israelische Grenzpolizei verfolgte die Spur der Attentäter bis an den Jordan: Sie waren nach dem versuchten Anschlag nach Jordanien zurückgekehrt. Am selben Tag veröffentlichte eine bisher unbekannte Organisation namens al-Asifa («der Sturm») in arabischen Radios und libanesischen Zeitungen ihr vollmundiges «militärisches Communiqué Nummer eins»: «Asifa-Kräfte sind in Richtung der besetzten Gebiete vorgestossen, um die Schlacht gegen den Feind zu eröffnen.» Niemand wusste, wer sich hinter «Asifa» verbarg; «der Sturm» war ein Tarnname für die Fatah. Diese war weit davon entfernt, im palästinensischen Widerstand eine führende Rolle zu spielen; sie war im Gegenteil praktisch unbekannt. Nach den ersten Attentaten des Jahres 1965 wurden al-Fatah und al-Asifa auch in arabischen Staaten mit unterschiedlichsten Prädikaten bedacht. Nasser hielt sie für «fanatische Muslimbrüder im Dienst des Imperialismus»; in Jordanien vermutete man «pan-arabische Revolutionäre» im Sold Nassers am Werk; die Saudis, schon damals fanatische Antikommunisten, witterten eine «kommunistische Verschwörung»; andere Araber sprachen von «Agenten der CIA». Die Übergriffe der Fatah, insgesamt 35 im ersten Jahr ihrer «militärischen Kampagne», hatten nämlich vor allem eine Folge: Sie gaben Israel den Anlass zu Vergeltungsaktionen gegen arabische Nachbarstaaten. So arbeiteten Fatah und Israel, die beiden Todfeinde, in den ersten Jahren indirekt Hand in Hand: Israel suchte nach Vorwänden, um Syrien, Ägypten und Jordanien anzugreifen, wie man den Memoiren von Yitzhak Rabin entnehmen kann; die Fatah lieferte sie.[20]

Deshalb kamen die palästinensischen Nationalisten den arabischen Regimen gar nicht gelegen. Nasser verfolgte noch immer das Ziel eines vereinten Arabiens, obwohl er 1961 einen schweren Rückschlag erlitten hatte, als sich Syrien nach nur drei Jahren aus der «Vereinigten Arabischen Republik» (VAR) abmeldete. Und wenn der ägyptische Staatschef einen Krieg mit Israel wollte, dann unter seinen Bedingungen und im Rahmen seines Zeitplans, nicht diktiert von Israel und seinen Vergeltungsschlägen, die wiederum von palästinensischen Gruppen provoziert worden waren.

Im Dezember 1965 brachte Nasser am Arabergipfel in der marokkanischen Stadt Casablanca eine Resolution ein, die den Stopp der Guerillaaktionen forderte. Mit Ausnahme Syriens, das sich der Stimme enthielt, waren sämtliche arabischen Staaten einverstanden.

Ahmed Shukeiri, der erste Chef der Palästinensischen Befreiungsorganisation PLO, nannte die Fatah-Anhänger «Feinde der Palästinenser»; aber er demonstrierte damit nur, wie weit er und die Honoratioren, die er um sich scharte, abgehoben waren von der Volksmeinung in den

Flüchtlingslagern im Gaza-Streifen, im Westjordanland, im Libanon und in Jordanien und auch in den arabischen Grossstädten. Viel grösser als die terroristische Wirkung jener ersten Phase des bewaffneten Kampfes war nämlich die propagandistische: Für die arabischen und besonders die palästinensischen «Massen» wurden die vorerst unbekannten Fedaiyn um Arafat zu Volkshelden, zum Symbol des Widerstands gegen den Zionismus.

5.5 PLO von Nassers Gnaden

Nasser hatte schon vor den ersten Fatah-Raids versucht, das Palästinenserproblem unter Kontrolle zu bringen. Im April 1963 ernannte die Arabische Liga Ahmed Shukeiri, einen schillernden, 55jährigen Anwalt und Diplomaten, zum «Repräsentanten der Palästinenser»[21]; später bekam er die Aufgabe, Strukturen für eine Palästinenserorganisation zu schaffen. Im Januar 1964 versammelte Gamal Abdal-Nasser 13 arabische Führer in Kairo; sie anerkannten die Existenz eines «palästinensischen Gebildes» und beschlossen die Gründung der PLO und eines militärischen Armes namens «Palästinensische Befreiungsarmee» (PLA) unter Kontrolle der arabischen Regierungen.

Mit dem Segen der Liga berief Shukeiri Ende Mai 1964 422 Vertreter des «palästinensisch-arabischen Volkes», die er selbst ausgewählt hatte, nach Ost-Jerusalem; diese erste Versammlung des «Palästinensischen Nationalrates» (PNC), einer Art Exilparlament, genehmigte eine von Shukeiri entworfene «PLO-Verfassung» und eine «Nationalcharta». Sie erklärte das ganze Mandatsgebiet Palästina zur «arabischen Heimat», verurteilte den Zionismus als «kolonialistische Bewegung» und rief zu bewaffnetem Kampf und Zerstörung des Staates Israel auf. Den Juden sprach die Charta schlicht das Recht ab, einen eigenen Staat zu besitzen: «Judaismus als Religion ist keine unabhängige Nationalität, noch konstituieren Juden eine Nation mit einer eigenen Identität. Sie sind Bürger jener Staaten, zu denen sie gehören.»[22]

Zwar begrüssten Palästinenser in der ganzen Welt die PLO-Gründung. Aber von Anfang an war klar, dass die Organisation mehr ein verlängerter Arm des Nasser-Regimes als eine unabhängige Institution der Palästinenser war. Konflikte mit nationalistischen Gruppierungen wie der Fatah waren programmiert: Die PLO stand für arabische Kontrolle der Palästinenser; Fatah steuerte einen betont eigenständigen Kurs ausserhalb der politischen Ränke der arabischen Potentaten. Shukeiri kam Arafats Intentionen ungewollt entgegen: Seine Amtsführung wurde als Misserfolg abgebucht und erschöpfte sich in bombastischen Reden. «Wir werden Israel ins Meer werfen», war eine seiner grossspurigen Drohungen.

Arafats grosse Stunde kam mit dem Krieg von 1967, in welchem Nasser, König Hussein und die Syrer gedemütigt wurden. Statt dass sie die Israelis ins Meer geworfen hätten, hatten die Ägypter erneut, wie schon elf Jahre zuvor, die ganze Sinai-Halbinsel und den Gaza-Streifen verloren, die Jordanier das Westjordanland und Ost-Jerusalem und die Syrer die Golan-Höhen. Statt ihr vollmundiges Versprechen zu erfüllen und «Palästina zu befreien» hatten die arabischen Staaten die Palästinenser um ihre letzte Hoffnung gebracht. Israel kontrollierte jetzt jene Regionen um Gaza und im Westjordanland, die zuvor noch als palästinensische Rumpfgebiete bestanden hatten, wenn auch unter Kontrolle arabischer Regime.

Exponenten der PLO erinnern sich lebhaft an jene Tage im Juni 1967: «Ich war in Alexandria an einer Management-Konferenz, als ich am 5. Juni vom Krieg hörte», erzählte Nabil Shaath. «Ich fuhr mit einigen Kollegen sofort im Zug nach Kairo. Während der siebenstündigen Fahrt schalteten wir mein Transistorradio ein und hörten, wie viele Flugzeuge Israel schon verloren hatte. Zum Zeitpunkt, da wir in Kairo ankamen, hatte Israel seine ganze Luftwaffe verloren. Und ich glaubte das alles. Bevor ich in Kairo ankam, glaubte ich, man würde mir Instruktionen geben, nach Palästina aufzubrechen. Das war die Illusion, die durch die ägyptische Propaganda aufrechterhalten wurde. Aber als der Abend dämmerte, kam ich in einem Kairo an, das unter Ausgangssperre stand. Ich hatte es nie so gesehen. Als ich zu meinem Haus in Garden City ging [ein reicher Stadtteil Kairos], fühlte ich, dass sich die Dinge nicht so gut entwickelten». [23]

Triumphierende arabische Radiomeldungen über die Vernichtung der israelischen Luftwaffe in den ersten Stunden des Krieges waren schon bald einer völligen Nachrichtensperre gewichen. Das volle Ausmass der Katastrophe wurde den Arabern ausserhalb der neuerdings von Israel besetzten Gebiete jedoch erst am 9. Juni 1967 bewusst, wie mir Abu Iyad versicherte. Da kam der grosse Führer der arabischen Nation, Nasser, ans Radio, um die Niederlage einzugestehen: «Wir können uns selber nicht vor der Tatsache verschliessen, dass wir in den letzten Tagen einen schweren Rückschlag erlitten haben», sagte Nasser. [24] Natürlich führte der Staatschef die Demütigung nicht darauf zurück, dass Israel stärker gewesen wäre und sich, im Gegensatz zu Ägypten, systematisch auf den Krieg vorbereitet hatte. Vielmehr hatte die ägyptische Führung «akkurate Berechnungen» angestellt und war zum Ergebnis gekommen, «dass unsere Streitkräfte und das Niveau ihrer Ausrüstung und ihres Trainings, das sie erreicht hatten, in der Lage waren, den Feind zurückzuschlagen und abzuschrecken». Vielmehr war die Niederlage die Folge einer neuen «imperialistischen Verschwörung»: «Am Morgen des vergangenen Montags, 5. Juni, schlug der Feind zu. Wenn wir nun sagen, es war ein stärkerer Schlag, als wir erwartet hatten, müssen wir gleichzeitig und mit absoluter Sicherheit sagen, dass er grösser war als das Potential, das ihm [dem Feind] zur Verfügung stand. Es wurde von allem Anfang an sehr klar, dass andere Mächte hinter dem Feind steckten – sie kamen, um ihre Rechnung mit der arabischen Nationalbewegung zu begleichen.»

Trotz dieser «Verschwörung», die Ägypten um den verdienten Sieg betrogen hatte, war Nasser bereit, «die volle Verantwortung zu übernehmen»: «Ich habe entschieden, jede offizielle Stellung und jede politische Rolle total und endgültig aufzugeben und in die Ränge der Massen zurückzukehren und meine Pflicht zu tun wie jeder andere Bürger.»

Salah Khalaf alias Abu Iyad spottete: «Nasser hatte kapituliert! Wer hätte das gedacht? Der grosse Führer der arabischen Nation, der Mann der Vorsehung, dieser Mann hatte sich ohne ein Mindestmass an Vorbereitung in ein derartiges Unternehmen gestürzt.» [25] «Wir hatten wirklich daran geglaubt, dass die Ägypter Israel besiegen und uns unser Land zurückgeben könnten», gestand Abu Iyad in unserem Interview im November 1989: «Nachher wussten wir, dass wir absolut allein auf uns gestellt waren, dass wir auf niemanden zählen konnten. Entsprechend haben wir unsere Strategie und Taktik geändert.»

5.6 Sturm auf die Festung

Wenige Tage nach dem abrupten Kriegsende traf sich die Fatah-Führung in Khalil Wazirs Haus in Damaskus. Die rund 20 Männer waren zum Teil von weither angereist: aus den Golfländern, aus Europa, und die Sitzung schien darauf hinauszulaufen, Arafat zu entmachten und ihn für die militärische Katastrophe mitverantwortlich zu machen. Schliesslich war es der Fatah-Chef gewesen, der auf einen frühzeitigen Beginn des «bewaffneten Kampfes» gedrängt hatte, und dieser hatte exakt bewirkt, was Angehörige der «Fraktion der Vernünftigen» prophezeit hatten: Er hatte Mitgeholfen, einen Krieg der Israelis gegen die Araber anzuzetteln, auf den Israel hervorragend, die Araber schlecht vorbereitet waren.

Arafat rettete sich und seine Sache mit «emotionellen Auftritten», wie sich Abu Iyad erinnerte: «Er hatte Tränen in den Augen; er ging in Abu Jihads Wohnzimmer auf und ab; er kniete vor uns nieder, flehte uns an.» – Und er setzte sich durch; die Fatah-Verschwörer entschieden, den «bewaffneten Kampf» fortzusetzen und zu intensivieren. [26] Arafat selber kümmerte sich um den Aufbau geheimer Zellen in den besetzten Gebieten.

Sein virtuoser Umgang mit falschen Identitäten, falschen Pässen und falschen Lebensläufen kam ihm in jener Phase voll zugute: Er reiste als Arzt, als Prediger, als Lehrer, als Sheikh unter diversen Namen mehrere Male in die Territorien, entging israelischen Strassensperren und Patrouillen, schlief bei befreundeten Familien.

Zurück in Damaskus, gab Arafat eine positive und, wie es sich bald zeigen sollte, wenig zutreffende Schilderung der «revolutionären Stimmung» in den besetzten Gebieten. Die Fatah-Führung beschloss, die Bedenken Syriens gegen neue Aktionen in den Wind zu schlagen; Fatah rief zum «Sturm auf die zionistische Festung» auf.

Das Fatah-Zentralkomitee entwarf eine mehrschichtige Strategie: Einerseits sollte der Guerillakrieg intensiviert werden; in den besetzten Gebieten sollten Kommandozellen rekrutiert und nach einer kurzen Ausbildung in Syrien oder Algerien wieder eingeschleust werden, um das «palästinensische Volk» als ganzes «zum revolutionären Volkskrieg zu mobilisieren». Gleichzeitig setzten die Arafat-Getreuen zum Sturm auf die marode PLO an. Sie hatte sich im Sechstagekrieg als pompöser aber zahnloser Papiertiger erwiesen, und schien reif zur Übernahme. Fatah brachte eine zunehmende Zahl von Mitgliedern des PNC, des PLO-Exilparlaments, und immer mehr arabische Staaten auf ihre Seite: Es gelang Arafat, neben der Unterstützung Algeriens auch jene Ägyptens zu bekommen, wo Nasser kürzeste Zeit nach seinem Rücktritt von einer Welle von Sympathiekundgebungen an die Macht zurückgeschwemmt worden war, und wenig später auch jene Syriens.

Der «Volkskrieg» war ein Misserfolg. Er brachte der palästinensischen Bevölkerung in den neuerdings israelisch besetzten Gebieten nur Repressalien durch die Besetzer, die mit eiserner Faust gegen jede Rebellion vorgingen. Reihenweise kamen die schlecht ausgebildeten, oft minderjährigen Fedaiyn ums Leben, und gegen die Zivilbevölkerung wandte Israel jene Notstandsgesetze an, die einst von den Briten gegen zionistische Rebellen erlassen worden waren: Leute wurden deportiert oder ohne Gerichtsurteil interniert; Häuser der Familien von «Terroristen» wurden gesprengt oder niedergewalzt, sogar halbe Dörfer, wenn sie den Fedaiyn Unterschlupf gewährt hatten. Das führte zu internen Spannungen: Die konservative palästinensische Landbevölkerung wandte sich gegen die jungen Fatah-Hitzköpfe, die da von Kairo, Damaskus und Amman aus Aktionen entwarfen und in Gang setzten, welche direkte Auswirkungen auf die Ansässigen hatten. Arafat musste erkennen, dass die bei Mao Tse-Tung abgeschaute Theorie, wonach die Freiheitskämpfer sich unter den zu Befreienden bewegten wie Fische im Wasser, im Fall Palästinas nicht taugte: Das Wasser wehrte sich sozusagen gegen die fremden Fische.

Der Sturm auf die PLO hingegen wurde ein durchschlagender Erfolg: Im Juni 1968, auf dem vierten PNC-Kongress, erzwang die Fatah-Fraktion eine Änderung der PLO-Charta, welche jetzt «Kommandoaktionen» zum «Mittelpunkt des palästinensischen Volkskrieges» erklärte und den «bewaffneten Kampf» zum «einzigen Weg zur Befreiung Palästinas». Shukeiri trat Ende 1968 zurück und machte einem Übergangspräsidenten Platz. Auf dem fünften PNC-Kongress im Februar 1969 wurde Yassir Arafat zum PLO-Chef und zum Vorsitzenden ihres Zentralkomitees gewählt. Fast zwei Jahrzehnte, nachdem er sein «Leben Palästina gewidmet» hatte, wie er sagt, hatte die «Vorsehung» endlich ihres Amtes gewaltet und ihn an die einzige Stelle katapultiert, an die er nach seinem Selbstverständnis gehörte: an die Spitze der Palästinenserbewegung.

Arafat wurde zur lebenden Legende, zum Enigma, zum Houdini der nahöstlichen Politik, der stets einen Ausweg fand, auch aus verzweifeltsten Lagen: der aus syrischen und libanesischen Gefängnissen freikam; der sich 1970, umzingelt von der jordanischen Armee, davonschleichen konnte; der 1982, im Würgegriff der Israelis im Libanon, die Amerikaner einspannte, um nach Tunis zu entweichen; der Mordanschläge israelischer und palästinensischer, syrischer und jordanischer Feinde und Geheimdienste überstand, Bombenabwürfe in Beirut und Tunis, Schiessereien in Jordanien und im Libanon.

Arafat wurde zum grossen Überlebenden. Womit er sich das erkläre, wollte ich von ihm wissen? «Ich habe einen starken Glauben an Gott, Wir sagen im Islam: Der Moment war noch nicht gekommen. Und wenn er kommt, wird ihn niemand aufhalten können, keine Macht, keine Leibwächter.» [27]

6   Bomben und Steine

Vom Terror zur Intifada und zurück

> *«Wer zu einer gerechten Sache steht und für die Freiheit und*
> *die Befreiung seines Landes von Invasoren, Siedlern und Kolonialisten*
> *kämpft, kann kaum Terrorist genannt werden.»*
> (PLO-Chef Y. Arafat vor der Uno-Vollversammlung, 13. Nov. 1974.)

> *«Die PLO ist keine nationale Befreiungsorganisation, sondern eine*
> *Organisation von Mördern. ... Die Likud-Regierung wird sich bemühen,*
> *diese Mörderorganisationen zu eliminieren, um sie davon abzuhalten,*
> *ihre blutigen Taten auszuführen.»*
> (Manifest der israelischen Likud-Koalition, März 1977.)

«Wer Glace aus Israel verkauft, wird bestraft – die Vereinigte Führung der Intifada», hat einer an einen geschlossenen Metallrolladen in Nablus gepinselt. Gleich gegenüber dem zugesperrten Geschäft mit der eher skurrilen Aufschrift vergeht uns das Lachen: Im Ittihad-Spital werden uns Zimmer für Zimmer Verletzte vorgeführt: ein junger Mann mit einem Kopfdurchschuss; die Kugel trat über dem Ohr ein, aus der Stirne wieder aus. Die Wunde heilt zwar, aber der Mann hat links das Gehör verloren und spuckt Blut. Einem andern musste nach einem Bauchschuss ein künstlicher Darmausgang gelegt werden. Ein Junge, keine 15 Jahre alt, liegt mit zerschmettertem Bein im Streckbett. Und so weiter – dutzendweise. [1]

Die Intifada ist zehn Monate alt; die Israelis, die von der Explosion überrascht worden waren, haben begonnen, unerbittlich zurückzuschlagen: «Die Zahl der angeschossenen Leute hat eindeutig zugenommen», sagt der diensttuende Arzt. «Vorher hatten wir mehr Patienten, die zusammengeschlagen oder deren Knochen gebrochen worden waren. Jetzt wird immer mehr geschossen. Vor allem die Plastikgeschosse sind ein Problem. Ihre Wirkung ist schlimmer als die von scharfer Munition, weil die Soldaten sie viel unbedenklicher einsetzen. Und sie zielen auf sensible Körperteile, auf Kopf, Brust, Bauch, Geschlechtsteile.» Der holländische Soziologe Joost Hiltermann meint, die Israelis verfolgten eine klare Todesschuss-Politik: «Anführer der Intifada sollen nicht verhaftet, sondern getötet werden, um die andern abzuschrecken.» [2] Hiltermann arbeitet für al-Haq, eine Organisation, die Menschenrechtsverletzungen in den besetzten Gebieten dokumentiert und Palästinenserinnen und Palästinensern Rechtsberatung erteilt. [3]

Einige Tage später, am 22. Oktober 1988, wird uns im Flüchtlings-lager Jabaliya im Gaza-Streifen, im Dämmerlicht einer eternitgedeckten Behausung, eine Sammlung von israelischen Projektilen vorgeführt: Gummigeschosse mit Bleikernen, scharfe Munition aus Sturmgewehren und Maschinenpistolen, Plastikpatronen, Tränengasgranaten, Glaskugeln, gross wie Kuhaugen, die sackweise aus Panzern verschossen wurden.

Sogar Günstlinge der israelischen Besatzungsmacht und konservative religiöse Oberhäupter begannen nach einigen Monaten, die Intifada zu preisen. Der damalige Mufti von Jerusalem, Sheikh Saad ad-Din al-Alami, Oberhaupt aller Muslime in Israel und in den besetzten Gebieten, oberster religiöser Richter und Inhaber zahlreicher weiterer Ämter, rief zum bewaff-neten Widerstand auf. In einem Flugblatt, in Zypern gedruckt, wurde der Mufti mit den Worten zitiert: «Geld nützt uns nichts; was wir brauchen, sind Waffen.» Der gebrechliche, schmächtige Mann wand sich in einem Gespräch um eine Antwort: Zu meinen, man könnte genügend Waffen ins Westjordanland schmuggeln, sei unrealistisch, sagte er. Als ich ihm das Flugblatt vorhielt, stand er jedoch zu dessen Inhalt. [4]

Elias Freij, damals schon seit 17 Jahren Bürgermeister von Beth-lehem, war unter den Israelis schwer und reich geworden. Ausländischen Journalisten wurde er als «moderater palästinensischer Politiker» vorge-führt; Palästinenser verhöhnten ihn als «Marionette der israelischen Militär-verwaltung» und als Profiteur. Auch Freij meinte: «Die Israelis haben in beschämender Art versagt, als es darum ging, die rechtmässigen Ansprüche der Palästinenser anzuerkennen.» [5]

Die Verletzten im Ittihad-Spital in Nablus veranschaulichten die Furcht der Israelis vor diesem Aufstand, der die gesamte Bevölkerung des Westjordanlandes und des Gaza-Streifens und schätzungsweise 30 000 Sol-daten der israelischen Armee permanent in Atem hielt. Im Spital lagen die Opfer der neuen Taktik, die Verteidigungsminister Yitzhak Rabin offen so charakterisiert hatte: Man wolle möglichst schwere Verletzungen verur-sachen, um vor weiterem Aufruhr abzuschrecken. [6] Das Gegenteil werde eintreffen, prophezeite Azmi Bishara, ein Dozent der Philosophie und Poli-tologie an der palästinensischen Bir-Zeit-Universität im Westjordanland: «Die Intifada wird weitergehen, mit mehr Verbitterung.» [7]

Die zunehmende Empörung liess sich statistisch erklären: Laut al-Haq waren in den ersten zehn Monaten des Aufstandes etwa 350 Palästinse-rinnen und Palästinenser von israelischen Soldaten getötet worden. Zählte man die Mordakte jüdischer Siedler im Westjordanland und im Gaza-Streifen dazu, stieg die Zahl auf etwa 400. Gemäss offiziellen israelischen Zahlen wur-den allein in den ersten neun Monaten von 1988 fast 5000 Menschen ver-letzt, über 18 000 verhaftet und 2500 unter Ausnahmerecht interniert. [8]

Die israelische Anwältin Carmel Shalev konstatierte in einer Studie eine «massive Zunahme der Menschenrechtsverletzungen» und untermauerte die Rechtsungleichheit mit konkreten Beispielen: Jüdische Soldaten und Siedler, die Palästinenser vorsätzlich erschossen hatten, wurden gegen Kaution freigelassen, zu Kurzsstrafen verurteilt oder freigesprochen. Palästinenser erhielten für viel geringfügigere Vergehen lange Gefängnisstrafen. Dutzende von Häusern palästinensischer Familien wurden niedergewalzt oder gesprengt, als Reaktion auf Rechtsbrüche meist jugendlicher Angehöriger und oft als Zusatzstrafe zu Gefängnis oder Internierung. Israelis mussten sich vor solchen Brachialmethoden nicht fürchten.[9] Das schlimmste jedoch, fand Anwältin Shalev, sei «der beängstigende Strom von individuellen Beschwerden aus der palästinensischen Bevölkerung über exzessive, sogar sadistische Brutalität», der «darauf hindeutet, dass Ausschreitungen israelischer Soldaten und Siedler anscheinend nicht mehr die Ausnahme, sondern die Norm sind».

Premier Yitzhak Shamir wurde gebeten, den Report zu kommentieren: «Wir verteidigen uns gegen Krawallanten, gegen Leute, die an Unruhen teilnehmen und unsere Soldaten behelligen, und das hat nichts mit Menschenrechten zu tun», meinte Shamir kühl. Die Aktivitäten der Siedler seien damit nicht vergleichbar: «Sie kämpfen nicht gegen den israelischen Staat.»[10]

In seiner Autobiographie, veröffentlicht einige Jahre später, verkehrte Shamir die Intifada in ihr Gegenteil, in einen Aufstand mörderischer Araber gegen wehrlose israelische Soldaten: «Die Steine, die töteten, die Benzinbomben, die brannten, die Metallrohre und Stahlketten, die verstümmelten – obwohl die Tötung und Verwundung israelischer Soldaten selten auf irgendwelchen Bildschirmen zu sehen war.» – «Im Rahmen der Gesetze waren die Massnahmen, die von den IDF [der israelischen Armee] angewandt wurden, vonnöten – rechtlich, politisch und humanitär –, um das Feuer zu löschen, [sie waren] äusserst limitiert, steter Überprüfung unterworfen und strikt kontrolliert. Wo Ausschreitungen [israelischer Soldaten] vorkamen – und wie hätten sie angesichts der intolerablen Provokationen nicht vorkommen können –, waren sie selten und wurden hart bestraft.»[11]

Über die Wirkung des Aufstandes machten sich palästinensische Intellektuelle keine Illusionen: «Wir sind zwar in den Augen der Welt nicht mehr Terroristen, sondern Opfer», meinte Azmi Bishara: «Und die Israelis sind nicht mehr Opfer, sondern ein stinknormales Land. Den moralischen Kampf haben wir gewonnen. Aber wir haben es nicht fertiggebracht, dass sich zum Beispiel die Europäer aktiv auf unsere Seite schlagen.»[12]

Noam Chomsky überlegte ähnlich: «Zum einen war sie [die Intifada] eine Erhebung gegen israelische Unterdrückung und Terror und all den Horror, der mit der Besetzung einherging. Auf einer andern Ebene war sie eine höchst demokratische Befreiungsbewegung in der arabischen Gesellschaft. Sie gab Frauen neue Rechte, sie riss feudale Strukturen ein, sie hatte einen grossen und signifikanten Effekt der Demokratisierung. Gut, beide sind besiegt worden. Die Vereinigten Staaten und Israel wollten natürlich beide nicht. Sie opponieren beidem, der internen Demokratie und dem Aufstand gegen die Besetzung.» 13

Begonnen hatte die Revolte der «Kinder der Steine» mit einem Unfall am Erez-Kontrollposten, der Grenze zwischen Israel und dem nördlichen Gaza-Streifen. Der Checkpoint ist ein düsteres Symbol des ungleichen Verhältnisses zwischen Israel und den Palästinensern und dessen, was sich zwischen ihnen abspielt: Er besteht aus einer Sammlung von Betonblöcken und Betonbunkern, einst farbig angestrichen, jetzt von Autoabgasen geschwärzt. Gewehrkugeln haben kleine Löcher in den Beton gekerbt. Morgens um drei, vier Uhr kommen die ersten Palästinenser aus den Städten und Flüchtlingslagern an: Sie müssen nach Israel, um Geld zu verdienen. Wie Vieh werden sie durch eine Schleuse getrieben, die beidseitig mit Stacheldraht gesichert ist. Die Kontrolle kann eine, zwei Stunden dauern, und das jeden Morgen, sechsmal pro Woche. Aus Wachtürmen beäugen kaugummikauende israelische Soldaten diesen menschlichen Elendszug; ihre Sturmgewehre habe sie lässig im Anschlag. Ganz rechts am Übergang gibt es eine Fahrspur für Israelis mit gelben Nummernschildern an den Autos; sie wurden früher für gewöhnlich durchgewinkt. Drei oder vier weitere Fahrbahnen sind für Araber aus dem Gaza-Streifen reserviert, die weisse Kontrollschilder an den Autos haben, und für solche aus dem Westjordanland mit blauen Schildern. Bei ihnen können das Warten und die Durchsuchung eine halbe, eine ganze oder auch mehrere Stunden dauern, je nach Stand der «Sicherheit» im Streifen, nach Dienstvorschriften und nach Laune der Grenzpolizisten und Soldaten.

In eine solche stehende Kolonne von Palästinenserautos am Erez-Übergang knallte am 8. Dezember 1987 ein israelischer Armeelastwagen. Vier Palästinenser, die als «Fremdarbeiter» jeden Tag nach Israel fuhren und abends zurück, wurden getötet. Drei von ihnen stammten aus Jabaliya.

Jabaliya ist das grösste Lager im Gaza-Streifen; es hat etwa 70 000 oder 80 000 Einwohner. Wie für andere Camps ist die Bezeichnung «Flüchtlingslager» irreführend: Jabaliya ist ein ausgedehntes Slumgebiet, eng überbaut mit elenden, meist einstöckigen, mit Eternit oder Wellblech gedeckten Behausungen, die ihre Abwässer auf die ungeteerten Strassen schwitzen. Mitten in das Camp hatten die Israelis ihre Garnison gepflanzt, umgeben von einem zehn Meter hohen Maschenzaun und dominiert von einem Wachturm auf Stahlträgern, einem permanten Symbol der Unterdrückung.

Zwei Tage zuvor war in Gaza-Stadt ein israelischer Händler, Shlomo Sakal, erstochen worden; die Palästinenser sahen den Unfall am Erez-Kontrollposten deshalb als israelischen Racheakt – die vier Getöteten wurden zu «Märtyrern», ihr Begräbnis mutierte zur Demo, und eine Patrouille der israelischen Armee, die am Morgen des 9. Dezember 1987 nach Jabaliya hineinfuhr, wurde zur Zielscheibe einer steinewerfenden Menge. Soldaten gerieten in Panik, schossen um sich und töteten einen 15jährigen Jugendlichen namens Hatem. Hatem wurde zum ersten von Hunderten von Opfern der Intifada. Sein Tod war das Fanal: Der Aufstand griff rasch auf den ganzen Gaza-Streifen und das Westjordanland über.

6.1   Blutige Spur

Mit der Intifada war die Palästinenserbewegung zu ihrem Ausgangspunkt zurückgekehrt, dorthin, wo sie in den zwanziger und dreissiger Jahren begonnen hatte: zur spontanen Erhebung. Die «Vereinigte Führung der Intifada» konnte die Ereignisse nur bedingt steuern; die PLO, die sich stets als palästinensische Avantgarde verstanden hatte, hinkte hinterher: Die Revolte begann ohne ihr Zutun. Die Intifada entfaltete Kreativität und setzte Kräfte frei, die in Arafats versteinerter Organisation längst verschüttet waren. Und doch gelang es Arafat, dem wendigsten aller Wendehälse, aus der Intifada neue Energie abzusaugen: Er hatte sich im selben Jahr erneut heillos mit dem jordanischen König Hussein zerstritten; seine Beziehungen zum ägyptischen Präsidenten Mubarak waren gespannt, erst recht jene zu Syrien. In dieser wenig erfreulichen Lage kam Arafat die Intifada wie gerufen, und er feuerte die Palästinenser in den besetzten Gebieten noch am 10. Dezember über das PLO-Radio an. Arafat machte den Aufstand schliesslich zu seinem eigenen Instrument, einem Instrument, das weit effizienter war als alle vorhergehenden «bewaffneten Aktionen», «Volkskriege» und «Revolutionen».

Vor allem liess die wohlwollende Berichterstattung über die «Kinder der Steine» vergessen, dass PLO-Mitglieder noch 1985 an blutigen Attentaten wie der Entführung der «Achille Lauro» beteiligt gewesen waren. Die Intifada tilgte die Erinnerung an den verzweigten Weg, den die PLO und assoziierte Organisationen zwischen den sechziger und den achtziger Jahren hinter sich gebracht und auf dem sie eine blutige Spur mit Tausenden von Opfern zurückgelassen hatten: Zum zweiten Mal nach Sabra und Shatilla fanden sich die Palästinenser in der Rolle von Opfern.

In der jordanischen Stadt Zarka, 25 Kilometer nördlich von Amman, war ich im Frühjahr 1994 in einem bescheidenen Haus zum Essen eingeladen. Den Gästen wurden die arabischen Speisen auf Tellern mit altmodischem «Swissair»-Schriftzug serviert. Das Geschirr, sagte mir die Schwiegertochter des Hausherrn, stammte aus jenem Flugzeug, das im September 1970 zusammen mit Maschinen der britischen BOAC und der US-Gesellschaft TWA auf dem Flugfeld von Zarka gesprengt worden war. Unser Gastgeber, ein älterer, gebrechlich wirkender Mann, der in einer Ecke mit seinen Enkelkindern spielte, war als Mitglied der Volksfront für die Befreiung Palästinas (PFLP) bei der Sprengung der Passagierflugzeuge dabeigewesen. [14] Er wurde von einem jordanischen Gericht zum Tod verurteilt, später von König Hussein begnadigt.

Der freundliche Grossvater, mit dem wir tafelten, war ein ehemaliger Terrorist. Er hatte an der Kaperung der Flugzeuge teilgenommen in der Überzeugung, damit etwas für die «Sache» leisten zu können, für die Rückkehr der Vertriebenen nach Palästina. Als einziges Resultat seiner Tat vor 24 Jahren konnte er die «Swissair»-Teller vorweisen. (Jene der TWA, sagte er, waren von minderer Qualität und zerbrachen bald.) Wenn er je in seine Heimat zurückkehren könne, das war ihm inzwischen klargeworden, dann nur als Folge einer politischen Übereinkunft, nicht bewaffneter Aktionen. [15]

Mit den Flugzeugentführungen nach Zarka brannten sich die palästinensischen Fedaiyn auch einer uninteressierten Weltöffentlichkeit erstmals ins Bewusstsein. Der «bewaffnete Befreiungskampf» war damals allerdings schon sechs Jahre alt: Der ersten, missglückten Kommandoaktion der Fatah in der Nacht vom 31. Dezember 1964 auf den 1. Januar 1965 waren weitere Versuche gefolgt, die israelische Wasserversorgung aus dem Tiberias-See zu sabotieren. Mitte Januar 1965 gelang es einem Kommando, tatsächlich einigen Schaden anzurichten. Doch auf dem Rückweg nach Jordanien stiessen die Fedaiyn auf Widerstand: Jordanische Grenzwächter erschossen einen der Kämpfer; die Fatah hatte ihren ersten Märtyrer, gestorben nicht durch die Hand der Zionisten, sondern der Jordanier. [16]

Gegen die ausdrücklichen Instruktionen des jordanischen Königs errichtete Fatah zwei Fedaiyn-Lager in Kalkilya und Jenin im Westjordanland, in nächster Nähe der israelischen Grenze. Die Israelis zerstörten die Basen, nachdem Fedaiyn am 25. Mai 1965 in Ramat Hakovesh drei Menschen getötet und am folgenden Tag in Afula ein Gebäude gesprengt hatten. [17] Die Fedaiyn gewannen in arabischen Ländern zusehends an Prestige. Das hatten sie unter anderem den arabischsprachigen Programmen des Senders Kol Israel zu verdanken: «Die militärische Radiostation prangerte die Guerilla-Versuche scharf an, aber je stärker die Verurteilung, desto effektiver erschienen die Guerillas.» [18]

Die ersten, die für Arafats Prestigegewinn zahlten, waren die Jordanier. Jordanien hatte eine palästinensische Bevölkerungsmehrheit, und die Mehrheit der Palästinenser lebte in Jordanien. «Jordanien ist Palästina», lautet noch heute der Wahlspruch jener Israelis, die alles Land vom Mittelmeer bis zum Jordan für sich beanspruchen. «Jordanien ist Palästina», sagt Eljakim Haetzni, der Ideologe der Siedlerbewegung Gush Emunim.[19] Dieser Satz stammt von König Hussein. Der König allerdings schloss, anders als radikale Israelis wie Haetzni, in sein «jordanisches Palästina» oder «palästinensisches Jordanien» auch das Westjordanland ein, als er in einer Rede am 13. Mai 1965 sagte: «Seit der Vereinigung der beiden Ufer des Jordans haben sich die beiden Völker integriert; Palästina ist Jordanien geworden und Jordanien Palästina.»[20] PLO-Chef Ahmed Shukeiri stimmte dem sofort zu: «Unsere jordanischen Brüder sind Palästinenser geworden», sagte er am 15. Mai 1965. Aber er schloss daraus, anders als Hussein, dass das Westjordanland nicht unter haschemitische Herrschaft gestellt werden sollte, sondern umgekehrt, dass Jordanien rechtmässig unter PLO-Verwaltung kommen, dass der König abgesetzt werden müsse.[21]

1966 ging Hussein zum erstenmal gegen die PLO vor: Er liess 200 ihrer Anhänger verhaften, die verdächtigt wurden, einen Staatsstreich geplant zu haben. Shukeiri und der König verstiegen sich zu einem Propagandakrieg, ausgetragen über Radiostationen in Amman, Kairo und Damaskus. Schliesslich hatte Hussein genug: Nachdem Palästinenser im Westjordanland wochenlang gegen die jordanische Herrschaft demonstriert hatten, schloss der König am 3. Januar 1967 die PLO-Büros in Amman.[22] Ein halbes Jahr später war die Frage, ob nun das Westjordanland zu Jordanien oder Jordanien zu Palästina gehöre, nicht mehr aktuell: Israel kontrollierte das ganze ehemalige Mandatsgebiet vom Mittelmeer bis zum Jordan; die Auseinandersetzung zwischen der PLO und König Hussein drehte sich nur noch um das jordanische Staatsgebiet östlich des Jordans.

Arafat, der 1969 PLO-Chef wurde, entschied sich für eine Taktik, die er auch im Libanon anwandte: Er ging das jordanische Regime nicht direkt an, sondern versuchte, den bestehenden Institutionen seine eigenen gegenüberzustellen, einen «Staat im Staat» zu errichten. «Du kannst Dir die Lage hier in Amman so um 1970 überhaupt nicht vorstellen», sagte mir ein palästinensischer Abgeordneter des jordanischen Parlaments: «Palästinensische Fedaiyn in Uniformen und mit Kalaschnikows errichteten Strassensperren. Oft verlangten sie Geld, manchmal konfiszierten sie willkürlich Autos. Sie bezahlten keine Steuern, fuhren Autos mit „palästinensischen" Nummernschildern. Sie belästigten jordanische Polizisten und Soldaten, nahmen einige gefangen, töteten mehrere.»[23]

6.2   Ein Ort namens Würde

Arafat bezog vor allem aus einem Ereignis neues Selbstbewusstsein: aus der Schlacht um Karame. «Karame» bedeutet «Würde»; Karame ist eine Ortschaft im Jordantal, etwa sechs Kilometer vom Jordan enfernt. Die jordanischen Familien waren nach israelischen Raids geflohen; ihren Platz hatten palästinensische Flüchtlinge und mehrere hundert Fedaiyn eingenommen. Von Karame aus unternahmen die palästinensischen Guerillagruppen Expeditionen nach Israel, 91 allein in den ersten zwei Monaten des Jahres 1968.[24]

Am 18. März 1968 fuhr ein israelischer Schulbus auf eine Mine auf; ein Arzt und ein Knabe wurden getötet, fast 30 Kinder verletzt; die israelische Öffentlichkeit schrie nach Vergeltung. Am selben Tag wurden Arafat und Salah Khalaf, die in Karame ihr Hauptquartier aufgeschlagen hatten, nach Amman zitiert, wo sie der Kommandant der jordanischen Armee, General Amer Khammash, eindringlich warnte, wie Arafat erzählt: «Seht ihr nicht die Massierung der israelischen Truppen? In den nächsten Stunden werden sie Euch zerschmettern.»[25] Arafat will darauf mit Trotz reagiert haben: «Unsere arabische Nation ist konstant auf der Flucht. Nein, wir müssen dem Israeli beweisen, dass wir Menschen sind, die nicht fliehen. Wir werden ihm ebenso entgegentreten, wie David Goliath entgegengetreten ist.»

Am 21. März, morgens um halb sechs, griffen die Israelis an: Fallschirmjäger landeten in der hügeligen Gegend hinter dem Dorf, um den Fedaiyn den Fluchtweg abzuschneiden. Ob der PLO-Chef die Schlacht selber miterlebt hat, ist umstritten. Einige behaupten, er habe sich im Morgengrauen auf ein Motorrad geschwungen und sei abgehauen.[26] Andere, im besonderen Abu Iyad, der bei der Schlacht ebenfalls dabeigewesen und knapp dem Tod entronnen sein will, behaupteten, Arafat und Faruk Kaddumi, der spätere PLO-«Aussenminister», hätten Karame mitverteidigt.[27]

Die israelische Attacke verlief nicht nach Plan. Zuerst stiessen die Fallschirmjäger auf Widerstand im Hinterland des Jordantales: PFLP-Kämpfer hatten dort Stellung bezogen. Der Hauptharst der israelischen Truppen, mehrere tausend Soldaten, unterstützt von Panzern, überquerte den Jordan und fuhr direkt ins Feuer einer jordanischen Division. Natürlich siegten die Israelis trotzdem. Arafats Basis wurde zerstört; von Karame blieb nur eine Moschee. Aber die israelische Armee hatte, wie der spätere Staatspräsident Chaim Herzog schrieb, «eine Reihe taktischer Fehler begangen» und unakzeptable Verluste erlitten.[28] Nach offiziellen Angaben wurden 28 israelische Soldaten getötet und Dutzende verwundet. Die Fedaiyn und die jordanische Armee verloren je mindestens 100, vielleicht auch 200 Mann.[29]

Die PLO-Propaganda münzte Karame zum glorreichen Sieg um:

Arafat hatte bewiesen, dass die Palästinenser bereit waren, ihren Boden zu verteidigen. Dass die jordanische Armee den stärksten Gegenschlag geführt hatte, wurde diskret verschwiegen: König Hussein zog es vor, die Rolle seiner Streitkräfte nicht hinauszuposaunen; er wollte den Israelis keine zusätzlichen Gründe für Übergriffe auf das Königreich liefern.

Nach Karame bekam Arafat den Segen des alternden Haj Amin Husseini: Haj Amin, treibende Kraft hinter dem Palästinenseraufstand von 1936, sah im jungen Guerillakommandanten den richtigen Mann für die Führung des Widerstands. Er warnte Arafat allerdings, die Fehler von damals nicht zu wiederholen und bei der Auswahl der Mitstreiter vorsichtig zu sein: «Nimm nur jene Leute, über die Du Dir sicher bist.» [30] Arafat schlug die Warnung in den Wind: «Er scharte alles um sich, was sich Freiheitskämpfer nannte. Jedem drückte er eine Kalaschnikow in die Hand. Vor allem aber zog er magnetisch jene Leute an, die das jordanische Regime stürzen wollten; all die kleinen, radikalen Parteien, die hier verboten waren.» [31] So kam es, dass man in der PLO wieder, wie schon unter Shukeiri, «mehr über den Kampf gegen König Hussein als über den Kampf gegen die Zionisten diskutierte».

Mitte Oktober 1968 bekam der König einen Vorgeschmack dessen, was sich zwei Jahre später ereignen sollte, und die Fedaiyn hätten erkennen müssen, dass sich Hussein sein Königreich nicht so einfach entwinden lassen würde. Während der Trauerfeier für einen Fatah-Führer, der bei einem Autounfall ums Leben gekommen war, demonstrierten Zehntausende von Palästinensern in Ammans Strassen, viele von ihnen bewaffnet. König Hussein musste handeln. Palästinenser beklagten sich nach den Ereignissen im Oktober 1968 über schärfere Kontrollen und Strassensperren; Aktivisten behaupteten, Hussein habe sich «mit Israel verschworen», um die «revolutionären Aktivitäten» zu unterbinden.

Das entlud sich in neuen Manifestationen. Am 2. November 1968 stürmten Palästinenser die US-Botschaft in Amman; jordanische Sicherheitskräfte vertrieben die Angreifer und nahmen einen ihrer Anführer fest, Taher Daablan, den Chef einer Gruppe mit dem grossartigen Namen «Legionen des Sieges». Daablans Leute reagierten mit der Entführung und Ermordung mehrerer Polizisten. Neue Unruhen brachen aus; es gab Schiessereien zwischen der jordanischen Armee, Anhängern Daablans und der PFLP, und schliesslich liess Hussein am 4. November seine Soldaten auf die Palästinenserlager los. Die Armee, in der viele Palästinenser Dienst leisteten, war zwar der «palästinensischen Sache» zugeneigt; die Fedaiyn hatten aber den Stolz der Militärs zu sehr verletzt. Die Armee umzingelte die Lager von Jabal Hussein und Jabal Ashrafiya in Amman und lieferte den Fedaiyn eine ausgewachsene, mehrtägige Schlacht.

6.3   Arafats Königreich

Arafat hatte begonnen, Jordanien als seine natürliche Basis zu betrachten: Das Land hatte eine lange Grenze mit Israel und seinen besetzten
Gebieten, ideal für nächtliche Aktionen. Husseins Position als Monarch
inmitten «progressiver» Regime von Kairo über Bagdad bis Damaskus war
schwierig; sich gegen die Fedaiyn endgültig durchzusetzen, schien er sich
nicht leisten zu können. Mitte November 1968 rangen sich Arafat und Hussein zu einem Abkommen durch, worin sich Arafat verpflichtete, seinen
Kämpfern das Waffentragen in den Städten zu verbieten und von Jordanien
aus keine Raketen nach Israel abzufeuern.

Der Waffenstillstand blieb Papier. «Die Fedaiyn benahmen sich fre-
cher denn je», sagte mein Gesprächspartner.[32] Khalil al-Wazir erinnerte
sich nostalgisch: «Wir waren Ministaaten und Institutionen. Jeder Kommandant jedes Sektors hielt sich für Gott,... jeder schuf sich seinen eigenen
Staat und tat, was immer ihm gefiel.»[33] Zeid ar-Rifai, ein führender jordanischer Politiker, erzählte, dass die Regierung damals «52 verschiedene palästinensische Fraktionen zählte,... alle nur sich selber verantwortlich oder
jenen arabischen Regimen, die sich entschlossen hatten, sie zu sponsern».[34]

Arafat musste zusehen, wie andere Gruppen alles daran setzten,
Schlagzeilen zu machen. Am 23. Juli 1968 inszenierte die PFLP erstmals
eine jener Aktionen, für die sie in der Folge notorisch werden sollte: Drei
Fedaiyn kaperten eine Maschine der israelischen El Al auf dem Weg von
Rom nach Tel Aviv, entführten sie nach Algier und verlangten die Freilassung von Palästinensern in israelischen Gefängnissen. Israel schuf ebenfalls
einen Präzedenzfall, indem es sich weigerte, «mit Terroristen zu verhandeln». Nach einem Monat wurden die letzten Geiseln freigelassen, das
Flugzeug freigegeben, aber wenige Tage später liess Israel 16 Palästinenser
laufen, die vor dem Krieg von 1967 verurteilt und ins Gefängnis gesteckt
worden waren.

Nach dem ersten ausgewachsenen Zusammenstoss der jordanischen
Armee mit den Fedaiyn im Herbst 1968 umkreisten König Hussein und
Yassir Arafat einander wie Raubtiere. Hussein erschien seiner eigenen Ar-
mee ziel- und ratlos. «Zwischen 1968 und 1970 gab es immer wieder Gerüchte über einen möglichen Militärputsch», sagte mir mein Informant.
«Nicht, dass der König hätte abgesetzt werden sollen; Offiziere überlegten
sich nur halblaut mögliche Strategien zur Befreiung Jordaniens von den
Fedaiyn, welche die Autorität Seiner Majestät untergruben.»[35] Der Fatah-
Chef sah seinerseits seine Position erodieren: Viele Fatah-Gefolgsleute teilten mit den Marxisten von PFLP und DFLP die Meinung, Jordanien sei reif
für den Umsturz. Auch Abu Iyad glaubte, ein Putsch wäre damals möglich

gewesen. Allerdings räumte er ein, dass der König in einer besseren Position war als der PLO-Chef: «Hussein hatte ein einziges Ziel: den Erhalt seiner Herrschaft, und einen einzigen Mann, dem er Rechenschaft schuldig war: sich selber. Abu Ammar hingegen musste gleichzeitig mehrere Strategien verfolgen, und er konnte nicht allein entscheiden.» [36]

Und Hussein hatte mächtige Freunde: Schon damals stand er in geheimem Kontakt mit den Israelis – schliesslich verfolgte er die Absicht, das verlorene Westjordanland wieder seinem Königreich anzuschliessen. [37] Zum andern beobachteten die Amerikaner sein Land intensiv. Die USA sahen Jordanien als Pfeiler «im Strudel des arabischen Radikalismus». Henry Kissinger mochte den König auch persönlich: «Hussein war einer der sympathischsten politischen Führer, die ich kennengelernt habe»; er war von «legendärer Höflichkeit». [38]

Arafat schätzte die politischen Vorgänge in Jordanien falsch ein. Die Leute in seiner Umgebung und seine Bezugspersonen in Jordaniens politischem Milieu versäumten es, den Fatah-Chef über das Mass an Loyalität aufzuklären, das die jordanische Armee dem König entgegenbrachte: «Eine von Arafats grossen Schwächen war immer, sich mit Beratern zu umgeben, die vor allem mit dem Kopf nickten.» [39] Er glaubte nicht, dass Hussein die Armee auf die Fedaiyn loslassen könnte. Falls der Monarch eine militärische Lösung anstreben sollte, meinte Arafat, würden die palästinensischen Kontingente rebellieren. [40]

Die USA suchten keine Kompromissformel, die auch palästinensische Forderungen berücksichtigt hätte. Das hatten sie schon im November 1967 mit der Resolution 242 des Uno-Sicherheitsrates belegt, die weitgehend von Washingtons Intentionen diktiert war. Darin sind zwei Prinzipien verankert: Erstens forderte die Resolution «den Rückzug der israelischen Streitkräfte aus Territorien, die sie im jüngsten Konflikt erobert haben». [41] Zweitens postulierte sie den «Respekt für die Souveränität, die territoriale Integrität und politische Unabhängigkeit aller Staaten in der Region und ihr Recht, in Frieden innerhalb sicherer und anerkannter Grenzen frei von Bedrohung oder Gewaltakten zu leben». Die Palästinenser wurden in der Resolution überhaupt nicht erwähnt; diese sah lediglich eine «gerechte Beilegung des Flüchtlingsproblems» vor. [42]

1969 legte US-Aussenminister William Rogers einen Friedensplan vor. Dieser hätte die Beziehungen Israels mit arabischen Nachbarn regeln sollen, überging die Ansprüche der Palästinenser jedoch erneut. Der Plan weckte in Arafat den begründeten Verdacht, Hussein könnte sich mit Israel arrangieren. Der PLO-Chef war allerdings prinzipiell gegen jeden Vorschlag der USA: «Der UN-Sicherheitsrat und die Supermächte haben sich entschieden, ihre Lösungen „friedlich" zu nennen, während diese in Wirklichkeit politische Lösungen sind und in keiner Weise etwas mit Frieden zu tun haben, weil sie alle darauf angelegt sind, den Staat Israel zu bewahren und die palästinensische Revolution zu ignorieren. Deshalb erklären wir, dass wir unter keinen Umständen irgendeine sogenannte friedliche Lösung akzeptieren werden. Es ist seltsam, dass der Ruf für eine friedliche Lösung erst dann zu hören war, als der zionistische Feind begann, die Schläge zu spüren, die ihm von unserer Revolution verpasst wurden.» [43]

Der König hingegen hatte aus Washington und mindestens indirekt aus Israel Signale bekommen, die ihn ermutigten, mit neuer Energie gegen die Fedaiyn vorzugehen: Am 10. Februar 1970 erliess er ein Dekret, das den palästinensischen Kämpfern strenge Restriktionen auferlegte, ihnen jordanische Identitätskarten und jordanische Autokennzeichen vorschrieb und ihre Propagandatätigkeit einschränkte. Fedaiyn-Führer bezichtigten den König, einen Bürgerkrieg zu provozieren; neue Zusammenstösse waren die Folge; Dutzende von Palästinensern und jordanischen Polizisten wurden getötet. Einige der Fedaiyn-Führer besannen sich schliesslich auf Syrien und auf den Irak, der nach dem Krieg von 1967 etwa 17 000 Soldaten in Jordanien belassen hatte, und riefen um Hilfe. [44] Beide Länder reagierten mit bedrohlichen Geräuschen gegen König Hussein. Dieser krebste zurück, suspendierte die umstrittenen Massnahmen und entliess den dafür verantwortlichen Innenminister Mohammed al-Kilani.

Am 7. Juni 1970 brachen in Zarka, wo sich die wichtigste Garnison der Armee und ein grosses Palästinenserlager befanden, neue Kämpfe zwischen Guerillas und jordanischen Soldaten aus, und zwei Tage später entging Hussein knapp einem Attentat: Ausserhalb Ammans war sein Konvoi unter schweren Beschuss geraten. Noch einmal gab der König klein bei: Er entfernte zwei ihm loyal ergebene Verwandte aus wichtigen Posten in der Armee und erlaubte der PLO-Führung, einige Mitglieder einer neuen jordanischen Regierung zu bestimmen; laut meinem Informanten bot er Arafat sogar an, selber ein Kabinett zu bilden. [45]

Spätestens jetzt begann man sich in Israel intensiv um die Vorgänge im östlichen Nachbarland zu kümmern. Wie sich General Aharon Yariv erinnerte, wurde in der Armeespitze eine Intervention in Jordanien diskutiert, falls die Fedaiyn an die Macht kommen sollten; eine Mehrheit soll für einen Eingriff gewesen sein. [46] Gleichzeitig drängte Kissinger zum entscheidenden Schlag; für ihn zeichnete sich nicht nur ein Konflikt zwischen Jordaniern und Palästinensern ab, sondern eine Kraftprobe der Supermächte, falls die USA die Regime Syriens und des Irak nicht daran hinderten, sich Jordaniens zu bemächtigen. Hussein begann diskret, seine Armee auf den endgültigen Show-down mit den Fedaiyn einzustimmen.

Arafat kam dem König ungewollt entgegen, indem er einen weiteren seiner politischen Fehler beging: Er machte sich Ägyptens Präsident Nasser zum Feind. Nasser, Protektor und Geldgeber der PLO, akzeptierte am 23. Juli 1970 einen revidierten Friedensplan der USA; auch Jordanien äusserte sich positiv. Dieser Vorgang löste unter Palästinensern eine heftige Protestwelle aus, denn der Plan behandelte die Palästinafrage im gleichen Stil wie die Resolution 242: als «Flüchtlingsproblem», nicht als Anspruch eines vertriebenen Volkes. Arafat und die Fatah griffen Nasser verbal an und drohten mit seiner Ermordung. Der Präsident reagierte heftig: Er warf Vertreter diverser Palästinenserorganisationen aus dem Land und schloss die PLO-Radiostation in Kairo.

Arafat reiste nach Alexandria am Mittelmeer, wo Nasser den Sommer verbrachte, und wurde dort in den Senkel gestellt: Der Präsident verhöhnte «das heroische Gerede vom Widerstand» und warnte den PLO-Chef, die Finger von Hussein zu lassen.[47] Ende August machte auch Hussein seine Aufwartung in Ägypten. Kaum zurück, mahnte er die Palästinenser, jeden Versuch zu unterlassen, seine Souveränität zu untergraben. Neue Demonstrationen, ein Generalstreik und ein weiteres Attentat auf den König waren die Folge.

6.4 Krieg unter Brüdern

Die politische Zeitbombe explodierte am 6. September 1970: Unter dem Kommando von Wadi Haddad, dem Stellvertreter von Habbash, inszenierten Mitglieder der PFLP eine Reihe von Flugzeugentführungen. Leila Khaled und ein PFLP-Anhänger aus San Francisco namens Patrick Arguello versuchten, eine Boeing 707 der El Al unter Kontrolle zu bringen; Arguello wurde von Sicherheitsleuten getötet, Khaled gefangengenommen. Andern Kommandos gelang die Entführung einer DC-8 der Swissair und einer Boeing 707 der TWA. Die Maschinen wurden auf das Dawson Airfield umgeleitet, einen kleinen Wüstenflugplatz bei Zarka, einst von den Briten angelegt. Eine andere Gruppe bemächtigte sich eines Jumbo-Jets der PanAm, erzwang seine Landung in Kairo und sprengte ihn tags darauf. Am 9. September brachten PFLP-Guerillas eine weitere Maschine, eine VC-10 der BOAC, in ihre Gewalt und leiteten auch sie nach Zarka um.

Arafat und der König waren gleichermassen aufgebracht, sogar aus ähnlichen Gründen: Der PLO-Chef drohte mit seinem Rücktritt; er hatte sich gegen Flugzeugentführungen ausgesprochen und war desavouiert worden. Der König musste einmal mehr zusehen, wie auf dem Gebiet seines Staates, unter den Augen seiner Soldaten Aktionen inszeniert wurden, die seine Position akut gefärdeten. Ausserdem war er zur Untätigkeit verurteilt:

In Zarka standen drei gekaperte Flugzeuge; das Leben ihrer fast 600 Passagiere war bedroht.

Die PFLP forderte die Freilassung von palästinensischen Gefangenen in der Schweiz, in der Bundesrepublik, in Grossbritannien und Israel. Israel blieb zuerst hart; die andern signalisierten Bereitschaft zum Kompromiss. Zwei PFLP-Pressesprecher, Bassam Abu Sharif und Ghassan Kanafani,[48] wurden aus Beirut eingeflogen, gaben den Journalisten aus aller Welt Interviews und versuchten, die Geiseln «zu beruhigen und zum Lachen zu bringen»[49] Schliesslich wurden die meisten freigelassen, nur 56, die «aus politischen Gründen wichtig waren», so Abu Sharif, weil sie «zwei Pässe hatten, einen israelischen und einen amerikanischen», wurden eine weitere Nacht festgehalten. Die PFLP benutzte sie als Druckmittel gegen Israel, das sich unwillig zeigte, auf die Forderung nach Freilassung von rund hundert palästinensischen Gefangenen einzugehen. Das Drama fand schliesslich mit der Befreiung der letzten Geiseln und – wie Abu Sharif beteuerte – der geforderten Freilassung palästinensischer Gefangener in einem Spektakel sein Ende: Am 16. September 1970 stieg eine dichte, schwarze Rauchwolke über der jordanischen Wüste auf: Die drei Flugzeuge waren gesprengt worden.[50] Zuvor hatten die PFLP-Leute alles ausgeräumt, was auszuräumen war; mein Bekannter in Zarka ergatterte TWA- und Swissair-Geschirr; in den Wohnzimmern anderer Häuser der Industriestadt werden Gäste noch heute auf Flugzeugsitze komplimentiert.

Arafat hatte wieder keine klare Vorstellung, wie die imminente Abrechnung mit Husseins Armee abzuwenden wäre. Er schloss die PFLP vorübergehend aus dem PLO-Zentralkomitee aus und versuchte, sich mit dem König zu arrangieren; gleichzeitig liess er sich zum Oberkommandierenden der Guerilla-Armeen ernennen und rief zum Sturz der jordanischen Regierung auf. Hussein liess sich nicht mehr beirren. Er war zum Äussersten entschlossen und sah sich von den USA ermuntert, ja gedrängt, gegen den palästinensischen Untergrund vorzugehen. Die USA hatten ihre sechste Flotte und andere Truppenverbände in Richtung des östlichen Mittelmeeres verschoben. Der König handelte, sobald das Geiseldrama zu Ende war: Noch am Abend des 15. September liess er den US-Botschafter in Amman, Dean Brown, über den bevorstehenden Schlagabtausch informieren und teilte den USA mit, «im Fall einer Intervention anderer arabischer Staaten unter Umständen um Unterstützung bitten zu müssen».[51] Am 16. September setzte Hussein eine Militärregierung ein. Am 17. September marschierte seine Armee in Amman ein; der Krieg gegen die Palästinenser begann.

Die Fedaiyn leisteten heftigeren Widerstand, als die Agenten des Mukhabarat, der königlichen Geheimpolizei, vorausgesagt hatten, welche fast alle Gruppierungen infiltriert hatten. In Jordaniens Norden, rund um die Stadt Irbid, kontrollierten die Palästinenser ein «befreites Gebiet». Nayef Hawatmehs DFLP erklärte Irbid zum «ersten arabischen Sowjet» und setzte ein Politbüro zu seiner Verwaltung ein.[52] Arafat gab sich siegesgewiss und soll gesagt haben: «Es tut mir leid, aber ... ich kann dem König nur noch 24 Stunden geben, um das Land zu verlassen.»[53]

Viel grösser erschien die Gefahr, die von den irakischen Truppen in Jordanien und von Syrien ausging. Deshalb lief hinter Washingtons Kulissen ein bizarres diplomatisches Spiel, während Husseins Armee Palästinenserlager und Sützpunkte der Fedaiyn bombardierte. Yitzhak Rabin, damals Israels Botschafter in Washington, und Henry Kissinger haben beide diesen Vorgängen in ihren Memoiren breiten Raum gegeben.[54] Der Irak hielt sich entgegen seinen Versprechen an die Fedaiyn-Führer diskret aus dem Konflikt heraus. Syrien jedoch griff an.

Am 18. September errang die jordanische Armee die Kontrolle über Amman. Am 19. September, einem Samstag, bezogen syrische Truppen innerhalb der jordanischen Grenzen Stellung. Am 20. September überschritten grössere syrische Einheiten an zwei Stellen die Grenze. Am Abend desselben Tages erhielten die USA «den Eindruck, dass die Lage in Jordanien sehr kritisch war».[55] Später am selben Abend telefonierte Kissinger mit Rabin, der ihm mitteilte, etwa 200 syrische Panzer stünden im Raum Irbid. Laut Rabin brachte Kissinger die Frage eines israelischen Luftangriffes auf und teilte dem israelischen Botschafter und ehemaligen Generalstabschef mit, König Hussein habe die USA gebeten, den Israelis «seine Bitte zu übermitteln, dass Ihre [die israelische] Luftwaffe die Syrer im Norden Jordaniens angreife. Ich [Kissinger] brauche sofort eine Antwort.»[56] Kissinger stellt die Situation genau umgekehrt dar: «Rabin erkundigte sich, ob wir es für günstig hielten, wenn die Israelis im Falle offensichtlicher Erfolge der Syrer einen Luftangriff unternähmen.»[57] Zum Ende des Gesprächs waren sich Rabin und Kissinger einig: Der US-Sicherheitsberater müsse Präsident Richard Nixon empfehlen, einem israelischen Luftangriff zuzustimmen.

Ob Israel wie schon 1956 und 1967 Vorwände suchte, um einen Krieg loszutreten, ist nicht klar. Laut Kissinger informierte ihn Rabin noch am Abend des 20. September, «die militärischen Führer in Israel seien nicht überzeugt, dass Luftoperationen genügten». Rabin habe ihm gesagt, «es müssten auch [israelische] Bodentruppen eingesetzt werden». Daraus hätte, wie Kissinger mutmasste, ein neuer Nahostkrieg entstehen können.[58] Jedenfalls begann Israel seine Mobilmachung, und zusammen mit dem Aufmarsch von US-Truppen «schuf das eine neue bedrohliche militärische Lage».[59] Israel wollte die Syrer am 22. September angreifen. Doch im letzten Augenblick wurde der neue Nahostkrieg verhindert. Wem dies zuzuschreiben sei, diskutieren Experten bis heute. Kissinger machte den «Mut des Königs und seiner ihm ergebenen Armee» für die überraschende Wende verantwortlich, ausserdem den Aufmarsch amerikanischer Truppen und den Druck, den die Sowjets auf Syrien ausübten. Schon am Abend des 21. September hatte Moskaus Geschäftsräger in Washington, Juli Woronzow, der US-Regierung eine Note überreicht, aus der hervorging, dass Moskau den Syrern dringend von einer Aggression abgeraten hatte. [60]

Tatsächlich griff die 40. jordanische Panzerbrigade, unterstützt von der Luftwaffe, am 22. September die Truppen des mächtigen Nachbarn frontal an; die Syrer erlitten schwere Verluste. Am Nachmittag desselben Tages hatte die jordanische Armee, von den USA und Israel zuvor milde belächelt, den Sieg errungen: Die syrischen Truppen machten kehrt. Entscheidend für die dramatische Entwicklung war ein rätselhafter Vorgang gewesen: Syriens Verteidigungsminister Hafez al-Assad hatte sich geweigert, seine Luftwaffe einzusetzen. Viele Chronisten deuteten diesen Vorgang so, dass Salah Jadid, der Mann, der in Damaskus mit Assad rivalisierte, die Intervention in Jordanien angeordnet habe und dass Assad ihm in den Rücken gefallen sei, um ihn zu desavouieren. Patrick Seale, ein Kenner Syriens, zweifelt an dieser Darstellung: «Es hätte keine bewaffnete Intervention in Jordanien geben können, der Assad nicht zugestimmt hätte.» [61] Assad habe ihm vielmehr «mit einiger Verlegenheit» folgendes erzählt: «Ich war besorgt, gegen die Jordanier zu kämpfen, die wir nicht als unsere Feinde betrachteten. Ich setzte unsere eigene, viel stärkere Luftwaffe nicht ein, weil ich eine Eskalation verhindern wollte.» Seale hat eine weitere Erklärung für Assads Zurückhaltung: «Er hatte nicht die Absicht, sich einem ungleichen Kampf mit Israel auszuliefern, sowieso nicht mit den USA.» [62] Die Fedaiyn erlitten eine katastrophale Niederlage, die als «Schwarzer September» in die Geschichte eingegangen ist. Tausende von Palästinenserinnen und Palästinensern, viele von ihnen einfache Bewohner der Flüchtlingslager in Amman, Zarka, Irbid und anderswo, wurden getötet. [63]

Nasser berief in Kairo ein Treffen arabischer Führer ein. Der Präsident des Sudans, Jaafar Numeiri, wurde zum Chef einer Vermittlerdelegation bestimmt. Numeiri kam nach Amman, erreichte die Freilassung einiger PLO-Führer aus den Gefängnissen und handelte mit ihnen und dem jordanischen Regime einen Vertrag aus. Arafat in seinem Versteck wies diesen zurück. Numeiri stöberte den PLO-Chef auf und brachte ihn, als Kuwaiter verkleidet, ausser Landes. [64]

Arafat hatte einen grossen Auftritt in Kairo, und Libyens Revolutionsführer Muammar al-Kathafi schlug vor, König Hussein auf dem Tahrir-Platz im Zentrum der ägyptischen Hauptstadt aufzuknüpfen. Als der jordanische König am 27. September in Kairo eintraf, wurde er frostig begrüsst;

die Versammlung arabischer Würdenträger setzte einen Plan durch, welcher der «palästinensischen Revolution» Unterstützung zusagte, einen Waffenstillstand in Jordanien, die Entmilitarisierung Ammans und die Umgruppierung der Fedaiyn vorsah.

Der «Schwarze September» hatte zwei unmittelbare Folgen: In der Nacht auf den 28. September, am Ende seiner Kräfte und seiner Träume, starb Gamal Abdal-Nasser. Und Ende Oktober setzte sich Assad in Damaskus gegen Salah Jadid durch, dem er die Schuld am Misserfolg in Jordanien zugeschoben hatte, für den er vermutlich selber verantwortlich gewesen war.

Die Führung der PLO und die Chefs der Volks- und Befreiungsfronten waren gedemütigt: Sie hatten Hussein herausgefordert; doch statt das angeblich schwächste der «reaktionären» Regime zu beseitigen, hatten sie eine Niederlage erlitten. Auch Hussein bezahlte einen hohen Preis für seinen Hilferuf an Washington: Er setzte sich auf lange Zeit dem Verdacht aus, eine Marionette der Amerikaner und ein Kollaborateur mit Israel zu sein. Ausserdem brachten die Vorgänge in Jordanien die USA und Israel noch näher zusammen. Kissinger habe ihm drei Tage nach Ende der Krise folgende Mitteilung des US-Präsidenten übermittelt, schreibt Rabin: Nixon «sagte, die USA seien glücklich, im Nahen Osten einen Alliierten wie Israel zu haben. Diese Ereignisse werden in allen zukünftigen Entwicklungen berücksichtigt werden.» [65]

Natürlich hielten sich weder die Jordanier noch die Fedaiyn an die Vereinbarungen von Kairo. Hussein versprach im Oktober in geheimen Gesprächen mit dem stellvertretenden israelischen Premierminister Yigal Allon, dass er Kommandoaktionen von jordanischem Territorium aus künftig verhindern werde. [66] Die jordanische Regierung unter Wasfi at-Tall, einem erfahrenen Hardliner, der schon 1962/63 und von 1965 bis 1967 Premier gewesen war, nahm sich die verbleibenden Fedaiyn sukzessive vor: Zuerst wurden sie aus Amman vertrieben. Im Frühling 1971 attackierten jordanische Truppen PLO-Kämpfer, die sich um Jerash und Ajlun verschanzt hatten. Im Juli 1971 ging die jordanische Armee nochmals mit aller Härte gegen die Basen um Ajlun vor. Arafat setzte sich nach Syrien ab und liess sieben Jahre verstreichen, bis er sich wieder in Jordanien zeigte.

6.5   Rache für Schwarzen September

Die Fedaiyn nahmen blutige Rache: Ein Kommando der japanischen «Roten Armee», in einer Aktion, die sich nach dem 1970 getöteten PFLP-Flugzeugentführer «Operation Patrick Arguello» nannte, stürmte am

30. Mai 1972 die Ankunftshalle des Flughafens von Lod bei Tel Aviv und metzelte ankommende Passagiere mit automatischen Waffen und Handgranaten nieder. In dem schauerlichen Blutbad wurden 24 Menschen getötet, etwa 80 verletzt. Zwei der japanischen Attentäter kamen ebenfalls um; einer, Kozo Okamoto, blieb am Leben. Okamoto und seine Kumpane waren in einem PFLP-Trainingslager in Baalbek im libanesischen Bekaa-Tal ausgebildet worden. [67]

Noch spektakulärer setzte sich die Fatah selber in Szene. Sie erfand, um vor der Öffentlichkeit einen imaginären Trennstrich zwischen «militärischen» Aktionen und politischen Aktivitäten zu ziehen, den Namen «Schwarzer September». Dieser wurde zum Inbegriff des Terrors. Sein erstes Opfer wurde der jordanische Premierminister Tall, den viele Fedaiyn für den Krieg in Jordanien verantwortlich machten: Tall wurde im November 1971 vor dem Hotel Sheraton in Kairo erschossen.

Der «Schwarze September» war keine von der PLO organisatorisch getrennte Gruppierung. «Man konnte den „Schwarzen September" nicht als „Organisation" im engeren Sinn bezeichnen», meinte Salah Khalaf (Abu Iyad). «Er war mehr eine Alternative zum politischen Kampf der PLO.» [68] Der Zusammenhang wurde schon bald klar: Mohammed Aude, genannt Abu Daud, wurde am 24. März 1973 im jordanischen Fernsehen vorgeführt, nachdem er im Februar verhaftet worden war. Abu Daud sagte, Fatah kündige ihre Operationen «unter diesem Namen an, damit Fatah nicht als direkter Vollstrecker der Aktionen erscheint». [69] Abu Daud, der auserkoren war, das jordanische Regime zu stürzen, nannte die Verantwortlichen für die Terrorakte der vergangenen Monate: Abu Yussef (Mohammed Yussef an-Najar) und Abu Hassan (Ali Hassan Salame); für die «grossen Operationen» sei Abu Iyad zuständig, der Geheimdienstchef der Fatah.

Die grösste dieser «grossen Operationen» ging unter dem Namen «Olympia-Massaker» in die Geschichte ein. «Wir hatten dem Olympischen Komitee Briefe geschrieben und es gebeten, palästinensische Sportler an den Olympischen Spielen [in München 1972] teilnehmen zu lassen», erzählte Abu Iyad. [70] «Wir erhielten keine Antwort. Also wollte der «Schwarze September» der Welt auf andere Art beweisen, dass das palästinensische Volk existierte.» Im September 1972 kidnappten Terroristen elf israelische Sportler in ihren Wohnräumen in München. Sie forderten die Freilassung von 200 Palästinensern und des Japaners Okamoto aus israelischen, Andreas Baaders und Ulrike Meinhofs aus deutschen Gefängnissen. Baader und Meinhof waren zwei führende Figuren in der «Rote Armee Fraktion».

Israel gab nicht nach, und die deutschen Behörden beschlossen, das Geiseldrama gewaltsam zu beenden: Sie stellten den Geiselnehmern, die bereits zwei israelische Athleten getötet hatten, Helikopter zur Verfügung und versprachen, sie auszufliegen. Als die Helikopter auf dem Flugplatz Fürstenfeldbruck angekommen und vier Palästinenser ausgestiegen waren, begannen Scharfschützen zu feuern. Zwei Palästinenser wurden getötet. Fedaiyn, die sich noch in den Helikoptern befanden, schossen auf die Geiseln, und einer brachte mit einer Handgranate einen der Helikopter zur Explosion. Alle neun Israelis kamen ums Leben; drei weitere Terroristen und ein Polizist wurden ebenfalls getötet.

Die Olympischen Spiele gingen nach einer eintägigen Pause weiter, als ob nichts geschehen wäre. Die überlebenden drei Palästinenser wurden verhaftet, kamen aber wenige Wochen später frei, als die deutsche Regierung einer neuen Erpressung nachgab: Eine Maschine der Lufthansa war entführt worden.

Abu Iyad wird von vielen Autoren verdächtigt, das Gehirn hinter dem Münchner Massaker gewesen zu sein. Entsprechenden Fragen ist er stets ausgewichen. Aber als er längst zu einem der führenden Moderaten in der PLO geworden war und für eine friedliche Koexistenz mit Israel plädierte, gab er immerhin zu, dass damals, Anfang der siebziger Jahre, «verrückte Zeiten» geherrscht hätten.[71] Ob Arafat die Terrorakte gebilligt oder gar veranlasst hat, ist bis heute umstritten. Der PLO-Chef reagiert unwirsch auf Fragen nach seiner terroristischen Vergangenheit. «Abu Ammar hatte natürlich Kenntnis von der Existenz des „Schwarzen September"», sagte mir Abu Iyad, «aber nicht von den geplanten einzelnen Operationen.» Israel und die USA behaupteten, im Besitz geheimer Tonbänder zu sein, die eine Verbindung zwischen Arafats Hauptquartier und den Geiselnehmern von Khartum belegten. Ein Jahr nach München hatte der «Schwarze September» nämlich erneut zugeschlagen und in der Hauptstadt des Sudan zwei amerikanische und einen belgischen Diplomaten gekidnappt. Sie wurden kaltblütig umgebracht, nachdem sich Jordanien geweigert hatte, Abu Daud freizulassen, und nachdem auch Israel, die Bundesrepublik und die USA Forderungen nach der Entlassung von Inhaftierten nicht nachgekommen waren. Israel und die USA führten die angeblichen Beweise nie vor. Eine 1990 ausgestrahlte BBC-Dokumentation bekräftigte allerdings ihre Aussage: Laut den BBC-Recherchen kam der Befehl zum dreifachen Mord direkt aus Arafats Zentrale in Beirut.[72]

Israel rächte sich für das Attentat auf seine Athleten: Am 10. April 1973 ass Abu Iyad entgegen seiner Gewohnheit, sich nicht öffentlich zu zeigen, im Fischrestaurant «Nasser» am Strand von Raoushe in West-Beirut zu Mittag. In seiner Gesellschaft befanden sich Yussef an-Najar, der operationelle Chef des «Schwarzen September», Kamal Adwan, für Operationen in den besetzten Gebieten zuständig, und Kamal Nasser, der PLO-Sprecher, ein angesehener Dichter.[73] Wenige Stunden später waren Abu Iyads drei

Gäste tot: Eine israelische Spezialeinheit unter dem Kommando des späteren Generalstabschefs Ehud Barak war vom Meer her in Beirut gelandet und in ein Appartementhaus an der Verdun-Strasse eingedrungen, in welchem mehrere PLO-Grössen lebten.[74] Najar, Adwan und Nasser starben im Kugelregen der Israelis.

Abu Iyad, das Hauptziel der Rächer, blieb durch Zufall am Leben. «Abu Ammar und ich hatten in jener Nacht unheimliches Glück», sagte er mir: «Abu Ammar war in einem Gebäude gleich daneben, und ich war nicht weit davon entfernt», wo er ironischerweise mit den drei überlebenden Attentätern von München diskutierte. Der PLO versetzte der Raid einen schmerzhaften Schlag: Die israelische Spezialeinheit hatte nicht nur drei wichtige Leute aus der mittleren Führungsebene umgebracht, sondern auch Akten mitgehen lassen, welche Aufschluss über Operationen und Aktivisten in den besetzten Gebieten gaben.

Einer der führenden Leute im «Schwarzen September» war Sabri al-Banna, genannt Abu Nidal. Er war Verbindungsmann zum Irak, der die Gruppe zusammen mit Libyen weitgehend finanzierte. Im Sommer 1973 versuchten Arafat und Abu Iyad, sich des «Schwarzen September» zu entledigen, der ihnen ausser dem Ruf, eine Bande von Mördern und Terroristen zu sein, nichts eingebracht hatte. Abu Iyad befahl Abu Nidal und dem Verbindungsmann zu Libyen, Ahmed Abdal-Ghafar, ihre Beziehungen zu den beiden Ländern abzubrechen. Beide sprangen ab, statt die Anordnungen zu befolgen, und die Fatah verhängte die Todesstrafe über sie. Abdal-Ghafar wurde 1974 in Beirut erschossen; Abu Nidal jedoch gründete seine eigene, die vielleicht übelste aller palästinensischen Terrorgruppen, den «Fatah-Revolutionsrat». Abu Iyad erzählte mir, wie die Fatah jahrelang versuchte, Abu Nidals habhaft zu werden. «Er ist psychisch gestört; er arbeitet für die Israelis und für jeden, der ihn bezahlt.»

Abu Nidal wurde ihm schliesslich zur Nemesis. Was den Israelis in den siebziger Jahren nicht gelungen war, gelang dem «Fatah-Revolutionsrat» im Januar 1991, während die ganze Welt nach Kuwait und in den Irak starrte, wo der Krieg gegen Saddam Hussein bevorstand: Ein Anhänger Abu Nidals, in den PLO-Sicherheitsdienst eingeschleust, tötete Abu Iyad in Tunis.

6.6 Ölzweig und Pistole

Am 6. Oktober 1973 griffen Ägypten und Syrien am wichtigsten Fest der Juden, Yom Kippur, überraschend an zwei Fronten an: Ägyptische Truppen überschritten den Suez-Kanal und drangen in den seit 1967 von

Israel besetzten Sinai vor, syrische in den ebensolange besetzten Golan. Israel war völlig überrascht und brauchte mehrere Tage, um den Ansturm zu stoppen und zum Gegenangriff überzugehen. Als der Krieg nach gut zwei Wochen zu Ende war, feierten die Ägypter den grossen Sieg, den sie in Wirklichkeit nicht errungen hatten: Hätten nicht die USA vermittelt, wäre die ägyptische Dritte Armee aufgerieben worden: Die Israelis hatten sie im Sinai umzingelt und ihre Nachschubwege abgeschnitten. Der Krieg hatte Folgen für Israels Innenpolitik: Eine Untersuchungskommission (Agranat-Kommission) kam 1974 zum Schluss, «die Verantwortung für die Fehleinschätzung der Lage am Vorabend des Krieges und für die verspätete Mobilmachung liege allein beim Generalstabschef. Die zivile Führung wurde für schuldlos befunden.» [75]

Trotzdem trat Premierministerin Golda Meir zurück. Im nachfolgenden Kampf um den Labour-Vorsitz und damit den Posten des Premiers siegte Yitzhak Rabin knapp über Shimon Peres; Rabin war erst im März 1974 als Landwirtschaftsminister in die Regierung eingetreten; schon am 3. Juni wurde er deren Chef. In dieser neuen Position hatte er wieder mit Henry Kissinger zu tun, der inzwischen US-Aussenminister geworden war. Kissinger versuchte ab November 1973 in seiner viel gerühmten und von mehreren Nachfolgern nachgeahmten «Pendeldiplomatie», die Kriegsgegner von 1948, 1956, 1967 und 1973 nicht bloss an den Verhandlungstisch zu bringen; er wollte nichts weniger als einen umfassenden Nahostfrieden.

Sadat, durch den «Sieg» von 1973 gestärkt, schien dazu bereit. Diverse ägyptisch-israelische Verhandlungen, gesponsert von den US-Regierungen unter Nixon, seinem kurzzeitigen Nachfolger Gerald Ford und schliesslich ab 1976 dem demokratischen Präsidenten Jimmy Carter, brachten den Vertrag von Camp David 1978, den Friedensvertrag von 1979 und den sukzessiven Rückzug der Israelis aus dem Sinai. Sadat hatte sein Ziel erreicht: Er war «der erste arabische Führer, dem es gelang, den Zionismus dazu zu veranlassen, sich von eroberten Positionen zurückzuziehen», und ausserdem hatte er «Israels Monopol für Unterstützung aus den USA» gebrochen. [76]

König Hussein zeigte ebenfalls Interesse. Im Dezember 1973 schlug er einen Handel mit Israel vor: Dieses sollte sich aus dem Westjordanland und dem Gaza-Streifen zurückziehen; im Gegenzug würde Jordanien einen Friedensvertrag abschliessen. Kissinger versuchte, den Israelis diese Idee schmackhaft zu machen. Die Gespräche verliefen jedoch im Sand, und dafür war unter anderem der neue Premier Rabin verantwortlich. Rabin betrachtete das Westjordanland unter Aspekten der inneren und äusseren Sicherheit Israels – eine Haltung, die er auch 1993/94 nicht wesentlich modifiziert hat. Er brachte Ideen vor, die für Jordanien und erst recht für die Palästinenser nicht akzeptabel waren: Rabin wollte eine modifizierte Version des Allon-Plans verwirklichen. Der damalige Arbeitsminister und frühere Militär Yigal Allon hatte sich Ende Juli 1967 in einem als «streng geheim» klassifizierten Strategiepapier über die Zukunft des Gaza-Streifens und des Westjordanlandes geäussert. Er machte schon in der Präambel deutlich, dass er die im Junikrieg besetzten Gebiete als rechtmässig zu Israel gehörend betrachtete: Allon nannte sie «befreite Gebiete» und gab dem Westjordanland den Namen «Eretz Yisrael ha-Ma'aravit»: «Westliches Land Israel». 77 Der Plan sah vor, das Westjordanland in zwei Teile zu trennen: Israel sollte alle strategisch wichtigen Gebiete behalten; in «allen Regionen, die nicht in das Territorium des Staates [Israel] integriert sind», sollte ein «autonomer arabischer Distrikt» geschaffen werden.

Zu den Gebieten, die von Israel annektiert werden sollten, rechnete Allon namentlich «einen rund 10 bis 15 Kilometer breiten Streifen entlang dem Jordantal»; der Fluss Jordan und die Mitte des Toten Meers sollten «die Grenze zwischen Israel und dem Königreich von Ost-Transjordanien bilden». 78 Weiter wollte Allon einen Korridor vom Toten Meer hinauf nach Jerusalem annektieren, und dazu «den ganzen Hebron-Berg oder mindestens die judäische Wüste hin zum Negev». 79 Um die «befreiten» Gebiete auf immer arabischem Zugriff zu entziehen, schlug Allon die Gründung neuer Siedlungen und «permanenter militärischer Basen» vor. Und Ost-Jerusalem sollte mit «neuen Quartieren, bevölkert von Juden», überbaut werden.

Dieser Plan geistert bis zum heutigen Tag durch israelische Köpfe, und Teile davon sind längst verwirklicht: Schon unter Labour-Herrschaft, erst recht unter den rechtsnationalen Regierungen von Begin und Shamir wurden das Westjordanland und der Gaza-Streifen zügig mit jüdischen Siedlungen bestückt. Und das arabische Ost-Jerusalem wird heute von einem Kranz festungsartiger Überbauungen stranguliert, in welchen exklusiv jüdische Bewohner hausen.

Palästinensische Kritiker an den Verträgen zwischen der PLO und Israel sind überzeugt, dass Rabin nach wie vor eine Lösung vorschwebt, die Elemente von Allons Strategiespiel enthält: Wieso, fragen sie sich, hätte sich Rabin sonst mit allen ihm zur Verfügung stehenden Mitteln gesträubt, gegen irgendeine jüdische Siedlung vorzugehen, sogar gegen Orte wie Kiryat Arba, die seinen schärfsten politischen Gegnern als Brutstätte dienen? Wieso ging der Siedlungsbau in den besetzten Gebieten auch 1994 weiter? Weshalb bauten die Israelis fieberhaft neue Strassen, die jüdische Siedlungen mit dem israelischen Kernland verbinden und arabische Städte umfahren? Weshalb gaben sie die Baubewilligung für Neubauten in den Siedlungen? Und weshalb sträubte sich Rabin gegen Ende 1994 so stur gegen die Erfüllung jener Klauseln in den Verträgen mit der PLO, welche den allmählichen Abzug der israelischen Soldaten aus palästinensischen Bevölkerungszentren vorsehen? Nur die vorgeschlagene Lösung für den Gaza-Streifen hat Rabin fallenlassen: Laut Allon-Plan sollte der Streifen «mit seinen permanenten Bewohnern» zu einem «integralen Teil Israels» werden. Die Flüchtlinge hingegen – das heisst die grosse Mehrheit der palästinensischen Bevölkerung – sollten «ausserhalb des Gaza-Streifens neu angesiedelt werden».[80]

Israel dachte also 1974 nicht daran, das Westjordanland aufzugeben. Kissinger konnte König Hussein nur ein Zückerchen anbieten: Israel war bereit, seine Truppen aus Jericho abzuziehen; dies als erster Schritt zur Verwirklichung des Allon-Plans. Der König konnte die Preisgabe eines ansehnlichen Teils des Westjordanlandes nicht akzeptieren und lehnte die israelischen Ideen ab. Kissinger versuchte nochmals, die Israelis zu Konzessionen überreden, aber ohne Erfolg. Anfang 1974 sah er zutreffend voraus, dass die sture Haltung Israels vor allem eine Folge haben werde: den politischen Aufschwung Arafats.[81]

Nach dem Krieg von 1973 hatten die Araber eine neue Waffe eingesetzt, die im Westen weit grössere Panik erzeugte als Flugzeugentführungen und Anschläge: Die Organisation erdölproduzierender Staaten OPEC drosselte Ende 1973 die Produktion und hob die Ölpreise um bis zu 300 Prozent an. Damit wollten die Ölproduzenten die USA und Westeuropa zwingen, Druck auf Israel auszuüben und eine Friedenslösung im Sinn der arabischen Staaten zu forcieren.

Die sogenannte Ölkrise hatte vor allem eine Folge: Mit Hyperinflation und Versorgungsengpässen konfrontiert, begannen zahlreiche Länder, sich die arabischen Positionen zu eigen zu machen. Die Araber selber erhoben die PLO Ende Oktober 1974 an ihrem Gipfel in der marokkanischen Hauptstadt Rabat zur «alleinigen legitimen Vertretung des palästinensischen Volkes», welche das Recht habe, «auf jeglichem befreiten palästinensischen Gebiet» eine «unabhängige Nationalbehörde» einzusetzen.[82] König Hussein opponierte vergeblich gegen diese Formulierung; sie bedeutete, dass er den Anspruch auf das Westjordanland aufgeben musste.[83] Die Uno-Vollversammlung übernahm mit grosser Mehrheit die Position des Gipfels von Rabat und verabschiedete eine Resolution, mit welcher die PLO eingeladen wurde, als «legitime Vertretung des palästinensischen Volkes» an den Uno-Verhandlungen über die Palästinafrage teilzunehmen.[84]

Am 13. November 1974 hatte Yassir Arafat seinen grossen Auftritt vor der Uno-Vollversammlung. Gekleidet in seine übliche Uniform, die Kefiya auf dem Kopf und die Pistole am Gürtel, hielt der PLO-Chef seine Rede, die von revolutionärem Pathos und larmoyanten Klagen triefte. Der «zionistischen Aggression» stellte er den heroischen Befreiungskampf der Palästinenser gegenüber. Der Uno-Vollversammlung warf Arafat vor, «früh in ihrer Geschichte eine Empfehlung genehmigt» zu haben, «unser palästinensisches Heimatland zu teilen», dies als Folge einer Verschwörung der Mandatsmacht Grossbritannien mit der zionistischen Bewegung. Wenn die Palästinenser diese Teilung zurückwiesen, dann wie «die natürliche Mutter, die dem König Salomo verbot, ihren Sohn entzweizuschneiden, als die nichtnatürliche Mutter ... seiner Verstümmelung zustimmte». [85]

Immerhin machte Arafat gegen Ende seiner Rede einige versöhnliche Bemerkungen: «Ich proklamiere vor Ihnen, dass, wenn wir von unseren gemeinsamen Hoffnungen für das Palästina von morgen reden, wir in unsere Perspektive alle Juden einschliessen, die jetzt in Palästina leben und die sich entscheiden, mit uns dort in Frieden und ohne Diskriminierung zu leben.» Arafat schloss seine Rede mit einem berühmt gewordenen Satz: «Heute bin ich mit einem Ölzweig und der Pistole eines Freiheitskämpfers gekommen. Lasst nicht zu, dass mir der Ölzweig aus der Hand fällt.»

6.7 Verteidigungskräfte greifen an

Das Land, das nach der Vertreibung der Fedaiyn aus Jordanien Arafats Pistole, aber nicht seinen Ölzweig zu spüren bekam, war der Libanon. Er war schon seit den späten sechziger Jahren eine der Basen für die Fatah und andere Palästinensergruppen gewesen; nach deren Vertreibung aus Jordanien wurde der Libanon zum einzigen Land, in welchem sie sich noch halbwegs frei bewegen, wo sie praktisch ungehindert ihre Aktionen gegen Israel und ihre Terroranschläge aushecken und durchführen konnten. Denn der Libanon hatte, anders als Syrien oder Jordanien, keine starke Exekutive; wer immer in Beirut Macht hatte, musste sie in einem komplizierten Arrangement mit andern Kräften teilen.

Über den libanesischen Bürgerkrieg, der 1975 begann, über das Engagement der Syrer, der Amerikaner, der Israelis, der Franzosen, der Iraner und der Palästinenser, die im Südlibanon ihr sogenanntes «Fatahland» errichteten und für den Tod, für unsägliches Leiden, für die Vertreibung unzähliger Frauen, Kinder und Männer mitverantwortlich waren, sind Dutzende, vielleicht Hunderte von Büchern publiziert worden; ein halbes Kapitel reicht nicht aus, um diese für den Libanon und die PLO verheerende Phase zu beschreiben. [86]

Die Palästinenser waren von Anfang aktiv am libanesischen Krieg beteiligt, und die PLO erlebte 1982 in Beirut ihr Waterloo. Seit 1977 waren in Jerusalem nicht mehr die Politiker und pensionierten Generäle der Arbeiterpartei an der Macht, sondern die Leute vom Likud unter Begin, die in «Erez Israel» eine mystische, geographisch nicht exakt definierte Grösse sahen. [87]

Die «Geschwindigkeit, mit der Menachem Begin von seinem Extremismus und Terrorismus rehabilitiert wurde» und mit der er aus dem Brackwasser des Rechtsextremismus in den politischen Hauptstrom einbog, sei «ein verhängnisvolles Zeichen gewesen», schreibt Edward Said. [88] Am verhängnisvollsten wurde es für den Libanon und für die Palästinenser, die sich dort installiert hatten. Am 3. Juni 1982 wurde der israelische Botschafter in Grossbritannien, Shlomo Argov, im Londoner Stadtteil Kensington angeschossen. Israel brach tags darauf einen von der Uno vermittelten Waffenstillstand und bombardierte Palästinenser im Libanon, wobei 50 Menschen ums Leben kamen. Die PLO antwortete mit Raketenbeschiessungen Nordisraels. Am 6. Juni lancierte Israel eine ausgewachsene Invasion. Die Okkupation dauerte schliesslich drei Jahre; im Südlibanon hält sie bis heute an. Dass die Schützen von Kensington der Terrorgruppe von Abu Nidal angehörten, die mit Arafats PLO mindestens ebensosehr verfeindet ist wie mit Israel, spielte keine Rolle. Denn die Invasion war von Verteidigungsminister Ariel Sharon und seinem Generalstabschef Rafael Eitan längst vorbereitet; es fehlte nur ein Vorwand.

Das Vorgehen der «Israeli Defence Forces», der in diesem Fall falsch etikettierten «Israelischen Verteidungskräfte», war äusserst brutal, und wegen seiner gröbsten Exzesse, zum Beispiel dem Massaker von Sabra und Shatilla, wurde dieser Krieg zu einem Public-Relations-Fiasko Israels. Von israelischen Truppen stillschweigend geduldet oder aktiv gefördert, drangen Milizionäre der christlichen Phalange am 16. September 1982 in die Palästinenserlager ein und metzelten Hunderte von Frauen, Kindern und Männern nieder. Das Massaker war ihre Antwort darauf, dass zwei Tage zuvor ihr Anführer Bechir Gemayel und 25 seiner Anhänger bei einem Bombenanschlag ums Leben gekommen waren, den nicht etwa Palästinenser, sondern Angehörige der «Syrischen Nationalen Sozialistischen Partei» (SSNP) begangen hatten. Der 35jährige Milizenchef Gemayel war wenige Tage zuvor unter dem Druck Israels zum neuen Präsidenten des Libanon gewählt worden. «Es hatte zuvor schon Massaker im Libanon gegeben, aber selten von diesem Ausmass, und nie beaufsichtigt von einer regulären, angeblich disziplinierten Armee. Dies überschritt sogar, was die Israelis unter anderen Umständen eine terroristische Greueltat genannt hätten.» [89]

Unter dem harmlosen Schlagwort «Frieden für Galiläa» begann Begin, angetrieben von Sharon, sein kriegerisches Abenteuer, das Tausenden von Libanesinnen und Libanesen, Palästinenserinnen und Palästinensern und über 600 israelischen Soldaten das Leben kosten sollte. Zwei strategische Ziele wollten Sharon und Begin erreichen: Erstens sollte die PLO vernichtet werden. Sharon sprach «von einer Aktion, die bedeutet, die Terrororganisationen im Libanon in einer Weise zu zerstören, dass sie ihre militärische und politische Basis nicht mehr wiederherstellen können».[90] Yitzhak Shamir, damals Aussenminister, schrieb dazu in vertrackter Sprache: «Es war vorgesehen, dass die Operation Frieden für Galiläa, lanciert am 6. Juni 1982, nicht mehr als 48 Stunden dauern, dass der Libanon bis zu einer Tiefe von maximal 40 Kilometern penetriert werden und dass die PLO-Hauptquartiere und -Basen, ihr Personal und ihre riesigen Waffenlager zerstört werden sollten, welche für fast ein Dutzend Jahre die Sicherheit, um nicht zu sagen die geistige Gesundheit der Männer, Frauen und Kinder in Israels nördlichsten Siedlungen bedroht hatten.»[91]

Zweitens sollten dem Libanon eine «neue politische Ordnung» und ein Sonderfrieden mit Israel aufgezwungen werden. Sharon und Eitan, der später für eine xenophobe Kleinpartei in die Knesset einzog, überschritten alsbald ihre Kompetenzen, weiteten den Krieg eigenmächtig aus, belogen Begin und sein Kabinett, die ihrerseits das Parlament und die israelische Öffentlichkeit belogen – und erreichten eines ihrer Ziele: Es gelang ihnen, die «militärische» Infrastruktur der PLO zu zerschlagen. Arafat, Abu Jihad und etwa 14 000 ihrer Krieger mussten schmachvoll aus Beirut abziehen; die «bewaffnete Volksrevolution» wurde am 1. September 1982, da die letzten PLO-Kämpfer im Hafen von Beirut aufs Schiff stiegen, beerdigt. Politisch jedoch ging die PLO, die sich im fernen Tunis installierte, gestärkt aus dem «Frieden für Galiläa» hervor; Begin, Sharon und Eitan wiesen Arafat und der PLO eine Opferrolle zu, die mit dem international gehätschelten, von Arafat mitverantworteten Bild von der blutrünstigen Terrorbande nicht in Einklang zu bringen war.

Der Libanon ist für israelische Regierungen auch in jüngster Zeit ein Objekt der Verachtung geblieben, eine Region, in die man eingreifen kann, wie man will, ohne Rücksicht auf Gefühle, Wünsche und auch das Leben der Bevölkerung.

Es war Sommer 1993. Knapp drei Jahre zuvor waren die letzten Gefechte des Bürgerkriegs abgeklungen. Der Libanon erholte sich mühsam. Seit neun Monaten war Rafik Hariri Präsident des Ministerrates. Vor und hinter der Mauer, die seine Villa in West-Beirut umgibt, waren ein gutes Dutzend grauer Range Rover und schwarzer Mercedes des neusten und grössten Modells geparkt. Der Besucher passierte ein gepanzertes Tor, einen Metalldetektor, ein Spalier von Leibwächtern und Domestiken und einen manikürten Vorgarten. Dann erst stand er in der Eingangshalle mit Marmorboden, in der ein durchschnittliches mitteleuropäisches Eigenheim Platz gehabt hätte, dem robusten Hausherrn gegenüber.

Hariri, der es vom Buchhalter zum mehrfachen Dollar-Milliardär gebracht hatte, der als Bauunternehmer, Bankier und Besitzer eines weitverzweigten Wirtschaftsimperiums in Saudi-Arabien einen unvorstellbaren Reichtum angehäuft hatte, hatte die kaum lösbare Aufgabe übernommen, ein verludertes, gesellschaftlich zerrissenes, abgewirtschaftetes, von ausländischen Mächten gegängeltes Land auf den Weg in die Normalität zu bringen. Der damals 46jährige verströmte Optimismus. In fünf Jahren, sagte er, werde die Infrastruktur grösstenteils rekonstruiert sein: Telefonnetz, Strom- und Wasserversorgung würden bereits repariert; Strassen, Häfen, der Flughafen stünden als nächstes auf dem Programm. Und das Riesenprojekt eines totalen Neubaus des Beiruter Stadtzentrums rund um den Märtyrerplatz, nach dem Krieg eine einzige, flächendeckende Ruine, werde «seinen Höhepunkt erreicht haben». In zehn Jahren werde Beirut wieder «das Juwel des Mittelmeeres» sein, «besser als vor dem Krieg». [92]

Nach Parlamentswahlen im Sommer 1992, an denen Teile des christlichen Lagers nicht teilgenommen hatten, war Hariris Ernennung in der Bevölkerung mit einer Wundererwartung quittiert worden: Endlich ein Regierungschef, der nicht der raffgierigen, abgenutzten Classe politique angehörte; endlich einer, der so reich war, dass er es nicht nötig hatte, auf Kosten des Staates zu schmarotzen. Doch der Chor der Opponenten wurde bald laut und vielstimmig und vereinte alle möglichen Schichten, von Islamisten über bürgerliche Muslime und Christen bis hin zum Establishment der maronitisch-katholischen Kirche, die ihren Einfluss dahinschmelzen sah.

Der Parlamentsabgeordnete Zuheir Obeidi von der fundamentalistischen Jamaa al-Islamiya, der Islamischen Vereinigung, bemängelt, statt nach den «dringenden Bedürfnissen der Armen, der Verstossenen und Unterdrückten» richte sich das Kabinett Hariri «nach den Bedürfnissen der Grossen und Reichen». [93] Ähnlich argumentiert der maronitische Politiker Butros Harb, ein früherer Abgeordneter und Minister, der die Wahlen von 1992 boykottiert hatte. Der Regierungschef habe «vergessen, dass er einst selber arm war». [94] Hariri bestritt, dass es den Libanesen in den Kriegsjahren wirtschaftlich besser gegangen sei als danach: «In Wirklichkeit waren die Ansprüche der Leute weniger gross. Jetzt haben sie zehn Stunden Elektrizität pro Tag, und sie wollen vierundzwanzig – was ihr Recht ist.»

Auf die gezielte Frage nach seiner politischen Vision allerdings hatte Hariri nur eine magere Antwort: Die israelische Besetzung des Südlibanon müsse beendet werden, denn wegen dieser Besetzung bestehe die «Résistance» weiter, «und so lange die Résistance besteht, ist es für die libanesische Demokratie schwierig, vollumfänglich zu funktionieren». Diese «Résistance» stiess vor allem der christlichen Opposition auf; sie bestand im wesentlichen aus der schiitischen Hisbollah-Miliz und aus palästinensischen Elementen. [95] Für die israelische Regierung, seit 1992 wieder unter Rabin, hatte die Hisbollah von der PLO die Rolle des Erzfeindes im Libanon übernommen.

Die Weiterexistenz dieses schiitischen «Widerstandes» widersprach laut Butros Harb dem Abkommen zur «nationalen Versöhnung», das libanesische Parlamentarier 1989 im saudi-arabischen Taif unterschrieben hatten; darin war von der Entwaffnung aller Milizen die Rede. Ausserdem sah das Abkommen vor, dass sich die syrische Armee bis September 1992 aus Beirut und den Küstenregionen in das Bekaa-Tal zurückzöge. Die Syrer jedoch waren 1993 (und auch 1994) nach wie vor in Beirut, und sie nahmen Einfluss: Ohne Zustimmung aus Damaskus wäre Hariri nicht Regierungschef geworden.

Trotz dieser konzertierten Opposition spürte man in Beirut Optimismus. Der Libanon befinde sich «auf dem langen Weg aus der Hölle», titelte eine britische Zeitung. [96] Und Serge Nader, Besitzer des Yachtclubs neben dem einst berühmten Hotel Saint Georges in der Bucht von Beirut, meinte bündig: «Hariri ist unser neuer Jesus Christus.» [97]

Wenige Tage später begannen israelische Kampfbomber, die Hoffnungen der Libanesen zu zertrümmern. Am 25. Juli 1993 flogen sie die schwersten Angriffe gegen den Libanon seit der Invasion von 1982, bombardierten Stellungen von palästinensischen und schiitischen Milizen sowie der syrischen Armee, die mehrere Soldaten verlor. Israelische Politiker und Militärs hatten seit Tagen mit dem Angriff gedroht: In den vorhergegangenen zwei Wochen waren in der von Israel besetzten «Sicherheitszone» im Südlibanon sechs israelische Soldaten getötet worden. Israel betrachtet die Aktivitäten der Hisbollah und der Palästinenser als «Terrorismus». Der israelische Polizeiminister Mosche Shahal stellte den Angriff als «begrenzte Aktion» zur Warnung der Hisbollah dar. [98]

Auffällig war zu Beginn der Offensive die lauwarme Reaktion der Syrer. Immer mehr Libanesen meinten darum, es gebe in Wirklichkeit zwischen Syrien und Israel eine stillschweigende Übereinkunft auf Kosten des Libanon: So lange 30 000 bis 45 000 syrische Soldaten im Libanon stationiert seien, hätten die Israelis eine Ausrede, den Grenzstreifen im Süden entgegen der Uno-Resolution 425 besetzt zu halten. [99] Und so lange die Israelis da seien, würden auch die Syrer nicht gehen.

Die libanesische Regierung versprach einen Tag nach Beginn der Offensive erneut, nach dem Abzug der Israelis aus dem Süden werde sie die Ruhe an der Grenze garantieren. Allerdings waren die libanesischen Sicherheitskräfte dazu noch nicht in der Lage, und ihre syrischen Beschützer hatten offensichtlich kein Interesse, Hisbollah und Palästinenser zu bremsen.

So hielt Syrien an der israelischen Grenze die Spannung hoch in der Hoffnung, von den Israelis einen besseren Preis für einen Friedensvertrag herausholen zu können; den Israelis kam diese Spannung als Ausrede für die andauernde Besetzung gelegen; Hisbollah und radikale Palästinenser konnten die Fiktion einer «antizionistischen Résistance» hochhalten. Die Bevölkerung im Südlibanon hingegen bezahlte wieder einmal für ein Machtspiel, in welchem ihr nur die Rolle des Opfers zugedacht war.

«In diesem Haus waren eine Frau und ihr Kind», sagt Abu Ashraf, ein Ladenbesitzer aus Habbush in der Nähe von Nabatiya. Er zeigt uns die Abstellkammer, in der sich die beiden versteckten, als die Beschiessung losging. Eine Splitterbombe schlug im Garten ein, riss eine ganze Hauswand nieder; ein Teppich von Staub, Glassplittern und Brocken von Backsteinen senkte sich auf Bett, Tisch, Sofas und Buffet. «Mutter und Kind sind im Spital», sagt Abu Ashraf und zeigt auf einen grossen Blutfleck: «schwer verletzt, aber sie haben überlebt.»

Im Garten sammeln wir einige der Teile ein, in die sich ein Schrapnell bei der Explosion zerlegt: schwere Metallsplitter mit messerscharfen, unregelmässigen Zacken und Ecken. Ein einziges von ihnen kann einen Menschen von oben bis unten oder von rechts nach links aufschlitzen, sagt Dr. Taufik Ghandur in seinem Spital oberhalb von Nabatiya, nur 500 Meter von der Frontlinie entfernt. «Ein toter Mann wurde diese Woche eingeliefert, dem der halbe Schädel abgetrennt war.» In den Operationsräumen im Untergeschoss haben sich etwa 300 Leute aus den umliegenden Quartieren mit Matratzen, Matten und Decken eine provisorische Unterkunft eingerichtet. Vom Balkon im ersten Stock sieht man eine Stellung der Israelis auf einem nahen Hügel und, etwas weiter entfernt, das Kreuzfahrerschloss Beaufort, eine frühere Festung der PLO, die in den ersten Tagen der letzten israelischen Libanon-Invasion, 1982, von Israel erobert worden war.

Wir fanden in zahlreichen Dörfern, in Ras al-Ain und Deir Kanun, in Haris, Habbush und in den Vororten Nabatiyas das gleiche Bild: zerlöcherte Häuser, in Trümmer geschossene Strassenzüge, mit Schutt und Splittern gepflasterte Strassen, herunterhängende Strom- und Telefonleitungen. Und in den Spitälern der Hafenstädte Tyr und Saida sahen wir die Männer, Frauen und Kinder aus diesen Dörfern, mit Verbrennungen, mit blutigen Verbänden an Köpfen, Körpern und Gliedern. Eine etwa 80jährige Frau, ihre Haut von einer Phosphorbombe zu 80 Prozent verbrannt, starb langsam und qualvoll. Ein dreimonatiges und ein dreijähriges Kind mit klaffenden Wunden wimmerten leise. «Höchstens zehn Prozent der Verletzten waren Kämpfer», sagte ein Arzt; «alle andern sind Zivilisten.» Premier Rabin wiederholte am 28. Juli, die Bewohnerinnen und Bewohner des Südlibanons könnten «erst zurückkehren, wenn die Beschiessung der nördlichen

Siedlungen [in Israel] aufhört». Bis dann werde die Bombardierung unaufhaltsam fortgesetzt. Zuvor hatte das israelische Kabinett «grosse Befriedigung» ob dem massiven Flüchtlingstrek geäussert, der sich nach Beirut ergoss. Zwischen 150 000 und 300 000 Personen, je nach Schätzung, hatten zu jenem Zeitpunkt ihre Häuser und Wohnungen im Süden verlassen. Die Zweifel an den Intentionen der Israelis wurden grösser. Rabin selbst hatte die offizielle Begründung für die Offensive, die angeblich zunehmenden Katyusha-Angriffe auf Nordisrael, in Frage gestellt: Er gestand, den Angriff schon seit Oktober 1992 geplant zu haben. Und eine Aussage von Kulturminister Amnon Rubinstein schien zu bestätigen, dass Israel andere als die vorgegebenen Ziele verfolgte: «Ich glaube nicht, dass dies [die Offensive] die Hisbollah direkt treffen wird», sagte der Minister. [100]

6.8   Flüchtlinge als Druckmittel

Die Israelis lösten mit ihrem Flächenbombardement im Südlibanon nach den Worten des libanesischen Präsidenten Elias Hrawi «eine humanitäre Katastrophe von riesigem Ausmass aus». Bis 29. Juli war die Zahl der Flüchtlinge auf bis zu einer halbe Million angeschwollen. [101] Das erste Ziel, welches die Israelis bei Beginn der Offensive genannt hatten, hatten sie nicht erreicht: Am 29. Juli schossen Hisbollah-Milizen weitere Raketen nach Nordisrael. Doch inzwischen stand die «Ausrottung der Terrornester» im Südlibanon, wie sich ein israelischer Offizier ausdrückte, gar nicht mehr im Vordergrund; Minister in Rabins Regierung begannen davon zu reden, Israel provoziere gezielt einen Flüchtlingsstrom, um auf die Regierung in Beirut Druck auszuüben. «Jeder Krieg erzeugt Flüchtlingsströme», sagte ein Mitarbeiter einer internationalen Organisation in Beirut dazu. «Aber hier gibt eine kriegführende Partei offen zu, das Flüchtlingselend sei ihr eigentliches Ziel. Dies deutet auf ein Mass von Menschenverachtung und Zynismus hin, das sogar in dieser Region selten ist.» [102] Immer grössere Menschenmassen ergossen sich in die südlichen Vororte Beiruts. Die ersten Stationen der Flucht aus dem Südlibanon, die Hafenstädte Saida und Tyr, waren nicht mehr sicher, seit auch sie beschossen wurden.

Auch am 30. Juli setzten die Israelis die systematische Vernichtung eines ganzen Landstrichs nördlich ihrer besetzten Zone fort. Doch inzwischen gab es Anzeichen dafür, dass die syrische Regierung die Hisbollah-Milizen bremsen könnte. Diese beherrschten Beiruts südliche Vororte; die iranischen Ayatollahs Khomeini und Khamenei, dazu bärtige lokale «Märtyrer» starrten von überlebensgrossen, hyperrealistischen Farbplakaten auf die wuselnde Menge. Die Strassen waren, wie alle Strassen der libanesischen Hauptstadt, von einer dröhnenden, stinkenden, kakophonisch hupenden Masse von Motorfahrzeugen verstopft und verpestet.

Süd-Beirut, schon seit der Herrschaft der PLO im Südlibanon und seit der israelischen Invasion von 1982 provisorische Heimat für Zehntausende von Schiiten aus dem Süden, ist auch zu normalen Zeiten ein staubiges und überbevölkertes, halb der Verslumung anheimgefallenes Grossstadtquartier. Doch nach der israelischen Offensive Ende Juli 1993 geriet der Stadtteil endgültig aus allen Fugen: Zehntausende von Familien kamen hier an, eingepfercht in alte Mercedes und Toyotas, Koffer, Matratzen und andere Habseligkeiten auf den Autodächern gestapelt.

Die Flüchtlingskrise, die Premier Rabin schaffen wollte: Hier sah man sie, roch man sie, stolperte man beinahe darüber. In der Nähe des Hisbollah-Hauptquartiers war eine Schule zur Notunterkunft umfunktioniert worden. Auf alten Matratzen, eine neben der andern, lagerten die Leute, beklagten ihr Los und schworen Rache. Allerdings hatte sich Rabin geirrt, wenn er wirklich glaubte, die Vertriebenen würden «Druck auf die libanesische Regierung ausüben»: Der ungefilterte Hass richtete sich auf den «zionistischen Imperialismus», so ein junger Bärtiger, auf die «israelischen Mörder», wie sich eine alte Frau ausdrückte, die bei der zweiten Bombenwelle am 26. Juli zwei Grosskinder verloren hatte.

Am Abend des 1. August war die Offensive zu Ende. Nach einer Woche, in der etwa 70 Dörfer und Städte angegriffen, mindestens 128 Menschen getötet und gegen 500 verletzt worden waren, gelang es den USA, zwischen Israel und den Regierungen von Syrien und dem Libanon zu vermitteln. Nur acht Tote hätten der «Résistance» angehört, ein weiterer sei ein Soldat der libanesischen Armee gewesen, alle andern «unschuldige Frauen, Kinder und alte Männer». Rafik Hariri hatte Wut im Bauch, als er uns, drei ausländischen Journalisten, beim Mittagessen in seiner Residenz in West-Beirut diese Zahlen nannte (und dabei die getöteten syrischen Soldaten verschwieg).[103] «Die grösste und schlagkräftigste Militärmaschine im Nahen Osten hat den Libanon sieben Tage lang bombardiert, und das Resultat ist eine grosse Null.» Falls es «das Ziel der Israelis gewesen ist, den Südlibanon zu vernichten, haben sie Erfolg gehabt.» 10 000 Häuser seien total zerstört, 19 000 Häuser und Wohnungen beschädigt. Die Schäden beliefen sich auf mindestens eine halbe Milliarde Dollar, schätzte Hariri: «Als früherer Bauunternehmer kann ich das beurteilen». Wenn es hingegen «das Ziel der Israelis war, die Infrastruktur der libanesischen Résistance zu zerstören, war es ein grosser Misserfolg».

«Der Stopp der Katyushas auf Nordisrael ist die einzige Garantie in diesem Waffenstillstand», sagte Hariri dazu. Aber niemand konnte die Hisbollah verpflichten, auch die Aktionen in der israelisch besetzten Zone zu beenden. Und vor allem waren ihre Kämpfer weiterhin genauso zahlreich präsent wie zuvor und zwangen den Dorfbewohnern weiterhin ihre Politik auf.

Die Dörfer Jibshit und Haruf bei Nabatiya, zwei bekannte Hisbollah-Hochburgen, waren zwar beschädigt. Aber die Hisbollah schwang sich genauso auf wie drei Wochen zuvor, als ich sie zum letztenmal besucht hatte: «Unser Kampf gegen die Zionisten und die US-Imperialisten geht weiter», beteuerte ein Mullah vor der beschädigten neuen Moschee in Jibshit. [104]

Dass die libanesische und die syrische Armee nicht gegen die Hisbollah und die Palästinensermilizen vorgegangen waren- eine zentrale Forderung der israelischen Regierung – begründete Hariri so: Wenn die «Résistance» angegriffen und entwaffnet worden wäre, während Israel weiterhin einen Teil des Südens besetzt hält, «dann hätten wir wieder Bürgerkrieg gehabt». Der Misserfolg der israelischen Offensive habe auch gezeigt, dass es für den Süden «keine militärische, nur eine politische Lösung gibt». Diese bestehe im Abzug der Israelis. Dann werde sich «die ganze Atmosphäre total ändern». Dann würde die «Résistance» unnötig.

Noch am späteren Samstagabend, dem 1. August, kaum hatten die Israelis die letzten Bomben abgeworfen und die libanesischen Milizen die letzten Katyushas abgefeuert, begann die grosse Rückkehr. Und den ganzen Sonntag über verstopfte eine fast ununterbrochene Autokolonne die Küstenstrasse von Beirut Richtung Süden.

Zu Beginn der israelischen Offensive hatte Generalstabschef Ehud Barak die «totale Entwaffnung» der Hisbollah gefordert und gedroht: «Notfalls werden wir selber das erledigen.» Nach sieben infernalischen Tagen schien die Hisbollah eher gestärkt. Zwar beschloss die libanesische Regierung am 1. August, in Gebieten, die an die israelische «Sicherheitszone» angrenzen und bisher von der Hisbollah kontrolliert worden waren, die libanesische Armee zu stationieren. Doch Hariri beharrte darauf, die «Résistance» bleibe legitim, bis Israel «die feste Zusicherung für einen Abzug aus dem besetzten Libanon» gegeben habe. Hisbollah plusterte sich auf: «Der Widerstand wird seine Operationen gegen den Feind fortsetzen», sagte Hassan Nasrallah, ihr Generalsekretär. [105]

6.9   Enthauptet, aber lebendig

Schon im Dezember zuvor hatten sich Rabin und Hariri eine Kraftprobe geliefert, die der Libanese für sich entschied. In einer Nacht-und-Nebel-Aktion sammelten israelische Sicherheitskräfte damals 415 Anhänger von Hamas und Jihad im Gaza-Streifen und im Westjordanland ein, steckten sie in Busse und schoben sie über die Grenze in den Südlibanon ab. Die libanesische Regierung verwehrte ihnen jedoch den Zutritt; die Deportierten blieben im Niemandsland hängen. Die bärtigen, frierenden Männer, die sich in Unterhosen in einem eisigen Fluss waschen mussten, die in grossen Töpfen auf offenen Feuern kochten (und dank Satellitentelefonen und Faxgeräten schon bald mit der ganzen Welt kommunizieren konnten), wurden zu Medienstars.

Er habe die Hamas «enthauptet», brüstete sich Rabin. Das Gegenteil war wahr: Der Gaza-Streifen explodierte; es herrschten Terror und Gegenterror. Hamas- und Jihad-Leute vermerkten viel später, als sie zurück waren in den besetzten Gebieten oder in israelischen Gefängnissen, dass sie einander erst im Südlibanon richtig kennengelernt, dass sie erst dort zu einer schlagkräftigen Organisation zusammengewachsen seien.

Die Abschiebung war eine Reaktion auf sechs Morde an Juden innert einer Woche gewesen. Doch nach der Massendeportation eskalierte die Gewalt auf beiden Seiten erst recht. Zwischen dem 17. Dezember 1992 und Anfang März 1993 wurden rund 55 Palästinenser von Israelis und mindestens acht Juden von Palästinensern getötet, vier von ihnen allein in der Woche vom 1. bis 8. März 1993. Zunehmend wurden israelische Zivilisten umgebracht. Nachdem ein 19jähriger Palästinenser aus Gaza in Tel Aviv auf offener Strasse zwei Israelis erstochen und neun verletzt hatte, wurde der Streifen während einer Woche für Palästinenser abgeriegelt. Am frühen Morgen des 8. März 1993 wurde die Sperre aufgehoben; wenige Stunden später erstachen zwei arabische Taglöhner ihren Arbeitgeber, den 39jährigen Uri Magidish. Nach dessen Beerdigung am selben Tag schlugen jüdische Siedler zurück, schossen auf Palästinenser, die in der Nähe eines israelischen Checkpoints ihre Busse mit Steinen bewarfen, und töteten den 22jährigen Naim Mahmud al-Madhun aus Jabaliya.

Der palästinensische Widerstand hatte sich erneut gewandelt: Vom Terror über den Aufstand der «Kinder der Steine» hatte er zurückgefunden zum Guerillakrieg.

7   Verhinderte Friedensstifter

Die vergebliche Suche nach Lösungen

«Die Israelis müssen eines bedenken: Militärisch sind sie zwar eine Super-macht. Aber sie sitzen auf einer Insel mitten im islamisch-arabischen Meer. Sie müssen Frieden schliessen, wenn sie langfristig überleben wollen.»
(Elias Freij, Bürgermeister von Bethlehem, Interview
mit dem Autor, 15. Okt. 1988)

«Wenn die Leute die Hoffnung verlieren, wird sich eine Gruppe auf die Seite der Fundamentalisten, der Extremisten schlagen. Die andere wird sich internationalen und palästinensischen Terrorgruppen zuwenden. Deshalb ist es nicht ratsam, so weit zu gehen, dass das palästinensische Volk die Hoffnung verliert.»
(Salah Khalaf alias Abu Iyad; Interview mit dem Autor,
Tunis, 16. Nov. 1989.)

Der israelische Soldat am Checkpoint zwischen Khan Yunis und Rafah hat endlich ein interessantes Auto vor sich, nicht immer die üblichen, klappri-gen Vehikel mit meist eingeschüchterten, aber potentiell lebensgefährlichen Palästinensern. Hinter dem lokalen Fahrer und dem lokalen Führer sitzen im alten Fiat-Taxi ein Amerikaner mit palästinensischem Namen, der sich natürlich nicht als PLO-Mann ausgibt; eine Deutsche mit israelischer Iden-titätskarte, die kein Hebräisch spricht; ein Schweizer, der verschweigt, dass er Journalist ist, und dessen roten Pass mit dem weissen Kreuz der Soldat mit einem Rotkreuz-Dokument verwechselt. [1]

Der Soldat steckt seinen Kopf und den Lauf seines Sturmgewehrs durch das offene Autofenster, versucht, in dieser unbequemen Position mit der Frau zu flirten, wird abgeputzt. Der amerikanische PLO-Mann fordert ihn auf, doch dahin zurückzugehen, woher er gekommen sei: «Sag Deinem Herrn Rabin, dass Du hier nicht gebraucht wirst.»

«Fuck Rabin», brüllt der Soldat, legt eine ungemütliche Pause ein und hat dann einen Geistesblitz: «Geht Ihr zu einer Party?».

«Zu einer Acid House Party in Rafah», sagt der Amerikaner. «Komm doch mit!»

«Nach Rafah? Damit Ihr mir die Eier abschneidet und an die Haus-tür nagelt?»

Das Flüchtlingslager von Rafah im äussersten Südwesten, da, wo der

Gaza-Streifen an Ägypten grenzt, erinnert an die Elendsquartiere afrikanischer Grossstädte. Die Menschen hausen in Flickwerken aus Backstein, Wellblech und Sperrholz; alte Männer kauern dumpf in den Eingängen. Fäkalien schwimmen in offenen Gräben aus den Häusern, sammeln sich in der Mitte der ungeteerten Strassen zu Tümpeln, in denen Kinder planschen. Spottet unser Führer: «Wir wollen Dritt-Welt-Niveau erreichen. Dann ginge es uns besser.» Anfang März 1993 wurde in Rafah ein Israeli, Yoshua Weissbrod, der sich im Auto ins Lager verirrt hatte, von einem erhitzten Mob gesteinigt und schliesslich von einem jungen Mann mit einer Kalaschnikow erschossen.

Früher gehörten israelische Patrouillen im Jeep mit aufmontierten Maschinengewehren zum Strassenbild; jetzt sieht man sie nur noch auf den Verbindungsstrassen. In Formationen von weniger als 100 Mann traue sich die Armee nicht mehr nach Rafah, behauptet Akram Baker, der Palästinenser mit dem US-Pass, ebensowenig nach Khan Yunis und in andere Lager. [2] Die Palästinenser werfen nicht mehr nur Steine; sie schiessen und legen Bomben: Die Intifada ist zu einem Guerillakrieg ausgeartet.

Akram Baker war Mitarbeiter des Palästinenserführers Faisal Husseini in Jerusalem, der seit einiger Zeit unbehelligt zugeben konnte, Mitglied der PLO und ihrer Exekutive zu sein. Doch wie viel die PLO in Gaza noch zu sagen hatte, war umstritten. «Keine Frage, dass wir stärker sind als Hamas», sagte Baker. Auch der Chirurg Ahmed al-Yasji, Berater der palästinensischen Delegation an den bilateralen Friedensgesprächen in Washington, betonte die starke Stellung seiner Organisation. [3] Der Arzt aus einer reichen Händler- und Industriellenfamilie machte jedoch eine überraschende Aussage: Die viel beschworene Rivalität zwischen der PLO und der islamistischen Hamas werde übertrieben. «Die Führungsleute von Hamas sind unsere Freunde.» Er habe, sagte al-Yasji, seit 15 Jahren mit Dr. Abdal-Asis ar-Rantisi in der Ärztegesellschaft zusammengearbeitet. [4] «Natürlich hatten wir zahllose heftige Diskussionen, aber es gibt einen wichtigen Faktor, der uns vereint: Gegen die Besatzer treten die PLO und Hamas wie ein Mann auf.»

7.1   Eiserne Faust

Am 23. Juni 1992 hatte die Labourpartei unter Yitzhak Rabin die Wahlen gewonnen und Yitzhak Shamirs Likud verdrängt. Rabins Amtsantritt verhiess wenig Gutes, wie Syrer und Palästinenser bald bemäkelten: Der neue Premier wollte zwar den Bau jener Siedlungen stoppen, die für Israels Sicherheit nicht nötig seien; das implizierte jedoch, dass «Sicherheitssiedlungen» auf besetzten Gebieten im Jordantal, auf den Golan-Höhen und rund um Jerusalem weitergebaut würden, wie das schon der 25 Jahre alte Allon-Plan vorgesehen hatte.[5] Rabin vermied auch jeden Hinweis auf das Prinzip von «Land gegen Frieden», das in den Resolutionen 242 und 338 festgehalten ist.[6] Immerhin bot er den Palästinensern eine limitierte Selbstverwaltung der besetzten Gebiete an. Ihre Kompetenzen jedoch würden «Sicherheit», auswärtige Angelegenheiten und die Verantwortung über jüdische Siedlungen ausschliessen. Arabische Kommentatoren begannen sich zu fragen, ob der «neue Yitzhak» nicht vielleicht nur ein «alter Yitzhak» in anderer Verpackung sei.

Unter Rabin sei die Lage schlimmer als unter Shamir, behauptete Baker. Rabin sei immer ein «Falke» gewesen; man müsse nur seine Karriere als militärischer Kommandant und als Verteidigungsminister von 1984 bis 1990 zurückverfolgen. In diese Zeit fiel der Beginn der Intifada, in der sich Rabin als Ordnungspolitiker mit eiserner Faust zu profilieren versuchte.[7] Die israelische Menschenrechtsanwältin Tamar Pelleg, die wir im «Gaza-Center für Gerechtigkeit und Recht» trafen, sagte, die israelischen Sicherheitskräfte operierten neuerdings mit noch härteren Methoden. Es gebe «gewisse neue, äusserst beunruhigende Phänomene».[8]

Diese «beunruhigenden Phänomene» bekamen wir alsbald in Khan Yunis vor Augen geführt. Ahmed Ibrahim al-Awad, ein 36jähriger Palästinenser, stand in den Trümmern seines Hauses in einem Quartier, das sich ausgerechnet «al-Amal», «Hoffnung», nennt, und erzählte, wie er am 11. Februar 1993 die neuen Taktiken zu spüren bekam. Er habe sich um vier Uhr früh, unmittelbar nach Ende der allnächtlichen Ausgangssperre, auf den Weg nach Israel machen wollen, wo er in einer Bäckerei arbeitet. Stattdessen sei er in eine Gruppe von Soldaten geraten, die ihn fesselten und ihm die Augen verbanden. Zusammen mit zahlreichen weiteren Männern wurde er in ein etwa 100 Meter entferntes Haus gebracht und dort festgehalten. Später trieben die über 200 Soldaten, welche das Quartier umzingelt hatten, auch Frauen und Kinder aus den Häusern. Erst nach der Durchsuchung der Häuser, behaupteten Zeugen – nicht als Massnahme zum eigenen Schutz, wie die offizielle Version es wollte –, begannen Soldaten und Grenzpolizisten ihr Zerstörungswerk. «Unsere Augen waren immer noch verbunden», erzählte al-Awad, «und wir fühlten uns wie im Krieg. Wir hörten Gewehrfeuer, klirrendes Glas, Helikopter, Raketen, Explosionen.»[9]

Um 19 Uhr habe ihm ein Soldat höhnisch gesagt: «Du kannst jetzt nach Hause, aber Du hast kein Haus mehr», erzählte der Vater von acht Kindern. Al-Awads Haus war einen knappen Monat nach dem Angriff immer noch eine Ruine. «Zuerst muss ein Ingenieur abklären, ob es strukturell intakt ist und renoviert werden kann, oder ob wir es abreissen müssen.» Andere Häuser wurden unter Mithilfe der ganzen Nachbarschaft geflickt: Neue Backsteinmauern wurden dort hochgezogen, wo die vorherigen von Panzerfäusten eingerissen worden waren. Man zeigte uns zerschossene Möbel, zerfetzte Kleider, Spiegel mit Kugellöchern, zertrümmerte Fernseher und Küchenmaschinen, zerlöcherte Pfannen. Sogar in die Betten hatten die Israelis ihre Gewehrsalven abgefeuert. Zehn Häuser wurden an jenem Tag völlig zerstört, neun weitere schwer beschädigt, schreibt das «Gaza-Center für Gerechtigkeit und Recht». Ob bei der Aktion siebzehn «gesuchte Terroristen» und «Hamas-Führungsmitglieder» gefunden wurden oder nur zwei oder vier – oder vielleicht gar keine – darüber war sich die israelische Presse nicht einig. «Wir hatten nichts mit den Gesuchten zu tun», beteuerte Ahmed al-Awad.

Immer mehr Israelis forderten die Aufgabe Gazas. Chaim Ramon, Gesundheitsminister, empfand die israelische Präsenz als «Katastrophe von jedem Gesichtspunkt aus» und plädierte für einen Rückzug notfalls auch ohne Friedensabkommen.[10] Der Gaza-Streifen, auf sich selber gestellt, wäre nie überlebensfähig, darin waren sich Israelis und Palästinenser einig; und zunehmende Verarmung würde Aggressionen gegen Israel nur noch fördern. «Gaza kann nur in einer Verbindung mit dem Westjordanland leben», meinte Akram Baker, «und das Westjordanland nur mit Jordanien. Und das wird eine hochkomplizierte Angelegenheit.» Zwar gab es hochfliegende Pläne; Utopisten redeten von einem «High-Tech-Zentrum», von einem «mediterranen Singapur», von einem Ausbau des Hafens von Gaza – er war einst, in phönizischer Zeit, angeblich der wichtigste Umschlagplatz im östlichen Mittelmeer gewesen. Nur fragte sich, was denn das überbevölkerte, im höchsten Grad politisierte Gebiet, wo die Mehrheit von der Schule direkt in die Arbeitslosigkeit taumelte, potentiellen Investoren anzubieten hätte.

365 Quadratkilometer misst das Gebiet; fast die Hälfte beanspruchten die Israelis für sich: für jüdische Siedlungen, Gefängnisse, militärische Camps. Als Ägypten den Streifen 1948 eroberte und unter Militärverwaltung stellte, hatte er 70 000 Einwohnerinnen und Einwohner; der erste israelisch-arabische Krieg 1948/49 bescherte die ersten 30 000 Flüchtlinge. 1956 nahm Israel den Ägyptern das Gebiet zum erstenmal ab; gab es aber im folgenden Jahr zurück. 1967 fiel Gaza erneut an Israel, und mit den zuströmenden neuen Flüchtlingen erhöhte sich die Einwohnerzahl auf 360 000. Ägypten wollte, als es Ende der siebziger Jahre mit Israel Frieden schloss, das Elendsgebiet mit damals 450 000 Menschen nicht zurück.

1994 lebten je nach Zählung zwischen 800 000 und 900 000 Menschen im Gaza-Streifen. Die meisten waren arbeitslos; 100 000 waren noch vor kurzem in Israel beschäftigt gewesen und hatten – trotz mickrigster Monatslöhne von vielleicht 300, 350 Dollars – ein Drittel zum Gesamteinkommen Gazas beigesteuert. Nach einer Häufung von Morden und Anschlägen verzichteten viele Israelis auf die billigen arabischen Taglöhner und Hilfsarbeiter; nur schätzungsweise 30 000 konnten die Arbeit in Israel behalten; 1994, nach neuen Restriktionen, welche die israelische Regierung verhängte, um der zunehmenden Zahl mörderischer Attentat in Israel zu begegnen, sank ihre Zahl auf wenig über 10 000. Der Gaza-Streifen erlebte einen rasanten Niedergang, wurde zu einem der dichtest besiedelten und elendesten Gebiete der Welt, mit fast täglichen Schiessereien, Strassenkämpfen, Tränengas- und Gummigeschoss-Schlachten.

Chirurg al-Yasji warf den Israelis eine «systematische Verelendungspolitik» und die «gezielte Torpedierung des Friedensprozesses» vor: «Ich habe mein Leben lang für den Abzug der Israelis gekämpft», sagt er. «Aber jetzt habe ich die Meinung geändert: Wir lassen sie nicht weg, bevor sie nicht ihren Preis bezahlt haben.»

Wie nahe Israel daran war, den Gaza-Streifen zu verlassen, wusste al-Yasji zu jenem Zeitpunkt im März 1993 noch nicht, Akram Baker ebenfalls nicht und ich erst recht nicht: Tatsächlich verhandelten Israel und die PLO bereits direkt miteinander; es war das bestgehütete Geheimnis des Jahres 1993.

7.2   Ehrliche Vermittler

Die Suche nach Lösungen im Nahost-Konflikt ist fast so alt wie der Konflikt selber. Mehrere US-Aussenminister werden als verhinderte Nahost-Friedensstifter in die Fussnoten der Geschichte Einzug halten, etwa Willam Rogers, Henry Kissinger, George Shultz. Sie scheiterten an der unmöglichen Doppelrolle, welche die USA spielten und bis heute weiterspielen: Die USA traten als Verbündete, Geldgeber und Rüstungslieferanten Israels und gleichzeitig als «ehrliche Vermittler» auf; die Sponsoren des einen Clubs wollten gleichzeitig Schiedsrichter sein.

So waren die USA, nachdem sie 1967 die Resolution 242 im Sicherheitsrat durchgepaukt hatten, aktiv daran beteiligt, Ansätze zu Friedenslösungen zu verhindern: Nachdem Nasser im September 1970 gestorben war, signalisierte sein Nachfolger Anwar as-Sadat den Willen, mit Israel um Frieden zu verhandeln. Er kooperierte mit dem UN-Unterhändler Gunar Jarring, dessen Initiative von Israel abgeblockt wurde, und lancierte eigene Vorschläge: Israel sollte in einem ersten Schritt das Ostufer des Suez-Kanals räumen und seine Truppen in den 1967 eroberten Sinai zurückziehen;

der Kanal könnte dann wieder eröffnet werden. Golda Meir, die «mehr als jeder andere israelische Führer die Politik der Unbeweglichkeit personifizierte», wies Sadat zurück, und das mit Rückendeckung durch US-Präsident Richard Nixon und Henry Kissinger. Diese behandelten den Nahostkonflikt als eine Miniaturausgabe des Ost-West-Konflikts und wollten Sadat dazu zwingen, sich israelischen Bedingungen zu beugen. «Alle erhältlichen Beweise deuten darauf hin, dass es nach Sadats Machtantritt die Gelegenheit für eine Verhandlungslösung gab. Die Chance dazu wurde vertan, ... als Folge der israelischen Sturheit, unterstützt von den Globalstrategen im Weissen Haus.» [11]

Erst der Krieg von 1973, der für Israel beinahe in eine Katastrophe ausmündete, brach die festgefahrenen Fronten auf: Kissinger war in den Verhandlungen nun gezwungen, auch arabische Bedürfnisse zu berücksichtigen. Im Dezember 1973 fand in Genf eine Friedenskonferenz statt, gemeinsam geleitet von Kissinger und dem sowjetischen Aussenminister Andrej Gromyko. Sie brach sofort zusammen, und zwar ob einer Frage, die sämtliche Friedensbemühungen bis und mit der Konferenz von Madrid im Oktober 1991 dominieren sollte: Wer repräsentiert die Palästinenser?

Mit dem Wahlsieg des Demokraten Jimmy Carter 1976 bekam die US-Nahostpolitik erneut einen gewissen Schwung. Trotzdem war es Sadat, der die entscheidende Initiative ergriff. Die Bedingungen in Israel hatten sich zwar verschlechtert: Dort waren jetzt, nach den Wahlen vom 17. Mai 1977, die Rechtsnationalen unter Menachem Begin an der Macht; sie betrachteten die besetzten Palästinensergebiete nicht mehr unter dem Aspekt der Sicherheit Israels wie ihre sozialistischen Vorgänger, sondern als gottgegebene Bestandteile des Judenstaates. Für Sadat hatte die neue Konstellation jedoch einen Vorteil: Der besetzte Sinai gehörte in Begins Ideologie nicht zu «Erez Israel». Sadat machte im November 1977 seine Reise nach Israel und sprach vor der Knesset; im September 1978 lud Carter den ägyptischen Staatschef und den israelischen Premier in seinen Sommersitz in Camp David ein und presste aus beiden in zweiwöchigen, harten Verhandlungen die Unterschrift unter die Vereinbarung, die den Rahmen für den Frieden zwischen Israel und Ägypten und jenen für den Frieden im ganzen Nahen Osten absteckte. Dieser Teil des Camp-David-Abkommens war von Anfang an zum Scheitern verurteilt: Erstens ging Carter von derselben unrealistischen Idee aus, von der sich auch seine Vorgänger und Nachfolger leiten liessen: Dass ein Friede im Nahen Osten über die Köpfe der Palästinenser und der verpönten PLO hinweg möglich sei. Zweitens liess sich Carter von Begin übertölpeln, der niemals die Absicht hatte, sich im Fall von Gaza und dem Westjordanland an das in der Resolution 242 und im Abkommen von Camp David festgehaltene Prinzip von Land gegen Frieden zu halten.

Ein ehemaliges Mitglied des Nationalen Sicherheitsrates in der Carter-Ära schrieb, wie sich der Präsident von Begin hinters Licht führen liess: Carter verlangte vom israelischen Premier als winziges Entgegenkommen an die Palästinenser einen Stopp der jüdischen Besiedlung der besetzten Gebiete. Begin stimmte vordergründig zu, verfasste dann jedoch einen Brief, in welchem er sich nur auf einen Stopp während dreier Monate einliess. Carter monierte eine Korrektur, doch zum Zeitpunkt, als Begin seine Haltung bekräftigte und die Korrektur verweigerte, war das Abkommen bereits unterschrieben. «Der eine materielle Gewinn, den Carter für die Palästinenser herausgeholt zu haben meinte, war unmittelbar verloren, und mit ihm in den Augen der Jordanier und Palästinenser ein grosser Teil der Glaubwürdigkeit der Vereinbarung.» [12]

Die Araber lehnten Camp David ab. Sadat war in ihren Augen ein Verräter und nicht legitimiert, im Namen der Palästinenser und anstelle der PLO mit Israel zu verhandeln. Schon an ihrem Gipfel in Rabat 1974 hatten die Araber der PLO das alleinige Vertretungsrecht für alle Palästinenser eingeräumt. [13]

Begin präsentierte dem israelischen Parlament Ende Dezember 1977 einen «Autonomieplan für die besetzten Gebiete», der eine beschränkte Selbstverwaltung für die «arabischen Einwohner» vorsah. Die US-Administration hätte jedoch aus seiner Rede ablesen können, dass Begin das Gegenteil von «Land für Frieden» anbot: «Wir haben ein Recht und eine Forderung auf Souveränität über diese Gebiete von Erez Israel (d. h. das eroberte Westjordanland und den Gaza-Streifen). Dies ist unser Land, es gehört rechtmässig der jüdischen Nation.» [14]

Begin gab den Tarif durch, Sadat akzeptierte ihn, weil er zwei vordringliche Ziele hatte, nämlich die Sinai-Halbinsel wiederzugewinnen und seinem Land die wirtschaftliche Hilfe der USA zu sichern. Carter stolperte in die Falle, Begin und Sadat erhielten den Friedensnobelpreis. «Dass das Paket Israel die Freiheit gab, die besetzten Territorien schleichend zu annektieren und den Libanon zu überfallen, war nicht sofort klar. Was zuerst wie ein diplomatischer Triumph aussah, erwies sich als kurzlebig und kurzsichtig.» [15]

1980 wurde Carter nach einer Amtszeit von Ronald Reagan besiegt. Obwohl Reagan sich weder sonderlich für den Nahen Osten interessierte noch etwas davon verstand, trat er 1982 mit einem Plan an die Weltöffentlichkeit, der seinen Namen trug. Zuvor hatten die USA und im besonderen Reagans erster Aussenminister Alexander Haig bewiesen, wie wenig sie aus den Vorgängen in der Region gelernt hatten: In ihrer Obsession mit dem Weltkommunismus hatten sie den Nahostkonflikt erneut, wie Nixon und Kissinger, in das alte Ost-West-Schema gepresst, in das er nie gepasst hatte.

Folgerichtig hatten sie sich von Begin und seinem Verteidigungsminister Ariel Sharon einspannen lassen: Die Reagan-Regierung liess sich Israels geplante Invasion 1982 als Krieg gegen die «kommunistische» PLO und die ebenso «kommunistischen» Linkskräfte im Libanon verkaufen und billigte den israelischen Plan, dem Nachbarland eine «neue Ordnung» aufzuzwingen. Die USA, wieder in der Doppelrolle des Stürmers und Schiedsrichters, stationierten selber sogenannte Friedenstruppen in Beirut; die US-Marine beschoss mit Seegeschützen von ihren Kriegsschiffen aus Dörfer der Drusen in den Schuf-Bergen; schliesslich bezahlten die Amerikaner einen hohen Preis: Schiiten- und Drusenmilizen, von den Israelis und den USA gleichzeitig unter Feuer genommen, behandelten die US-Soldaten als Helfer Israels und mithin als Feinde. Selbstmordkommandos sprengten im Oktober 1983 das Hauptquartier der US-Marines und jenes der ebenfalls zur multinationalen Truppe gehörenden französischen Fallschirmjäger; 241 US-Soldaten und 58 Franzosen wurden getötet. Schon im April desselben Jahres hatte ein islamischer Selbstmörder einen mit Sprengstoff gefüllten Lastwagen vor der US-Botschaft an der Beiruter Corniche zum Explodieren gebracht; 63 Menschen waren ums Leben gekommen.[16]

Reagan enthüllte seinen Nahost-Plan am 1. September 1982 in einer Rede an die Nation. Tags zuvor waren die letzten Fedaiyn aus Beirut evakuiert worden. Dass der Abzug Arafats, der zu dieser Gelegenheit statt der Kefiya eine Uniformmütze trug, und seiner Krieger ohne gravierende Zwischenfälle verlaufen war, erfüllte den Präsidenten «mit Stolz». Reagan propagierte im wesentlichen den Abzug aller fremden Truppen aus dem Libanon und eine palästinensische Selbstverwaltung im Gaza-Streifen und im Westjordanland in Zusammenarbeit mit Jordanien. König Hussein liebäugelte eine Zeitlang mit dem Plan. Begin lehnte ihn schroff ab. Denn «Israels Hauptgrund für die Invasion des Libanon war die Zerstörung der PLO, um den palästinensischen Nationalismus genug zu schwächen, auf dass das Westjordanland in Gross-Israel absorbiert werden könne».[17]

Reagan und die kalten Krieger in Washington behandelten den Libanonkrieg weiterhin als miniaturisierte Ausgabe des West-Ost-Konflikts und unterstützten die Koalition Israels mit den libanesischen Maroniten, einer katholischen Sekte, die lange Zeit die libanesische Innenpolitik dominiert hatte. Als Gegner machte die US-Administration eine «sowjetisch-syrisch-PLO-drusisch-schiitische Front» aus, die es in dieser starren Form nie gegeben hatte, vor allem wenn man die unterschiedlichen Interessen innerhalb jeder der beiden Gruppen berücksichtigte.[18]

Die Politik der USA und der Israelis bewirkte schliesslich statt der erhofften Schwächung der «Kommunisten» das exakte Gegenteil: Drusen, Schiiten und Palästinenser waren unter dem geballten israelisch-amerikanischen Druck gezwungen, sich enger an Syrien anzulehnen; statt der «neuen Ordnung», die Sharon, Begin und – soweit er verstand, was da vor sich ging – Reagan dem Libanon hatten aufzwingen wollen, bestimmte fortan und bis heute ein anderer das Schicksal der Libanesinnen und Libanesen: Hafis al-Assad, der syrische Diktator.

George Shultz, der 1982 als Haigs Nachfolger US-Aussenminister geworden war, mäanderte noch bis zu Reagans Abgang 1988 durch die nahöstlichen Regionen. Es gab weitere Vorstösse, die als «Friedenspläne» etikettiert waren: Yitzhak Shamir, der 1983 Begins Nachfolger geworden war, und Ägyptens Präsident Hosni Mubarak, Erbe des 1981 ermordeten Sadat, fomulierten Ideen für das weitere Vorgehen.

7.3 Arafats Staatsgründung

Zwei dramatische Ereignisse des Jahres 1988 hätten Bewegung in den nahöstlichen Politzirkus bringen können: Am 31. Juli erschien König Hussein auf den Bildschirmen des jordanischen Fernsehens und verkündete in seinem gewundenen Arabisch und in schleppender Rede, dass er sich offiziell vom Westjordanland trenne: «Seit es eine allgemeine Überzeugung gibt, dass der Kampf zur Befreiung des besetzten Palästinas dadurch gefördert werden kann, dass die zwei Ufer [d. h. Jordanien und die israelisch besetzten Gebiete] rechtlich und administrativ getrennt werden, müssen wir unsere Pflicht erfüllen und tun, was von uns verlangt wird. Jordanien ist nicht Palästina, und der unabhängige Palästinenserstaat wird auf dem besetzten Gebiet nach seiner Befreiung etabliert werden, so Gott will.» [19]

Der König hatte den «Abbruch aller rechtlichen und administrativen Bindungen» mit dem 1950 von Jordanien annektierten, 1967 an Israel verlorenen Territorium sorgfältig vorbereitet: Er hatte das jordanische Parlament aufgelöst, in welchem die Hälfte der Abgeordneten Wahlkreise des Westjordanlandes vertraten. Und nun bestand er darauf, dass er dem Wunsch der PLO nachgekommen sei, «der einzigen legitimen Vertreterin des palästinensischen Volkes».

Abu Iyad war überzeugt, König Hussein habe den Schritt nicht getan, «um uns Palästinensern zu helfen. Er ging, so glaube, ich, ganz im Gegenteil von der Annahme aus, dass die PLO nicht in der Lage sein werde, die nun nötige Initiative zu ergreifen, oder aber, wenn wir sie ergriffen, dass sie zum Scheitern verurteilt wäre.» [20]

Anderseits beerdigte Hussein den alten Wunsch der USA und jener Israelis, die zu einer limitierten Lösung nach dem Prinzip «Land gegen Frieden» bereit waren: Sie hätten das Westjordanland oder Teile davon am liebsten wieder unter jordanische Verwaltung gestellt oder in eine Konföderation mit dem Königreich eingebracht. Abu Iyad dazu: «Erstmals waren jetzt die Amerikaner mit der Tatsache konfrontiert, dass direkte Verhandlungen mit der PLO unumgänglich würden.»

Husseins Ankündigung brachte die PLO auf Trab: In Bagdad, im Libanon, in Tunis setzten sich Komitees zu tage- und nächtelangen Diskussionen zusammen; Rechtsexperten wurden zugezogen; Arafat legte Zehntausende von Flugkilometern zurück, um in arabischen Hauptstädten zu sondieren. Alsbald kristallierte sich die Idee heraus, dass sich der «Palästinenserstaat», den schon die Resolution 181 von 1947 vorgesehen hatte, der aber noch in seinem Vorstadium von Arabern und Zionisten gleichermassen erwürgt worden war, in irgend einer Form konstituieren müsse. Arafat selber und einigen seiner Berater dämmerte eine Erkenntnis, die manchenorts in der arabischen Region ebenso undenkbar wie revolutionär anmuten musste: Die Ausrufung eines Palästinenserstaates genügte nicht. Dieser Staat musste sich international legitimieren können, und das konnte er nur, wenn er sich an internationales Recht hielt.

Nach monatelanger diplomatischer Hektik, an der sich unter anderem auch US-Staatssekretär George Shultz und der schwedische Aussenminister Sten Andersson beteiligten, nach unzähligen missglückten Versuchen Arafats, auch den Marxisten Georges Habbash, Chef der zweitgrössten PLO-Fraktion, auf seine Seite zu bringen, war es Mitte November 1988 so weit: Der mehrmals vertagte Palästinensische Nationalrat, das Exilparlament der PLO, wurde zu einer Session in den abgelegenen «Club des Pins», 30 Kilometer ausserhalb von Algier, einberufen. Nach dreieinhalb Tagen heftigster Diskussionen hatte Arafat am frühen Morgen des 15. November die Mehrheit des PNC hinter sich; das Exilparlament hatte seine heiligsten Prinzipien widerrufen: Die Versammlung akzeptierte die 21 Jahre alte Resolution 242 des UN-Sicherheitsrates und die 15 Jahre alte Resolution 338, anerkannte damit die Existenz Israels und gab die unrealistische Forderung auf, einen «Palästinenserstaat» auf dem ganzen Territorium des ehemaligen britischen Mandatsgebiets zu errichten.[21]

Arafat hob nachts um Viertel vor zwei Lokalzeit zu einer Rede an: «Der Palästinensische Nationalrat, im Namen Gottes und im Namen des palästinensischen arabischen Volkes, proklamiert hiermit die Gründung des Staates Palästina auf unserem palästinensischen Territorium mit dem Heiligen Jerusalem als Hauptstadt.»

Arafat wurde manchenorts als Friedensheld gefeiert; viele Länder anerkannten seinen landlosen Staat. Doch die eine Regierung, auf die Arafat besonders gezählt hatte, reagierte nur lauwarm: Sowohl Präsident Ronald Reagan als auch sein gewählter Nachfolger, George Bush, sprachen von «positiven Elementen» in der Erklärung von Algier, die aber nicht genügten, den jahrelangen Boykott der PLO aufzuheben und direkte Gespräche mit Arafat aufzunehmen. Die Amerikaner liessen sich einmal mehr von Israel inspirieren. Dort hatte Premierminister Yitzhak Shamir ebenso knapp wie unzutreffend behauptet, die PNC-Deklaration enthalte «keine neuen Elemente».

George Shultz, der erfolglose Nahost-Friedensstifter und abtretende US-Aussenminister, insultierte den PLO-Chef noch zusätzlich: Arafat hatte die Einladung erhalten, wie 1974 vor der Uno-Vollversammlung zu reden. Doch diesmal verweigerten die USA das Visum; der PLO-Vorsitzende sei ein «Anstifter zum Terrorismus» und als solcher eine «Gefahr für die nationale Sicherheit der USA», sagte Shultz.[22] Das hinderte die Uno nicht, dem PLO-Vorsitzenden eine internationale Tribüne zur Verfügung zu stellen: Das Plenum verfügte sich, erstmals in der Geschichte der Vereinten Nationen, am 13. Dezember in corpore nach Genf.

Shultz spielte allerdings ein Doppelspiel: Während er Arafat öffentlich brandmarkte, gab er ihm in geheimen Briefwechseln den Tarif durch, den die PLO für einen Dialog mit den USA zu bezahlen habe: Der Aussenminister formulierte die exakten Worte, die Arafat gebrauchen müsse, um doch noch den Segen Washingtons zu erhalten. Arafat konsultierte seine Berater und die Mitglieder der PLO-Exekutive, schickte Abänderungswünsche in die USA; Schwedens und Norwegens Aussenminister, Sten Andersson und Thorvald Stoltenberg, vermittelten; schliesslich einigte man sich; der diplomatische Durchbruch schien greifbar nahe.

Dem PLO-Chef gelang es ein weiteres Mal, einen grossen Moment mit grosser Geste zu verpatzen. PLO-«Aussenminister» Faruk Kaddumi behauptete zwar später, es seien die USA und Israel gewesen, die «Arafats Initiative zu sabotieren versuchten».[23] Doch Arafat hatte sich das Fiasko selber zuzuschreiben: Seine Uno-Ansprache war von seinen Beratern sorgfältig vorbereitet worden, um alle Forderungen Washingtons zu erfüllen, ohne einen Millimeter unnötiger Konzessionen zu machen. Ohne jemanden zu informieren, änderte sie der PLO-Chef im letzten Moment ab, und so, wie er sie in Genf hielt, entsprach die Rede nicht mehr dem, was das US-Staatsdepartement gefordert hatte. Zwar streckte Arafat verbal seine «Hand entgegen, um wirklichen Frieden zu machen»; er rief zu einer Konferenz «auf der Basis der Uno-Resolution 242» auf; er sprach von einer «umfassenden Lösung». Doch einige Elemente, auf die man in Washington gepocht hatte, fehlten: die formelle Anerkennung Israels; eine klare Absage an den Terrorismus.

Kaddumi, dem die Entwicklung ohnehin unheimlich war, drängte Arafat, eine angekündigte Pressekonferenz abzusagen, nach Hause zu gehen und weiterzumachen wie bisher. Andere Arafat-Berater setzten den Chef unter Druck. «Wir sagten ihm: Du hast die ganze Uno nach Genf kommen lassen», erzählte mir ein hoher PLO-Funktionär: «Wenn wir jetzt den Bettel hinschmeissen, haben wir für mindestens ein Jahrzehnt, vielleicht für immer ausgespielt.» 24

Die noch auf den 13. Dezember angesetzte Pressekonferenz wurde auf den Mittag des folgenden Tags verschoben, dann auf abends sieben Uhr. Um halb neun endlich stellte sich Yassir Arafat den Medien und verlas einen vorbereiteten Text: «Wir haben unsere Position kristallklar ausgedrückt», sagte er in seinem stockenden Englisch: «Wir anerkennen das Recht aller Parteien im Nahostkonflikt, in Frieden und Sicherheit zu existieren. Ich wiederhole, dass wir alle Formen des Terrorismus total und absolut zurückweisen.»

7.4   Kampf gegen Welt-Imperialismus

Bis zur Session des PNC in Algerien hatte die PLO das unrealistische Ziel verfolgt, das «zionistische Gebilde» zum Verschwinden zu bringen. Schon seit 1969 allerdings, seit Arafat den PLO-Vorsitz übernahm, gab es diskrete Anzeichen dafür, dass einige Leute in der PLO die Idee aufgegeben hatten, Israel «ins Meer zu werfen»: Das Postulat für ein «freies, demokratisches Palästina für alle Palästinenser, Muslime, Christen und Juden» wurde schon 1969 formuliert. 25 Abu Iyad behauptete später, die PLO unter Arafat habe «von Anfang an etwas gesagt, was in den Ohren der meisten Araber revolutionär klang: Dass wir bereit wären, mit den Juden in Palästina friedlich zusammenzuleben.» 26

Einige Arafat-Leute versuchten, das Konzept eines nicht-zionistischen, laizistischen Staates Palästina mit israelischen Gesprächspartnern zu diskutieren: Nabil Shaath besprach sich 1969 und 1970 mit dem stellvertretenden israelischen Einwanderungsminister Arieh Eliav, der alsbald Generalsekretär der regierenden israelischen Arbeiterpartei wurde. 27 Sieben Jahre später gehörte Eliav wieder zu einer Gruppe von Israelis, die bereit waren, mit PLO-Leuten zu verhandeln; auch der Publizist und Knesset-Abgeordnete Uri Avnery und General Matitiahu Peled trafen sich mit Arafats Berater für Europa und die USA, Issam Sartawi, einem Spezialarzt für Herzkrankheiten.

Sämtliche Initiativen scheiterten: Erstens war die Mehrheit der PLO nicht bereit, den «bewaffneten Kampf» aufzugeben. Arafat hatte zwar selber einige Initiativen lanciert: Ende Dezember 1981 zum Beispiel kam Thorvald Stoltenberg, damals Norwegens stellvertretender Aussenminister, nach

Tunis zu Besuch, und Arafat forderte ihn auf, Kontakte zwischen der PLO und der israelischen Arbeiterpartei herzustellen. Doch der PLO-Chef, wie immer bemüht, es möglichst vielen recht zu machen, und seine engsten Mitarbeiter in der Fatah, Hani und Khaled al-Hassan, Faruk Kaddumi und so weiter, schwankten dann zwischen halbherziger Unterstützung der Sartawi-Mission und Kritik daran.[28] Umso heftiger war die Reaktion in andern PLO-Fraktionen. Sartawi wurde an mehreren PNC-Sessionen daran gehindert, seinen Standpunkt zu vertreten, trat mehrmals aus dem PLO-Parlament zurück; mehrmals lehnte PNC-Sprecher Khaled al-Fahum den Rücktritt ab. Der härteste aller palästinensischen Friedensgegner bereitete den Initiativen Sartawis schliesslich ein brutales Ende: Abu Nidal liess Sartawi am 10. April 1983 während eines sozialistischen Kongresses in Albufeira, Portugal, ermorden. Stoltenberg stand fassunglos daneben, als Sartawi in der Hotelhalle tödlich getroffen zu Boden ging; der Norweger hatte gehofft, bei dieser Veranstaltung an der Algarve neue Kontakte zwischen Sartawi und israelischen Sozialisten arrangieren zu können.

Zweitens wurden die schüchternen Annäherungsversuche vom Terror überschattet, den palästinensische Gruppen gleichzeitig nach Israel hineintrugen: Am 11. April 1974 ermordete ein Kommando in der Stadt Kiryat Shmona im nördlichen Galiläa in zwei Miethäusern 18 Männer, Frauen und Kinder. Am 15. April 1974 töteten drei Männer von Nayef Hawatmehs DFLP in Maalot, ebenfalls in Galiläa, zuerst einen Mann, seine schwangere Frau und ihr vierjähriges Kind; ein fünfjähriges Mädchen verletzten sie mit einem Bauchschuss schwer. Dann stürmten die Terroristen eine Schule und nahmen über 100 Kinder und ihre Lehrer als Geiseln. Als israelische Sicherheitskräfte das Schulgelände stürmten, töteten die DFLP-Männer 22 Kinder und verwundeten 56, bevor sie selber erschossen wurden. Vier andere Hawatmeh-Anhänger ermordeten am 19. November 1974 in Beit Shean vier Menschen; sechs Tage zuvor hatte Arafat in New York vom «Olivenzweig» geredet, den er in der Hand halte. Und so weiter.[29]

Noch grössere Schlagzeilen produzierten zwei gescheiterte Flugzeugentführungen: Am 27. Juni 1976 brachten zwei Mitglieder der deutschen Rote Armee Fraktion (RAF), Wilfried Böse und Brigitte Kuhlmann, einen französischen Airbus in ihre Gewalt und zwangen ihn, nach Entebbe zu fliegen, dem Flughafen der ugandischen Hauptstadt Kampala. Dort separierten die Terroristen die jüdischen von den nichtjüdischen Passagieren mit der Intention, die Juden als Mittel für eine Erpressung zu benützen. Eine ältere jüdische Frau wurde in ein Krankenhaus eingeliefert und dort auf Befehl des ugandischen Diktators Idi Amin ermordet. Mit Ausnahme von drei wurden alle Geiseln gerettet, als israelische Kommandos heimlich nach Entebbe eingeflogen, das Flugzeug in einer spektakulären Aktion stürmten. Israel hatte genaue Kenntnisse der Örtlichkeiten: Der Flughafen von Entebbe war einst mit israelischer Hilfe gebaut worden. Auch Idi Amin war kein Unbekannter: Er hatte einst, wie ein anderer famoser afrikanischer Herrscher, Joseph Mobutu von Zaire, seine Ausbildung als Fallschirmjäger in Israel abgeschlossen.[30]

Zwei Araberinnen und zwei Araber überwältigten am 13. Oktober 1977 die Crew einer deutschen Passagiermaschine, der «Landshut», und zwangen sie zur Landung in Mogadishu, der Hauptstadt Somalias. Sie ermordeten einen Piloten und forderten die Freilassung von elf deutschen Terroristen aus Gefängnissen in der BRD und zwei Palästinensern in der Türkei. Auch diese Flugzeugentführung ging schief: GSG 9, eine Sondereinheit des deutschen Bundesgrenzschutzes, überwältigte die Entführer in der Nacht vom 17. auf den 18. Oktober, tötete drei Hijacker und verletzte eine beteiligte Frau, Suhaila Sayeh, schwer. Die Entführung war von Wadi Haddad geplant worden, dem einstigen Stellvertreter von Georges Habbash, der nun seine eigene Organisation besass, die sich «Kampf gegen den Welt-Imperialismus» nannte.[31]

7.5   Substantieller Dialog

1988 oder 1989 hätte das Jahr des israelisch-palästinensischen Friedens werden können. Im selben Monat, da Arafat in Genf zur Uno und zur Weltöffentlichkeit sprach, im Dezember 1988, kündigte Shamir eine neue «Friedensinitiative» an, die aber nur ein neues Element enthielt: Unter Umständen, so deutete der israelische Premier an, wäre er mit einer Konferenz einverstanden, an der die USA, die Sowjetunion, Ägypten und eine jordanisch-palästinensische Delegation teilnehmen könnten – vorausgesetzt, die PLO und die Uno blieben draussen. Arafat hatte andere Ideen. Für ihn war der Dialog mit den USA alleiniger Garant für den Fortschritt und für radikale Änderungen. Dass die USA nach seinem Kniefall in Genf von einem «substantiellen Dialog» redeten, «interpretierte er fälschlicherweise als Indiz dafür, dass die Amerikaner bereit wären, auf Israel Druck zu machen, Israel zu Konzessionen zu zwingen», sagte Khaled al-Hassan.[32]

George Shultz und sein Nachfolger James Baker sahen dies ganz anders: Sie setzten das Niveau der Gespräche bewusst tief an; abdelegiert wurde kein hoher Funktionär aus Washington, sondern der US-Botschafter in Tunis, Robert Pelletreau. Und dieser übernahm schon im ersten Gespräch eine Aufgabe, welche dem PLO-Chef gar nicht behagte: Er versuchte, die Palästinenserorganisation dazu zu drängen, ihre Raids aus dem Libanon nach Israel aufzugeben. Arafats Fatah hatte zwar die «militärischen» Operationen stillschweigend eingestellt; in ihrem Selbstverständnis jedoch waren Anschläge mindestens auf israelische Soldaten und Israels militärische Installationen kein «Terror», sondern eine Form des «legitimen Befreiungskampfes». Diesen zu stoppen war nicht Arafats Intention; die theoretische Möglichkeit der «Volksrevolution» aufzugeben, «wäre der Preisgabe unserer letzten Druckmittel auf Israel gleichgekommen», sagte Abu Iyad. Den radikaleren Fraktionen, der PFLP, DFLP, PLF und so weiter, hätte Arafat einen solchen Schritt «ohnehin nicht plausibel machen können. ... Die Amerikaner forderten von uns den totalen Striptease, während Shamir noch nicht einmal die Jacke aufknöpfte», meinte Abu Iyad. [33]

Die Israelis waren schon allein ob der Tatsache alarmiert, dass sich ein US-Botschafter mit PLO-Leuten an einen Tisch setzte. Für Israelis waren solche Kontakte seit 1986 gesetzlich verboten: Wer, ohne von der Regierung autorisiert zu sein, Beziehungen zu PLO-Mitgliedern aufnahm, riskierte eine Gefängnisstrafe. Mit allen Mitteln versuchten die Israelis darum, die USA von ihren Kontakten zur PLO abzubringen: «Kaum eine Woche verstrich, ohne dass die israelische Propagandamaschine eine Gelegenheit gefunden hätte, das Bild der friedliebenden PLO zu trüben. Im Februar [1989] behaupteten Regierungskreise, Arafats Fatah-Fraktion habe in den besetzten Gebieten eine Untergrund-„Volksarmee" gebildet mit dem Ziel, sowohl Israelis als auch Palästinenser umzubringen, die der Kollaboration mit israelischen Behörden beschuldigt wurden.» [34]

Anfang Februar erschossen israelische Soldaten in der sogenannten Sicherheitszone im Südlibanon, das heisst im israelische besetzten libanesischen Grenzgebiet, ein fünfköpfiges, bewaffnetes Kommando, bestehend aus Mitgliedern der PFLP und einer andern PLO-Fraktion. Die Getöteten hätten Terroranschläge in Israel geplant, behauptete die israelische Regierung. Fayez Yunes, der PLO-Repräsentant in der zypriotischen Hauptstadt Nikosia, widersprach dieser Darstellung, offenbarte aber gleichzeitig, wie unterschiedlich die USA und die PLO den «Terrorverzicht» interpretierten, den Arafat in Genf versprochen hatte: Es treffe nicht zu, sagte Yunes, dass die fünf Erschossenen «Terrorakte» geplant hätten; sie hätten «militärische Operationen in den besetzten Gebieten» oder «Aktionen gegen legitime militärische Ziele» beabsichtigt. Arafat habe den Amerikanern unmissverständlich klargemacht, dass solche Operationen nicht «Terror» seien, ebensowenig wie die Intifada: «Wenn Menschen einer Besetzung unterworfen sind, haben sie das Recht, alle Mittel gegen ihre Besetzer anzuwenden.» Im übrigen empörte sich Yunes darüber, dass Israel «ein riesiges Geschrei wegen dieser Leute macht, während es zur selben Zeit sechs unbewaffnete palästinensische Kinder in den besetzten Gebieten getötet hat». [35]

Die USA kamen der Forderung Israels, den Dialog mit der PLO zu stoppen, nicht nach, warnten aber Arafat vor weiteren ähnlichen Zwischenfällen. Fast gleichzeitig gewannen die PLO-Strategen neue Hoffnung aus dem offiziellen jährlichen Bericht des US-Aussenministeriums über die Lage der Menschenrechte in der Welt. Dieser konstatierte eine «substantielle Zunahme der Menschenrechtsverletzungen» durch Israelis in den besetzten Gebieten, wo seit Beginn der Intifada 366 Palästinenser, aber nur 15 Israelis getötet worden seien; weitere 20 000 Palästinenser wurden verletzt. Der neue US-Vizepräsident Dan Quayle nannte diese Situation «klar inakzeptabel».[36]

Ende März 1989 liess sich Yassir Arafat vom PLO-Exekutivrat und anschliessend vom PLO-Zentralrat zum «Präsidenten» des immer noch fiktiven Staates Palästina ernennen. Etwa 90 Länder hatten diesen Staat anerkannt, seit er 1988 in Algier ausgerufen worden war. Arafat plante eine grosse diplomatische Offensive mit Reisen nach Frankreich, Italien und Japan, und wenn er dort ankam, wollte er behandelt werden wie ein Staatsoberhaupt. Der erste, der ihm diese Wohltat in grossem Stil und mit dem üblichen Pomp der «Grande Nation» erwies, war Präsident François Mitterrand. Arafats Besuch in Paris im Mai 1989 wurde zu einem Höhepunkt seines diplomatischen Tourismus. Die Franzosen entlockten ihm allerdings auch eine weitere Konzession, die zu machen er gar nicht berechtigt war – und die bis heute eine wichtige Fussangel in den Beziehungen der PLO zu Israel geblieben ist: Arafat nahm eine Anregung des Aussenministers Roland Dumas auf und erklärte die «Nationalcharta» der PLO, die zur Vernichtung des Staates Israel aufruft, für «caduc». Dass Arafat, der in dieser Sprache keinen Satz formulieren könnte, ausgerechnet einen französischen Ausdruck wählte – caduc bedeutet hinfällig, nichtig, überholt oder verfallen – erregte weltweites Aufsehen. Eher vergessen ging dabei, dass die PLO-Verfassung nur vom PNC, dem PLO-Exilparlament, abgeändert werden kann.

Im Frühling 1989 folgte ein ausgewachsener israelischer «Friedensplan», der auf eine frühere Idee Yitzhak Rabins zurückgriff und von der Links-rechts-Koalition unter Yitzhak Shamir in hitzigen Debatten ausgefeilt worden war. Der Plan sollte der Friedensdebatte eine völlig andere Richtung geben: Weg von Arafats Forderung nach einer internationalen Konferenz, hin zu limitierten Gesprächen mit Vertretern der Palästinenser in den besetzten Gebieten. Diese Palästinenserdelegation sollte durch Wahlen unter den etwa 1,7 Millionen arabischen Bewohnerinnen und Bewohnern des Gaza-Streifens und des Westjordanlands bestimmt werden. Der endgültige Status der Gebiete sollte offengelassen werden, während sie in einer ersten Phase eine beschränkte Form der Selbstverwaltung erhalten sollten.

Shamir ging im April nach Washington und war sich im voraus sicher, «dass die [US-] Regierung die Friedensvorschläge akzeptieren würde, die ich mitgebracht hatte».[37] Mit einem allerdings hatte Shamir nicht gerechnet: Präsident Bush pries öffentlich die «Zusicherung des Premierministers, dass alle Optionen für Verhandlungen offen sind». Shamir hatte eine solche Zusicherung nie gegeben, sondern im Gegenteil stets «jeden Schritt zurückgewiesen, der zu einem palästinensischen Staat hätte führen können oder zu Verhandlungen mit der PLO».[38]

Mitte Mai wurde der Plan vom israelischen Kabinett gebilligt; 20 Minister stimmten dafür, sechs dagegen, darunter Ariel Sharon, der seinem Premier und Parteifreund Shamir vorwarf, indirekt mit der PLO zu verhandeln. Shamir behauptet in seinen Memoiren, er habe mit seinem Plan «dem Friedensprozess neuen Atem eingehaucht». In Wirklichkeit stand er selber nicht zu seinem Plan und hoffte, die PLO würde ihn ablehnen, womit Israel gegenüber den USA als friedensbereit, die PLO jedoch als friedensverhindernd dagestanden hätte.

Doch für einmal hatte sich Shamir verrechnet. Zwar machte die PLO deutlich, dass der Plan prinzipieller Änderungen bedürfe. «Die PLO wird keinen Plan akzeptieren, der nicht explizit die Modalitäten für den Abzug aller israelischen Truppen aus den [besetzten] Territorien enthält», sagte Bassam Abu Sharif.[39]

Das PLO-Exekutivkomitee nannte den Vorschlag eine «Farce». Er anerkenne die «palästinensische Nation» nicht, enthalte keine Zusagen für einen Truppenabzug, ignoriere sämtliche Uno-Resolutionen, sehe keine internationalen Überwacher für die Wahlen in den besetzten Gebieten vor und schliesse die Palästinenserinnen und Palästinenser in Ost-Jerusalem gänzlich aus. Aber die PLO wies den Plan nicht ausdrücklich zurück. «Shamir rechnete mit unserer schroffen Ablehnung», sagte Khaled al-Hassan: «Diese Wohltat wollten wir ihm nicht erweisen. Wir wollten versuchen, ihn dazu zu zwingen, einen Plan in die Realität umzusetzen, zu dem er in Wirklichkeit gar nicht stand.»[40]

Schliesslich beerdigte der Likud-Block selber Shamirs «Friedensoffensive»: An einer tumultuösen Tagung des Likud-Zentralkomitees am 5. Juli in Tel Aviv ging «Superfalke» Ariel Sharon den Premier frontal an, machte ihm seinen Platz streitig und warf ihm vor, sein Plan könnte genau jenes Resultat zeitigen, das Shamir und seine Partei mit allen Mitteln verhindern wollten: einen Palästinenserstaat. Shamir gab nach und heftete neue Bedingungen an seine eigenen Vorschläge, welche die PLO nur hätte erfüllen können, wenn sie zur Kapitulation bereit gewesen wäre.[41]

Arafat kam zusehends unter Druck, auch in seiner eigenen Fatah. An deren Kongress Anfang August, zum erstenmal seit neun Jahren einberufen, übten einige der 1300 Mitglieder schärfste Kritik an ihrem Vorsitzenden. Fatah-Kämpfer forderten, der «bewaffnete Kampf» mindestens gegen die Israelis müsse fortgesetzt werden. Arafats autokratischer Führungsstil wurde kritisiert; unter Beschuss kamen auch seine Konzessionen an Israel und die USA, ohne dass diese spürbare Gegenleistungen erbracht hätten. Schliesslich wurde Arafat als Fatah-Chef und Vorsitzender des Zentralkomitees bestätigt. [42] Einige von Arafats Kandidaten für die Führungsgremien unterlagen jedoch, und am meisten Stimmen erhielt Faruk Kaddumi, der «Aussenminister», der sich in der Fatah-Führung am deutlichsten gegen Arafats neue Positionen ausgesprochen hatte. [43]

Dem «Shamir-Plan», dazu ausersehen, die Amerikaner einzulullen und Israels «Konzessionsbereitschaft» zu demonstrieren, ohne einen Zentimeter von der bisherigen Haltung abzuweichen, schickte Mubarak im September 1989 einen eigenen Papierflieger hintennach, ein «Zehn-Punkte-Programm», das Shamir prompt versenkte. Mubarak forderte unter anderem den Abzug der israelischen Armee vor den von Shamir vorgeschlagenen Wahlen in den besetzten Gebieten sowie einen Siedlungsstopp. [44]

James Baker produzierte seinerseits einen «Fünf-Punkte-Plan».

7.6   Verlorenes Jahr

«Wir stehen dem Sieg nahe. Die Intifada wird weitergehen, bis wir einen unabhängigen Staat errungen haben»: Arafats Rhetorik war immer noch dieselbe, als die PLO am 15. November 1989 in Tunis den ersten Jahrestag der Unabhängikeitserklärung beging. [45] Doch in Wirklichkeit hatte Yassir Arafat genug: Die Verhandlungen mit dem US-Botschafter in Tunis hatten nicht gefruchtet; Präsident Bush hatte einen Brief des PLO-Vorsitzenden, worin dieser eine härtere Haltung der USA gegenüber Israel forderte, nicht einmal beantwortet. [46]

Shamir blockierte alle Vermittlungsbemühungen Bakers und Mubaraks, indem er ständig neue Bedingungen aufstellte. Und vor allem sträubten sich die Israelis erfolgreich gegen jede auch nur symbolische Beteiligung der PLO am Friedensprozess. Ausserdem wollte Shamir bestimmen, welche Palästinenser ihm für Verhandlungen genehm seien und welche nicht. «Kann mir irgend jemand eine ähnliche Situation in der Geschichte nennen», fragte Abu Iyad, «wo die eine Seite in einem Konflikt das Verhandlungsteam der andern Seite auswählt?» [47]

Über Tunis senkte sich eine kollektive Depression: «Wir kämpfen für einen Staat, und wir haben bisher keinen Erfolg gehabt», sagte Khaled al-Hassan. Allenfalls habe das Jahr «einen dynamischen Mobilisierungseffekt auf die Intifada und für unsere Leute in der Intifada gebracht: Sie kämpfen, um einen Staat zu schaffen, um eine Zukunft zu schaffen.» Und der Dialog mit den USA sei «an sich ein Erfolg»; allerdings habe er «bisher keine Substanz gewonnen».[48] Eine Mitarbeiterin im PLO-Informationsbüro sprach von einem «Jahr des hektischen Leerlaufs»; ein anderer PLO-Funktionär nannte die unablässige Abfolge unverwirklichter Pläne eine «Reihe von Aktionen, die sich gegenseitig in den Schwanz beissen».

«Wir sind zunehmend verbittert», meinte al-Hassan. Shamir und Baker hätten es während des ganzen Jahres «nur darauf angelegt, unsere Friedensattacke zu verwässern, Zeit zu vergeuden, konstruktive Pläne einzufrieren. Die Israelis haben ein Jahr gewonnen mit dem sogenannten Shamir-Friedensplan, der absolut kein Friedensplan ist; er ist ein Kriegsplan. Ich hoffe, sie werden kein weiteres Jahr gewinnen. Sie wollen die Intifada zur Erschöpfung bringen. Aber je mehr Aggression die Palästinenser erleben, desto militanter werden sie.»

Der Shamir-Plan sei in Europa und den USA «in einem gewissen Mass als positiv empfunden worden», weil er die Idee von Wahlen enthalte, «und auf Wahlen fällt Ihr Europäer doch immer herein; man muss Euch nur mit Wahlen winken, schon jubelt Ihr.» In Wirklichkeit habe Shamir nur «Lügen, Lügen, Lügen» aufgetischt. «Ihr Europäer zieht es vor, sie zu glauben. Und wenn wir etwas sagen, glaubt uns niemand. Und wieso? Weil Ihr uns hasst, weil Ihr gegen uns seid. ... Shamir will nicht mit der PLO verhandeln; er will sich nicht aus den besetzten Gebieten zurückziehen; er will niemals einen palästinensischen Staat akzeptieren. Also: Was ist das für ein Friede? Und in der Zwischenzeit redet Ihr von Wahlen: Was hier gewählt werden soll, ist mir rätselhaft.»[49]

Wenig ermutigend waren auch die Zeichen aus Jordanien: Dass islamische Fundamentalisten bei den Wahlen vom 8. November 1932 von 80 Parlamentssitzen gewonnen hatten, war nicht nur für König Hussein ernüchternd. Auch die PLO registrierte beunruhigt, dass die Islamisten vor allem in den palästinensischen Flüchtlingslagern besonders viele Stimmen geholt hatten. Khaled al-Hassan versuchte zwar zu beschwichtigen: «Wir hassen die Fundamentalisten nicht; wir hassen die Extremisten. Jene, welche in Jordanien gewonnen haben, sind keine Extremisten.» Abu Iyad gab allerdings eine andere Einschätzung ab: «Wir wissen nicht, wann wir die Kontrolle über die Intifada an die Extremisten verlieren werden, an Terroristen wie Abu Nidal auf der einen und an islamische Fundamentalisten auf der andern Seite. Die gegenwärtige Situation ist ein fruchtbarer Boden für den Extremismus. Die Palästinenser in den besetzten Gebieten sind am Verzweifeln, weil sich seit Beginn der Intifada so wenig bewegt hat.»[50]

7.7   Grösseres, besseres Israel

Eine andere Entwicklung begann alsbald, bei der PLO noch grössere Panik zu verursachen. Shamir beschreibt sie in seiner Autobiographie so: «Aber etwas fand in Israel bereits statt, das für mich alles andere in den Schatten stellte, sogar die Suche nach Frieden. Als Folge von Perestroika und Glasnost hatten sich die Tore der Sowjetunion geöffnet. Endlich fanden Hunderttausende von Juden den Weg zu uns, in einer Flut, die nicht nur eine endgültige Bestätigung des Zionismus und eine unmissverständliche Nachricht der jüdischen Einheit mit sich trug, sondern auch das Versprechen einer stärkeren, lichteren Zukunft für Israel, früher, als wir es uns sonst zu erwarten getraut hätten.» [51]

1987 waren nur 2.000 Immigranten gekommen, 1989 bereits 13 000. 1990 «wuchs die Zahl zu einer Sturzflut von 185 000 an, weitere 145 000 kamen 1991 und nochmals 76 000 bis Ende 1992. Insgesamt hatten sich bis Ende 1992 etwa 400 000 neue Immigranten in Israel angesiedelt.» [52] Shamir triumphierte: «Die Araber um uns herum sind in einer peinlichen Lage. Ihnen ist nach Niederlage zumute; sie sind von Furcht gepackt. Sie sehen den Erfolg des Zionismus, und sie haben keine Antwort darauf.» [53]

Der israelische Premier machte Mitte Januar 1990 einmal mehr klar, dass er nicht im Traum daran denke, besetztes Land an die Palästinenser zurückzugeben. Die neue «Aliya» verlange, «dass auch Israel gross ist. Wir werden viel Lebensraum brauchen, um alle Einwanderer zu absorbieren. Gerade als viele unter uns sagten, die Zeit arbeite gegen uns, hat die Zeit uns diese Aliya gebracht und hat alles geregelt. In fünf Jahren werden wir unser Land nicht wiedererkennen. Alles wird sich ändern, die Menschen, ihr Lebensstil, alles wird grösser, besser, stärker sein.»

Diese veränderte Situation habe die Araber in einen «Zustand der Unordnung und der Panik versetzt», bemerkte Shamir freudig. Und Arafat schien ihm recht zu geben: Nach Shamirs Auftritt Mitte Januar schickte der PLO-Chef in einem ebenso plumpen wie fruchtlosen Versuch, die jüdische Einwanderung zu stoppen, PLO-Funktionäre nach Moskau und in europäische Hauptstädte. Unter anderem wollte er verhindern, dass die Sowjets direkte Flüge nach Israel genehmigten; europäische Durchgansstationen wollte er dazu anhalten, die Sowjet-Auswanderer in die USA statt nach Israel zu dirigieren. Dabei hatten neue, striktere Einwanderungsbestimmungen Washingtons erst bewirkt, dass die Mehrzahl der Auswanderer sich nicht im Land ihrer ersten Wahl, in den USA, niederlassen konnten, sondern sich mit der zweiten Wahl abfanden, mit Israel. In einem grossen Interview mit einer jordanischen Zeitung wies der sowjetische Botschafter in Amman Arafats Ansinnen zurück und rechtfertigte die Haltung seiner

Regierung.[54] Im Februar 1990 drohte die PLO mit dem Abbruch des ganzen Prozesses: Dass einige der neuen Einwanderer in den besetzten Gebieten angesiedelt worden seien, «betrachten wir als Kriegsakt gegen das palästinensische Volk, der vergleichbare Aktionen von unserer Seite provozieren könnte», sagte Arafat-Berater Bassam Abu Sharif. «Wir drohen damit, alles zu beenden.»[55] Ein Sprecher Shamirs antwortet höhnisch: Israel habe stets die Meinung vertreten, dass die PLO im ganzen diplomatischen Prozess keine Rolle zu spielen habe.

Die neuen Verhältnisse in Israel hatten einen einigenden Effekt auf gewisse arabische Staaten. Ägypten hatte kurz zuvor wieder diplomatische Beziehungen mit Syrien aufgenommen, mit jenem Land also, das die Verträge von Camp David und den israelisch-ägyptischen Friedensschluss am heftigsten kritisiert hatte. Zwar war Syrien vehement gegen die Politik Yassir Arafats. In Damaskus war man der Meinung, Israel sei nicht zu den geringsten Konzessionen bereit, und Arafat lasse sich mit leeren Versprechen einwickeln. Bevor sich Syrien zu einer Änderung seiner Haltung entscheiden könne, müsse Israel die Uno-Resolutionen akzeptieren und einhalten, meinte der syrische Aussenminister Faruk ash-Sharaa. Doch daran denke das Land nicht: «Israelische Politiker haben sich geweigert, die Grenzen ihres Staates zu definieren. In Wirklichkeit träumen viele Israelis von einem Gross-Israel vom Euphrat bis zum Nil. Sie sagen das nur nicht jeden Tag. Wie kann man von uns verlangen, ein Land anzuerkennen, das nicht bereit ist, öffentlich zu sagen, welche Grenzen seine Gier nach Expansion befriedigen würden?»[56]

Der syrische Aussenminister bezeichnete Israel als «echte Bedrohung». Das mochte im Fall Syriens eine rhetorische Floskel sein; in Jordanien jedoch spürte man in den ersten Wochen des Jahres 1990 zunehmende Furcht vor dem Nachbarn jenseits des Jordans. Denn Shamir äusserte einmal mehr jenen ominösen Satz, den König Hussein einst in einem Augenblick, den er später bereut haben dürfte, erstmals in die Welt gesetzt hatte: «Jordanien ist Palästina», sagte nun der israelische Premier wieder, um damit zu begründen, weshalb ein Palästinenserstaat auf dem Gebiet des Westjordanlandes und des Gaza-Streifens unnötig sei. In Amman kam die Vorstellung auf, Shamir könnte versucht sein, Palästinenser zu «transferieren», das heisst nach Jordanien abzuschieben, wie das rechtsextreme Israelis seit langem gefordert hatten. Hussein fürchtete neuerlich um die Stabilität seines Königreichs, zumal er sich erst kurz zuvor auf das Abenteuer einer beschränkten Demokratisierung eingelassen hatte. Er musste alsbald feststellen, dass das im November 1989 gewählte Parlament mit seiner mächtigen Fundamentalistenfraktion eine Eigendynamik entwickelte, die über das Mass hinausging, das sich der Monarch vorgestellt hatte.

174

Trotzdem gab sich der einflussreiche jordanische Politiker Taher al-Masri, ein ehemaliger Aussenminister, weiterhin optimistisch: «Israel wird nicht ewig hinter geschlossenen Grenzen sitzen können.» Masri rechnete mit einem baldigen Abgang des israelischen Premiers: «Shamir ist ein Extremist, aber er wird in Israel respektiert, und er ist es, der alle Rechtskräfte zusammenhält. Wenn Shamir sich verändert oder verschwindet, wird die israelische Rechte nicht mehr zusammenhalten. So wie Osteuropa nur deshalb zusammenhielt, weil Moskau es im Griff hatte, und wie Osteuropa zusammenbrach, als Moskau den Griff lockerte, so werden sich in der Zeit nach Shamir auch die Dinge in Israel verändern.» [57]

«Ich glaube nicht, dass die Israelis noch lange blind und taub bleiben können», meinte al-Masri. «Israel arbeitete sehr hart daran, die Welt zu überzeugen und möglichst viele Staaten für seine Sache zu gewinnen. Und je erfolgreicher Israel war, desto blödsinniger und konservativer verhielten sich die Araber.» Jetzt allerdings seien die Palästinenser daran, ihrerseits «die Welt zu überzeugen. Und dank der Intifada und den diplomatischen Bemühungen haben sie einigen Erfolg erzielt. Die Leiden unter der israelischen Besatzungsmacht sind nun bekannt, das Image Israels hat sich gewandelt, und die Welt wendet sich gegen die Besetzung und gegen die permanente Verletzung der Menschenrechte durch Israel.»

7.8 Düstere Prophezeiungen

Taher al-Masri sollte letztlich recht bekommen: 1992 wurde Shamir abgewählt; der Weg war offen für eine völlig neue Annäherung Israels an das Palästinaproblem. Vorher jedoch erfüllten sich die düsteren Prophezeiungen, die man Ende 1989 und Anfang 1990 in Jordanien, Syrien, Ägypten und bei den Palästinensern in Tunis und in den besetzten Gebieten zu hören bekommen hatte: Der nächste Nahostkrieg brach aus, rascher als erwartet und an einer überraschenden Ecke.

Während sich das nahöstliche Diplomatenkarusell leer und unablässig drehte, nahm die Gewalt in Israel und den besetzten Gebieten stetig zu. Am 5. Juli 1989, am selben Tag, da Yitzhak Shamir die Bedingungen für Verhandlungen mit den Palästinensern radikal verschärfte, provozierte ein bärtiger Araber auf der steilen, kurvenreichen Autobahn von Tel Aviv nach Jerusalem einen furchtbaren Busunfall. Etwa neun Kilometer vor Jerusalem stand er auf, rannte dem Mittelgang entlang nach vorn, wobei er nach Aussage von Zeugen «Allahu akbar» schrie – «Gott ist gross». Er griff dem Fahrer ins Lenkrad und steuerte den Bus in den Abgrund. 14 Menschen wurden getötet, 17 verletzt. [58] Anfang Februar 1990 griffen palästinensische

Extremisten in der Nähe der ägyptischen Stadt Ismailiya einen Bus mit israelischen Touristinnen und Touristen an; zehn Reisende wurden getötet.

Knapp vier Monate später, am frühen Morgen des 20. Mai, standen etwa 50 Palästinenser an einer Strassenkreuzung in Rishon Lezion, einem südlichen Vorort Tel Avivs. Die Männer aus Rafah und Khan Yunis verdingten sich in Israel als Gelegenheitsarbeiter auf Baustellen und warteten darauf, von ihren Arbeitgebern abgeholt zu werden. Ein bewaffneter Israeli in Militäruniform trat zu ihnen, forderte sie auf, sich in Dreierreihe auf den Boden zu setzen. Nach einer Pause begann er, auf die Palästinenser zu schiessen. Sieben wurden getötet, elf verletzt. [59]

In den besetzten Gebieten explodierten einige der heftigsten Unruhen seit Beginn des Palästinenseraufstandes, und die israelische Armee ging mit einer Schärfe vor, die fast alles bisherige übertraf. Die Araber, im besonderen die PLO, frustriert von zweieinhalb Jahren erfolgloser Intifada und fast eineinhalb Jahren vergeblicher Verhandlungsversuche, schlachteten den Anschlag rhetorisch aus. (Er war, behaupteten israelische Behörden, von einem «geistig Verwirrten» begangen worden.) Jordaniens damaliger Premier Mudar Badran warf den israelischen Behörden vor, «den Staatsterrorismus, den Regierungsterrorismus, den Terrorismus ihrer zionistischen Bürger am palästinensischen Volk» zu fördern. Ein ägyptischer Regierungssprecher nannte den Anschlag «ein Resultat des israelischen Unvermögens, direkt mit den Palästinensern zu verhandeln». Chadli Klibi, der Generalsekretär der Arabischen Liga, meinte, der «sofortige Abzug aller israelischen Truppen aus den besetzten Territorien» sei «lebensnotwendig für den Schutz der Palästinenser und des Friedens und der Sicherheit im nahen Osten». [60]

Arafat forderte eine internationalen Untersuchung des Vorfalls und eine dringende Sitzung des Weltsicherheitsrates. Ausserdem rief er zu «Demonstrationen und Märschen in jedem Dorf, jeder Stadt und jedem Flüchtlingslager» auf, um «das faschistische israelische Militärregime in den besetzten Gebieten» zu beseitigen. [61]

Shamir kamen die Verzögerungen gelegen, ja, er akzentuierte sie noch: Am 13. März 1990 provozierte er eine Regierungskrise, indem er Shimon Peres entliess, der seiner Taktik der Friedensverhinderung zunehmend opponiert und von Shamir verlangt hatte, James Bakers Fünf-Punkte-Plan zu akzeptieren. Für Shamir war auch Bakers Idee inakzeptabel. Der US-Staatssekretär schlug vor, die Israelis sollten, «mit einer palästinensischen Delegation» in Kairo verhandeln. Shamirs Aussenminister Moshe Arens verlangte, diese Stelle müsse zu «palästinensisch-arabische Bewohner Judäas, Samarias und Gazas» umformuliert werden. Damit wollte Shamir verhindern, dass Palästinenser aus Ost-Jerusalem oder sogar PLO-Leute teilnähmen. Baker weigerte sich und warf den Israelis «Pingeligkeit» vor. [62]

Nach dem Ausstieg der Labour-Partei aus seiner Regierung bildete Shamir im Juni 1990 eine kleine Koalition aus seinem Likud-Block und mehreren religiösen und rechtsextremen Parteien. Abu Iyad nannte sie umgehend «ein Kriegskabinett, das schlimmste in der Geschichte Israels».[63] Shamir hoffte nach wie vor, eines seiner Hauptprobleme werde sich auf natürlichem Weg erledigen: die lästige PLO könnte «kollabieren» und damit eine «sicherere, unendlich viel bessere Strasse zu neuen Beziehungen in der arabischen Welt» eröffnen.[64] Doch der israelische Premier irrte sich auf der ganzen Linie: Die PLO kollabierte nicht; der Friedensprozess war nicht aufzuhalten; Shamir stürzte 1992 als Regierungschef; die PLO wurde Israels offizieller Verhandlungspartner; am 1. Juli 1994 geschah das absolut Unfassbare: Yassir Arafat zog in Gaza ein, mitten ins Herz dessen, was für Shamir und seine politischen Freunde «Erez Israel» ist, das Land Israel, von alters her verheissen, rechtmässig den Juden gehörend. Und am 10. Dezember 1994 nahmen Arafat, dazu Shamirs alter Rivale Rabin und Shamirs Erzfeind Shimon Peres in Oslo den Friedensnobelpreis entgegen.

8   Saddam befreit Palästina

Aus Kriegstrümmern ersteht der Friedensprozess

> *«Ich hätte gern ein Friedensabkommen mit Holland oder Luxemburg*
> *oder Neuseeland unterschrieben. Aber das war nicht nötig. Deshalb stand ich*
> *auf jenem Podium, auf jener Weltbühne als Vertreter einer Nation, als*
> *Abgesandter eines Staates, der Frieden will mit dem bittersten und hassens-*
> *wertesten seiner Feinde, eines Staates, der gewillt ist, dem Frieden*
> *eine Chance zu geben.»*
> (Yitzhak Rabin, Dez. 1993, im Vorwort zur Neuauflage
> seiner Autobiographie «The Rabin Memoirs».)

Am 1. August 1990 gab der Botschafter der Schweiz in Amman, Dino
Sciolli, einen Empfang zum eidgenössischen Nationalfeiertag. Mit Gläsern
und Häppchen in den Händen standen auch fünf oder sechs in Amman ak-
kreditierte Militärattachés im Garten der Botschafterresidenz herum, darunter jene der USA, der Türkei und Italiens. Zwischen Bissen von Lachsbröt-
chen und Schlucken von Walliser Weisswein gaben alle ungefähr gleiche
Einschätzungen ab: Saddam Hussein drohte nur. Dass seine Heere an der
Grenze zu Kuwait standen, sollte keineswegs zu übertriebener Sorge Anlass
geben: Was er wollte, war Geld von den Ölländern am Golf plus vielleicht
ein oder zwei kuwaitische Ölfelder und ein paar Inseln in der Grenzregion.

Am folgenden Morgen um halb acht meldete Radio Jordanien, die
irakische Armee habe die Grenze überschritten; der BBC World Service
hatte es eine halbe Stunde zuvor schon präziser gewusst: Saddams Panzer-
truppen hatten das ganze Emirat in zwei, drei frühen Morgenstunden einge-
sackt; die kuwaitische Luftwaffe hatte sich kampflos aus dem Staub gemacht, die Armee sich in nichts aufgelöst, und die regierende Sabah-Familie
war nach Saudi-Arabien entschwunden, während gewöhnliche Kuwaiterin-
nen und Kuwaiter sich die Augen rieben und die irakischen Panzer anstarr-
ten, deren Raupen kreischend und rumpelnd ihre Autobahnen zerkratzten.

Trotz der Fehleinschätzung mancher Politiker, Militärs und Kommentatoren war der zweite Golfkrieg nicht wie ein Blitz aus heiterem Himmel gekommen; Saddam Hussein hatte monatelang Drohungen ausgestos-
sen. Am 24. Februar 1990 versammelten sich König Hussein, Saddam,
Ägyptens Präsident Mubarak und der jemenitische Staatschef Ali Abdullah
Saleh mit einer grossen Zahl von Würdenträgern im einem Sportzentrum
in Amman, um den ersten Jahrestag der Gründung des Arabischen Koope-

rationsrates (ACC) zu feiern, einer kurzlebigen Wirtschaftsgemeinschaft ihrer vier Länder. Doch als der irakische Diktator zu seiner an Radio und Fernsehen direkt übertragenen Rede anhob, horchten Hörer und Zuschauer im ganzen Nahen Osten auf, einige zusehends euphorisch, andere mit zunehmendem Unglauben. Nach dem Zusammenbruch der Sowjetunion habe die USA begonnen, die ganze Welt zu beherrschen, meinte der Iraker. Die Araber, des ausgleichenden Einflusses der Sowjets beraubt, seien dem Machtstreben Israels und der USA schutzlos ausgeliefert. Und weil «der Einfluss der zionistischen Lobby auf die amerikanische Politik so stark ist wie immer, müssen die Araber mit der reale Gefahr rechnen, dass Israel in den nächsten fünf Jahren zu neuen Dummheiten aufbricht». [1]

Von Zeit zu Zeit schwenkte die Kamera auf die andern Staatsoberhäupter: König Hussein liess sich seine Gefühle nicht anmerken. Ali Abdullah Saleh, ein magerer, schnauzbärtiger Ex-Offizier, nickte mehrmals zustimmend. Mubarak hingegen war wütend, übertölpelt; er schien innerlich zu kochen. Mit einer solchen Rede, mit einer direkten Attacke Saddams auf ihn, den Präsidenten des grössten arabischen Landes, das von Washington jährlich zwei Milliarden Dollar Wirtschaftshilfe bekam, hatte Mubarak nicht gerechnet. Saddam fuhr fort: Die USA hätten «den noch nie dagewesenen Exodus sowjetischer Juden auf das Territorium Palästinas gefördert» und unterstützten «das zionistische Gebilde» bei der «Anhäufung strategischer Waffen». Die Araber müssten sich gemeinsam aufraffen, um gegen die ihnen feindlich gesinnte Supermacht anzutreten: «In den Reihen der guten Araber gibt es keinen Platz für Schwächlinge, die argumentieren würden, die Vereinigten Staaten seien als Supermacht der entscheidende Faktor, und man habe keine Wahl, als sich ihnen zu unterwerfen.»

8.1 Washingtons Juniorpartner

Wenn Mubarak an jenem Tag zusammenzuckte, stellten sich die Politiker in Washington weiterhin blind. Während des achtjährigen ersten Golfkriegs, von Saddam angezettelt, hatten sie, zusammen mit anderen westlichen Ländern, mitgeholfen, «ein Monstrum in der Form Saddam Husseins zu schaffen. Aber sie erwarteten, dass sich dieses Monstrum nach dem Krieg vernünftig verhalten werde, mindestens soweit ihre eigenen Interessen betroffen waren.» [2]

Schon 1982 hatten die USA den Irak von jener Liste des Aussenministeriums gestrichen, welche die Länder benannte, die den internationalen Terrorismus förderten. Dies geschah zu einer Zeit, als Bagdad eine der übelsten internationalen Terrororganisationen finanzierte, beherbergte, beschützte und benutzte, den «Fatah-Revolutionsrat» von Abu Nidal.³ Ronald Reagans Politik gegenüber dem Iran und dem Irak war «dominiert und verzerrt durch seine Obsession mit der sowjetischen Bedrohung». Im Iran hinterliess sie «eine bittere Erbschaft von Verdacht und Feindschaft». Im Irak akzeptierten die Amerikaner «Saddam Hussein als Juniorpartner, um den Status quo am Golf zu erhalten».⁴

George Bush revidierte zwar Reagans Irak-Politik: Nach Ende des Golfkriegs orchestrierten die USA und Grossbritannien einen internationalen Versuch, Saddam am Erwerb von noch mehr Massenvernichtungswaffen zu hindern. Im Januar 1990 bekräftigte Bush jedoch wieder die «normalen Beziehungen» zu Bagdad; er erliess eine präsidiale Direktive, «die den Verkauf sensibler Technologie und Kredite der Import-Export-Bank enthielt». Am 12. April, also nach den ersten kriegerischen Drohungen Saddams, besuchte eine Delegation von fünf US-Senatoren Bagdad; geleitet vom Führer der republikanischen Senats-Minderheit, Robert Dole, teilten sie Saddam mit, Bush wolle die Beziehungen verbessern. Später im selben Monat verhinderte die Bush-Regierung eine Initiative im US-Kongress für Wirtschaftssanktionen gegen den Irak.⁵

Ihren Höhepunkt erreichte die Besänftigungsstrategie Washingtons am 25. Juli. Die US-Botschafterin im Irak, April Glaspie, wurde zu Saddam zitiert; zugegen beim Gespräch war Aussenminister Tarek Aziz. Glaspie hörte sich Saddams diverse Beschwerden über die Haltung der USA, über Kuwait, die Golfstaaten und den zu tiefen Ölpreis an. An einer Stelle stimmte sie eifrig in Saddams Kritik an den US-Medien ein, welche, so die Botschafterin, den Irak «bar jeder Objektivität» behandelten. Dann machte Glaspie einige Bemerkungen, die auf den Diktator wie eine Ermunterung gewirkt haben müssen: «Ich habe die persönliche Anweisung des Präsidenten, bessere Beziehungen zum Irak zu suchen.» Zur irakischen Bedrohung des Emirates Kuwait hatte die Botschafterin genau eine Woche vor der Invasion dieses zu sagen: «Wir haben zu den innerarabischen Konflikten, wie zu Ihrem Grenzsstreit mit Kuwait, keine Meinung. Ich war Ende der sechziger Jahre auf Posten in Kuwait. Unsere Anweisungen lauteten schon damals, keine Meinung zu diesem Problem auszudrücken. James Baker hat unserem offiziellen Sprecher die Anordnung gegeben, diese Instruktion zu bekräftigen. Wir hoffen, dass Sie dieses Problem mit allen angemessenen Methoden regeln können.»⁶

Saddam gab an jenem Februartag in Amman den ersten öffentlichen Hinweis darauf, dass er, wie einst Nasser, Anspruch auf die Führung des ganzen arabischen Lagers erhebe. Er besass, Israel ausgenommen, die stärkste Armee der Region; sie hatte soeben acht Jahre Krieg gegen den Iran überstanden; sein Land entwickelte biologische und atomare Waffen, «Superkanonen» und Raketen, und das Regime hatte sich bereits durch den Einsatz chemischer Kampfstoffe gegen die eigene, kurdische Bevölkerung hervorgetan: Mit ihm, mit Saddam Hussein at-Tikriti, war künftig zu rechnen.

Um sich zusätzliche Legitimation zu verschaffen, benutzte der irakische Präsident ein Mittel, das andere arabische Despoten vor ihm mit unterschiedlichem Misserfolg eingesetzt hatten: Er schwang sich zum «Befreier Palästinas» auf. Wenn Mubarak alarmiert war, dann war Arafat ergötzt: Der Iraker hatte die palästinensischen Positionen laut und klar artikuliert, bevor sie in der Masse von Friedensplänen, Zehn- und Fünf-Punkte-Programmen und in einer allgemeinen diplomatischen Springflut endgültig untergingen. Wenn es einem Araber gelingen werde, die USA und Israel zum Handeln zu zwingen, dachte sich Arafat, dann dem mächtigen «Bruder Saddam». Dass er einst Chef der PLO geworden war mit der Intention, diese Organisation den divergierenden Machtallüren arabischer Potentaten zu entziehen, vergass Arafat völlig. «Er war geblendet von Saddams Rhetorik; er sah nur noch eins: Die Befreiung Palästinas stand bevor. Und zwar ganz Palästinas, wohlverstanden, vom Mittelmeer bis zum Jordan. Dass Saddam seine Kanonenrohre gegen Kuwait richtete, was so ungefähr die verkehrteste Richtung war, wenn man Palästina befreien wollte, hat der Alte nicht wahrhaben wollen.» [7]

Arafat beging einen strategischen Fehler, der seiner Organisation den Ruin und die Feindschaft vieler arabischer Herrscher einbringen sollte und beinahe ihren Kollaps verursachte: Er warf sich auf Saddams Seite.

Neu war nur die Fraglosigkeit, mit der sich Arafat an Saddams Ferse heftete; die palästinensisch-irakische Allianz hatte schon längere Zeit bestanden: 1982, nach der Vertreibung aus Beirut, hatte Arafat das grösste Kontingent seiner Kämpfer im Irak stationiert. Nachdem israelische Jets im Oktober 1985 das PLO-Hauptquartier in Tunis in Trümmer gelegt hatten, verbrachte Arafat Wochen und Monate in Bagdad. Und nachdem es einem israelischen Kommando im April 1988 gelungen war, seinen Stellvertreter Abu Jihad in Tunis zu ermorden, stützte sich der PLO-Chef zunehmend auf irakische Sicherheitskräfte. [8]

Mit den Kuwaitern und Saudis hingegen hatten sich Arafats Beziehungen abgekühlt: Beide forderten von den bei ihnen lebenden Palästinensern weiterhin Solidaritätsabgaben, behielten das Geld jedoch teilweise zurück, und teilweise leiteten sie es an der PLO vorbei direkt in die besetzten Gebiete. Weil aus den konservativen Ölländern gleichzeitig Gelder an die Hamas flossen, verdächtigte sie Arafat zu Recht, sie wollten die Islamisten als Alternative zur PLO aufbauen. Saddam hingegen zeigte sich grosszügig: «Zu Beginn der Intifada kamen einmal 50 Millionen Dollar aus Bagdad – die grösste Einzelsumme, die wir je erhalten haben», erzählte Abu Iyad. «Und zeitweise war der Irak das einzige Land, das überhaupt Geld für die Intifada gab.» [9]

8.2   Halb Israel versengen

Am 2. April bekräftigte Saddam in einer Radio- und Fernsehrede seinen Willen, notfalls gegen Israel in den Krieg zu ziehen. Neun Jahre zuvor
hatte dessen Luftwaffe einen irakischen Reaktor bombardiert. Diesmal,
drohte der Diktator, würde er im Fall eines neuen Angriffs erbarmungslos
zurückschlagen. Eine Woche zuvor waren irakische Agenten erwischt worden, die versucht hatten Komponenten aus Grossbritannien in den Irak zu
schmuggeln, die für den Bau von Atomwaffen gebraucht werden. «Wir
brauchen keine Atombombe», sagte Saddam. «Wir haben binäre Chemiewaffen. Wer immer uns mit der Atombombe droht, wir werden ihn mit
binären Chemiewaffen ausradieren. Ich schwöre zu Gott, dass unser Feuer
halb Israel versengen wird, falls es versuchen sollte, irgendetwas gegen den
Irak zu unternehmen.» Palästinenser jubelten; Arafat war euphorisch. [10]

Am 28. Mai 1990 begann der Arabergipfel in Bagdad, auf den Saddam und Arafat gedrängt hatten. Zu jenem Zeitpunkt befand sich der PLO-
Chef schon unentrinnbar in der Umklammerung des irakischen Diktators.
Dorthin getrieben hatten ihn unter anderem die Amerikaner: Nach dem
Mord an sieben Arbeitern aus dem Gaza-Streifen am 20. Mai war Arafat
vor dem Sicherheitsrat aufgetreten, und zwar erneut in Genf, weil ihm die
USA wieder das Besuchsvisum verweigert hatten. Arafat verlangte Massnahmen zum Schutz der Palästinenser. Die USA trieben ihm diese Idee aus
mit dem Versprechen, sie würden einer internationalen Untersuchungskommission zustimmen. Arafat reiste zurück nach Tunis, nur um dort zu
hören, dass sich die USA anders besonnen hätten. Er fühlte sich ausgetrickst
und blamiert.

Saddams Gipfel fand vor gelichteten Reihen statt. Wenn Arafat gehofft hatte, die arabischen Herrscher würden sich geschlossen hinter ihn
und die palästinensische Sache stellen, sah er sich getäuscht: Das syrische
Regime, seit Jahren mit dem irakischen verfeindet, und in seinem Gefolge
der Libanon blieben der Veranstaltung fern; Mubarak und Saudi-König
Fahd kamen nur widerwillig; der algerische Staatschef Chadli Benjedid,
Marokkos König Hassan und Sultan Qabus von Oman schickten zweitran-
gige Delegationen. Und offenbar hörte Arafat nicht genau hin, als Saddam
die versammelten Staatsoberhäupter schon in seiner Eröffnungsrede zu
einer Session im intimen Kreis bat. Was der Iraker dort zu sagen hatte, hätte
den PLO-Vorsitzenden alarmieren müssen: Saddam griff weder die USA
noch Israel an; er enthüllte vielmehr seine wahren Intentionen. In einem
rhetorischen Wutausbruch ging er die Ölpotentaten vom Golf frontal an:

«Sie fördern zuviel Öl und tragen so dazu bei, den Ölpreis tief zu
halten. Jede Preissenkungen von einem Dollar pro Fass bringt dem Irak

einen Verlust von einer Milliarde Dollar pro Jahr. Das ist ein echter Wirtschaftskrieg, den Sie gegen mein Land führen.»

Sheikh Zayed an-Nahyan, Präsident der Vereinigten Arabischen Emirate, verteidigte sich als erster. «Ich danke den Arabischen Emiraten, welche die positivste Haltung uns gegenüber eingenommen haben», soll der Diktator gesagt haben: «Aber ich mache Sie auch darauf aufmerksam, dass die Lieferungen von Waffen und militärischem Material, die von Dubai aus (einem der Emirate, die zur VAE gehören) an den Iran geliefert worden sind, zu den Sachen gehören, die ich nicht vergesse, und es wird einen Tag geben, wo all das aufgerechnet wird.» Dann wandte sich Saddam an den kuwaitischen Emir Jaber al-Ahmed Al Sabah: «Die von der OPEC bis März zugeteilten Quoten sahen vor, dass Kuwait eine Tagesproduktion von 1,5 Millionen Fass nicht überschreiten dürfe; tatsächlich hat es nicht aufgehört, jeden Tag 2,1 Millionen Fass zu fördern. Zu unserem Nachteil.» Saddam erhob eine konkrete Forderung: «Wir haben sofort 10 Milliarden Dollar nötig und darüberhinaus die Anullierung von 30 Milliarden Dollar Darlehen, die uns während des Krieges von Kuwait, den Arabischen Emiraten und Saudi-Arabien gewährt worden sind.»

Saddam hatte an «seinem» Gipfel indirekt den Krieg erklärt – nicht den Israelis, sondern den Ölstaaten, die er für die ökonomische Schwäche seines Landes, für den «Wirtschaftskrieg gegen den Irak» verantwortlich machte. Die Palästinenser würden in diesem Konflikt ebenfalls eine Rolle spielen, allerdings nicht die Rolle, die Arafat sich ausgedacht hatte. [11]

Der Dialog zwischen der PLO und den USA wurde von vielen nur noch in Anführungszeichen geschrieben. Er hatte sich im allgemeinen Tumult des Frühjahrs 1990 totgelaufen. Am 30. Mai wurde er vor der Küste Tel Avivs endgültig beerdigt, und zwar, wie einige Chronisten meinen, mit Saddam Husseins Hilfe: Palästinenserkommandos versuchten an jenem Tag, mit Schnellbooten die israelischen Strände zu erreichen und dort an Land zu gehen. Die israelische Marine stoppte den Angriff, tötete vier Palästinenser und nahm zwölf gefangen. Ihre Befragung förderte zutage, dass sie jener Fraktion der Palästinensischen Befreiungsfront PLF angehörten, die von Mohammed Abbas (genannt Abul-Abbas) geführt und von Bagdad finanziert und dirigiert wurde. Die PLF war fünf Jahre zuvor für die Entführung der «Achille Lauro» verantwortlich gewesen. Sie hätten die Instruktion gehabt, so viele Menschen wie möglich zu töten, soll einer der Angreifer im israelischen Verhör gesagt haben. [12]

Die USA forderten von Arafat, den Vorfall zu verurteilen und Abul-Abbas, eines der 15 Mitglieder des PLO-Exekutivkomitees, zu massregeln. Der PLO-Chef beteuerte vorerst, von den PLF-Plänen nichts gewusst zu haben; Abul-Abbas könne er nicht aus der PLO-Exekutive entfernen; er sei vom PNC, vom palästinensischen Parlament gewählt worden, und nur der PNC könnte ihn absetzen. Anfang Juni tagte die PLO-Exekutive in Bagdad und veröffentlichte ein Communiqué, welches «alle militärischen Aktionen, die auf die Zivilbevölkerung abzielen» verurteilte, nicht aber den spezifischen Vorfall von Ende Mai.

Vielleicht wollte Saddam Hussein den Dialog zwischen der PLO und den USA tatsächlich stoppen. Ein anonymer Arafat-Berater wurde später mit diesen Worten zitiert: «Der Raid war dazu ausersehen, den US-PLO-Dialog zu beenden und unter den Palästinensern eine Atmosphäre der Verzweiflung und Verbitterung zu erzeugen, damit sie ihn [Saddam] in seiner Konfrontation mit den USA und ihren Verbündeten unterstützen würden.» [13]

Arafat selber könnte es ebenfalls auf einen Bruch abgesehen haben, denn nur einen Tag nach dem Zwischenfall war er von den USA erneut gedemütigt worden: Sie legten im Weltsicherheitsrat ihr Veto gegen eine internationale Untersuchungskommission in den besetzten Gebieten ein; dabei hatten sie der PLO zuvor angedeutet, keine prinzipiellen Einwände gegen diese Delegation zu haben. Falls es tatsächlich einen palästinensischen oder irakischen Versuch gegeben hat, die PLO und die USA endgültig auseinanderzutreiben, gelang er: Am 20. Juni kündigte Präsident Bush die Suspension der Gespräche an.

8.3 Keine Verhandlungen, keine Kompromisse

Am 17. Juli erhöhte Saddam den Druck auf Kuwait. Sein Aussenminister Tarek Aziz überbrachte dem Generalsekretär der Arabischen Liga, Chadli Klibi, ein Memorandum seines Chefs. Darin beschuldigte Saddam die Kuwaiter und die Ölemire in den Vereinigten Emiraten erneut, die irakische Wirtschaft zu sabotieren, indem sie gezielt ihre Förderquoten überschritten. Ausserdem warf er Kuwait vor, im grenzüberschreitenden Ölfeld Rumaila Erdöl zu stehlen, das dem Irak zustünde. Saddams Brief war eine Erpressung: Er forderte den Erlass aller Kriegsschulden und verlangte, dass ein alter irakisch-kuwaitischer Streit um den Verlauf der Grenze und um die Inseln Bubiyan und Warba am Ausgang des Shatt-al-Arab in den Persisch-arabischen Golf neu aufgerollt werde.

Saddams Drohbrief entfesselte hektische diplomatische Aktivitäten: Klibi reiste sofort nach Bagdad, Mubarak, König Hussein und andere arabische Führer folgten wenig später. Mubarak und Hussein behaupteten später, Saddam habe ihnen versprochen, den Konflikt mit Kuwait nicht gewaltsam zu lösen. Doch Bagdad erhöhte den Druck weiter: Saddam forderte nun eine Sofortzahlung von 2,4 Milliarden Dollar für das «gestohlene» Erdöl; an der kuwaitischen Grenze marschierten die ersten Truppen auf. [14]

König Fahd und Hosni Mubarak arrangierten Ende Juli in der saudi-arabischen Hafenstadt Jeddah neue Krisenverhandlungen zwischen Kuwait und dem Irak. Am 1. August packte die kuwaitische Delegation unter Leitung des Kronprinzen und Ministerpräsidenten, Saad al-Abdullah Al Sabah, die Koffer und reise ab; mit dem Irak sei keine Verständigung möglich, sagte Prinz Saad. Die Gelassenheit, das Selbstbewusstsein, mit dem ihm die Kuwaiter selbst angesichts der militärischen Bedrohung entgegengetreten waren, hatte Saddam bis zum Äussersten gereizt; er war jetzt zum Zuschlagen bereit.

Nur wenige Stunden, nachdem die Verhandlungen in Jeddah gescheitert waren, musste Saad Al Sabah erneut abreisen, diesmal aus Kuwait, in panischer Eile und ohne Koffer: Um Mitternacht hatten etwa 100 000 irakische Soldaten die Grenze überschritten; am 2. August um zwei Uhr früh rückten sie bereits in die Vororte von Kuwait-Stadt ein.

Die Invasion war ein herber Schlag für die Amerikaner: Sie «brachte ein nachrichtendienstliches Versagen an den Tag und, noch schwerwiegender, ein politisches Versagen. Ein seit zehn Jahren aufgebautes Konzept wurde über Nacht zerschlagen.» Die Saudis zögerten; Bush hingegen und Margaret Thatcher, die britische Premierministerin, waren zum Handeln entschlossen: Noch am 2. August konferierten sie in Aspen, Colorado, und vereinbarten, «es dürfe kein Appeasement, keine Verhandlungen, keine Kompromisse geben». [15]

In Amman und Damaskus hatte ich in jenen hektischen Tagen, da Zehntausende von Ägypterinnen und Ägyptern, Palästinenserinnen und Palästinensern, Filipinas und Filipinos in einem jammervollen Massenexodus den Irak durchquerten und in Jordanien ankamen, eine Reihe bizarrer Diskussionen. Eine, mit einer jungen, intelligenten Palästinenserin, verlief so:

«Kuwait war schon immer ein Teil des Irak», sagte sie, «und Saddam hatte das Recht, das Land zurückzuholen.»

«Ich finde, für Dich als Palästinenserin ist das eine gefährliche Aussage. Die Juden argumentieren doch genauso: dass Israel geschichtlich ihnen gehört hat, ihnen sogar von Gott verheissen worden ist, und dass sie ein Recht hatten, es zu erobern, inklusive Westjordanland und Gaza.»

«Das hat überhaupt nichts miteinander zu tun. Und ausserdem, war Kuwait ein künstliches Gebilde der Kolonialisten.»

«Kuwait existierte vor dem Kolonialismus.»

«Aber historisch gehört es zum Irak.»

«Historisch würde somit ganz Palästina den Juden gehören.»

«Aber es waren Menschen da, wir Palästinenser waren da, als die Juden kamen und uns das Land wegnahmen.»

«Es waren auch Menschen da, als Saddam Hussein kam und den Kuwaitern ihr Land wegnahm.»

«In Kuwait hatte es fast nur Ausländer, und überhaupt gibt es gar keine Kuwaiter. Das sind alles Iraker.»

«Ariel Sharon sagt genau das von Euch: dass es keine Palästinenser gibt, nur Araber, und dass es für die in Arabien genug Platz habe; sie müssten nicht ausgerechnet dort leben, wo sich das historische „Erez Israel" befinde.»

«Ach weisst Du», antwortete die Frau, «das alles kümmert mich nicht mehr. Saddam wird uns Palästina zurückgeben.»

Falls sich Arafat der Gefahr bewusst war, in einer Region, wo nach dem Zerfall des Osmanischen Reichs willkürlich Landkarten gezeichnet worden waren, über «natürliche» Grenzen zu reden, dann verhielt er sich nicht danach. König Hussein von Jordanien nahm an der Diskussion ebenfalls teil – der Herrscher über jenes Land, das Winston Churchill 1921 mit einem Strich seines Füllfederhalters geschaffen hatte. Immerhin verhielt sich Hussein klüger als Arafat. Noch zwei Tage nach der Invasion hatte er Saddam einen «arabischen Patrioten» genannt.[16] Doch schon am 8. August markierte der König eine gewisse Distanz. Sein Land anerkenne die Annexion Kuwaits nicht und halte die Regierung von Sheikh Jaber al-Ahmad Al Sabah, dem geflohenen Emir, weiterhin für die legitime Vertreterin Kuwaits.[17]

8.4   Saddams Botenjunge

Arafat sah vom ersten Tag an eine zentrale Rolle für sich selber: Er würde den Vermittler spielen, er würde zu einer «arabischen Lösung» beitragen und eine Intervention des Westens verhindern. Doch vom ersten Tag an waren seine wilden, unkoordinierten und schlecht konzipierten «Friedenspläne» zum Scheitern verurteilt. Denn nicht nur Bush in Washington, Thatcher in London und all ihre Alliierten im Weltsicherheitsrat verfolgten eine andere Strategie als der PLO-Vorsitzende; auch die mächtigsten arabischen Staatschefs hatten ihren Fahrplan: Noch am Tag der Invasion telefonierte der syrische Diktator Hafez al-Assad mit Mubarak und Saudi-König Fahd und forderte einen dringlichen Arabergipfel. Assad sah die Chance, dank Saddams Aggression einen mehrschichtigen diplomatischen Streich zu führen: Indem er die Anti-Saddam-Koalition zusammenschweisste, würde er sich in Washington rehabilitieren, was ihm nach dem Zusammenbruch der Sowjetunion eine neue finanzielle Arterie eröffnen könnte. Zweitens würde Syrien am Golf künftig jene Schutzfunktion übernehmen, die der Irak angestrebt hatte; Assads alter Rivale Saddam würde in die Schranken verwiesen. Drittens würden die andern Araber Syrien bei der Annexion des Libanon keine Steine in den Weg legen. Die arabischen Aussenminister trafen sich im Hotel Semiramis Inter-Continental an Kairos Corniche, stritten sich zwei Tage lang, verurteilten dann mit 14 gegen 6 Stimmen die Kuwait-Invasion und beschlossen, einen Gipfel einzuberufen. Gegen die Verurteilung stimmten unter anderem der PLO-«Aussenminister» Faruk Kaddumi und Jordanien.

Arafat flog am 3. August nach Libyen und tüftelte dort mit Oberst Moammar al-Kathafi den ersten einer ganzen Reihe von unausgegorenen «Friedensplänen» aus. Diesen brachte er am 4. August nach Kairo; dann jettete er nach Bagdad, direkt in Saddams Arme: Arafat sah mehr und mehr wie ein Botenjunge Saddams aus.

Der Arabergipfel von Kairo sollte am 9. August beginnen. Doch erst am Mittag des 10. waren alle Delegationen im Konferenzzentrum von Nasser-City versammelt, einem modernen, verzweigten Bau, vollklimatisiert, mit Konferenzsälen, Pressezentrum, Büroräumen und grossen Terrassen, für deren Benutzung es in den Augusttagen in Kairo viel zu heiss war. Sheikh Jaber, der geflohene kuwaitische Emir, drohte mit seiner Abreise, weil die irakische Delegation unter dem Ersten stellvertretenden Ministerpräsidenten, Taha Yassin Ramadan, argumentierte, der Kuwaiter habe in Kairo nichts zu suchen, weil er niemanden respräsentiere. [18] Arafat versuchte, sich wieder in Szene zu setzen. Er schlug vor, fünf arabische Staatsoberhäupter – darunter natürlich er selber, dazu Mubarak, Hussein von Jordanien, der Algerier Benjedid und der jemenitische Präsident Saleh – sollten nach Bagdad fliegen, um mit Saddam zu verhandeln. Dass Arafat in einer Maschine der Iraki Airways in Kairo gelandet war, hatte seinen Anspruch, ein neutraler Vermittler zu sein, nicht gerade erhöht. Doch es war Saddam selber, der den Kurs des Gipfels bestimmen sollte. Er lancierte an jenem 10. August den massivsten und direktesten Angriff auf die Herrscher der arabischen Halbinsel. Noch während Arafat im Konferenzzentrum von Nasser-City wortreich versuchte, sich als Friedensstifter aufzuspielen, zirkulierte ein Transkript mit einer Rede, die Saddam soeben gehalten hatte. Saudi-Arabien sei zur «Geisel der Amerikaner» geworden, liess der irakische Diktator am Radio und Fernsehen verkünden. Er rief die «arabischen Massen» zur Rebellion auf: «Araber, Muslime und Gläubige überall! Dies ist der Tag, Euch zu erheben und Mekka zu verteidigen, welches mit den Speeren der Amerikaner und der Ungläubigen erobert worden ist. ... Erhebt Euch gegen die Unterdrückung, die Korruption, den Verrat!» [19]

Der Arabergipfel endete im Chaos. Nicht einmal der Ausgang der Schlussabstimmung war klar. Die Resolution, von Mubarak vorbereitet, verurteilte «die irakische Aggression gegen das Bruderland Kuwait», forderte den Abzug der Iraker und die Wiedereinsetzung der Regierung von Emir Jaber. Die Massnahmen der Saudis und der andern Golfstaaten, unter anderem der Zuzug von US-Streitkräften, wurden gebilligt. Der Gipfel beschloss, zusätzlich eine eigene, arabische Streitmacht an den Golf zu schicken.

Vorerst hiess es, neben dem Irak und Libyen habe auch die PLO die Resolution abgelehnt; Algerien und der Jemen hätten sich der Stimme enthalten, Jordanien, der Sudan und Mauretanien hätten «Vorbehalte angemeldet».[20] Eine Woche später behauptete ein PLO-Sprecher in Tunis, seine Organisation habe nicht gegen die Resolution gestimmt.[21]

So oder so: Arafat hatte sich selbst gründlich desavouiert, am Golf, bei den Ägyptern und in den USA, die daran waren, 250 000 Soldaten an den Golf zu schicken. Vor allem in der ägyptischen Presse wurde der PLO-Chef attackiert. Maher, der Cartoonist von «al-Ahram», porträtierte ihn als Januskopf, gleichzeitig nach Palästina und Kuwait blickend. Auf der einen, palästinensischen Seite sagte der doppelte Arafat: «Nieder mit dem Landerwerb durch Gewalt», auf der andern, kuwaitischen: «Es lebe der Landerwerb durch Gewalt.»[22] Der Bericht einer Nachrichtenagentur vom Golf wies den PLO-Chef bereits darauf hin, was ihm blühen werde: «Ungeachtet der Gründe für seine Haltung könnte Arafat Millionen von Dollar verlieren, die ihm bisher von Golfstaaten und den Palästinensern, die dort arbeiten, gegeben worden sind.»[23]

Kaum zurück in Tunis, die Schmach des Treffens von Kairo noch frisch, schwebte Arafat schon wieder über den Wolken, und wieder war Saddam für die Euphorie zuständig: Am 12. August lancierte der irakische Diktator das, was als «linkage», als «Verkettung» oder «Verknüpfung» in die Geschichte eingehen sollte. In einer neuen Rede kündigte er eine Initiative an, «entworfen, um in der ganze Region ein Klima des Friedens zu schaffen». Saddam forderte, alle Resolutionen des Uno-Sicherheitsrates müssten durchgesetzt werden: jene von 1967 und 1973, die den Abzug der Israelis aus besetzten Gebieten forderten ebenso wie jene, welche der Sicherheitsrat in den Tagen seit der Kuwait-Invasion gegen den Irak erlassen hatte. Punkt 1 von Saddams Vorschlag forderte «einen sofortigen und bedingungslosen israelischen Rückzug aus besetzten arabischen Territorien in Palästina, Syrien und im Libanon, den Rückzug Syriens aus dem Libanon, einen Rückzug zwischen dem Irak und dem Iran [nach dem ersten Golfkrieg 1980–88] und zusätzlich Vereinbarungen für den Fall Kuwait.»[24]

Die PLO bejubelte Saddams Idee als «objektiven Vorstoss, um eine

Lösung für die gegenwärtige Krise in der Golfregion zu finden». Gleichzeitig warf die Palästinenserorganisation den USA vor, «die Trommeln zum Zerstörungskrieg zu schlagen und die Spannung in der Region bis zur Explosion zu erhöhen».[25] Auch die Jordanier begrüssten den Vorstoss; dieser sei als «erste Geste im Hinblick auf eine Lösung der Golfkrise» zu verstehen, die «als Basis für einige dringend benötigte Übungen in Problemlösung nützlich sein könnte».[26]

König Hussein exponierte sich wieder: In einer Rede am 12. August 1990 geisselte er die «westliche Einmischung in arabische Angelegenheiten». Er warf «dem Westen» vor, «mehr an einer sicheren Ölversorgung interessiert» zu sein «als an den Bedürfnissen der Menschen in unserer Region.»[27]

Natürlich hatte Saddams kalt kalkulierter Vorstoss keine Chance: Die USA und Israel wiesen ihn empört zurück, die betroffenen arabischen Regime ebenfalls. Die Massen jedoch jubelten; aus den besetzten Gebieten, aus Ägypten, dem Jemen, verschiedenen Maghreb-Staaten, Mauretanien, dem Sudan und Libyen wurden proirakische Grossdemos gemeldet.

Aus jenen Zimmern des Hotels Jordan Inter-Continental auf dem Amman-Hügel, die auf die Strasse blicken, hatte man in jenen Tagen eine Aussicht, die das ganze Dilemma der Jordanier und Palästinenser offenbarte: Auf der Strasse zogen lärmige Demonstrationszüge vorbei, die Saddam-Porträts und antiamerikanische Transparente schwenkten. Auf dem Trottoir unmittelbar dahinter, vor der US-Botschaft, von schwer bewaffneter jordanischer Bereitschaftspolizei mit Jeeps beschützt, standen jeden Morgen nach fünf Uhr Hunderte von Menschen an, die hofften, ein US-Visum zu ergattern.

Fortan gaben sich echte und selbsternannte Vermittler in Bagdad, Kairo und Amman die Glastüren der Luxushotels in die Hand. Xavier Perez de Cuellar kam Anfang September nach Amman und gab nach Gesprächen mit Tarek Aziz, Saddams wendigem, Zigarren rauchenden Aussenminister im königlichen Palast eine Pressekonferenz: «Ich muss eine gewisse Enttäuschung eingestehen. Ich hatte mehr erwartet.» Was denn? «Ich hatte ein klare Vereinbarung über den Rückzug aus Kuwait erwartet.» Und nochmals: «Ich spreche hier nicht in diplomatischer Art, sondern offen zu Ihnen: Ich bin enttäuscht.»[28]

Saddam fand sich im Scheinwerferlicht, umgab sich mit Geiseln und ausländischen Politikern, die gekommen waren, deren Freilassung zu erflehen. Gleichzeitig rüsteten sich die Amerikaner, die Franzosen, Briten, Saudis, Ägypter, Syrer und die andern Koalitionäre zum entscheidenden Schlag, vorerst «Operation Wüstenschild», dann, in der Angriffsphase, «Operation Wüstensturm» genannt. Amerikanische Fernsehsender produzierten ihre Jingles – dramatische Logos, unterlegt mit ebenso dramatischen Fanfarenstössen, die den Auftakt zum am meisten rapportierten und am schlechtesten dokumentierten Krieg seit langem gaben. Auf den TV-Schirmen tauchten die ersten Kampfjets im Licht der untergehenden Sonne am Golf auf, Panzer, die den saudischen Wüstensand aufwirbelten. US-Soldaten «schulterten ihr Gewehr, küssten ihre Liebsten zum Abschied», wie ein US-Magazin triefend schrieb, und machten sich auf, Saudi-Arabien zu retten und Kuwait zu befreien, das autokratisch regierte Emirat und das feudalistische Königreich, von welchen die Mehrheit der Amerikaner annahmen, es handle sich um Demokratien.[29]

Innerhalb der PLO herrschte Hektik; pausenlos tagten die Strategen; der Disput wurde heftig. Faruk Kaddumi stand voll hinter Arafat. Salah Khalaf (Abu Iyad), Mahmud Abbas (Abu Mazen) und andere betrachteten das Kuwait-Abenteuer mit Skepsis. Khaled al-Hassan, einst Mitgründer der Fatah in Kuwait, war für eine unmissverständliche Verurteilung Saddams und setzte sich angewidert nach Marokko ab. Mitte August entwarfen Arafat und seine Berater einen neuen Friedensplan, den der PLO-Chef nicht allen Beteiligten andienen konnte, weil er inzwischen am Golf Persona non grata war.

Die Spannung stieg, und am 8. Oktober entlud sie sich in einer heftigen Explosion, welche der Theorie von einer «Verknüpfung» der Besetzung Kuwaits durch den Irak und der Besetzung der palästinensischen Territorien durch Israel neuen Auftrieb gab: An jenem Tag begingen israelische Grenzpolizisten auf dem Haram ash-Sharif, dem Tempelberg, ein Massaker. Wie es zum Blutbad kam, blieb unklar. Laut den Israelis hatten Palästinenser Steine auf Tausende von Jüdinnen und Juden hinuntergeschmissen, die an der Klagemauer beteten; die Polizei hatte auf diese gewalttätige Provokation reagieren müssen. Laut den Palästinensern kam es zum Aufstand, weil das Gerücht umging, jüdische Fanatiker wollten sich, nicht zum erstenmal, der islamischen Heiligtümer auf dem Tempelberg bemächtigen, um ihre Forderung durchzusetzen, der jüdische Tempel, der fast 2000 Jahre früher an diesem Ort gestanden hatte, müsse wieder gebaut werden.[30] Jedenfalls eröffneten die israelischen Grenzpolizisten in einem unkontrollierten Amoklauf das Feuer auf die Menschenmenge; 21 Palästinenser starben.

Saddam reagierte auf seine Art: In einer «Botschaft an die Muslime» liess er verkünden, Israel stehe «vor dem Abgrund». Der Irak habe gewaltige Langstreckenraketen entwickelt, die «auch weit entfernte Feinde treffen können» und «am Tag der Abrechnung» auf Israel niedergehen würden.[31]

Arafat beklagte zwar das Massaker bitter. Aber gleichzeitig profitierte er davon, um im UN-Sicherheitsrat eine Verurteilung Israels durchzu-setzen. Für die USA stand diesmal mehr auf dem Spiel als ein bisschen Sympathie einiger arabischer Herrscher: Washington musste die arabische Golf-Koalition zusammenhalten, die ihm eine regionale Basis für die Inter-vention gegen den Irak verschaffte. Und die heftigen offiziellen Reaktio-nen auf das Massaker aus Kairo, Damaskus und sogar Riad liessen es an-gebracht erscheinen, diesmal nicht einseitig die Position Israels zu reprä-sentieren. Nach vier Tagen des Feilschens kam eine Resolution zustande, welche die «Gewaltakte der israelischen Polizei» verurteilte und den Uno-Generalsekretär instruierte, einen Beobachter in die besetzten Gebiete zu schicken.

Die PLO konnte mindestens einen Teilsieg verbuchen: Zwar fiel die Resolution viel milder aus als gefordert. Statt Uno-Blauhelmen zum Schutz der Palästinenser, nach denen Arafat gerufen hatte, gab es nur einen macht-losen Beobachter, und von den Wirtschaftssanktionen gegen Israel, welche die Arabische Liga angeregt hatte, war nicht die Rede. Zum erstenmal jedoch hatten die USA Israel im Sicherheitsrat verurteilt.

8.5   Die Mutter aller Schlachten

Das Massaker auf dem Tempelberg lenkte nur kurzzeitig von den Ereignissen am Golf ab. Am 30. Oktober entschied George Bush, die Zahl der «Desert Shield»-Soldaten auf 400 000 zu erhöhen. Am 29. November erliess der Sicherheitsrat die Resolution 678. Zwölf Mitglieder stimmten dafür, zwei, der Jemen und Kuba, dagegen, und China enthielt sich. Die Re-solution autorisierte, ohne das Wort zu gebrauchen, den Krieg gegen den Irak, indem sie den Uno-Mitgliedern, die «mit Kuwait kooperieren», die Er-laubnis erteilte, «alle nötigen Massnahmen zu ergreifen, um frühere Reso-lutionen aufrecht zu erhalten und durchzusetzen». Sie gab Saddam 45 Tage Zeit, seine Truppen freiwillig aus dem besetzten Emirat abzuziehen. [32]

In dieser anderthalbmonatigen Frist «werden wir energisch eine diplomatische und politische Lösung vorantreiben», sagte US-Aussenmini-ster James Baker danach. Perez de Cuellar liess verlauten, er würde «sogar auf den Mond fliegen», wenn das dem Frieden dienlich wäre. Und der sowjetische Aussenminister Eduard Schewardnaze wollte «sehr grosse An-strengungen unternehmen, um sicherzustellen, dass wir nicht gezwungen sind, Gewalt anzuwenden». [33]

Bush selber gab den Irakern eine letzte Verhandlungschance, lud Aussenminister Tarek Aziz nach Washington ein und schlug vor, Staats-sekretär James Baker könnte nach Bagdad reisen. Der Irak stimmte zu, verknüpfte jedoch die Bereitschaft, den Amerikanern zuzuhören, mit Forderungen. So verstrichen Wochen, bis sich Aziz und Baker am 6. Januar 1991 in Genf trafen. Ihr sechsstündiges Gespräch brachte nichts. Aziz nahm einen Brief von Bush an Saddam entgegen, in welchem der US-Präsident nochmals die Alternativen nannte: irakischer Rückzug aus Kuwait oder Krieg. Doch Aziz weigerte sich, den Brief an seinen Chef weiterzuleiten.

Arafat versuchte sich weiter als Vermittler und reklamierte einen Erfolg für sich, mit dem er nichts zu tun hatte: Am 6. Dezember kündigte Saddam die Freilassung der letzten «ausländischen Gäste» (lies: Geiseln) an. Einige arabische Kommentatoren sahen einen «Hoffnungsschimmer für eine friedliche Lösung». Doch ägyptische und saudi-arabische Zeitungen und im Exil publizierte kuwaitische Blätter geisselten den Iraker: «Der Terrorist Saddam glaubt, er könne mit seinem neuen Trick sein hässliches Image in der Weltöffentlichkeit aufbessern. ... Wenn Saddam meint, die Freilassung der Geiseln erlaubte es ihm, Konzessionen zu gewinnen, ... dann wird er enttäuscht sein», schrieb die Saudi-Zeitung «al-Yum».[34]

Saddam Hussein hatte keine Intention, die Uno-Resolutionen zu erfüllen. Am 6. Januar, dem «Tag der Armee», hielt er seine vielleicht berühmteste Rede, eine geballte Ladung von Durchhalteparolen, religiösen und historischen Anspielungen und feuriger Kriegshetze: «Die Schlacht, die ihr heute führt», rief er seinen Soldaten übers Fernsehen zu, «ist die Mutter aller Schlachten, von Gott dem Allmächtigen gewollt, dessen göttlicher Wille uns an die vorderste Front all jener gestellt hat, die er auszeichnen wird.»[35]

Am 9. Januar, da sich Baker und Aziz in Genf trafen, versuchte der PLO-Chef nochmals, auf das Verhandlungskarussell aufzuspringen, von dem er mehrmals heruntergepurzelt war: Er schickte Faruk Kaddumi nach Genf, wo dieser anregte, Aziz könnte sich mit den zwölf EG-Aussenministern treffen. «Wir boten damals die Hand zu einer echten Friedenslösung», sagte mir Kaddumi später in seinem von Zigarrenrauch umnebelten Büro in Tunis. «Aber die amerikanische Kriegsmaschine hatte bereits eine Eigendynamik entwickelt, die kein Zurück mehr erlaubte.»[36] In Wirklichkeit benutzte Aziz die Anregung der PLO nur dafür, einen Trick zu versuchen: Er sei bereit, sich mit den EG-Kollegen zu treffen, aber erst am 17. Januar – das heisst zwei Tage nach Ablauf des UN-Ultimatums. Die PLO-Initiative starb in den Startlöchern.

Der Tag, an dem das Ultimatum ablief, sollte einer der schwärzesten in Arafats Leben werden: Am Vorabend um elf sassen Arafats alter Freund und Kampfgefährte Salah Khalaf alias Abu Iyad, Hail Abdal-Hamid alias Abu al-Hul, der Verantwortliche für die interne Sicherheit in der PLO, und

Fakhri al-Omani, ein Berater Abu Iyads, zusammen beim Nachtessen im Wohnzimmer von Abu al-Huls Haus in Carthage, einem Vorort von Tunis. Da betrat einer von al-Huls Leibwächtern, Hamza Abu Zaid, den Raum, richtete seine Kalaschnikow auf die drei Männer und mähte sie aus nächster Nähe nieder. Arafat erfuhr früh am nächsten Morgen, dem ominösen 15. Januar, in Bagdad von der Katastrophe und reiste sofort nach Tunis.

Zwar verbreitete die PLO die üblichen Anschuldigungen gegen Israel. Doch es stellte sich rasch heraus, dass Hamza Abu Zaid für die Organisation von Abu Nidal arbeitete. Abu Iyad war ein logisches Ziel für den berüchtigten Terroristen: Seit fast 20 Jahren war er ein Todfeind Abu Nidals gewesen.[37]

Doch Abu Nidal war neuerdings wieder mit Bagdad im Geschäft, nachdem er sich einige Jahre vor allem mit Libyen umgetan hatte. In einigen PLO-Köpfen dämmerte deshalb die bange Erkenntnis, dass Abu Nidal den Befehl zum Mord vielleicht nicht aus eigenem Antrieb, sondern im Auftrag des grossen Palästinenserfreundes Saddam gegeben hatte: Abu Iyad hatte sich mehrmals ziemlich deutlich gegen das irakische Kuwait-Abenteuer ausgesprochen. Wollte Saddam die PLO vielleicht darauf hinweisen, es lohne sich nicht, sich jetzt von Bagdad zu distanzieren?

8.6   Aggressoren und Opfer

Uno-Generalsekretär Perez de Cuellar unternahm einen letzten Vermittlungsversuch in Bagdad und wurde, nachdem er den ganzen Tag über gewartet hatte, am Abend des 13. Januar von Saddam empfangen. Dabei habe der Iraker seine Bereitschaft erklärt, unter gewissen Bedingungen seine Truppen aus Kuwait abzuziehen, kolportierte die jordanische Presse. Ein Leitartikel der «Jordan Times» bezichtigte Präsident Bush, seit dem 2. August versucht zu haben, «den irakischen Präsidenten in eine Ecke zu drängen, aus der es kein Entrinnen gibt». Saddam habe das «magische Wort» Rückzug mehrmals ausgesprochen, verknüpft damit, dass «die USA und die Uno ihre Kräfte zusammenlegen, um Israel aus dem Westjordanland und Gaza zu vertreiben». Nur habe niemand hingehört.[38]

Am 17. Januar, morgens um 2.35 Uhr, schlugen die vereinten Luftwaffen der USA, Frankreichs, Grossbritanniens und ihrer Verbündeten zu. Gleichzeitig wurden Cruise Missiles von US-Kriegsschiffen gefeuert. Die PLO veröffentlichte ein pathetisches Communiqué, in welchem sie den «amerikanisch-israelischen» Krieg gegen «alle Araber» attackierte. Das Exekutivkomitee der PLO habe fünf Monate damit verbracht, eine arabische Lösung zu finden, doch dieses «kollidierte mit dem Felsen kategorischer amerikanischer Zurückweisung aller Friedensinitiativen»; die US-Regierung habe darauf bestanden, «ihre Bedingungen dem Irak, den Arabern und den Ländern der Dritten Welt aufzuzwingen». [39]

In Jordanien und in den besetzten Gebieten bildete sich ein explosives antiamerikanisches Potential. Jordanische Kommentatoren triumphierten und zogen falsche Schlüsse aus der Tatsache, dass US-Propagandisten die ersten Kriegserfolge masslos übertrieben hatten: «Am ersten Kriegstag wurden die irakischen Elitetruppen, die Republikanischen Garden, gemäss einem Communiqué des Pentagon dezimiert. Am zweite Tag wurden sie ausradiert. Am dritten Tag jedoch wurden sie angegriffen. Wie genau eine ausradierte, dezimierte Armee angegriffen werden kann, können wir nicht wirklich verstehen.» Saddam Hussein hingegen, so der Kommentator in der «Jordan Times» weiter, kündigte an, der Irak sei bereit, zurückzuschlagen, «und innert Minuten fielen irakische Raketen auf Riad, Dhahran und Bahrain. Diese Raketen waren nichts weniger als die Scuds, welche die Amerikaner angeblich in der ersten Angriffswelle am 17. Januar zerstört hatten.» [40]

Scuds fielen später auch auf Tel Aviv, wie es Saddam angekündigt hatte. Sie richteten einigen Schaden an; mehrere Menschen starben. Doch den gewünschten Effektiv erzielte der irakische Diktator nicht: Den USA gelang es, die Israelis vielleicht zum erstenmal in der Geschichte ihres Staates von Vergeltung abzuhalten, die unweigerlich dazu geführt hätte, dass die arabische Anti-Irak-Koalition auseinandergebrochen wäre. Yitzhak Shamir hatte unmittelbar vor Kriegsbeginn, am 16. Januar, am israelischen Fernsehen noch angedeutet, dass Israel eingreifen könnte, wenn es dazu gezwungen würde: «Ich würde sagen, dass wir uns auch gern aus diesem Konflikt heraushalten würden. Was hat er mit uns zu tun? Er ist nicht unsere Angelegenheit. Aber dieser irakische Tyrann will uns hineinziehen, und es wäre unvernünftig zu meinen, wird würden uns nicht verteidigen, falls wir angegriffen werden.» [41]

Indem sie sich heraushielten, wurden die Israelis die ersten moralischen Sieger des Krieges: Die grösste ägyptische Tageszeitung, «al-Akhbar», vermerkte dazu: «Die Welt hat erneut begonnen, mit Israel zu sympathisieren.» [42] Ein ägyptischer Diplomat in den Vereinigten Arabischen Emiraten sagte mir, Israel habe sich «in den Augen der Welt in zwei Wochen von einem Aggressor in ein Opfer verwandelt»; die «rufschädigenden Bilder von israelischen Soldaten, die auf unbewaffnete Frauen und Kinder schossen», seien «Bildern von Raketenangriffen auf Tel Aviv und Haifa» gewichen. [43]

Weitere grimmige Communiqués aus der PLO-Zentrale in Tunis gegen den «amerikanisch-zionistischen Angriff auf den Bruderstaat Irak» verbesserten das Image der Organisation nicht. Arafat schien beflissen, alle Brücken hinter sich abzubrechen: «Die PLO jubelt dem irakischen Volk zu, seinem kriegerischen Führer, Präsident Saddam Hussein, und der heroischen irakischen Armee, welche die Ehre der arabischen Nation verteidigt», hiess es in einem Communiqué des PLO-Exekutivkomitees: «Diese Schlacht wird zum Sieg führen.» [44] Es gibt Anhaltspunkte dafür, dass die PLO zum Zeitpunkt, da sie dieses selbstzerstörerische Statement abgab, bereits nicht mehr voll auf Saddams Linie war: Der Irak hatte die PLO gedrängt, eine «zweite Front» gegen Israel zu eröffnen, und Ende Januar waren während zweier Tage Katyusha-Raketen aus dem Libanon nach Israel abgefeuert worden. Doch die PLO-Zentrale in Tunis dementierte, dass Arafat die Beschiessung autorisiert habe, und behauptete, der zuständige Kommandeur, Zeid Wehbe, sei verwarnt worden. [45]

Solche Finessen allerdings spielten keine Rolle mehr: Die PLO hatte sich diskreditiert. «Die PLO hat all ihre politischen Gewinne zunichte gemacht», schrieb die halboffizielle ägyptische Tageszeitung «al-Ahram». Sie habe «unterstrichen, dass ihr jede Glaubwürdigkeit fehlt, und bewiesen, dass sie in Wirklichkeit für den Krieg, nicht für friedliche Lösungen agitiert.» [46]

Arafat reiste nach dem 13. Februar, als US-Raketen in Bagdad einen zivilen Bunker getroffen und Hunderte getötet hatten, wieder nach Bagdad, zum ersten- und letztenmal während des Krieges. Er sah eine neue Chance für eine Verhandlungslösung, nachdem der sowjetische Unterhändler Evgeny Primakow zwei Tage zuvor, nach einem Gespräch mit Saddam, ziemlich optimistisch abgereist war. [47]

Am 15. Februar kündigte Saddam seine Bereitschaft zum Abzug aus Kuwait an. Seine Offerte, von Bush als «grausamer Scherz» abqualifiziert, war allerdings mit Bedingungen gespickt: Alle Resolutionen des Sicherheitsrates betreffend die Kuwait-Invasion müssten widerrufen werden; Israel müsse sich aus den besetzten Gebieten zurückziehen; die Staaten, «welche an der Aggression [gegen den Irak] beteiligt gewesen sind, müssen sich verpflichten, wieder aufzubauen, was sie zerstört haben»; und so weiter. Saddam verknüpfte hier zum letztenmal den Rückzug aus Kuwait mit dem Rückzug der Israelis aus den besetzten Gebieten. Und Arafat verkündete nochmals, die irakische Antwort auf den sowjetischen Vorstoss «verdient eine positive Reaktion». [48]

Aber die irakische Besetzung Kuwaits ging ihrem Ende entgegen. Als Tarek Aziz am 23. Februar ankündigte, der Irak sei jetzt zu einem Rückzug bereit, vorausgesetzt, einige der Anti-Irak-Resolutionen des Sicherheitsrates würden zurückgezogen, war es zu spät. Nachdem sie den Irak und Kuwait während 38 Tagen unablässig bombardiert hatten, setzten die Amerikaner und ihre Verbündeten am 24. Februar ihre Infanterie und ihre Panzerdivisionen in Marsch. Zwei Tage später war Kuwait befreit; nochmals zwei Tage später gab George Bush den Befehl zur Waffenruhe.

8.7   Die Mutter aller Autofriedhöfe

Die irakischen Besatzer richteten, bevor sie sich davonmachten, in Kuwait ein aberwitziges Zerstörungswerk an: Sie setzten über 700 Ölbohrstellen in Brand. Das Emirat war in schwarzen Rauch gehüllt, als wir einen Tag nach dem Waffenstillstand mit einer Transportmaschine der saudi-arabischen Luftwaffe in Kuwait-City landeten. Elektrizität gab es keine, kein Trinkwasser; die Telefonleitungen waren gekappt.

Aber die Amerikaner hatten sich grausam an den fliehenden Irakern gerächt. Zwischen der Stadt Jahra und der irakischen Grenze trafen wir auf das, was ein Kollege «die Mutter aller Autofriedhöfe» und ein britischer Offizier «die Mutter aller Abschlachtungen» nannte. Im öligen Dunst der Ebene flimmerte eine riesige Schutthalde beiderseits der Strasse: Tausende, Abertausende von Autowracks, Fahrzeuge aller Art, Ambulanzen, Lastwagen, Müllwagen, Taxis, dazwischen Panzer, Jeeps, Feuerwehrautos, amerikanische Limousinen der kuwaitischen Polizei – alles, wessen die Iraker habhaft werden konnten, um aus Kuwait abzuhauen, nachdem Saddam den Befehl zum Rückzug gegeben hatte.

Hinter Jahra war der Konvoi in das Feuer der vormarschierenden alliierten Truppen geraten. Und die Piloten amerikanischer Jets und Kampfhubschrauber veranstalteten in einer Vernichtungsorgie das, was einer von ihnen einem Fernsehreporter gegenüber später als «Entenjagd» bezeichnete. Die Panik auf dieser «Autobahn des Todes» muss grenzenlos gewesen sein: Wir sahen Panzer, die von ihren Transportern gerutscht waren und Autos unter sich zerquetscht hatten; ein Mehrfach-Raketenwerfer mitten im Konvoi war getroffen worden und hatte in einem Feuerball die ganze Umgebung versengt. Öllachen tränkten den Boden; unter Autowracks und umgestürzten Panzern starrten uns die Schädel verkohlter Leichen entgegen; über allem hing der süssliche Gestank des Todes.

Am 28. Februar kündigte Präsident Bush triumphierend den Sieg an und gab gleichzeitig bekannt, er werde James Baker in den Nahen Osten schicken, um auf einen dauerhaften Frieden hinzuarbeiten. «Dieser Krieg ist nun hinter uns. Vor uns liegt die schwierige Aufgabe, einen potentiell historischen Frieden zu sichern. Heute Abend jedoch wollen wir stolz auf das sein, was wir erreicht haben.» [49]

Zuerst kam die grosse Abrechnung, und den teuersten Preis bezahlten nicht die Täter. Noch am 27. Februar hatte der jordanische Politologie-Professor Kamal Abu Jaber prophezeit, Saddam werde «tausend Jahre in den Herzen der Araber weiterleben». Und er hatte die groteske Voraussage gemacht, der Irak könnte «für die Amerikaner das werden, was Afghanistan für die Sowjets war» [50] Was passieren sollte, kam in sämtlichen Szenarien nicht vor, die in der arabischen Welt herumgeisterten. Saudis und Kuwaiter forderten, der «Schlange Saddam» müsse «der Kopf abgehauen werden». «Was jetzt als erstes und letztes festgehalten werden muss, ist das Bedürfnis, das irakische Regime zu stürzen und auszurotten.» [51]

Bush hatte andere Absichten: Während des Krieges hatte er mehrmals beteuert, er werde nicht zulassen, dass das irakische Regime überlebe. Doch er änderte seine Meinung radikal. Bei der Siegespressekonferenz von Norman Schwarzkopf, dem Oberbefehlshaber von «Desert Storm», spürten wir, dass etwas nicht stimmte: «Wir standen 150 Kilometer vor Bagdad, und zwischen uns und Saddam war nichts», sagte der bullige General zwei- oder dreimal, und es klang, als ob er bedauerte, dass ihn der Präsident daran gehindert hatte, diese 150 Kilometer auch noch zurückzulegen. [52]

Bush hatte die Iraker dazu aufgerufen, den Dikator zu stürzen. Am 1. Februar erhoben sich die Schiiten im Süden des Irak, wenige Tage später die Kurden im Norden. «Falls es Bush ernst war mit dem Sturz Saddams, dann war dies seine Chance», schreibt Avi Shlaim. Aber der US-Präsident liess die Aufständischen kalt im Stich. «Hinter all dem lag die pessimistische Sicht, dass der Irak ungeeignet sei für die Demokratie, und dass eine sunnitische Minderheitsherrschaft, abgestützt auf militärische Macht, die einzige Formel sei, das Land an einem Stück zu behalten.» Zehntausende von Schiiten und Kurden bezahlten Bushs zynisches Kalkül mit ihrem Leben. «Amerika hatte zwei zentrale militärische Ziele: die irakischen Streitkräfte davon abzuhalten, ihren Marsch südwärts nach Saudi-Arabien fortzusetzen, und sie aus Kuwait hinauszudrängen. Operation Wüstenschild erreichte das erste, Operation Wüstensturm das zweite. Einem sauberen Krieg jedoch folgte ein vertrackter Friede. Wenige Kriege in der Geschichte erreichten ihre unmittelbaren Ziele so rasch und umfassend und hinterliessen so viele unerledigte Geschäfte.» [53]

In Kuwait bezahlten derweil Palästinserinnen und Palästinser für die idiotische Politik ihres Vorsitzenden Arafat. Unmittelbar nach dem Einmarsch der Amerikaner begann die Hatz. Neben offiziellen Kontrollposten, bemannt mit amerikanischen GIs, kuwaitischen, saudi-arabischen und ägyptischen Soldaten gerieten wir in improvisierte Strassensperren, an denen uns Jugendliche in Rambo-inspirierten Phantasieuniformen, in schwarzen Overalls oder in Jeans und T-Shirts mit der Aufschrift «free Kuwait – fuck Saddam» ihre Maschinenpistolen ins Gesicht streckten. «Wir sind auf Palästinenserhatz», sagte mir einer aus einer Gruppe Jugendlicher, die, mit Stöcken bewaffnet, vor dem ausgebrannten Hotel Sheraton herumlungerten. «Mindestens 85 Prozent aller Palästinenser haben mit den Irakern kollaboriert», behauptete der Fahrer eines schwarzen BMW. «Vierzig Jahre haben wir sie bei uns gehabt. Die Beziehung war gut. Sie haben gut verdient. Und kaum kamen die Iraker, haben sie uns verraten. Wir wollen sie nicht mehr hier.» 54

«Die Mehrheit der Palästinenser hier war gegen Saddam», meinte dagegen ein älterer palästinensischer Arzt im al-Amiri-Spital an der Küstenstrasse. Er selber sei «absolut, total gegen Yassir Arafat. Und ich habe hier die ganze Bürde der Besetzung getragen. Viele von denen, die mich nun beschuldigen, mit den Irakern kollaboriert zu haben, waren [während der Besetzung] im Ausland und genossen in teuren Hotels das Leben, finanziert von der Regierung.» Seine Frau, sagte der Arzt, sei im zweiten Monat der Okkupation an einer Gehirnblutung gestorben. «Sie stand unter extremem Stress.» Iraker hätten sein Haus verwüstet und alles gestohlen, was Wert hatte. «Jetzt werde ich von den Kontrollposten vor dem Spital schikaniert, obwohl die genau wissen, dass ich Arzt bin und hier arbeite. Wenn es noch schlimmer wird, muss ich abreisen.» 55

Kuwaiter veranstalteten eine unerbittliche Jagd auf Palästinenser und Iraker, ob sie Kollaborateure gewesen waren oder nicht. Mitarbeiter internationaler Organisationen berichteten von unmenschlichen Bedingungen in Gefängnissen und Polizeistationen, von massenhafter Folter, von Vergewaltigungen, von der Ermordung Hunderter : Die Kuwaiter rächten sich, und weil sie sich nicht an Saddam Hussein rächen konnten, suchten sie andere Opfer. Schliesslich musste die grosse Mehrheit der fast 400 000 Palästinenserinnen und Palästinenser, die in Kuwait gelebt hatten, das Emirat verlassen. Viele hatten während Jahrzehnten mitgeholfen, das Land aufzubauen, zu entwickeln und zu verwalten, hatten sichergestellt, dass die Kuwaiter im Luxus leben konnten, ohne sich selber darum bemühen zu müssen.

Unmittelbar vor dem ersten Luftangriff gegen den Irak hatte Premier Yitzhak Shamir dem israelischen Fernsehen ein Interview gegeben. Angesprochen auf die Idee Saddams, die Besetzung Kuwaits und die Besetzung des Westjordanlandes, des Gaza-Streifens, der Golan-Höhen und eines Grenzgebiets im Libanon miteinander zu verknüpfen, hatte er geantwortet: «Diese „Verknüpfung" ist das Resultat eines teuflischen Komplotts. Ich weiss nicht, wer es zuerst ausgeheckt hat, aber es ist klar, dass Saddam Hussein Kuwait nicht eroberte, um die Palästinenser von Israel zu befreien. Aber jemand lieferte ihm diesen Vorwand. ... Nach dem Krieg, wenn er vorüber ist, wird es natürlich Druck und Forderungen geben.» 56

George Bush hatte sich ähnlich geäussert: «Saddam Hussein hat von allem Anfang an versucht, die illegale Invasion Kuwaits mit der Palästinenserfrage zu verknüpfen. Das funktioniert nicht. Die arabische Welt steht geeint – fast geeint – gegen ihn.»[57] Shamir hatte recht; der Druck kam prompt. Und natürlich gab es eine «Verknüpfung» zwischen Kuwait und dem israelisch-palästinensischen Konflikt, wenn auch nicht in Saddams Sinn. Die Amerikaner selber hatten sie hergestellt, indem sie in beiden Fällen als Schutzmacht auftraten, aber äusserst unterschiedlich handelten: Als Kuwait überfallen wurde, stellte die USA, um die Uno-Resolutionen durchzusetzen, in wenigen Tagen eine formidable internationale Streitmacht mit einer halben Million Soldaten aus 30 Ländern, von Frankreich bis zum Senegal und von Grossbritannien bis nach Ägypten. Die Uno-Resolution 242 jedoch bestand seit 1967, ohne dass die USA Druck auf Israel aufgesetzt hätten, um sie in die Tat umzusetzen, obwohl ihr die nötigen ökonomischen Druckmittel zur Verfügung gestanden hätten.

Für den Krieg gegen Saddam jedoch, den er führen musste, wenn er die Ölversorgung der USA und die amerikanische Dominanz auf der arabischen Halbinsel nicht gefährden wollte, war Präsident Bush gezwungen, eine neue Allianz mit einer ganzen Reihe arabischer Regime einzugehen: mit den reaktionären Saudis und Kuwaitern ebenso wie mit den moderaten Ägyptern und den Syrern, die sich in der Vergangenheit als besonders harte Gegner jedes Kompromisses mit Israel hervorgetan hatten. Und diese arabischen Partner, so unterschiedlich sie waren, forderten gemeinsam einen Preis: Die USA müssten Israel dazu bringen, territoriale Kompromisse einzugehen, dem Prinzip von «Land gegen Frieden» zuzustimmen.

8.8   Fenster zum Frieden

So sehr Bush die irakischen Schiiten und die irakischen Kurden ihrem Schicksal auslieferte, sobald ihre Anliegen politisch nicht mehr opportun schienen, so sehr trieben er und sein Aussenminister James Baker den Friedensprozess voran. Baker reiste 1991 acht Mal durch den Nahen Osten. Schon auf der ersten dieser Pendeltouren entdeckte er «ein Fenster zum Frieden». Allenthalben habe er festgestellt, gebe es «die Übereinstimmung, dass eine umfassende Lösung des israelisch-arabischen Konflikts auf der Basis der Uno-Resolutionen 242 und 338 gesucht werden muss».[58]

Shamir, neben dem syrischen Präsidenten Hafez al-Assad der sturste aller nahöstlichen Führer, erlebte – fast zum erstenmal in der Geschichte Israels – im Frühjahr 1991 einen US-Präsidenten, der nicht nach der Pfeife der israelischen Regierung tanzte. Shamir schilderte das unglaubliche Vorkommnis in seiner Autobiographie so: Um die Ansiedlung der jüdischen Immigranten aus der Sowjetunion zu finanzieren, «wandten wir uns an die US-Regierung und fragten um langfristige kommerzielle Darlehen von zehn Milliarden Dollar an», ein Ansinnen, das «ganz natürlich» war. «Es kam mir nie in den Sinn, dass irgend etwas mit dieser Forderung schieflaufen könnte, und ich war entsetzt, als die Administration, die darin eine Möglichkeit sah, unsere Politik zu beeinflussen, die Gewährung der Garantie daran knüpfte, dass wir jede Besiedlung jenseits der Grünen Linie [d. h. in den besetzten Gebieten] einstellen würden. Tatsächlich konnte ich anfänglich nicht glauben, was man mir sagte. Aber es war wahr. Bush machte die Gewährung der Hilfe abhängig von Israels politischer Ergebenheit, etwas, was noch kein anderer Präsident getan hatte.» [59]

Natürlich versuchte Shamir, seinen Kurs so konsequent wie möglich durchzuhalten, und James Baker, dem geschliffenen Diplomaten, entschlüpfte im Lauf seiner dritten Nahostreise nach dem Krieg ein Stossseufzer, der bezeichnend war: «Jedesmal, wenn ich in den Nahen Osten reise, werde ich von einer neuen [jüdischen] Siedlung [in den besetzten Gebieten] begrüsst», sagte er. «Es ist einfacher, den Frieden zu blockieren, als ihn zu fördern.» [60]

Shamir sträubte sich auch am vehementesten gegen die Friedenskonferenz, welche die PLO seit langem gefordert hatte, und welche die USA nun durchsetzen wollten – unter Ausschluss der PLO, denn mit ihr hätte sich die israelische Regierung niemals an einen Tisch gesetzt. Die Ideologie seines Likud-Blocks und seine Vergangenheit als Untergrundkämpfer im rechtsextremen Spektrum jüdischer Politik in Palästina und als Politiker der unnachgiebigen Rechten in Israel, der Grossmachtpolitiker wie Sharon in seiner Partei hatte und mit xenophoben und religiösen Splitterparteien in einer Koalition sass, liessen ihm wenig Raum für Kompromisse. Wahrscheinlich waren es die zurückgehaltenen Kreditgarantien, die ihn schliesslich dazu bewogen, Ende Oktober 1991 murrend an der Friedenskonferenz von Madrid teilzunehmen. Aber seine Taktik war klar: Er wollte so lang debattieren wie möglich und nur so viel Konzessionen wie unbedingt nötig machen. [61]

Auch der syrische Präsident Hafez al-Assad zierte sich. Dass er schliesslich Mitte Juli den US-Plänen für eine Konferenz zustimmte, entsprang nicht einer neuen Begeisterung Assads für Gespräche mit Israel. Aber Syrien war auf bessere Beziehungen zu den USA angewiesen: Nicht nur war die Sowjetunion als Partnerin ausgefallen; auch das finanziell attraktive Engagement am Golf, das Assad angeboten hatte – Syrien würde militärischen Schutz gegen saudische und kuwaitische Petrodollars gewähren – hatte sich nicht materialisiert.

König Hussein von Jordanien hingegen stimmte begeistert allen Vorschlägen der USA zu, auch dem, dass die Palästinenser unter dem jordanischen «Schirm» in einer gemeinsamen Delegation mit dem haschemitischen Königreich auftreten sollten. Hussein war darum bemüht, sein im Golfkrieg ramponiertes Image zu verbessern und die Beziehungen zu den USA ins Lot zu bringen, um wieder in den Genuss westlicher Wirtschaftshilfe zu kommen. Seine konstruktive Haltung trug ihm Bakers Lob ein; dieser präsentierte sich im Juli in Amman gemeinsam mit dem König und meinte, die geplante Konferenz könne «hoffentlich in vernünftiger Zeit einberufen werden». [62]

Am Ende hing es nur noch von Israel und indirekt von der PLO ab, ob die Konferenz zustande kommen werde oder nicht. Nach der positiven Antwort des syrischen Staatschefs Assad hatte Shamir keinen Spielraum mehr. Er hätte den Prozess nur allzu gern scheitern lassen, doch er brauchte dazu einen Spielverderber, weil er selber diese Rolle nicht übernehmen wollte, um Bush nicht noch mehr zu verärgern. Nachdem die Syrer als Sündenböcke ausgefallen waren, indem sie Bakers Vorschläge akzeptierten, blieb nur noch die PLO. Arafat schickte sich tatsächlich an, den Israelis in die Hände zu spielen. Baker wolle «das Verhältnis zwischen Arabern und Israelis normalisieren», ohne dass dabei etwas für die Palästinenser herausschaut. [63] Es werde «keine echte Friedenskonferenz» geben, ohne dass die Palästinenser «angemessen vertreten sind», meinte der PLO-Chef. [64]

Fast schienen sich die Intentionen der beiden Feinde in diesem diplomatischen Poker, der PLO und dem rechtsnationalen Shamir-Kabinett, zu decken. In einer Rede vor der Knesset formulierte Shamir Anfang Oktober die israelischen Bedingungen für eine Friedenskonferenz so präzise wie nie zuvor: Die Formel «Land für Frieden» sei nicht in den Resolutionen 242 und 338 enthalten, behauptete Shamir und stellte sich damit in Gegensatz zur fast weltweiten Interpretation, die auch von den USA akzeptiert wurde. Die Resolutionen des Weltsicherheitsrates seien nur «Richtlinien». Israel werde sich weder vom Golan noch aus Ost-Jerusalem zurückziehen. Die beschleunigte Besiedlung Judäas und Samarias werde fortgesetzt. Die geplante Friedenskonferenz dürfe nur «eine ein- oder zweitägige, zeremonielle Veranstaltung» werden. [65]

Baker kam nochmals in den Nahen Osten, zu seiner achten Reise seit dem Krieg. Er warnte die PLO, sie könnte endgültig zur nahöstlichen Aussenseiterin werden: «Der Bus kommt nicht noch einmal vorbei, und die Palästinenser haben in diesem Prozess viel zu gewinnen. Und sie haben mehr zu verlieren als irgend jemand sonst.» Den jordanischen König hingegen, der ein gutes halbes Jahr zuvor noch ein Paria gewesen war, lobte der US-Aussenminister in den höchsten Tönen: «Ich glaube nicht, Ihre Majestät, dass irgend jemand mutiger war in der Unterstützung des Friedens, entgegenkommender und hilfreicher als Sie, Sir.» [66]

Intellektuelle waren zur Stelle, um das rasche und radikale Umschwenken Jordaniens zu begründen: «Die Bevölkerung hat Saddam Hussein deshalb unterstützt, weil sie sich von ihm eine Lösung des Palästinaproblems versprochen hat», meinte der Chefredaktor der «Jordan Times», Georges Hawatmeh. «Nachdem Saddam versagte, hat man sich von ihm abgewandt.» [67] «Dass wir jetzt mit Baker sind, ist nicht unserer neuen Liebe zur amerikanischen Politik zuzuschreiben, sondern der Tatsache, dass wir in den Bemühungen der Amerikaner eine echte Chance für eine Lösung sehen.» [68]

Am 17. Oktober akzeptierte die PLO die Vorstellungen Bakers. Arabische Kommentatoren beeilten sich zu beteuern, dass die PLO nur theoretisch, nicht tatsächlich von den Gesprächen ausgeschlossen sei. «Niemand kann eine Friedenslösung aushandeln, die nicht den Segen der PLO hat», meinte der damalige jordanische Informationsminister Mahmud ash-Sharif. [69]

Am 18. Oktober luden die USA und die Sowjetunion als Ko-Sponsoren Israel, Ägypten, Jordanien, Syrien und den Libanon formell zur Friedenskonferenz in Madrid ein. Laut dem Einladungsschreiben sollte die Konferenz «zu einem dauerhaften Frieden in der ganzen Region» führen. Vier Tage nach Eröffnung der Konferenz sollten «direkte bilaterale Verhandlungen» zwischen Israel und den einzelnen arabischen Delegationen beginnen. «Jene Parteien, die an multilateralen Verhandlungen teilnehmen wollen, werden zwei Wochen nach Konferenzbeginn zusammentreten, um diese Verhandlungen zu organisieren.» Die multilateralen Diskussionen, an denen auch weitere arabische Staaten teilnehmen konnten, sollten sich «auf Probleme konzentrieren, welche die ganze Region betreffen», zum Beispiel «Wasser, Flüchtlingsfragen, Umwelt, wirtschaftliche Entwicklung».

Diese sogenannte dritte Phase, auf die Israel besonderen Wert legte, war unter Arabern am meisten umstritten: Syrien erklärte, es werde nur teilnehmen, wenn Israel vorher die Bereitschaft zu territorialen Konzessionen erkläre. Für die Lösung der Palästinenserfrage waren Verhandlungen in Etappen geplant: Innert einem Jahr sollten Vereinbarungen «über eine vorübergehende Selbstverwaltung» der besetzten Gebiete getroffen werden, die «für einen Zeitraum von fünf Jahren gelten sollen. Im dritten Jahr der Selbstverwaltung sollen Verhandlungen über einen dauerhaften Status beginnen.» [70] Das israelische Kabinett rang sich am 20. Oktober nach einer Diskussion, die den ganzen Tag dauerte, dazu durch, die Einladung zu akzeptieren. 16 Kabinettsmitglieder stimmten zu, 3 sagten nein, darunter Wohnbauminister Sharon. Shamir hatte seinen Ministern mitgeteilt, dem Land «bleibe gar keine andere Wahl», als nach Madrid zu reisen. [71]

8.9   Die Mutter aller Konferenzen

4665 Medienleute aus 54 Ländern fanden sich ein – ein «historischer Rekord», wie die spanische Tageszeitung «El Pais» befand. Die Israelis hatten, trotz früherem Sträuben, einen Uno-Beobachter zulassen müssen; die Uno delegierte Edouard Brunner, den Botschafter der Schweiz – eines der wenigen Länder, die nicht Uno-Mitglied sind – in Washington und früheren Staatssekretär im eidgenössischen Departement für Auswärtige Angelegenheiten. Zweimal hatte die Uno eine Nahostkonferenz organisiert, beide Male in der Schweiz: Jene von 1949 in Genf «war eine ausgedehnte Übung in Sinnlosigkeit», die zweite, 1973 in Lausanne, ein «eintägiges Fiasko». [72]

Diesmal wollten die Amerikaner als Organisatoren alles daran setzen, ein Scheitern zu verhindern. Nichts sollte an frühere Versuche erinnern – und das war einer der Gründe, weshalb Lausanne fallengelassen wurde, das als möglicher Konferenzort genannt worden war. Das kleinste Detail war sorgfältig organisiert und inszeniert, Pannen wurden im letzten Augenblick ausgemerzt: Unsere Pressekarten hatten eine seltsame, fast quadratische Form, weder das übliche, quere Kreditkartenformat noch das Hochformat von Sicherheitspässen. Alle 5000 Pressekarten, erfuhr ich, waren im letzten Moment von Hand am unter Rand beschnitten worden: Dort hatte der Titel «Internationale Friedenskonferenz» geprangt, wo Israel doch darauf beharrte, dass es sich um eine regionale Konferenz unter Aufsicht der USA und der Sowjets handle.

Israel versuchte sich in letzter Minute in Obstruktion und sträubte sich dagegen, dass sowohl den Palästinensern als auch den Jordaniern je 45 Minuten Redezeit eingeräumt wurde – gleich viel wie allen andern Delegationen. Damit werde ein «unwillkommenes Präjudiz geschaffen», krittelte der israelische US-Botschafter Zalman Shoval, ein Mitglied der israelischen Delegation: «Es würde implizieren, dass sie separate Staatswesen vertreten, und damit sind wir nicht einverstanden.» [73]

Die meisten Medienleute hatten keinen Zutritt zum barocken Palacio Real, dem Königspalast, und zu seiner imperialen Säulenhalle, wo die Zeremonien sich rund um einen riesigen, rechteckigen, weiss gedeckten Tisch abspielten, in dessen Mitte zwei Blumengebinde standen. Wir waren in den riesigen, industriell-nüchternen Ausstellungshallen des Madrider Messegeländes kaserniert, beschützt von schwer bewaffneter spanischer

Polizei, von Metalldetektoren und amerikanischen Agenten. Wenn wir nicht zum Geschehen zugelassen waren, dann kam das Geschehen zu uns: Die Veranstaltung wurde, simultan übersetzt in die sechs Konferenzsprachen, live auf riesige Leinwände übertragen. Jeder Sprecher jeder Delegation und alle andern, die etwas an den Pressemann und die Pressefrau bringen wollten, kamen und hielten ihre Medienkonferenzen ab. Schliesslich konnte man doch nicht jeden Tag mit so wenig Aufwand Leserinnen und Hörer und Fernsehzuschauer in einem halben Hundert Länder der Welt erreichen.

George Bush genoss seinen Auftritt, gab sich staatsmännisch und siegesgewiss. Und kaum hatte er geendet, kritisierte Hanan Ashrawi, die offizielle Sprecherin der inoffiziellen palästinensischen Paralleldelegation unter Faisal Husseini, in unserem Pressezentrum die Tatsache, dass Bush seine frühere Position aufgeweicht und nicht mehr von «Land für Frieden», nur noch von der «Notwendigkweit territorialer Konzessionen» geredet hatte; dass er den Palästinensern nicht das «Recht auf Selbstimmung» zugesprochen hatte, sondern nur jenes auf «vernünftige Kontrolle ihrer eigenen Existenz». [74]

Die USA hätten keine fertigen Pläne, «keine vorgezeichneten neuen Landkarten» mitgebracht, sagte der Präsident weiter. Washingtons Rolle sei nur, den Beteiligten bei der Suche nach Lösungen zu helfen – eine amüsante Verniedlichung, wenn man bedachte, mit welcher Zielstrebigkeit und welchen Druckmitteln James Baker die Syrer, die Israelis und die Palästinenser in die Konferenz gezwungen hatte. «Die Gelegenheit wird nicht andauern, wenn wir sie jetzt nicht ergreifen», mahnte der US-Präsident: «Die Zeit ist gekommen, den Frieden zu wählen.»

Wir erlebten live, wie sich die Sowjetunion als Supermacht und ernstzunehmender Mitspieler im politischen Welttheater abmeldete: Präsident Michail Gorbatschow, theoretisch auf gleichem Niveau agierend wie Bush, sprach zwar ebenfalls von einem «historischen Augenblick», verwandte danach aber die grösste Zeit seiner Rede für eine eindringliche Schilderung der radikalen Umwandlungsprozesse in seiner Weltgegend und die Bedürfnisse seines Landes nach wirtschaftlicher Hilfe. «Die Sowjetunion war nicht in Madrid, um mit Amerika zu konkurrenzieren, sondern um mit Arabern und Israelis um amerikanische Grosszügigkeit zu buhlen.» [75]

Am zweiten Konferenztag sprach zuerst der israelische Premier, und seine Rede und vor allem seine Körpersprache verhiessen nichts Gutes. Yitzhak Shamir las auf Englisch vom Blatt, ohne ein einziges Mal ins Publikum zu schauen – die Sturheit und Selbsgerechtigkeit in Person. Er gab eine einseitige Darstellung des arabisch-israelischen Konflikts, porträtierte

Israel ausschliesslich als friedensliebendes Opfer, die Araber kollektiv als Kriegstreiber: In Israel herrsche «fast komplette Übereinstimmung über die Notwendigkeit von Frieden. Wir sind uns nur über die besten Wege, ihn zu erreichen, nicht einig.» Bei den Arabern sei es umgekehrt: «Uneinig sind sie sich nur über die Wege, wie Israel verteidigungslos gemacht und schliesslich zerstört werden könne.» Dass sich arabische Gesellschaften in den über 40 Jahren seit Israels Gründung gewandelt haben könnten, wollte Shamir nicht eingestehen. Und mit seinem Verweis darauf, das Thema sei «nicht das Territorium, sondern unsere Existenz», stellte er die ganze Basis in Frage, auf der die Konferenz überhaupt zustande gekommen war: Das in den Uno-Resulitonnen 242 und 338 verankerte Prinzip von Land gegen Frieden. [76]

Auf Shamir folgte Haidar Abdash-Shafi, und wer eine rhetorische Sintflut im Stil gewisser PLO-Grössen erwartet hatte, wurde herb enttäuscht: Im Gegensatz zur israelischen hatte die palästinensische Delegation den Auftritt ihres distinguierten Leiters minuziös vorbereitet, ebenso auf Wirkung wie auf Substanz bedacht. Zwar sprach auch der Arzt aus Gaza von vergangenen und gegenwärtigen Leiden: «Wir, das Volk von Palästina, stehen vor ihnen voller Schmerz, Stolz und Erwartung. Lange haben wir uns nach Frieden gesehnt und von Gerechtigkleit und Freiheit geträumt. Allzu lange ist das Volk von Palästina vernachlässigt, totgeschwiegen und negiert worden, ... unsere gegenwärtige Existenz der vergangenen Tragödie eines andern Volkes untergeordnet.» Doch dann wandte er sich «direkt an das Volk von Israel»: «Lasst uns statt des Schmerzes die Hoffnung teilen. Wir sind willens, Seite an Seite auf dem Land und mit der Hoffnung auf eine bessere Zukunft zu leben.» [77]

Die Erkenntnis brach rasch durch: Hier präsentierte sich eine Palästinenservertretung, die Respekt erheischte und verdiente. Und hier präsentierte diese Vertretung Angebote, die fast genau dem entsprachen, was die USA gefordert hatten: Zwar beharrte Abdash-Shafi auf einem palästinensischen Staat am Ende des Prozesses; aber er akzeptierte, dass eine Übergangsphase nötig sei.

Während Abdash-Shafi sprach, kritzelte Shamir mit versteinerter Miene eine Notiz und gab sie an ein Mitglied seiner Delegation weiter. Im Hotel Princesa, wo die Israelis logierten, zirkulierte später ein Witz: «Wir haben einen riesigen Fehler gemacht. Wir hätten die PLO einladen sollen», habe Shamir geschrieben. Shamir meinte später, er habe «im Namen der ganzen [israelischen] Nation gesprochen und einen Konsens ausgedrückt», und die Rede von Abdash-Shafi habe «wie meine eigene, nichts enthalten, was neu war». [78] Aber das war reine Selbsttäuschung. Die Rede des Doktors aus Gaza war «eines jener rarsten aller Ereignisse, ein einziger Akt, der alles für immer änderte», schrieb eine britischen Sonntagszeitung.[79] Hätten in Madrid nur die Israelis und die Palästinenser getagt, wäre das Bild für immer eingebrannt geblieben: Shamir und sein Sprecher Benjamin Netanyahu, ein junger, telegener Meister der Demagogie, verkörperten Stillstand und Unversöhnlichkeit. Abdash-Shafi und die Delegationssprecherin, Hanan Ashrawi, ebenso eloquent wie Netanyahu, aber bedeutend flexibler, repräsentierten neue palästinensische Moderation und den Willen nach Aussöhnung.

Dass dies nicht das Bild war, welches wir am Ende behielten, dafür sorgte der syrische Aussenminister Faruk ash-Sharaa. Er spulte die bekannte Litanei von den Israelis als «Unterdrückern und Kolonisatoren» herunter, wiederholte die syrischen Forderungen nach «Räumung aller besetzten arabischen Gebiete» und «Aufhebung aller illegalen [jüdischen] Siedlungen» und stellte sein Land als Hort der Freiheit, der Demokratie und der Menschenrechte dar.

Die Konferenz artete zu einem wüsten Schlagabtausch zwischen Shamir und Sharaa aus. Der Israeli beschimpfte Syrien als «eines der repressivsten und tyrannischsten Regime der Welt», das Flugzeuge entführe, Menschen ermorde und seine jüdische Bevölkerung «unablässigem Terror» aussetze. Der frühere Führer der Palästinenser habe «mit den Nazis kollaboriert zur Ausrottung der Juden während des Holocaust». Sharaa gab zurück: Israel entführe Zivilflugzeuge und schiesse sie ab, sei «ein Terroristenstaat, angeführt von einem Ex-Terroristen». Um das zu unterstreichen, zog er ein altes Fahndungsfoto der britischen Mandatsbehörde hervor, welches einen gewissen Yitzhak Yezernitski, 1.65 Meter gross, 32 Jahre alt, international wegen «Terrorismus» zur Verhaftung ausschrieb – Shamir in Person, bevor er seinen Nachnamen änderte.

Die Anschuldigungen trafen zu: Natürlich hatte Israel mehrmals Maschinen arabischer Fluggesellschaften zur Landung gezwungen, um nach Palästinenserführern zu suchen, die dann nicht an Bord waren. Natürlich war Shamir Mitglied und Anführer der Stern-Bande gewesen, die Hunderte von Palästinensern und Dutzende von britischen Polizisten und Soldaten tötete und am 17. September 1948 den Uno-Vermittler Graf Folke Bernadotte ermordete. Natürlich war das syrische Regime eine erbarmungslose Tyrannei, welche die eigene Bevölkerung unterdrückte und 1982 bei einer Erhebung in der Stadt Hama Tausende umbrachte. Natürlich hatte Israel 1973 ein libysches Linienflugzeug mit über 100 Passagieren abgeschossen, welches sich in den damals israelischen Luftraum über dem Sinai verirrt hatte. Und natürlich hatte Palästinenserführer Haj Amin Husseini während des Zweiten Weltkriegs mit den Nazis kollaboriert, um die Auswanderung der Juden nach Palästina zu stoppen. Die Vehemenz jedoch und der blanke

Hass, mit denen die Argumente vorgetragen wurden, gemahnten an die Rhetorik vor einem Krieg, nicht an einer Friedenskonferenz. Und Shamir hatte vielleicht die «Juden in der Diaspora, jene eingeschlossen, die noch in arabischen Staaten leben, erfreut», als er nach seinem Statement abreiste, ohne sich die Repliken der arabischen Delegationen anzuhören, um «rechtzeitig für den Beginn des Sabbat, des heiligen Ruhetages» in Israel zu sein.[80] Dem palästinensischen Delegationsleiter aber lieferte Shamir so nochmals Gelegenheit zu einer weltweit beachteten Bemerkung: Der Freitag sei der Ruhetag der Muslime, sagte Haidar Abdash-Shafi, diese hätten aber «im Interesse des Friedens» in Madrid ausgeharrt.

Manager Baker fasste zusammen: Die Konferenzteilnehmer hätten «versagt, als es darum ging, sich angemessen mit den menschlichen Dimensionen dieses Konflikts auseinanderzusetzen»; er sei «enttäuscht über den Unwillen der Parteien, Schritte hin zur Vertrauensbildung zu machen». Trotzdem sei die Konferenz «ein Beginn gewesen – ein guter Beginn – ein historischer Beginn, der alte Tabus gebrochen hat – ein wichtiger Beginn, der weitere Gelegenheiten eröffnet hat.»[81]

Nach den Plenarsitzungen begannen in Madrid die bilateralen Verhandlungen. Die Palästinenser und die Jordanier, angeführt von Abdas-Salam al-Majali, waren sofort bereit, mit der israelischen Delegation unter Elyakim Rubinstein zu diskutieren.[82] Israelische, palästinensische und jordanische Delegationsmitglieder schüttelten einander öffentlich die Hände. Die Syrer sperrten sich während des ganzen 3. Novembers, ebenso die Libanesen. Diese betrachteten die Bombenraids israelischer Kampfjets gegen Dörfer im Südlibanon während fast der ganzen Konferenz als massive Provokation. Syrien wollte erst antreten, wenn Israel feste Garantien für die Rückgabe der besetzten Golan-Höhen abgegeben habe. Die Israelis beharrten darauf, die nächste Gesprächsrunde müsse in der Region, im Nahen Osten stattfinden.

Unter Druck der USA und Ägyptens traten die libanesische und die syrische Delegation schliesslich ebenfalls an. Aber in Madrid zeichnete sich ab, dass die Verhandlungen mit Syrien und dem Libanon die holprigsten sein würden. Eine andere Entwicklung registrierten die Israelis mit Schadenfreude: Das von Syrien hochgehaltene Prinzip von der «geeinten arabischen Front» war beschädigt; Weniger als zwei Jahre später sollte es sich endgültig als pure Fiktion erweisen.

Der Prozess kam bald ins Stocken. Die USA luden zur nächsten Runde auf den 4. Dezember 1991 nach Washington ein. Jordanien nahm sofort an; die Palästinenserdelegation wartete auf Zustimmung aus der PLO-Zentrale. Dann lehnten die Israelis ab. Sie wollten nicht nach Washington reisen, sondern in der Region bleiben, war die offizielle Version, und der

Status der Palästinenser an den Verhandlungen müsse geklärt werden. In Wirklichkeit ging Shamir alles zu rasch; bald würde die Phase kommen, wo er Kompromisse machen müsste, die er unter keinen Umständen machen wollte. Ausserdem fühlte sich der Premier persönlich brüskiert: James Baker hatte die Einladungen wenige Stunden vor einem Treffen Shamirs mit George Bush in Washington verschickt. Noch nie sei ein israelischer Regierungschef in den USA «so direkt und so hart gedemütigt worden», meinte ein israelischer Kommentator.[83] Sofort ergriffen die Syrer die Gelegenheit: Nachdem Israel sich stur gezeigt hatte, kündigte das Aussenministerium in Damaskus die Teilnahme Syriens an.

Die arabischen Delegationen waren Anfang Dezember in Washington vollzählig versammelt; Israel liess tagelang auf sich warten. Als die israelische Delegation schliesslich ankam, wurden die Gespräche sofort zur Farce: Die US-Diplomaten hatten für die Jordanier und die Palästinenser verschiedene Verhandlungsräume zur Verfügung gestellt; Israel beharrte darauf, nur mit einer einzigen, gemischten jordanisch-palästinensischen Abordnung zu reden. Tagelang feilschten die Delegationen in den Couloirs des Staatsdepartements; ein neuer politischer Begriff wurde geschaffen: «Korridor-Diplomatie». «Das einzige, worauf sich beide Seiten einigen konnten, war, dass der Kaffee im Staatsdepartement untrinkbar ist», sagte eine britische Kommentatorin.[84] Niemand durfte mehr als prozedurales Geplänkel erwarten. Schon am 4. Dezember, jenem Tag, an dem die Gespräche hätten beginnen sollen, berichtete die israelische Presse, dass die drei israelischen Verhandlungsteams «kein Mandat haben, den Syrern, Libanesen, Jordaniern und Palästinensern irgendwelche substantiellen Vorschläge zu machen». Sie seien angewiesen, nur Vorgehen und Fahrplan zu diskutieren.[85]

Am selben Tag repetierte Premier Yitzhak Shamir seine bekannte Position: «Während sie Tag und Nacht für den Frieden arbeiten, können sich Israels Führer nicht vorstellen, Ideen in Betracht zu ziehen, die auf Konzessionen in Jerusalem, dem Westjordanland, Gaza und den Golan-Höhen abzielen.»[86]

Am 18. Dezember wurden die bilateralen Nahostgespräche ergebnislos unterbrochen. Zwar einigten sich Israelis, Palästinenser und Jordanier in der zweiten Runde im Januar auf einen Verhandlungsmodus. Aber insgesamt fünf Gesprächsrunden humpelten bis zum Frühsommer dahin; der Schwung von Madrid war weg. «Shamir schien die Absicht zu haben, die Friedensgespräche zu versenken und die Schuld für ihr Scheitern auf die Araber abschieben zu wollen.»[87]

8.10 Die Oslo-Connection

Am 18. Juni provozierten die Mitglieder der Palästinenserdelegation einen Proteststurm in Israels Likud-Block: Im Gästepalast von König Hussein in Jordanien trafen sie den PLO-Vorsitzenden Yassir Arafat und liessen sich in eindeutigen Posen ausgiebig filmen und fotografieren: Einer nach dem andern umarmten die Männer Arafat; Hanan Ashrawi legte ihren Kopf an die breite Uniformbrust des Vorsitzenden, der ihre Stirne küsste. Die Farce war zu Ende: Niemand konnte mehr der Fiktion anhängen, Israel verhandle nicht mit der PLO; die Positionen waren endlich klar.

Mitglieder der israelischen Rechtskoalition reagierten wütend. Kontakte mit der PLO waren seit 1986 strafbar; Polizeiminister Roni Milo drohte, die Palästinenserdelegierten würden «im Moment, da sie nach Israel zurückkehren, verhaftet». Abgeordnete rechtsextremer Parteien forderten unerbittliche Härte. Shamir allerdings wiegelte ab: «Ich glaube, dass Schritte gemäss unseren Gesetzen unternommen werden.» [88]

Fünf Tage später hatten die Likud-Politiker keine Möglichkeit mehr, ihre Drohungen wahrzumachen: Die israelischen Wählerinnen und Wähler hatten sie, wenn auch nur knapp, aus dem Amt gewählt. Yitzhak Rabin, der neue Chef einer dünnen Regierungskoalition, versprach einen neuen Anlauf im Friedensprozess. Doch James Bakers erste Nahostreise nach Rabins Amtsantritt brachte keine Wunder, und dann wurde der Prozess erneut durch einen Wahlkampf blockiert, diesmal in den USA. Baker, der es nach dem Krieg gegen den Irak gewagt hatte, zusammen mit George Bush eine Nahostpolitik zu betreiben, die im Vergleich zu jener Ronald Reagans beinahe ausgewogen war, wurde aus der Diplomatie in das Wahlkampfteam von Bush abgezogen. Bush, inzwischen von katastrophalen Ergebnissen der Meinungsumfragen alarmiert, gab am 11. August eine erste Tranche von zwei Milliarden Dollar jener zehn-Milliarden-Garantie frei, die er gegenüber Shamir als Mittel der Disziplinierung so erfolgreich eingesetzt hatte. Arabische Kommentatoren waren empört und sprachen davon, Bush habe sich «für zehn Milliarden Dollar die jüdischen Stimmen gekauft». [89]

Das nützte dem Präsidenten wenig: Bush wurde vom Demokraten Bill Clinton geschlagen, und dieser liess, als er im Januar 1993 sein Amt antrat, «seinen Sympathien für Israel freien Lauf». [90] Clinton machte einen der lautstärksten Israel-Lobbyisten in Washington, Martin Indyk, zu seinem Nahost-Berater. Dieser meisselte die neue Nahostpolitik der USA an die Wand: Washington werde «mit Israel, nicht gegen Israel arbeiten. Wir haben uns verpflichtet, unsere strategische Partnerschaft mit Israel im Streben nach Frieden und Sicherheit zu vertiefen.» Nur durch die «speziellen Beziehungen» zwischen den USA und Israel werde es Fortschritte in den Friedensverhandlungen geben. [91]

Während der bereits zehnten Gesprächsrunde in Washington im Juni 1993 belegte die Clinton-Regierung, dass sie nicht mehr «ehrlicher Vermittler» war, nur noch Partei. Um die israelisch-palästinensischen Gespräche loszueisen, präsentierte der neue Aussenminister Warren Christopher am 30. Juni 1993 ein Arbeitspapier, das weit hinter die anerkannten Positionen zurückging, die der Madrider Konferenz als Basis gedient hatten. Da war plötzlich nicht mehr von «besetzten Gebieten» die Rede, nur noch von «umstrittenen Gebieten». Die palästinensische Delegation lehnte den Entwurf ab, der die Handschrift Israels trug. Die Friedensgespräche schienen nach 20 Monaten gescheitert.

Doch wie so oft lagen Depression und Euphorie nahe beisammen. Schon im Januar hatte das israelische Parlament mindestens die theoretische Möglichkeit direkter Gespräche mit der PLO geschaffen: Es widerrief jenes Gesetz, welches Kontakte mit der PLO unter Strafe stellte. Die Stimmen in Israel, die direkte Verhandlungen mit Yassir Arafat statt des Stellvertretergeplänkels in Washington forderten, wurden im Lauf des Jahres zunehmend lauter. Und schliesslich wurde Ende August klar, dass diese Gespräche längst stattgefunden hatten. Israelis und PLO-Leute hatten, gefördert von norwegischen Diplomaten, einen zweiten, geheimen Verhandlungsstrang eröffnet, den «Oslo-Kanal». [92]

Die USA hatten dabei keine Rolle gespielt, ausser dass «amerikanische Ignoranz und Inkompetenz» dazu beigetragen hatten, «Yassir Arafat zu überzeugen, den Verhandlungskanal zu benutzen, den Norwegen zur Verfügung stellte». [93] Erst am 27. August wurde Aussenminister Warren Christopher, dessen traurige Gestalt so oft durch die Hauptstädte des Nahen Ostens gehuscht war, von Shimon Peres über den Inhalt der «Grundsatzerklärung der Bestimmungen für eine Übergangs-Selbstverwaltung» informiert. Sie ging als «Gaza-Jericho-Abkommen» oder unter der Schlagzeile «Gaza zuerst» in die Geschichte ein, weil sie in einer ersten Phase den Rückzug der israelischen Truppen aus dem Gaza-Streifen und der Stadt Jericho vorsah. Die US-Regierung, die sich bis zuletzt geweigert hatte, die PLO anzuerkennen und in den Prozess einzubeziehen, war von den Betroffenen selbst überholt worden, ohne es zu merken.

Ein entscheidender Schritt stand noch bevor, als der Durchbruch bereits bekannt war: Die PLO musste offiziell die Existenz Israel akzeptieren, und Israel musste eingestehen, dass die PLO die offizielle Vertretung der Palästinenser sei. Nach intensiven Diskussionen reiste der norwegische Aussenminister Johan Jorgen Holst mit drei Briefen, um deren letzte Details bis zuletzt gefeilscht worden war, am 9. September 1993 nach Tunis.

Arafat hatte sich dort gerade dem Zentralkomitee der PLO gestellt; von den dreizehn Anwesenden hatten nur vier gegen ihn gestimmt. Faruk Kaddumi war der Sitzung ferngeblieben, weil er fand, Arafat habe zu viele Konzessionen gemacht. [94]

Holst hatte drei Briefe in der Aktentasche, von denen der PLO-Chef zwei unterschreiben musste. In jenem an den israelischen Premier erkannte die PLO «das Recht des Staates Israel an, in Frieden und Sicherheit zu leben». Sie «verpflichtet sich zu einer friedlichen Beilegung des Konflikts zwischen den beiden Parteien», auch dazu, «auf den Terrorismus und auf jede andere Form von Gewalt» zu verzichten. Ausserdem erklärte Arafat, alle Punkte in der PLO-Charta, die diesem Schreiben widersprächen, seien unwirksam und ungültig; er versprach, die PLO werde die nötigen Änderungen dem Palästinensischen Nationalrat (PNC) «zur formellen Billigung vorlegen» – ein Versprechen, das er bisher nicht eingelöst hat. Der Brief endete mit «freundlichen Grüssen, Yassir Arafat, PLO-Vorsitzender», und das war vielleicht die schmerzlichste Konzession, die Arafat machen musste: Die Israelis verbaten sich, dass er den so geschätzten Titel «Präsident» benutzte.

Im Brief an Holst versprach Arafat, die PLO werde die Palästinenser im Westjordanland und im Gaza-Streifen dazu aufrufen, zur Normalisierung beizutragen, «Gewalt und Terrorismus abzulehnen, den Frieden und die Stabilität zu fördern und sich aktiv am Wiederaufbau, der wirtschaftlichen Entwicklung und der Zusammenarbeit zu beteiligen.»

Am folgenden Tag reiste Holst nach Jerusalem. Dort hatte das zehnköpfige innere Kabinett die PLO-Anerkennung genehmigt. Rabins Brief war kurz und trocken: «Herr Vorsitzender, in Beantwortung Ihres Schreibens vom 9. September 1993 möchte ich Ihnen bestätigen, dass die israelische Regierung aufgrund der darin enthaltenen Verpflichtung der PLO beschlossen hat, die PLO als Vertreterin des palästinensischen Volkes anzuerkennen und im Rahmen des Friedensprozesses im Nahen Osten Verhandlungen mit der PLO aufzunehmen.» Auch dieser Brief endete mit freundlichen Grüsse, bevor sie Rabin eigenhändig durchstrich. [95]

Nicht mit den USA, trotz ihr war das Abkommen zustandegekommen. Doch Präsident Bill Clinton, dessen erste acht Monate im Amt nicht gerade durch aussenpolitische Erfolge gekennzeichnet waren, witterte einen propagandistischen Schub. Er lud zur Unterzeichnung nach Washington ein. Arafat sagte zu, sehr spät entschied sich auch Rabin, in die USA zu fliegen.

Am 13. September, einem strahlenden, frühherbstlichen Tag, fand auf dem Rasen des Weissen Hauses zu Washington das statt, was als «historischer Handschlag» bekannt werden sollte – oder als «Gartenparty», wie

Faruk Kaddumi später spottete: Die Arme ausgebreitet wie ein Erzengel, bewegte Clinton den israelischen Premier und den PLO-Chef, die zwei alten Feinde, die während Jahrzehnten versucht hatten, einander auszurotten, zur Handreichung. Arafat streckte die Hand als erster aus; Rabin zögerte einen Augenblick, bevor er reagierte. Arafat strahlte übers ganze Gesicht; Rabins Miene blieb steinern. Aber es waren nicht die zwei Antagonisten, welche die «Grundsatzerklärung» unterschrieben, sondern Shimon Peres und Abu Mazen, Arafats Nummer zwei.

9 Ein neues Zeitalter

Hindernisse nach dem «historischen Handschlag»

«Diese Entwicklungen bergen in sich den Samen der Katastrophe
für den jüdischen Staat. ... Zum absolut ersten Mal hat eine israelische
Regierung zugestimmt, Teile des Landes Israel wegzugeben.»
(Yitzhak Shamir, Summing up, S. 258 und 260.)

«Dieses Abkommen bringt keinen Frieden, weil die wichtigste Forderung
der Palästinenser nicht erfüllt wird: die Beendigung von Israels Anspruch auf
die besetzten Gebiete.»
(Haidar Abdash-Shafi, Interview mit dem Autor,
Gaza-Stadt, 13. Dez. 1993.)

Hunderte von Männern und Knaben sitzen in der engen Gasse in vier langen Reihen auf Hunderten von kleinen Stühlen. Einer schenkt schweigend Kaffee aus. Die Neuankommenden gehen den Stuhlreihen entlang und murmeln: «As-Salam aleykum – der Friede sei mit Euch.» «Wa aleykum as-Salam – und mit Euch sei Friede», tönt es, hundertfach gemurmelt, zurück. Die stille, würdevolle Kundgebung der Trauer wird nur einmal unterbrochen, als die Stimme des PLO-Vorsitzenden, verstärkt und verzerrt durch den Lautsprecher vom Dach des kleinen Gemeindezentrums, durch das Strässchen kreischt. Yassir Arafat, am Telefon von irgendwo, will sein Mitgefühl ausdrücken: «Ich teile das Leid der betroffenen Familie.»

In zwei Tagen, am 13. Dezember 1993, sollten der Gaza-Streifen und die Stadt Jericho im Jordantal unter palästinensische Verwaltung kommen. So sieht es die Grundsatzerklärung vor, welche Aussenminister Shimon Peres für Israel und Mahmud Abbas, genannt Abu Mazen, für die PLO drei Monate zuvor auf dem Rasen des Weissen Hauses in Washington unterschrieben haben. Zuvor hatten sich Israels Premier Yitzhak Rabin und PLO-Chef Yassir Arafat öffentlich die Hände geschüttelt, und US-Präsident Bill Clinton hatte strahlend seine Arme über der Zeremonie ausgebreitet.

Maher Fatafda ist wütend: «Wenn ich am Telefon mit Arafat reden könnte, würde ich ihm sagen: Du sprichst von Frieden. Braucht es solche Verbrechen, um Frieden zu schliessen?» [1]

Die Männer aus Tarkumia, 15 Kilometer ausserhalb der Stadt Hebron im israelisch besetzten Westjordanland, und viele aus den umliegenden Dörfern sind zusammengekommen, um den Tod von drei jungen Leuten zu betrauern, die am Vortag von jüdischen Siedlern ermordet worden waren: Saadi Abdal-Muhadi Fatafda, 31jährig, Vater von sieben Kindern, sein Bruder Mohammed, 26jährig, Vater von fünf Kindern, sowie ihr Cousin, Ishak Mahmud Fatafda, 27jährig, Vater von drei Kindern. Sie waren an jenem Freitagnachmittag wie am Ende jedes Arbeitstages unterwegs von ihren schlecht bezahlten Hilfsarbeiterjobs in Israel zurück in ihr Dorf im Westjordanland. Wenige Minuten, bevor sie Tarkumia erreichten, wurden sie an einer improvisierten Strassensperre angehalten und aus nächster Nähe erschossen.

Auch in Hebron, der Stadt Abrahams, ist an diesem 11. Dezember nichts von einem anbrechenden Frieden zu spüren. Die Stadt ist fast ausgestorben, die Metallrolläden in den Geschäftsstrassen sind heruntergelassen, geben die unzählige Male aufgesprayten und unzählige Male überpinselten Parolen frei: «Rache für die Märtyrer.» – «Krieg bis zum Sieg.» Die Palästinenser streiken, und wenn sie nicht streikten, müssten sie trotzdem zu Hause bleiben, weil die israelische Armee über die Stadt eine Ausgangssperre verhängt hat. Nur einige Kinder drücken sich in den Hauseingängen herum und verschwinden, sobald sie unser Auto mit den gelben, israelischen Kennzeichen sehen. Sie haben Angst vor den Siedlern mit ihren automatischen Waffen.

Wir können die Hochspannung fast greifen. Alle zwei-, dreihundert Meter werden wir an einem israelischen check-point angehalten und nervös ausgefragt. Nur einmal präsentiert sich so etwas wie eine Sabbat-Idylle: Eine junge jüdische Frau mit einem Knaben an der Hand, einen Kinderwagen vor sich her schiebend, flaniert in den totenstillen Strassen. Um sie herum, in Kampfformation, die Gewehre halb im Anschlag, spazieren vier israelische Soldaten mit.

Hebron ist seit mehr als einer Woche im Ausnahmezustand. Am 3. Dez. 1993 wurde der erste in einer ganzen Serie von Morden verübt. «Mein Nachbar, Talaal al-Bakri, war unterwegs nach Hebron, wo er einen Marktstand hatte und Gemüse verkaufte. Er war ein vorsichtiger Mann, 54 Jahre alt, Vater von sieben Kindern», erzählt Sadou Masswadeh. Auf der Kreuzung unterhalb einer grossen jüdischen Siedlung wurde er von einem Siedler erschossen. Der Siedler behauptete, Bakri habe ihn überfahren wollen.[2]

Bakris Tod löste eine Reihe von Gewaltakten an jüdischen Siedlern und Palästinensern aus, deren bisher letzte Opfer die drei Männer aus Tarkumia wurden. Der von den Israelis eingesetzte Bürgermeister von Hebron, der Arzt Abdal-Majid al-Zir, sieht nur eine Möglichkeit, den Teufelskreis von Gewalt und Gegengewalt zu durchbrechen: «Das israelisch-palästinensische Abkommen muss sofort in die Tat umgesetzt werden. Sonst wird sich die Lage rapide zuspitzen. Die Spannung wird steigen, und die Leute werden den letzten Rest von Hoffnung verlieren.» Doch das dürfte gerade in Hebron schwierig sein: Die Stadt ist nicht nur von einem Kranz besonders militanter jüdischer Siedlungen wie Kiryat Arba umgeben, die das Abkommen mit allen Mitteln bekämpfen; rund um den radikalen Rabbiner Moshe Levinger, der eigenhändig mindestens einen Palästinenser umgebracht hat, leben auch mitten in der Altstadt etwa 500 Juden. «Das ist wie ein Pulverfass in einem brennenden Haus», meint der Bürgermeister.[3]

Maher Fatafda glaubt nicht mehr daran, dass das Abkommen zwischen Israel und der PLO etwas taugt, und er meint, die Mehrheit des stattlichen, relativ wohlhabenden Dorfes Tarkumia mit seinen rund 5000 Einwohnern sei gleicher Meinung: «Vorher war vielleicht die Hälfte für das Abkommen; das hat sich nach den Morden geändert. Wie gehen Friede und Morde zusammen?» Die Aktivisten der Hamas, in Tarkumia in der Minderheit, haben sofort reagiert und frisch gedruckte Plakate in Arabisch und Englisch an die Hausmauern geklebt: «Kein Friede mit Killern. Islam ist die einzige Lösung.»

Das Büro der Palästinensischen Befreiungsorganisation PLO in Jericho mit seinem schäbigen Mobiliar, den vollen Aschenbechern und einem antiken Faxgerät, das gerade geflickt wird, gemahnt an den Treff einer obskuren politischen Splittergruppe, nicht an den Nukleus einer neuen Verwaltung. Und der Repräsentant der PLO in Jericho, Abdal-Karim Sidr, muss die ironische Symbolik der Aufschrift über dem Eingang eingestehen: Das Lokal beherbergte zuvor eine Fahrschule. «Wir haben noch einiges zu lernen», bestätigt Abdal-Karim, und das klingt wie eine krasse Untertreibung.[4]

Drei Tage vor Jerichos Schritt in die Autonomie sind fast alle wichtigen Fragen unbeantwortet: Wie gross wird das autonome Gebiet überhaupt sein? Wird es jene 25 Quadratkilometer umfassen, welche die Israelis zu räumen bereit sind, oder jene von der PLO geforderten über 350 Quadratkilometer, die dem Landkreis Jericho unter jordanischer Herrschaft entsprechen? Wer wird die Allenby-Brücke kontrollieren, den Grenzübergang zwischen Jordanien und dem Westjordanland?

Dass eine neue Palästinenserpolizei den Ordnungsdienst von den Israelis übernehmen soll, ist klar, und Abdal-Karim meint, dass «die ganze Polizei ausgewechselt werden muss. Die Leute würden keine Angehörigen der bisherigen Polizei akzeptieren, sogar wenn es Palästinenser sind. Wir trauen denen ganz einfach nicht.» Aber wann ist die Polizei überhaupt zum Einsatz bereit? Und wo werden die Polizisten wohnen? Wer wird sie bezahlen? Und wer stellt die gesetzlichen Grundlagen her, nach denen sie Parksünder büssen und Verbrecher verhaften werden? Sidr zuckt ob dieser Flut unbeantwortbarer Fragen die Achseln.

Die übrige Zivilverwaltung für die Schulen, Spitäler und so weiter, meint Sidr, könne so übernommen werden, wie sie ist. «Nur die Spitzen müssen neu besetzt werden.» Aber das ist schöne Theorie. Der von Israel eingesetzte, 50jährige Bürgermeister Jamil Khalaf weiss nicht, ob er in drei Tagen noch im Amt sein werde. «Wir haben keine Instruktionen. Alle warten gespannt», sagt er in seinem Büro im dritten Stock des Stadthauses am Hauptplatz von Jericho, umgeben von Fotos des Felsendoms und einem Bild, das ihn selber mit US-Präsident Jimmy Carter zeigt. [5]

Rajai Abdo, ein grosser, schwerer Mann mit weissem Turban und rötlichem Bart, sitzt behäbig in der Eingangshalle seines Hotels Hisham Palace und stellt mit sanfter Stimme einen «Mangel an administrativer Befähigung» bei der PLO fest. Aissa, ein Ladenbesitzer am Hauptplatz des schmucken Städtchens, wird deutlicher: «Die PLO ist eine Guerillaorganisation; jetzt soll sie hier regieren. Das kann nur in einem grauenhaften Chaos enden.» Abdo weiss, wovon er redet: Mündlich ist vereinbart, dass sein Hotel zum PLO-Hauptquartier werden soll. Es gibt Pläne für einen Umbau. Doch Abdo hat noch keinen Mietvertrag, und die Renovation ist von der PLO noch nicht genehmigt. [6]

Trotzdem unterstützt der 45jährige Abdo den Friedensprozess vorbehaltlos und in bestem Englisch: Er kam erst vor drei Jahren aus den USA zurück, wo er 24 Jahre lang gelebt hatte, die letzten zwei als Imam einer islamischen Gemeinde. Zuvor hatte er Autos verkauft. Abdo ist Islamist, und mit dem lokalen Chef der fundamentalistischen Hamas, Scheich Harb Jaber, der sein Nachbar ist, hat er sich gründlich verkracht. Denn er meint, «in den Moscheen wird viel Unsinn gepredigt», zum Beispiel der, «dass der Friede nicht gut ist, dass wir den Israelis nicht trauen können». Dabei, sagt Abdo, «ist Koexistenz das magische Wort. Wir brauchen ausländischen Handel, und wir brauchen den israelischen Handel.»

Im Gaza-Streifen scheinen die administrativen Vorbereitungen ein bisschen weiter gediehen zu sein als in Jericho. Yassir Arafat hat einen prominenten Geschäftsmann, den 51jährigen Mansur ash-Shawa, mit der Bildung einer provisorischen Verwaltung für Gaza-Stadt mit ihren 350 000 Einwohnern beauftragt. Shawa versucht nun, alle Fraktionen, auch die Islamistenorganisationen Hamas und Jihad, für das Ansinnen zu gewinnen: «Ohne Beteiligung aller Elemente kann ich keinen Stadtrat bilden», sagt er. [7]

Shawa, Sohn des letzten gewählten Stadtpräsidenten, der vor rund zehn Jahren von den Israelis abgesetzt wurde, ist allerdings skeptisch, wenngleich «nicht pessimistisch. Aber es sind andere vor mir angefragt worden, und sie haben keinen Erfolg gehabt. Es ist keine leichte Aufgabe.» In Wirklichkeit, meinte ein Uno-Mitarbeiter, der seinen Namen nicht veröffentlicht haben wollte, sei die Aufgabe, Gaza zu regieren, «ganz einfach unmöglich.

Was den Ägyptern und den Israelis nicht gelungen ist, wird der PLO erst recht nicht gelingen.»

Nicht, dass die Palästinenser seit dem 13. September untätig gewesen wären. Am frühen Morgen des 12. Oktober hatte der Palästinensische Zentralrat (PCC) nach einer Marathonsitzung von zwei Nächten und einem Tag das Abkommen mit Israel genehmigt. Im 107köpfigen Mini-Parlament, das zwischen den Sessionen des grossen Palästinensischen Nationalrates einberufen wird, hatten 63 Mitglieder dafür gestimmt, 8 dagegen, und 11 hatten sich der Stimme enthalten. Eine Resolution, welche die Gründung einer «Palästinensischen Nationalbehörde» für die besetzten Gebiete mit Arafat an der Spitze vorsah, wurde einstimmig, mit vier Enthaltungen, angenommen. Und zwei Verhandlungsteams wurden eingesetzt: eines, das sich mit einer israelischen Delegation unter Shimon Peres zur Koordination sporadisch in Kairo treffen sollte; sein Chef war Mahmud Abbas (Abu Mazen). Das andere unter Leitung von Nabil Shaath sollte im ägyptischen Badeort Taba am Roten Meer die Details aushandeln. Shaats Gegenüber war der stellvertretende israelische Generalstabschef Amnon Shahak.

Die Opposition gegen Arafat allerdings war stärker denn je; einer seiner engsten Vertrauten und ältesten Mitstreiter, Faruk Kaddumi, weigerte sich, der Kairo-Delegation vorzustehen. Die PFLP von Georges Habbash und die DFLP von Nayef Hawatmeh fuhren in Damaskus schweres Geschütz auf, warfen dem PLO-Chef vor, die PCC-Sitzung manipuliert zu haben und «die PLO-Institutionen durch die Vereinbarung mit Israel zu zerstören». 8 Auch Hani al-Hassan, Mitglied des Fatah-Zentralkomitees und ein Arafat-Mann aus frühesten Jahren, wandte sich vom PLO-Chef ab und traf sich in Damaskus mit Arafats schärfsten Gegnern. Shafi al-Hut, der PLO-Vertreter in Beirut, trat von diesem Posten und aus dem PLO-Exekutivrat zurück. Und so weiter. 9

Am 13. Oktober trat die Autonomievereinbarung offiziell in Kraft, und gleichzeitig begannen die Verhandlungen in Kairo und Taba. Nabil Shaath und Shimon Peres wirkten wie alte Freunde, lachten, erteilten einander das Wort und gaben sich äusserst optimistisch. «Wir werden keine Mühe scheuen, dem Rest der Welt mitzuteilen, dass wir vorhaben, eine neue Wirklichkeit zu schaffen», sagte Peres an einer Pressekonferenz. Und auf die Frage, ob das Stichdatum des 13. Dezember eingehalten werden könne, meinte der israelische Aussenminister: «Ja, wir werden uns bis zum äussersten anstrengen, um den Zeitrahmen einzuhalten oder wenn möglich sogar früher fertig zu werden.» Abu Mazen meinte seinerseits: «Wir werden Tag und Nacht arbeiten, um alle strittigen Punkte bis zum Stichdatum zu klären.» 10 In Taba allerdings, wo es nicht um schöne Ideen, sondern verzwickte Details ging, wo Militärs und Sicherheitsleute versuchten, jeden

Aspekt eines künftigen Arrangements in Stein zu meisseln, war die Stimmung von Anfang an bedeutend weniger euphorisch.

Eine der zentralen Aufgaben, die Ausbildung der Polizei für Gaza und Jericho, ging die PLO mit einigem Elan an. Nachdem Arafat und Rabin das Autonomieabkommen unterschrieben hatten, öffnete die Palästinenserorganisation in den besetzten Gebieten Rekrutierungsbüros für künftige Polizisten. 30 000 Anwärterinnen und Anwärter meldeten sich in der ersten Woche, obwohl noch unklar war, ob 6000 Männer und Frauen angestellt würden, wie es sich Rabin vorstellte, oder die 30 000, welche sich die PLO wünschte.

Arafat verlangte allerdings, dass mindestens die Hälfte der künftigen Ordnungshüter von ausserhalb der Territorien kommen müsse, vor allem von der «Palästinensischen Befreiungsarmee» (PLA). Nur eine Woche nach dem «historischen Handschlag» von Washington waren in Amman Einheiten der zukünftigen Palästinenserpolizei am Üben: Die schwarzen Stiefel waren neu, ebenso die blauen Uniformen und die Waffen: Bisher waren die Männer, die im Taktschritt über den Hof der Polizeiakademie in Amman trampelten, an russische Kalaschnikows und ihre chinesischen Imitationen gewöhnt gewesen; jetzt mussten sie sich an amerikanischen M-16 üben. Das neue Outfit, gekrönt von einem Beret statt der schwarz-weissen Kefiya, signalisierte den Beginn einer neuen Epoche.

Zuvor waren die 3000 Männer der sogenannten Bader-Brigade mit der zunehmend fiktiven Idee in Jordanien stationiert gewesen, dereinst die Heimat von der «zionistischen Okkupation» zu befreien. Jetzt sollten die Angehörigen der Palästinensischen Befreiungsarmee (PLA) ins Westjordanland abdelegiert werden. Ihre Gegner würden nicht mehr israelische Soldaten sein, sondern jene eigenen Landsleute, die das palästinensisch-israelische Abkommen torpedieren wollten. [11] «Palästinenser schiessen nicht auf Palästinenser», sagte mir zwar einer der von Guerillas zu Polizisten mutierenden Männer in der Kaserne. Vorsichtshalber wurden sie trotzdem in der Kontrolle von Demonstrationen und in der Prävention und Bekämpfung terroristischer Aktionen ausgebildet; dazu erhielten sie ein Grundtraining in Kriminologie und forensischer Medizin.

Auch das Internationale Komitee vom Roten Kreuz (IKRK) in Amman half bei der Umschulung: In mehrtägigen Kursen brachten Schweizer IKRK-Delegierte und ein britischer Professor, Ralph Crawshaw, Leiter des Zentrums für Menschenrechte an der Universität von Essex, ab dem 14. November 50 PLA-Offizieren Grundkenntnisse des Völkerrechts und der Menschrechte bei. Im besonderen, sollten «spezifische Aspekte der Polizeiarbeit» zur Sprache kommen, etwa «Verhaftungen, Einkerkerung und die Anwendung von Gewalt». [12]

Für das IKRK sei diese Aufgabe neu, sagte Delegationsleiter Marco Sassoli. Die Organisation habe zwar unter anderem in afrikanischen Ländern schon Kurse für Polizisten angeboten; es sei aber noch nie vorgekommen, «dass wir so etwas durchführen konnten, bevor die Leute überhaupt ihre Aufgabe übernahmen». Dass aus Soldaten Polizisten werden, ist kein «natürlicher» Karrieresprung: Soldaten sind aufs Töten abgerichtet, Polizisten hingegen «sollten keine kombattante Rolle spielen», sagt Sassoli. «Ein Polizist darf nur in Ausnahmefällen Gewalt anwenden; sein Ziel ist, wenn nötig, die Verhaftung.» [13]

Doch viele Palästinenserinnen und Palästinenser in den besetzten Gebieten blieben skeptisch: Was geschehen kann, wenn eine Armee Polizeifunktionen wahrnimmt, hatten sie am eigenen Leib zu spüren bekommen: Seit Beginn der Intifada im Dezember 1987 hatten israelische Soldaten rund 1530 Palästinenserinnen und Palästinenser getötet. [14]

Die Bevölkerung musste sich zuerst daran gewöhnen, überhaupt eine Polizei zu haben: «Recht und Ordnung» waren während 26 Jahren Militärrecht und Ordnung der Besatzer gewesen, an die sich kaum eine Palästinenserin, kaum ein Palästinenser zu wenden wagte, wenn sie oder er zum Beispiel Opfer eines Raubes oder eines andern Verbrechens geworden war: Wer sich mit den Israelis einliess, setzte sich dem Verdacht aus, ein Kollaborateur zu sein, und mehrere bewaffnete Gruppen von selbsternannten «Rächern» hatten für angebliche und tatsächliche Kollaboration die Todesstrafe ausgesetzt, die sie in Hunderten von Fällen und selbstredend ohne Gerichtsverfahren auch vollstreckten.

Der Entscheid, Soldaten der PLA zu Polizisten für das künftige autonome Palästina umzuschulen, hatte wohl wirtschaftliche Gründe: Tausende von Arafats Kriegern, in diversen arabischen Ländern stationiert, werden ihre Funktion als «Befreier Palästinas» verlieren, wenn der Friedensvertrag zwischen Israel und den Palästinensern steht. Und jene Länder, die bisher einen Grossteil der Kosten für die PLA trugen, werden dazu künftig kaum mehr bereit sein.

Nicht nur die administrativen Fähigkeiten der PLO wurden von vielen Palästinensern und erst recht von vielen Israelis angezweifelt. Viele stellten auch die demokratische Disposition Arafats und seiner Getreuen in Frage. Hanan Ashrawi, die bisherige Palästinensersprecherin, erregte grösstes Aufsehen, als sie ankündigte, sie werde einer Organisation vorstehen, die sich spezifisch um die Einhaltung der Menschenrechte unter der PLO-Administration kümmern will. «Wir können nicht schizophren sein», meinte auch der Anwalt Raji Sourani, der bisher als vehementer Verfechter der Menschenrechte gegenüber den israelischen Besetzern aufgetreten war. «Wir können nicht während 26 Jahren versuchen, die Israelis zu korrigieren, und nachher, wenn es um die Palästinenser geht, einfach sagen, alles sei perfekt.» Sourani will «mit der PLO genauso unerbittlich sein wie mit Israel», und er hat bereits «einige nicht sehr ermutigende Zeichen gesehen». [15]

Die Zeit zwischen dem 13. September und dem 13. Dezember 1993, zu kurz, um einen komplexen Vorgang wie die Übergabe einer Zivilverwaltung zu bewerkstelligen, zerrann mit unglaublicher Geschwindigkeit. Und das Steuerungskomitee in Kairo, das versuchen sollte, die festgefahrenen Verhandlungen wiederzubeleben, konnte nicht richtig arbeiten. Denn Arafat hatte sich in der Zwischenzeit mit dem PLO-Delegationschef Abu Mazen überworfen. Streitobjekt war die «Palästinensische Agentur für Wirtschaft, Entwicklung und Wiederaufbau» (PEDRA), welche die Volkswirtschaft der autonomen Gebiete steuern sollte. Abu Mazen verlangte, die PEDRA müsse mit den besten Wirtschaftsfachleuten bestückt werden, ohne Rücksicht auf politische Affiliationen. Er warf Arafat vor, das Gremium nach den alten Kriterien bestellen zu wollen: für jeden Spezi ein Pöstchen. Die «Logik der Revolution», hatte Mahmud Abbas schon am 12. Oktober vor dem PCC gesagt, müsse durch eine «Logik der Staatlichkeit» abgelöst werden. [16]

Arafats Umgebung konterte, Abu Mazen wolle dem ganzen Friedensprozess seinen Stempel aufdrücken. Jedenfalls war Abu Mazen als Delegationschef nicht zu haben, als es darum gegangen wäre, zusammen mit Shimon Peres den festgefahrenen Prozess wiederzubeleben.

Einen Tag später schrieben Nachrichtenagenturen und die arabische Presse bereits von einem möglichen Staatsstreich gegen Arafat. Ein PLO-Funktionär wurde mit den Worten zitiert: «Arafats autokratische Attitüde und sein offensichtlich unverantwortliches Verhalten haben zu allgemeiner Unzufriedenheit und ernsthaften Zweifeln an der Durchführung des Autonomie-Deals geführt.» Es gebe eine «Koalition von Reformern innerhalb der PLO, welche den Vorsitzenden dazu zwingen will, [die PLO] zu demokratisieren oder zurückzutreten». [17]

Der Chefredakteur der angesehenen arabischen Tageszeitung «al-Hayat», Jihad Khazen, wurde noch etwas deutlicher: «Das Benehmen der palästinensischen Führung in den zwei Monaten, die [seit der Unterzeichnung des Abkommens am 13. Sept. 1993] verstrichen sind, hat die schlimmsten Befürchtungen jener vielen bestätigt, die sich darüber sorgten, dass diese Führung, nachdem sie vielleicht befähigt war, eine Revolution zu führen, nicht die Vision hat, um einen Staat aufzubauen.» [18] Andere vermerkten eine «wachsende Überzeugung, dass Herr Arafats Ein-Mann-Herrschaft zu einer Katastrophe für das palästinensische Volk führen könnte – besonders, wenn die Durchführung der Autonomiepläne beginnt». [19]

9.1   Verlorene Territorien

Arafat verlor in jenen Tagen auch seinen Rückhalt im Libanon: Aus den engen, staubigen Strassen des Flüchtlingslagers Ain al-Hilwe verschwanden nach der Unterzeichnung des Abkommens die Bilder des PLO-Chefs. Slogans erschienen über Nacht an den Wänden der Häuser: «Der bewaffnete Kampf geht weiter.» «Nieder mit dem schändlichen Abkommen.»

Nicht nur sein Vertreter al-Hut wandte sich von Arafat ab. Ein Kommandant der Fatah-Streitkräfte im Libanon, Munir Makda, rebellierte offen gegen die PLO-Führung und rief den «Schwarzen 13. September» aus, eine Gruppe, welche alsbald begann, auf eigene Faust Anschläge im Libanon und in den israelisch besetzten Gebieten durchzuführen. Zwar schloss die PLO-Führung den abtrünnigen Obersten am 14. Oktober aus. Aber Makda machte auf eigene Faust weiter und erklärte gegen Ende November, von 20 Fatah-Büros in Ain al-Hilwe seien 17 unter seiner Kontrolle und 20 von 32 «militärischen» und politischen Top-Funktionären der Fatah seien auf seinen Kurs eingeschwenkt.[20]

Palästinensische Extremisten attackierten Leute, die Arafat treu geblieben waren: Am 16. November wurde Oberst Moin Shabayta, ein Fatah-Kommandant, ausserhalb der südlibanesischen Hafenstadt Saida erschossen. Neun Tage zuvor war Arafats Statthalter im Südlibanon, Zeid Wehbe, bei einem Anschlag schwer verletzt worden. Fatah-Leute meinten, Angehörige der Terrorgruppe von Abu Nidal, die im Lager Ain al-Hilweh bei Saida eine Basis hatte, hätten den Mord an Shabayta begangen.[21]

Dass dem PLO-Chef die Kontrolle über Ain al-Hilwe entglitt, mit 80 000 oder auch 100 000 Einwohnern das grösste Palästinenserlager im Libanon, und dass sich dort viele seiner Anhänger gegen den PLO-Vorsitzenden verschworen, hatte direkt mit dem Abkommen vom 13. September zu tun. Denn etwa 90 Prozent der Menschen in Ain al-Hilwe waren 1948 aus Palästina geflohen, als Israel begann, sein Territorium abzurunden, oder sie stammten von Flüchtlingen jenes Jahres ab. Das Abkommen zwischen Israel und der PLO akzentuierte jedoch vor allem in den am stärksten betroffenen Gastländern Jordanien und Libanon die jahrzehntealte problematische Lage dieser «48er-Flüchtlinge» noch, statt dass es sie verbesserte.

Der 70jährige Abu Faisal lebt mit seiner Frau und einigen seiner Kinder und Grosskinder in einem schiefen, zweistöckigen Backsteinhaus im Palästinenserlager Bakaa ausserhalb der jordanischen Hauptstadt; Farid Zakharia hat es sich mit Frau, drei Töchtern, zwei Söhnen und einer Hausangestellten aus dem Fernen Osten in einer Mietwohnung in Abdoun, Ammans bestem Quartier, bequem gemacht. Zakharias Familie war 1948

aus Jaffa vertrieben worden; Abu Faisal floh vor 45 Jahren vor den anrük-
kenden israelischen Soldaten aus Lidda (heute Lod).

Beide Männer, so unterschiedlich ihr sozialer Status sein mag, haben
denselben Ort für die Aufbewahrung ihres kostbarsten Schatzes gewählt:
die Schublade im Nachttischchen neben dem Ehebett. Dort klauben sie die
vergilbten Papiere hervor, die ihnen jahrzehntelang die diffuse Hoffnung
gaben, irgendwann in die Heimat zurückkehren zu können: Besitzurkun-
den, die ihre Familien als Eigentümer von Land in Palästina ausweisen. Als
PLO-Chef Yassir Arafat die Existenz des Staates Israel anerkannte und das
Abkommen genehmigte, das die Flüchtlinge von 1948 nicht erwähnt, nahm
er Hunderttausenden von Palästinensern die Illusion, jemals zurückkehren
zu können. «Er hat uns unser Land genommen», beklagt sich Abu Faisal.

In Jordanien leben weit über zwei Millionen Palästinenser, von de-
nen sich allerdings nur ein Bruchteil als «Flüchtlinge» fühlt. Sie machen bis
zu zwei Drittel der Gesamtbevölkerung von knapp vier Millionen aus. Im
Libanon sind es über eine halbe Million, davon etwa 300 000 offiziell als
«Flüchtlinge» registriert. Jordanien hat als einziges arabisches Land den
Palästinensern, die sich darum bewarben, die Staatsbürgerschaft gegeben.
Das schafft jetzt ganz spezifische Probleme: Viele Einwohner des König-
reiches haben zwar einen jordanischen Pass, fühlen sich aber gleichzeitig als
Palästinenser. Wo die Loyalität dieser Jordanien-Palästinenser liegt, in Hus-
seins Reich, in Arafats künftigem Mini-Imperium oder beidenorts gleichzeitig, ist in vielen Fällen ungewiss. Zwar sind viele Palästinenser voll in
die jordanische Gesellschaft integriert, doch viele haben gleichzeitig starke
Bindungen an die besetzten Gebiete. Einige jordanische Kommentatoren
redeten deshalb von einer «doppelten Loyalität».

Für den Libanon wird die Frage der Loyalität keine Rolle spielen:
Die Palästinenser haben dort nie die Staatsbürgerschaft erhalten und sind
viel weniger in die Gesellschaft integriert als in Jordanien. Etwa die Hälfte
lebt weiterhin in Lagern, vor allem im Süden von Beirut und in der Umgebung der südlibanesischen Hafenstadt Saida. Hingegen fürchten sich viele
Libanesen, vor allem im christlichen Réduit, vor einem Nahost-Frieden, der
die arabischen Staaten verpflichten würde, die bei ihnen lebenden Palästinenser einzubürgern. Es sei «fast logisch, dass es irgendwie darauf hinaus-
laufen wird», befürchtete etwa der Rechtsanwalt Butros Harb, ein ehemaliger Abgeordneter und Erziehungsminister. Das wäre, meint er, «eine
Katastrophe für den Libanon», denn damit «würde das politische Gleich-
gewicht in meinem Land krass durcheinandergebracht».[22]

Palästinensische Freischärler waren 1975 massgeblich am Ausbruch
des Bürgerkriegs beteiligt, und sie provozierten mit Überfällen auf Israel
vom Libanon aus auch die brutale israelische Intervention von 1982, bei

der Tausende von unbeteiligten Libanesinnen und Libanesen getötet wurden. Noch heute spielen Palästinensergruppen an der Seite der schiitischen Hisbollah eine wichtige Rolle bei der «Befreiung Palästinas von der zionistischen Okkupation». Nach dem Handschlag von Washington bescherte diese Koalition der Regierung von Rafik Hariri eine innenpolitische Krise: Bei einer verbotenen Demonstration in Süd-Beirut schoss die Armee in die Menge; acht Demonstrantinnen und Demonstranten wurden getötet. Zur Beerdigung der «Märtyrer» gingen mindestens 100 000 Leute auf die Strasse und forderten den Tod von Hariri und von Präsident Elias Hrawi.

Hariri, dessen wichtigstes Ziel der Wiederaufbau des ehemaligen Bürgerkriegslandes ist, wartet auf die Gelegenheit, Hisbollah und die Palästinensergruppen zu entwaffnen; sie sind der wichtigste Störfaktor in seiner Planung. Doch auf die Frage, was mit den 600 000 Palästinensern im Libanon passieren soll, fällt auch ihm nur die unrealistische Antwort ein, sie sollten «zurückkehren».[23]

9.2   Totaler Krieg

Arafat hatte die «PLO-Reformer» gegen sich, die «PLO-Hardliner» sowieso und erst recht die «Ablehnungsfront», jene Organisationen, die sich mehr an der Politik Syriens, des Irak oder des Iran orientieren. Seine Basis in den Palästinenserlagern des Libanon und Jordaniens war geschwächt, wenn nicht verloren. Er agierte aus der Defensive, musste seine Position in allen Richtungen verteidigen, wurde von Zeitungskommentatoren in aller Welt abgeschrieben und setzte seinen Kurs trotzdem fort.

Der harte Kern um den PLO-Vorsitzenden und die Riege der Optimisten um Shimon Peres hielten weiter am Datum des 13. Dezember fest. Vier Tage vor dem entscheidenden Tag gab sich Peres immer noch optimistisch. Er hatte Yassir Arafat in der spanischen Stadt Granada getroffen und behauptete, sie beide hofften, den Zeitplan einhalten zu können. Allerdings deutete Peres an, dass es Probleme gab: Er habe dem Vorsitzenden klargemacht, dass es «bezüglich Sicherheit keine Chance für einen Kompromiss gibt».[24] Der israelische Generalstabschef Ehud Barak sagte, die Armee befinde sich «im Kriegszustand gegen Opponenten des Friedensplanes – Araber und Juden». Andere israelische und palästinensische Sprecher beteuerten standhaft, sämtliche Verhandlungen verliefen nach Plan: die Gespräche in Kairo über den Transfer der Administration im Gaza-Streifen und in Jericho ebenso wie Diskussionen im ägyptischen al-Arish, wo es um Detailfragen ging, und jene in Paris, die sich um ökonomische Belange drehten. Nabil Shaath kündigte ebenfalls am 9. Dezember das bevorstehende Treffen

Arafats mit Rabin in Kairo an. Er allerdings, der kühle Realist, äusserte sich bedeutend weniger zuversichtlich. Israel habe «überhaupt nichts Neues angeboten». Es liege nun an Arafat und Rabin, am 12. Dezember die «verbleibenden Hindernisse aus der Welt zu schaffen».[25]

Mehrere jüngere PLO-Funktionäre in Tunis, Jerusalem und Gaza, die ich in jenen Tagen anrief, waren am Rand der Verzweiflung. Einer sagte, die Standpunkte seien «so weit auseinander wie der Nord- und der Südpol»; ein anderer prophezeite, am 13. Dezember dürften nicht viel mehr als symbolische Gesten erwartet werden – und damit übertrieb er noch.

Auch der PLO-Chef und der israelische Premier wechselten einander in den entscheidenen Wochen vor dem Stichtag in düsteren Prognosen ab. Arafat, zu Besuch in fünf nordeuropäischen Ländern, sprach von einer «Sackgasse», nachdem Shaath eigens nach Stockholm gereist war, um den Vorsitzenden über die jüngste Entwicklung in Kairo zu informieren.[26] Noch am selben Samstag, inzwischen in Finnland angekommen, meinte Arafat auf die Frage eines Reporters, ob die Verhandlungen abgebrochen seien: «Noch nicht. Wir warten auf Vorschläge».[27]

Premier Rabin betonte mehrmals, der 13. Dezember sei «kein heiliges Datum»; wenn nötig, nehme er einen Aufschub in Kauf. Arafat hingegen klammerte sich an die Vereinbarung vom 13. September, griff Rabins Schlagwort auf, drehte es um, beteuerte, der 13. sei sehr wohl ein «heiliges Datum», und setzte so seine eigene Glaubwürdigkeit ein weiteres Mal aufs Spiel.

Die Politiker fanden keinen Ausweg; dafür nahm die Gewalt auf beiden Seiten, von palästinensischen und jüdischen Friedensgegnern und der israelischen Armee, markant zu. Am 2. Oktober erschossen jüdische Siedler bei Ofra in der Nähe von Ramalla eine 70jährige Frau und verletzten eine zweite schwer. Am selben Tag ging die israelische Armee im Gaza-Streifen massiv gegen Hamas-Aktivisten vor – zum erstenmal nach Unterzeichnung des Abkommens mit der PLO. Zwei angebliche Hamas-Leute wurden getötet, sechzehn verhaftet. Und wie in alten Zeiten zerstörten oder beschädigten die Israelis auch dreizehn Wohnhäuser. Arafat protestierte in einem Brief an Premier Rabin, doch dessen Aussenminister rechtfertigte die Aktion: Israel habe sich «nie verpflichtet, die Verfolgung von Terroristen einzustellen», ganz im Gegenteil: «Die PLO hat sich im Abkommen ihrerseits verbürgt, ebenfalls gegen Terroristen vorzugehen.»[28]

Am 21. Oktober wurde im Gaza-Streifen der 58jährige Assad Saftawi ermordet, ein führendes Fatah-Mitglied. Hamas behauptete danach, Saftawi sei einer Fatah-internen Auseinandersetzung zum Opfer gefallen. Zwei Tage später kam es vor seinem Haus zu einer Szene, die für israelische Sicherheitskräfte peinlich gewesen sein muss: Der 23jährige Imad Akel schoss mehrmals in die Luft und schrie, Hamas werde «nicht auf palästinensische Brüder schiessen, sondern auf den Feind». Akel war einer der Köpfe von Izzedin al-Kassem, dem bewaffneten Arm von Hamas, und stand zuoberst auf der israelischen Fahndungsliste. Akel hatte nur noch wenige Tage zu leben.

Am 24. Oktober ermordeten Leute der «Izzedin-al-Kassem-Brigaden» im Gaza-Streifen zwei Soldaten. Im Flüchtlingslager Rafah wurde eine 23jährige Frau getötet; sie war in eine Schiesserei zwischen «Falken», Anhängern Arafats, und «Adlern», Anhängern der PFLP von Georges Habbash, geraten. 15 Menschen wurden verletzt. Gleichentags sandte Hamas in Amman Communiqués an verschiedene Zeitungen, in denen sie den doppelten Soldatenmord von Gaza als «Geschenk an den Friedensprozess» bezeichneten.[29] Später erklärte Hamas den Israelis den «totalen Krieg», der «bis zum jüngsten Tag» dauern werde. «Jeder zionistische Siedler und jeder Soldat im besetzten Gaza-Streifen und im Westjordanland» werde künftig ein Ziel abgeben.[30]

Am 29. Oktober wurde ein jüdischer Siedler, Chaim Mizrawi, erstochen. Die israelischen Behörden verhafteten alsbald mehrere palästinensische Jugendliche mit Beziehungen zur PLO. Rabin reagierte einmal mehr mit dem Abbruch der Verhandlungen, und Arafat rang sich schliesslich, zwei Wochen später, zu einer Verurteilung durch: «Wir lehnen die Tötung von Mizrawi ab und verurteilen sie.»[31]

Am 15. November nahmen Delegationen Israels und der PLO in Kairo ihre Gespräche wieder auf, die nach Mizrawis Tod, am 2. November, unterbrochen worden waren. Drei Tage später verkündete Nabil Shaath, es gebe «echte Fortschritte». Der israelische Polizeiminister Moshe Shahal sagte, die Gespräche liefen «genau nach Plan».[32]

Doch das Zwischenhoch verflüchtigte sich rasch. Am 24. November bekam Arafat von den Studentinnen und Studenten der Bir-Zeit-Universität bei Ramalla eine kalte Dusche: Bei den Wahlen der Studentenvertretungen erlitt eine Koalition von Arafat-Anhängern eine schwere Niederlage; gewählt wurden vor allem Mitglieder einer Allianz der Hamas mit mehreren radikalen Organisationen wie der Volksfront für die Befreiung Palästinas (PFLP) und der Demokratischen Front für die Befreiung Palästinas (DFLP), die in Damaskus eine «Ablehnungsfront» proklamiert hatten.

Gleichzeitig ereilte Imad Akel, den Chef von Izzedin al-Kassem und «meistgesuchten Mann in den Territorien», in Gaza-Stadt das Schicksal: Er wurde von israelischen Soldaten erschossen. Zwei Tage später starb ein anderer Anführer derselben Gruppe, Khaled Mustafa Zir, in Jerusalem im Kugelhagel der Polizei. Nach Akels Tod brach in Gaza ein Aufstand los: Die meisten Leute befolgten einen von Hamas ausgerufenen Generalstreik; israelische Truppen töteten bei Demonstrationen einen weiteren Palästinenser und verletzten mindestens 40. Hamas schwor Rache: «Wir werden mit ihm (Rabin) in der Sprache sprechen, die er versteht: schwirrende Kugeln, Explosionen und Autobomben.» 33

Neue Strassenschlachten in Gaza am 28. und 29. November gingen, anders als jene nach Akels Tod, nicht von einer Anti-Arafat-Gruppe aus, sondern von den «Falken», der Nachwuchsorganisation von Arafats eigener Fatah. Sie reagierten damit auf den Tod ihres Führungsmitglieds Ahmed Abu Rish, der am 27. November von israelischen Soldaten erschossen worden war. Die «Falken» verkündeten, der von Yassir Arafat verordnete Gewaltverzicht sei aufgehoben; man werde in Gaza wieder den bewaffneten Kampf aufnehmen.

Am 1. Dezember reklamierten gleich zwei radikale Organisationen, Hamas und die «Demokratische Front für die Befreiung Palästinas» (DFLP), den jüngsten Anschlag für sich: Diesem waren zwischen Ramalla und Jerusalem eine 24jährige Kindergärtnerin aus einer jüdischen Siedlung und ein 19jähriger Yeshiva-Student zum Opfer gefallen. Hamas bezeichnete das Attentat als «Racheakt für Imad Akel». Die Schlächterei an Juden und Palästinensern ging weiter: Am 3. Dezember begann die Mordserie rund um Hebron, und zwei Palästinenser verletzten eine jüdische Siedlerin mit Messerstichen. Zwischen dem 13. September und dem 9. Dezember wurden 18 Israelinnen und Israelis und 34 Palästinenserinnen und Palästinenser getötet. Hamas verkündete «voller Stolz», seit dem «historischen Handschlag» von Washington elf Siedler und Soldaten umgebracht zu haben. «Wir kämpfen den Heiligen Krieg – Sieg oder Tod», hiess es in einem Flugblatt. 34

Am 9. Dezember erschoss ein jugendlicher Bewohner der jüdischen Siedlung Shilo, zwischen Ramalla und Nablus, einen palästinensischen Bauern, der ein Feld pflügte. Tags darauf verletzten Palästinenser im Gaza-Streifen ihren jüdischen Arbeitgeber mit Messerstichen schwer; ein Palästinenser, der dem Angegriffenen zu Hilfe kam, erlitt Verletzungen. Ebenfalls in Gaza und ebenfalls am 10. Dezember schossen Palästinenser aus einem Auto einen israelischen Polizisten an; gleichentags wurden die drei Männer von Tarkumia ermordet.

9.3   Fiasko von Kairo, erste Auflage

Die neue Botschaft der Vereinigten Staaten von Amerika in Jordanien thront wie ein im falschen Massstab gebautes Wüstenschloss auf einem Hügel im Abdoun-Quartier, das von Fremdenführern scherzhaft «Beverly

226

Hills von Amman» genannt wird. Am 6. Dezember öffneten die Amerikaner für einige Dutzend Presseleute und Kamerateams die Sicherheitsschleusen im doppelten Mauerring, der dem Gebäude auch einen Anstrich von Gefängnis gibt. Die Journalistinnen und Journalisten wohnten danach einem wirklich erstaunlichen Ereignis bei: Der einst als Terrorist verschriene Yassir Arafat gab gemeinsam mit dem Aussenminister jenes Landes, das ihn neben Israel am meisten verketzert hatte, im Garten der Botschaft dieses Landes eine Pressekonferenz. Natürlich kam die Rede sofort auf den bevorstehenden 13. Dezember, doch wer eine klare Antwort erwartet hatte, wurde enttäuscht. Arafat und Warren Christopher beteuerten zwar, sie wollten «eine historische Gelegenheit nicht verstreichen lassen». Dass die USA Arafat unter enormen Druck gesetzt hätten, einer Verschiebung des Abzugs israelischer Truppen aus Gaza und Jericho zuzustimmen, wollten beide nicht bestätigen. Zu Gerüchten nehme er keine Stellung, sagte der PLO-Chef. Er hoffe aber immer noch, «eine Einigung zu erzielen, die es möglich macht, das Abkommen am 13. Dezember in die Tat umzusetzen».[35]

Christopher wollte auch nicht den Vermittler spielen: «Es liegt an den Beteiligten selbst, die Probleme zu lösen.» Immerhin werde er Rabin, den er am folgenden Tag treffen sollte, «die Dringlichkeit übermitteln, die der Herr Vorsitzende einer zeitgerechten Durchführung des Abkommens beimisst».

Man fiebert dem 12. Dezember entgegen, dem Tag, da Arafat und Rabin in Kairo wie Zauberer alle anstehenden Probleme zum Verschwinden bringen sollten. Die Stimmung in Jerusalem, in Gaza, in Jericho und Hebron ist gespannt: In Kaffeehäusern, Läden, Friseursalons wird das bevorstehende «heilige Datum» des 13. Dezember diskutiert. Bei nüchterner Betrachtung, das wissen alle, ist es längst zu spät für eine rasche Lösung. Aber es könnte ja ein Wunder geschehen.

Unter dem barocken Kristallüster im Präsidentenpalast in Heliopolis, einem Vorort von Kairo, hat sich die Weltpresse versammelt; CNN überträgt life. Doch das Podium birgt ein böses Omen: nur ein Stehpult, nur ein Mikrophon. Das heisst, es wird keine gemeinsame Pressekonferenz geben, der Premier und der PLO-Vorsitzende haben sich nicht einigen können, der 13. Dezember wird ungenutzt verstreichen. Rabin tritt ans Rednerpult, räuspert sich und breitet in seinem monotonen, schleppenden Englisch das ganze Ausmass des Fiaskos vor der Welt aus: «Nach mehr als hundert Jahren Feindschaft ist eine Verzögerung von einer Woche kein Rückschlag für den Frieden. Es wird nicht lange dauern, um die noch offenen Fragen zu klären. Der Vorsitzende Arafat und ich werden uns in einer Woche hier in Kairo wieder treffen, um das Interimsabkommen zu unterschreiben.» Was der Premier sagt, scheint nicht tragisch. Die Tragödie offenbart sich darin, wie er es sagt: Hinter Rabins Fassade, womöglich noch verschlossener als sonst, spürt man das Misstrauen, ja, die Verachtung, den legendären Hass, der die beiden Antagonisten seit Jahrzehnten unentrinnbar aneinandergekettet hat. Der Premier korrigiert sich: «Wir werden uns in sieben bis zehn Tagen wieder treffen», sagt er, und das klingt wie: «am liebsten nie mehr». Rabin scheint zu spüren, wie das Publikum erstarrt; er versucht, seinen Aussagen doch noch eine positive Wende zu geben: «Wichtig ist, dass beide Seiten dem Frieden verpflichtet sind. Beide Seiten verstehen, dass es keine Umkehr gibt.» So, wie seine Worte klingen, könnte man meinen, er bedaure das.

Arafat lässt knisternde Minuten verstreichen, bis er zum Vorschein kommt. Er sieht aus wie ein begossener Pudel; fast scheint er physisch geschrumpft wie ein Ballon, dem die Luft entwichen ist. «Sie haben gehört, was der Premierminister gesagt hat. Wir werden uns hier in Kairo sehr bald wieder treffen.» Einer will wissen, wie die Verzögerung in den besetzten Gebieten aufgenommen werde. Dem PLO-Vorsitzenden fällt nur die abgestandenste aller Floskeln ein: «Unsere Massen unterstützen den Frieden.» Dann bricht er die Pressekonferenz, kaum begonnen, abrupt ab: «No more questions.»

In Tunis wurde ich später darüber aufgeklärt, was in Kairo geschehen war. Arafat und Rabin hatten sich allein in einem Raum zusammengesetzt und begonnen, auf Englisch die strittigen Punkte zu diskutieren. Da setzte Arafat zu einem, wie er dachte, rhetorischen Höhenflug an, produzierte während 40 Minuten ein emotionales Feuerwerk, das von den «Leiden des palästinensischen Volkes» über die «Ungerechtigkeiten, die ihm widerfahren sind» bis zu den «Bindungen der Palästinenser und aller Muslime an die Heiligen Stätten in Jerusalem» reichte. Rabin hörte mit zunehmend starrer Miene zu.

Der hohe PLO-Funktionär, der mir zehn Tage nach dem Tête-à-tête diese Details erzählte, zitterte vor Wut: «Der Präsident hatte alle Karten in der Hand. Wenn er sie sorgfältig ausgespielt hätte, wäre er in Kairo ans Ziel gekommen. Weisst du, Rabin ist ein Pünktchenscheisser; er will Kommas hin- und herschieben, hier ein paar Worte wegnehmen, da ein paar hinzufügen; hier ein neuer Strich auf der Karte, dort einer weg.» [36] Also war es Arafat, der das Treffen vermasselte? «Ich fürchte ja – absolut ja. Wir hatten ihm eingehämmert, wie er Rabin nehmen müsse, aber er hörte nicht hin. Er meinte, er könne Rabin auf die emotionale Tour kommen, „Leiden des palästinensischen Volks" und so. Aber bei Rabin funktioniert das nicht. Das ist so ungefähr die dümmste Art, ihn anzugehen. Da wird er starr wie ein Felsbrocken.»

Israelische Medien lieferten Rabins Seite der Geschichte: «Es ist schade, dass wir nie zuvor miteinander geredet hatten», soll der Premier gesagt haben: «Hätte ich den Vorsitzenden besser gekannt, hätten wir vielleicht das Abkommen von Oslo nie unterschrieben.»

Rabin unterbrach das Gespräch mit Arafat abrupt und schlug vor, sich in einer Woche oder zehn Tagen wieder zu treffen. Arafat, «wie vor den Kopf gestossen, staunte ungläubig, dass seine Methode nicht funktioniert hatte», sagte mir der PLO-Mann. Abu Ammar musste Rabins Idee zustimmen, «weil er spürte, dass er ins Abseits gelaufen war».

9.4   Montag, der dreizehnte

Der 13. Dezember bricht an. Wir sind in Gaza-Stadt. «Ich bin extrem wütend», sagt Mansur ash-Shawa, Präsident der «Wohltätigkeitsgesellschaft für Gaza». Worüber genau sich der designierte Bürgermeister erregt, ist nicht schlüssig. Einerseits empört er sich, dass Angehörige des Jihad Islami am Morgen eine seiner Ambulanzen gestohlen, sie zur fahrenden Bombe umgebaut und einen Selbstmordkandidaten damit auf eine israelische Patrouille losgeschickt haben. Die Israelis erschossen den Fahrer, bevor er sein Gefährt in den Armee-Jeep rammen konnte; die Ambulanz explodierte; ein Soldat wurde verletzt.[37] Anderseits ist ash-Shawa ungehalten über die Umstände, die zum Anschlag geführt haben: «Das zeigt, wie verzweifelt die Leute sind.» Für diesen Tag, von Arafat voreilig zum «heiligen Datum» erklärt, hätten die Einwohner des Gaza-Streifens «mindestens eine symbolische Geste erwartet». Stattdessen erhielten sie «ganz einfach nichts». Schon am Morgen haben sich Scharen von Palästinserinnen und Palästinsern vor der israelischen Basis versammelt, die mitten ins Zentrum des Flüchtlingslagers Jabaliya gepflanzt war. Mit ihnen umlagert eine Phalanx von Reporterinnen und Reportern, Fotografen und Kameraleuten den hohen Maschenzaun. Gerüchteweise hat es geheissen, die Israelis würden diese Garnison als erste räumen. Am späteren Vormittag fliegen die ersten Steine; brennende Reifen werden unter lautem Gejohle in die Basis gerollt. Die Armee greift kaum ein, weil sich die Steinewerfer geschickt hinter den Presseleuten versteckt haben.

Später prasseln Wurfgeschosse auf israelische Jeeps. Der 17jährige Schüler Ahmad al-Hindawi, Steine in beiden Händen, schwört, er werde «niemals aufhören, bis ganz Palästina befreit ist». Und wenn er erschossen wird? «Dann werde ich zum Märtyrer.» Die Leute im Camp haben an diesem Tag einen andern «Märtyrer» beerdigt: Zaki an-Najar, einen 40jährigen Angestellten des Uno-Hilfswerks UNWRA, der sich zwei Tage zuvor bei einer Übung für den Untergrundkampf mit dem eigenen Gewehr getötet hatte. Später am Montag erschiessen israelische Truppen an der ägyptischen Grenze einen gesuchten 23jährigen Jihad-Kämpfer und einen zweiten jungen Palästinenser. In Jericho ist es weit ruhiger, auch wenn an den Ein- und Ausfallstrassen noch immer die Strassensperren der Israelis stehen. Über der Polizeistation am Hauptplatz flattert der Davidstern, und wenn sich etwas verändert hat, dann die Zahl der Jeeps und Soldaten in den Strassen: «So viel Militär haben wir hier schon lange nicht mehr gesehen», sagt Emat, ein Früchte- und Gemüsehändler. [38]

Natürlich sind die Leute auch in Jericho enttäuscht, dass Arafat und Rabin den Beginn des Truppenrückzugs verschoben haben. Zu Beginn hätten 85 Prozent den israelisch-palästinensischen Handel gebilligt, sagt Abdal-Karim Sidr, Arafats Mann in der Stadt im Jordantal; «heute sind es weniger als 50 Prozent». Der sonst so besonnene Haidar Abdash-Shafi, der ehemalige Chef der Palästinenserdelegation bei den Gesprächen in Washington, ist derweil in seinem Haus in Gaza-Stadt ganz besonders aufgebracht: «Dass die Israelis nicht einmal zu einem kosmetischen Rückzug bereit waren, um Arafat zu helfen, der sein ganzes Prestige daran geknüpft hat, zeigt doch, dass Israel während der ganzen Zeit entschlossen war, allein Regie zu führen. Die Glaubwürdigkeit Arafats hat schwer gelitten, und mit ihr der ganze Friedensprozess», meint der 72jährige Arzt. [39]

Trotz allem lassen sich die Leute von Jericho nicht aus der Ruhe bringen. Die Geschäfte sind geöffnet; ein Hamas-Mann betrachtet interessiert den Weihnachtsbaum, den ein Ladeninhaber vor seinem Geschäft neben einer Palästinenserflagge aufgestellt hat. Im Gaza-Streifen ist die Spannung viel grösser. Mansur ash-Shawa verflucht das Abkommen, «das uns nichts gebracht hat». Die Opposition nehme rasch zu, und «je langsamer der Prozess abläuft, desto mehr Menschen werden dagegen sein». [40] Im Jabaliya-Camp treffen wir in einem Haus aus rohen Backsteinen – vier Räume für 14 Bewohner – den 21jährigen Studenten Hisham und den 31jährigen Ghalib, der an einer UNWRA-Schule unterrichtet. Gegen den Friedensprozess sind die beiden sowieso, aber auch die von Arafat angestrebte, von Israel nach wie vor nicht akzeptierte Lösung, ein Palästinenserstaat auf dem gesamten Gebiet des Westjordanlandes und des Gaza-Streifens, halten sie für inakzeptabel: Hisham und sein 27jähriger Onkel Faris wollen die 300 000 Quadratmeter grosse Farm ihres Gross- bzw. Urgrossvaters bei der israelischen Stadt Ashqelon zurück. Und wenn sie es nicht bekommen? «Dann wird es nie Frieden geben, nie.» Er sei sich bewusst, meint Ghalib, dass Israel das «eroberte Land nicht freiwillig aufgeben wird». Deshalb gebe es nur eine Lösung: «Alle Juden ins Meer werfen. Und wenn dabei eine oder zwei oder drei Millionen ums Leben kommen, macht das auch nichts.» [41]

9.5   Akute Verwirrung

Nach dem missglückten Übertritt in die Autonomie präsentierte sich die PLO im Zustand akuter Verwirrung. Das wurde mit jedem Besuch in einem der zahllosen PLO-Büros in zahllosen Villen in Tunis deutlicher. Die Symbole waren durcheinandergeraten: Im Büro von Hisham Mustafa hing eine Karte, die das «besetzte palästinensische Vaterland» darstellte und ganz Israel umfasste. Dabei war Hisham immerhin der Stellvertreter von Mahmud Abbas (Abu Mazen), jenem Mann, der zusammen mit dem israelischen Aussenminister Shimon Peres am 13. September 1993 in Washington die israelisch-palästinensische Grundsatzerklärung unterschrieben und sich im November mit Arafat überworfen hatte – nicht etwa als Gegner des Abkommens, sondern als «Reformer» innerhalb der PLO. Im PLO-Informationsbüro für die Auslandpresse prangte neben Bildern von «Märtyrern» ein Farbfoto des PLO-Vorsitzenden, Händchen haltend mit Saddam Hussein. Beide trugen Pistolen im Halfter, und die Schlagzeile darunter besagte, dass sie «gemeinsam nach Jerusalem» marschieren würden. «Das ist eine Lüge», meinte Mohammed Adwan, ein 27jähriger Pressebetreuer, der das Plakat am liebsten abnehmen wollte. Aber sein Vorgesetzter glaube immer noch an Saddam, bedauerte er.

Seit der Vertreibung aus Beirut 1982 bis zur Unterzeichnung der «Deklaration der Prinzipien für Arrangements zur interimistischen Selbstverwaltung» war die PLO eine in Ehren ergraute «revolutionäre» Bewegung gewesen. Ihre Führungsmitglieder, fast alle in den zwanziger und dreissiger Jahren geboren, hatten es sich in den geräumigen Villen von Tunis bequem gemacht, hetzten in BMW- und Mercedes-Limousinen von Meeting zu Meeting und debattierten bis in die frühen Morgenstunden wie einst in Beiruts Bunkern. Der Vorsitzende liess sich gleichzeitig als Freiheitsheld feiern und von den erzkonservativen Saudis und Kuwaitern mit Hunderten von Dollarmillionen als jetsettender Staatsmann finanzieren.

Plötzlich war es aus mit der revolutionären Gemütlichkeit: Die PLO sollte fast von einem Tag auf den andern die Verantwortung für die Administration eines kaum administrierbaren Gebiets übernehmen, des Gaza-Streifens, und dazu taugten die revolutionären Kommandostrukturen nicht mehr. «Unsere Organisation muss sich weit öffnen», sagte mir Suleiman Najab (59), Generalsekretär der «Palästinensischen Volkspartei», der früheren kommunistischen Partei innerhalb der PLO, und Mitglied der PLO-Exekutive.[42] Und Faruk Kaddumi, der 62jährige PLO-«Aussenminister», meinte, es müssten jetzt «junge Spezialisten» angeheuert werden.[43]

Doch Arafat behielt seine Allüren; ja, er akzentuierte sie noch, wie Riad Ben Fadhel, ein aussenstehender, aber intimer Kenner der PLO meinte: «Umgekehrt proportional zum realen Abbau der Bedrohung hat Arafats Paranoia zugenommen; er leidet an Altersstarrsinn; er wird mehr und mehr verrückt; er ist grössenwahnsinnig.» [44]

In Tunis wurde man in jenen Tagen mit Arafat-kritischen Kommentaren geradezu überhäuft. Mit ihren Namen allerdings wollen die wenigsten zur Kritik stehen: «Stell das Gerät ab; dies ist off the record» ist ein Satz, den ich auf meinen Bändern jener Tage des öftern zu hören bekomme. Suleiman Najab immerhin war bereit, die Führungsqualitäten Abu Ammars anzuzweifeln: «Falls Abu Ammar versuchen sollte, all das alleine zu tun, wird er niemals Erfolg haben.» Beim Bier an der Bar des Hilton-Hotels oder bei nächtlichen Streifzügen durch Tunis entlud sich die ganze Frustration jüngerer PLO-Kader: Die meisten hatten seit drei, vier Monaten kein Gehalt bekommen, während Arafat ununterbrochen ausländische Hauptstädte anflog und allen Pomp eines Staatschefs entfaltete und während seine junge Frau Suha Tawil die Gelegenheit nutzte, sich mit den Kreationen französischer Couturiers und anderen Konsumgütern einzudecken. Spielraum hatten die jungen Aktivisten keinen: «Der Vorsitzende sammelt Vorsitze, wie andere Briefmarken sammeln», hörte man. «Arafat regiert mit zwei Mitteln: Geld und totaler Kontrolle», sagte mir ein höherer Funktionär: «Er ist der einzige, der all die versteckten PLO-Konten kennt.» [45]

Das Abkommen hatte die PLO von oben bis unten gespalten, und zwar gleich in vier Teile. Und die ursprüngliche Euphorie mindestens in Teilen der Organisation verdampfte mit jedem Tag weiter, da es nicht gelang, mit den Israelis eine akzeptable Übereinkunft für die Durchführung des Abkommens zu findern. Jene, die für die Deklaration und für die Art und Weise waren, wie Arafat sie interpretiert, «sind inzwischen zur Minderheit sogar in Arafats eigener Fatah geworden»; davon war Ben Fadhel überzeugt.

Zweitens gab es jene, die eigentlich gegen die Deklaration, aber trotzdem für Arafat waren; zu ihnen gehörte Kaddumi. Er hatte sich geweigert, nach Washington zur «Garten-Party» zu reisen, wie er die Unterzeichnung des Abkommens despektierlich zu nennen pflegte. Er stand loyal zu Arafat; nach insistierenden Fragen liess er sich höchstens zur Bemerkung bewegen, dass «wir alle Menschen sind, auch Abu Ammar. Wir haben Fehler gemacht, und wir werden weitere Fehler machen.» [46]

Drittens gab es die hartgesottenen Kämpfer gegen das Abkommen und gegen Arafat, allen voran die Guerillaführer Georges Habbash und Ahmed Jibril.

Eine neue Gruppierung schliesslich betrachtete das Abkommen mindestens als potentiellen Ausgangspunkt für eine positive Entwicklung, hatte jedoch begonnen, den Führungsstil Arafats dezidiert abzulehnen. Mindestens drei Mitglieder des 18köpfigen Exekutivkomitees, der «Exilregierung», gehörten zu dieser neuen Opposition: Suleiman Najab, Yassir Abed Rabbo, «Informationsminister» im PLO-Exekutivrat, und Abu Mazen. Auch bekannte Vertreter der Palästinenser in den besetzten Gebieten, Haidar Abdash-Shafi etwa und Hanan Ashrawi, wurden dieser neuen Strömung zugerechnet.

Diese PLO-Reformer hatten dem Exekutivkomitee im November ein von 120 Persönlichkeiten unterzeichnetes Memorandum unterbreitet. Das Papier forderte mehr Demokratie. Unter anderem schlug es die Gründung eines Komitees vor, das die diversen, parallel laufenden Verhandlungsprozesse steuern sollte. «Die Führungsmethoden der Vergangenheit taugen nicht mehr», meinte Suleiman Najab. «Das Abkommen hat unsere ganze Bewegung auf eine neue Ebene transferiert. Um die neuen Aufgaben erfüllen zu können, muss die Führung ein entsprechendes Kaliber haben.»

Doch Arafat gelang es, auch diese Strömung mundtot zu machen. Kaddumi besann sich auf alte Loyalitäten und sagte, der PLO-Exekutivrat sei ein offenes Forum; jeder könne seine Meinung frei äussern: «Das heisst aber noch lange nicht, dass er recht hat.» Und bei der palästinensischen Nachrichtenagentur Wafa fragte man vergeblich nach dem Text des Memorandums: Die «sogenannten Reformer» verfolgten egoistische Ziele, hiess es da; man habe mit keinem Wort über ihren Vorstoss berichtet.

Statt dass das israelisch-palästinensische Abkommen am 13. Dezember in Kraft gesetzt worden wäre, zogen sich mühsame und fruchtlose Verhandlungen in die Länge. Am 18. Dezember trafen sich Delegationen unter Shimon Peres und Nabil Shaath in Oslo, um den Genius loci jener Stadt zu nutzen, wo in geheimen Gesprächen das erste Abkommen ausgehandelt worden war. Der Versuch endete ergebnislos; alle sprachen von Krise; das erneute Treffen Arafats mit Rabin, das um den 22. Dezember hätte stattfinden sollen, wurde vertagt.

Israel bezichtigte die PLO, mit Maximalforderungen einen Kompromiss zu verhindern; die PLO sprach von Rabins Starrsinn, seinem Misstrauen und seiner «Obsession mit der Sicherheit». So sehr Suleiman Najab Arafats Stil kritisierte, so sehr machte er die Israelis für die Verzögerungen verantwortlich: Die Regierung Rabin habe seit Beginn des Friedensprozesses in den besetzten Gebieten «Verbrechen begangen, die vorher unmöglich gewesen wären», sagte Najab. So sei eine hochexplosive Lage entstanden. [47]

Andere PLO-Leute in Tunis und in den besetzten Gebieten sprachen von gewaltsamer Unterdrückung der Intifada, von gezielten Todesschüssen auf jugendliche Palästinenser, von der Erschiessung von Fatah-Leuten in Gaza, und so weiter. «Die Lage in Gaza und im Westjordanland ist katastrophal», meinte Hisham Mustafa, der Mitarbeiter von Abu Mazen.[48] Wegen dieser «katastrophalen» Situation verlor das Abkommen seit seiner Unterzeichnung unter Palästinensern und Israelis mehr und mehr Anhänger. Deshalb wäre seine rasche Durchsetzung wichtig gewesen; davon waren eigentlich alle überzeugt, die den Vertrag unterstützen.

Israel benütze den Zeitdruck, unter dem die PLO stand, als Mittel, um «von uns möglichst viele Konzessionen zu erpressen», meinte ein junger Mitarbeiter im PLO-Informationsbüro. Suleiman Najab stimmte dem zu: «Rabin sagt uns, wir seien in Eile, um unsern Staat zu verwirklichen. Wir sagen: Du bist in Eile, ihn zu verhindern.» So räumt Najab zwar ein, dass das Abkommen voller Lücken sei und zu viel Spielraum für Interpretationen lasse. Doch ein Ziel sei absolut klar formuliert und müsste den Israelis stets präsent sein: Im Artikel 1 der «Deklaration der Prinzipien über Arrangements zur Selbstverwaltung» heisst es, die Verhandlungen sollten «zu einer permanenten Lösung auf der Basis der Resolutionen 242 und 338 des Weltsicherheitsrates führen». Najab kritisiert vor allem, dass die Israelis dieses unmissverständlich formulierte Fernziel ausser acht liessen und stattdessen versuchten, den Status quo zu zementieren und zum Beispiel «Jerusalem total vom Westjordanland zu isolieren».[49]

Der zentrale Streitpunkt über die Kontrolle der Grenzübergänge nach Gaza und Jericho sei ein Beispiel für diese Strategie, meinte Najab: «Die autonomen Gebiete werden palästinensische Gebiete sein. Wenn wir keine Kontrolle des Zugangs haben – wer von uns wäre dann bereit, zuerst eine israelische Bewilligung einzuholen, wenn er nach Jericho gehen will?» Wenn Rabin stets die Bedürfnisse Israels nach grösstmöglicher Sicherheit betone, möchte er, Najab, auch die palästinensischen anführen. Die PLO-Führung sei latenter Bedrohung ausgesetzt: Ahmed Jibril zum Beispiel, Führer der radikalen Splittergruppe PFLP–GC in Damaskus, «hat offen mit Arafats Ermordung gedroht».

Riad Ben Fadhel allerdings kam zu anderen Ergebnissen: Das Abkommen sei zwar ungenügend und hätte in der vorliegenden, allzu vagen Form nicht unterschrieben werden dürfen. Die Regierung Rabin jedoch halte sich immerhin daran. Arafat hingegen versuche, all das hineinzuinterpretieren, was bei den Verhandlungen vergessen oder bewusst übergangen worden sei: «Er liest das Papier nicht juristisch, sondern palästinensisch.» Von Anfang an habe der PLO-Chef gegenüber seinen eigenen Leuten ein mieses Spiel gespielt: «Er behauptete, das Abkommen garantiere den Palästinensern freien Zugang, was offensichtlich falsch ist. Er sagte, das Abkommen sei der Grundstein für einen unabhängigen Palästinenserstaat; in Wirklichkeit wird die Diskussion darüber ausdrücklich verschoben.» Damit habe Arafat in den PLO-Rängen in Tunis und unter den Leuten in den besetzten Gebieten falsche, unerfüllbare Hoffnungen geweckt. «Arafat ist am Ende seiner Karriere angelangt.» [50]

Der PLO-Chef war schon oft abgeschrieben worden. Einer seiner Mitstreiter attestierte ihm auch diesmal eine «erstaunliche Überlebensfähigkeit», die er auf die «machiavellistischen Qualitäten des Vorsitzenden» zurückführte. In seiner Verhandlungsstrategie bewies Arafat jedenfalls bemerkenswerte Fähigkeiten: «Er ernennt die PLO-Delegation zu Gesprächen mit Israel jeweils erst in letzter Minute. Das führt dazu, dass die Leute unvorbereitet in die Gespräche gehen müssen. Ausserdem diktiert ihnen Arafat völlig unrealistische Forderungen. Wenn die Verhandlungen dann scheitern, kann der Chef selber in die Bresche springen, einen raschen Deal aushandeln und sich als grosser Staatsmann und überlegener Stratege feiern lassen.» [51] Mehrmals hatte diese Taktik funktioniert; am 12. Dezember 1993 jedoch, am Vorabend des Stichtags für den Abzug der Israelis aus Gaza und Jericho, war sie bei Rabin kläglich gescheitert.

9.6   Fiasko von Kairo, zweite Auflage

Das neue Treffen zwischen Arafat und Rabin kam in den sieben bis zehn Tagen, von denen sie am 12. Dezember geredet hatten, nicht zustande, sondern erst am 4. Mai 1994, volle viereinhalb Monate später. In der israelischen Regierung und im PLO-Hauptquartier in Tunis war klar, dass man den Vorsitzenden und den Premier nicht mehr aufeinander loslassen dürfe, bevor nicht alle Details ausgehandelt, alle strittigen Punkte geklärt seien. Also übernahmen wieder Aussenminister Shimon Peres und Mahmud Abbas die Verhandlungsführung. Mehr als zwei Wochen, nachdem der 13. Dezember folgenlos verstrichen war, trafen sie einander in Kairo. Peres hatte Vorschläge in der Tasche, die er seiner Regierung, dem beleidigten Rabin, der Bürokratie und den skeptischen Generälen mühsam abgerungen hatte und von denen er annahm, sie seien für die PLO unwiderstehlich. Während Rabin auf die Details pochte, zählte für Arafat mehr die Symbolik, also sollte er Symbole haben, sagten sich Peres und seine Berater: ein bisschen mehr Terrain um Jericho; eine Palästinenserflagge auf der Allenby-Brücke. Drei Tage lang verhandelten Rabin, Abu Mazen und ihre Delegationen, freundlich gedrängt vom ägyptischen Präsidenten Hosni Mubarak. Dann schien der Durchbruch geschafft: Die beiden Verhandlungschefs traten strahlend vor die Presse; Rabin sprach von «weitgehender Übereinstimmung». [52]

Doch die Euphorie hielt nicht einmal eine Nacht; die beiden Unterhändler hatten ihren Handel ohne Yassir Arafat abgeschlossen. Der PLO-

Chef, unterwegs nach Tunis aus der sudanesischen Hauptstadt Khartum, wo er einen seiner üblichen diplomatischen Auftritte absolviert hatte, machte am frühen Morgen einen überraschenden Zwischenhalt in Kairo und zitierte Mahmud Abbas auf den Flughafen. Statt dass dieser mit Lob überhäuft worden wäre, «behandelte ihn Arafat wie einen ungezogenen Jungen», hiess es später in der Umgebung des PLO-Delegationschefs. Arafat zerpflückte die neue Übereinkunft nach Strich und Faden. Dann reiste er nach Tunis weiter, rief das PLO-Exekutivkomitee zusammen, und dieses wies den ausgehandelten Kompromiss angeblich einstimmig zurück.

Arafat hetzte zurück nach Kairo, überbrachte die schlechte Nachricht und setzte so den ganzen Friedensprozess einmal mehr aufs Spiel.

Abu Mazen musste Rabin einen Fax schicken, in welchem er alle Änderungswünsche Arafats aufzählte; diese wurden in Israel umgehend als unvernünftig abqualifiziert. Mitglieder der israelischen Regierung beklagten sich über Arafats Verhandlungsstrategie: Man wisse nicht, wer in der PLO wofür zuständig sei und könne sich nicht auf Vereinbarungen verlassen. Israels Premierminister reagierte in seiner gewohnten Art: Er blockte zuerst einmal alles ab und beschloss, die Gespräche vorerst einzustellen. Vor der israelischen Öffentlichkeit sagte Rabin, er werde Arafat in Tunis schwitzen lassen. Der PLO-Chef, sich wie immer keiner Schuld bewusst, nahm das als «Beweis, dass sie keinen Frieden wollen». [53]

Nach dem zweiten Fiasko von Kairo zeichnete sich Anfang Jahr noch immer kein Fortschritt ab. Arafat und Peres trafen sich zwar in Davos am Internationalen Management-Forum und schienen sich blendend zu verstehen. Verschiedene Verhandlungen plätscherten verschiedenenorts vor sich hin. Am 9. Februar unterschrieben Arafat und Peres in Kairo sogar eine Vereinbarung. Sie regelte vor allem, was israelische Unterhändler als «unsere Notwendigkeit, Sicherheit zu garantieren» bezeichneten, während sie gleichzeitig beteuerten, «das palästinensische Verlangen zu verstehen, ihr eigenes Leben zu organisieren». [54] Jüdische Siedler sollten weiterhin von der israelischen Armee beschützt werden, hiess es im «Kairo-Abkommen» etwa. «Israel bleibt für die externe Sicherheit verantwortlich.» Vor allem aber beschäftigte sich das Papier ausführlich mit den Prozeduren beim Übertritt in die autonomen Palästinensergebiete. [55]

Der entscheidende Durchbruch jedoch blieb aus, hingegen schuf sich Arafat neue Feinde: Suleiman Najab, der bisher den Friedensprozess mitgetragen hatte, wandte sich nun von Arafat ab, dem er vorwarf, mit dem Abkommen vom 9. Februar «ein neues Gefängnis für Palästinenser geschaffen» zu haben. [56] Arafat sei «sehr flexibel gewesen, mehr als nötig», räumte auch Faruk Kaddumi ein. [57]

9.7 Massaker beim Freitagsgebet

«Die Zeit läuft aus. Wenn es uns nicht gelingt, das Abkommen in den nächsten zwei, drei Wochen unter Dach zu bringen, dann weiss Gott, was in den besetzten Gebieten geschehen wird», hatte mir Suleiman Najab vor Weihnachten gesagt.[58] In der Retrospektive klang diese bange Aussage wie eine Prophezeiung: Ich musste an Najab denken, als ich am Morgen des 25. Februar 1994 das Radio einschaltete und hörte, dass ein jüdischer Fanatiker namens Baruch Goldstein in das Abraham-Heiligtum in Hebron eingedrungen war und dort unter den betenden Muslimen ein furchtbares Blutbad angerichtete hatte.

Der 42jährige Baruch Goldstein lebte in Kiryat Arba und gehörte der extremistischen Kach-Bewegung an, die einst von Rabbi Meir Kahane gegründet worden war. Er hatte am frühen Morgen in seiner Siedlung einen Armee-Jeep angefordert und war, bewaffnet mit einem Sturmgewehr, zum Grab der Patriarchen gefahren. Das Abraham-Heiligtum war normalerweise von mindestens zehn Grenzpolizisten bewacht; an diesem Morgen waren jedoch nur fünf auf Posten. Die übrigen hatten sich verschlafen. Das beweise, sagte Yassir Arafat später, dass «einige Einheiten, Generäle oder Offiziere der israelischen Armee» mit den bewaffneten Siedlern gemeinsame Sache gemacht hätten.[59]

Die Wahrheit, die Arafats Verdacht fast harmlos erscheinen liess, kam ans Licht, als sich eine Untersuchungskommission unter dem Vorsitz des Präsidenten des Obersten Gerichts, Meir Shamgar, mit dem Massaker beschäftigte: Siedler durften ihre Waffen behalten, wenn sie das Heiligtum betraten, in welchem Muslime und Juden getrennt beteten. Die Siedler wurden von den Wachen nur aufgefordert, das Magazin herauszunehmen; die meisten setzten es sofort wieder ein, wenn sie den Posten passiert hatten. In seiner Majorsuniform wäre Goldstein vermutlich auch durchgelassen worden, wenn die Wachen ihren Dienst nach Vorschrift geleistet hätten. Und ob sie eingeschritten wären, als Goldstein während des muslimischen Morgengebets um sechs Uhr ein Magazin nach dem andern in die betende Menge abfeuerte, wäre ebenfalls fraglich gewesen. Jedenfalls kristallisierte sich vor der Kommission, durch mehrere Zeugen der Armee und der Grenzpolizei erhärtet, eine schauerliche Erkenntnis: Soldaten und Polizisten hatten den strikten Befehl, unter keinen Umständen auf Siedler zu schiessen, nicht einmal dann, wenn diese auf Palästinenser feuerten, ja, nicht einmal im Fall eines direkten Angriffs auf israelische Soldaten. Daraus liessen sich die Fernsehbilder erklären, die schon Wochen zuvor um die Welt gegangen waren: Jüdische Siedler in Hebron, die Salven aus automatischen Gewehren auf Palästinenser abfeuerten, während Soldaten untätig zuschauten oder sich diskret zurückzogen; religiöse Juden, welche Palästinenser bedrängten, Frauen zu Boden schlugen, Marktstände umwarfen und Autos mit blauen Nummernschildern beschädigten, ohne dass die Armee oder Polizei eingeschritten wäre. Zwar behauptete Generalstabschef Ehud Barak vor der Shamgar-Kommission, ihm sei kein solcher Befehl bekannt gewesen; Kommentatoren, auch israelische, meinten jedoch, dass er nicht die Wahrheit gesagt habe.[60]

Baruch Goldstein betrat das Heiligtum ungehindert und tötete 29 Palästinenser, bevor er selber erschlagen wurde. Es gebe «keinen Zweifel, dass Goldstein allein gehandelt hat», sagte Barak zwei Tage nach dem Massaker,[61] und genau zu diesem Schluss gelangte auch die Untersuchungskommission in ihrem Bericht, der Ende Juni veröffentlicht wurde. Köpfe rollten keine; vor allem kam Yitzhak Rabin unbeschädigt davon, der seit 1984 praktisch ununterbrochen Verteidigungsminister war und als solcher jene Politik mitverantwortet hatte, welche in den besetzten Gebieten Rechte und Sicherheit von gut hunderttausend jüdischen Siedlern so ungleich höher bewertet als Rechte und Sicherheit von knapp zwei Millionen Palästinensern.

Nachdem Nachrichten über das Massaker in die Öffentlichkeit gedrungen waren, brachen in Hebron, Bethlehem, Jerusalem und im Gaza-Streifen schwere Unruhen aus, in deren Verlauf israelische Besatzungstruppen nochmals 37 Palästinenser töteten und über 400 verletzten, wie Arafat sagte.[62] Denn die israelische Armee ging mit Tränengas und scharfer Munition nicht etwa gegen die Siedler vor, sondern einmal mehr gegen die Palästinenser.

In der Altstadt von Jerusalem demonstrierten nach dem Mittagsgebet etwa 100 000 Palästinenser. Die israelischen Behörden versuchten, über Hebron eine Ausgangssperre zu verhängen; Tausende von Manifestanten hatten sich dort versammelt. Hebrons gut 100 000 Einwohner blieben anschliessend über einen Monat unter Ausgangsverbot, und die israelische Regierung scheute sich nicht, den Grund dafür anzugeben: Um die 415 jüdischen Siedler zu schützen, die mitten in der arabischen Stadt leben, wurden Zehntausende von Palästinensern daran gehindert, ihrem normalen Leben nachzugehen. Dass man stattdessen die Bewegungsfreiheit der 415 Siedler hätte einschränken können, kam der Regierung nicht in den Sinn. Und sie war erst recht nicht gewillt, diese Leute, viele von ihnen Anhänger des fanatischen Rabbis Moshe Levinger, aus Hebron zu entfernen, wie das sogar einige israelische Politiker und Zeitungskommentatoren forderten. Ein stellvertretender jordanischer Ministerpräsident, Said at-Tall, gebrauchte das Wort «Rassismus» für das Verhalten der Israelis.

Auch in palästinensischen Flüchtlingslagern in Jordanien und im

Libanon gab es Manifestationen gegen Israel. Imame in Amman riefen die Gläubigen über die Lautsprecher von den Minaretten auf, ihre Zukunft «nicht durch das Trio Clinton, Rabin und Arafat bestimmen zu lassen, das euch verraten hat». – «Es gibt keinen Grund mehr, mit denen zu reden, die uns ermorden. Sprecht ihre Sprache, die Sprache des Krieges».[63]

Der Generalsekretär der arabischen Liga, Esmat Abdal-Megid, meinte in diesem Zusammenhang, das Massaker belege, «dass sich die Israelis einen Deut um die Sicherheit der Palästinenser scheren».[64] Arafat forderte die «sofortige und rigorose Mobilisierung der internationalen Gemeinschaft», eine Uno-Interventionstruppe zum Schutz der Palästinenser in den besetzten Gebieten und die Einberufung des Weltsicherheitsrates. «Die Verbrechen gegen unser Volk hören nicht mehr auf. Die Palästinenser, unsere Kinder, unsere Frauen brauchen internationalen Schutz.»[65]

Die palästinensischen Gegner des Friedensprozesses sahen sich bestätigt. Sie wollten aus dem Massaker von Hebron jenes Fanal machen, das den Dialog endgültig zum Scheitern brächte. Ibrahim Ghoshe, Vertreter der Hamas in Amman, sagte, in Hebron habe «der Zionismus sein wahres Gesicht gezeigt». Es sei klar, «dass man mit Israel nicht verhandeln kann»; das Massaker habe «den Verhandlungen den Todesstoss versetzt».[66]

Hamas gab den Befehl aus, «so hart wie möglich zuzuschlagen, um die Schlächterei von Hebron zu vergelten». «Das Massaker hat ein für allemal bewiesen, dass der Prozess tot ist», sagte Ishak Farhan, Generalsekretär der «Islamischen Aktionsfront» (IAF), der Partei der jordanischen Fundamentalisten.[67] IAF-Präsident Abdar-Rahman Khalifa rief zum «Jihad gegen den Weltzionismus» auf, weil in Hebron «sämtliche Muslime gedemütigt» worden seien.[68] Ähnlich äusserte sich ein Sprecher der schiitischen Hisbollah («Partei Gottes») im Libanon; die Volksfront für die Befreiung Palästinas von Georges Habbash schrie nach Vergeltung.

Am stärksten allerdings entlud sich die Wut nicht über den Israelis, nicht über den Siedlern und nicht einmal über jenem angeblich geistesgestörten Individuum, das in der Ibrahim-Moschee den Lauf der Geschichte mit einem Sturmgewehr umleiten wollte. Verbrannt wurden auf den Plätzen jordanischer, libanesischer und ägyptischer Städte neben der weissblauen Flagge mit dem Davidstern vor allem Porträts von Yassir Arafat. Farbfotografien des «Präsidenten» waren rasch zur Hand: Es waren dieselben, die vor erst fünfeinhalb Monaten an Hausmauern, in Läden, Schaufenstern und Autoscheiben aufgetaucht waren, als Palästinenserinnen und Palästinenser den PLO-Vorsitzenden kurzzeitig als Friedensbringer und Retter feierten.

Arafat bekam schliesslich fast nichts von dem, was er verlangt hatte: Zwar suspendierten Syrien, der Libanon und Jordanien ihre Verhandlungen mit Israel für einen knappen Monat. (Jordanien unterschrieb acht Monate später einen vollen Friedensvertrag mit Israel.) Am 18. März verurteilte der UN-Sicherheitsrat «energisch das Massaker von Hebron und seine Folgen, die über fünfzig Palästinensern das Leben gekostet und mehrere hundert Verletzte gefordert haben». Aber die PLO hatte sich von den USA erpressen lassen: Erst nachdem sich Arafat bereit erklärt hatte, die Verhandlungen mit Israel wieder aufzunehmen, wurde die Resolution 904 verabschiedet.

Sie war ein grösserer Sieg für die Israelis als für die Palästinenser: Die Botschafterin der USA bei den Vereinten Nationen, Madeleine Albright, hätte beinahe das Veto eingelegt, weil in der Einleitung von «besetztem palästinensischem Gebiet» die Rede und Ost-Jerusalem darin einbezogen war. Das war das erste Mal, dass eine US-Regierung klarmachte, sie betrachte Ost-Jerusalem, welches Israel 1967 annektiert und 1980 zur «unteilbaren, ewigen Hauptstadt Israels» erklärt hatte, nicht mehr als «besetztes Gebiet». Sogar moderateste arabische Führer wie König Hussein fragten sich besorgt, ob Washington einmal mehr seine Politik geändert und sich israelischen Forderungen gebeugt habe. [69]

Die Resolution verlangte «Massnahmen zur Garantie der Sicherheit und des Schutzes der palästinensischen Zivilbevölkerung im ganzen besetzten Gebiet». Es sei zwar «eine Schande, dass die USA die Sache drei Wochen verzögert haben», und die Resolution sei «das Maximum, was wir gegen den kombinierten Widerstand Israels und der USA erreichen konnten», sagte ein PLO-Sprecher. «Aber wir können damit leben.» [70]

Das Gefühl der Ungerechtigkeit blieb. Ein anderer PLO-Mann fragte: «Wieso wurde eigentlich das Haus von Goldstein nicht zerstört wie die Häuser von Palästinensern in Gaza oder im Westjordanland, die des „Terrorismus" verdächtigt oder überführt sind?» [71]

Am 21. März flog ein israelisches Verhandlungsteam nach Tunis. Zwei Tage später tötete die israelische Armee in Hebron nach einem 18stündigen Häuserkampf vier Mitglieder der «Izzedin-al-Kassem-Brigaden», dem bewaffneten Arm der Hamas. Auch zwei unbeteiligte Palästinenserinnen, die 22jährige Manan Kanaybe und die 35jährige Magda Zahde, im sechsten Monat schwanger, kamen im Kugelhagel ums Leben. In einem Communiqué behauptete die israelische Armee, die beiden Frauen seien «im Feuer der Terroristen, nicht der IDF (der Armee) umgekommen». Als Basis für den Angriff hatte die Armee ein Kinderspital gewählt, in welchem 32 junge Patientinnen und Patienten lagen. Dies sei «eine Verletzung der grundlegendsten Prinzipien des internationalen Menschenrechts», monierte das IKRK. [72]

Gleich anschliessend bewiesen die israelischen Streitkräfte, dass sich ihre Haltung gegenüber den Palästinensern und den jüdischen Siedlern in nichts geändert hatte, trotz aller Beteuerungen der Regierung und der Armeeführung: Als es in Hebron zu Unruhen kam, gingen Soldaten und Siedler gemeinsam vor. Die Armee setzte Tränengas ein, unter anderem aus einem Helikopter, aber nicht gegen die wildgewordenen Siedler, welche scharfe Munition verschossen und Steine gegen arabische Häuser und Geschäfte schmissen, sondern gegen die demonstrierenden Palästinenser.

Am 31. März einigten sich die PLO und Israel auf ein Kontingent von 160 leicht bewaffneten Beobachtern für Hebron. Die Leute aus Italien, Dänemark und Norwegen hatten keine Kompetenz, bei Kämpfen einzugreifen, beklagten sich alsbald über Behinderungen durch die israelische Armee und wurden schliesslich, nach drei Monaten, sang- und klanglos abgezogen. Die israelische Regierung verbot zwar zwei der extremistischen, vom verstorbenen Rabbiner Meir Kahane inspirierte Gruppen, Kach und Kahane Chai. Einige ihrer extremsten Exponenten wurden vorübergehend interniert. Doch weitergehende Forderungen der PLO, etwa nach Auflösung der kleinen, aber radikalen Siedlungen mitten in der Stadt Hebron und vor allem nach vorgezogenen Verhandlungen über die Zukunft der jüdischen Siedlungen in den besetzten Gebieten, versandeten. Nach Arafats Maximalforderungen wirkte die Vereinbarung mehr als bescheiden.

Die Rache für das Massaker von Hebron kam genau zum Ende der 40tägigen Trauerperiode für dessen Opfer, und die Hamas, welche sofort die Urheberschaft reklamierte, schlug an einem überraschenden Ort zu: Afula liegt im Norden der «grünen Linie», welche das Westjordanland von Israel trennnt, rund 30 Kilometer südöstlich der Hafenstadt Haifa. Ein 19jähriger Selbstmord-Attentäter, dessen Name mit Raed Zakarne angegeben wurde, parkte einen in Tel Aviv gestohlenen Mitsubishi mit 175 Kilogramm Sprengstoff, Gasflaschen und Nägeln bei einer Bushaltestelle, und als der Egged-Bus Nummer 348 anhielt, um Leute ein- und aussteigen zu lassen, zündete er die Bombe und sprengte sich und den Bus in die Luft. Sieben Menschen wurden getötet, etwa fünfzig verletzt, darunter Frauen und Kinder.

Hamas verkündete, dies sei der erste von fünf Anschlägen zur Vergeltung von «Hebron». Der zweite kam am 13. April, dem Tag, der ursprünglich das Ende der israelischen Besetzung von Gaza und Jericho hätte markierten sollen, wenn die Autonomie am 13. Dezember 1993 in Kraft getreten wäre: In Hadera, einem Städtchen in Zentralisrael, zündete Hamas eine Bombe in einem Bus, der die Route Afula–Tel Aviv befuhr. Sechs Menschen wurden getötet, etwa dreissig verletzt. «Hamas hat fünf Vergeltungsschläge versprochen. Afula war der erste, und dieses ist der zweite», sagte Hamas-Sprecher Mohammed Nazal in Amman.[73]

Yitzhak Rabin verurteilte «den abscheulichen Mord an unschuldigen israelischen Bürgern» und die «Organisation, die an vorderster Front mörderische Aktionen gegen Israelis begeht – Hamas und ihren Terrorarm, Izzedin al-Kassem». Hamas wolle den Friedensprozess abwürgen, sagte der Premier, aber «die einzige Antwort an diese Mörder ist, ihnen nicht zu erlauben, mit ihrer teuflischen Verschwörung Erfolg zu haben.»[74]

Eine zweite Antwort fiel dem Premier ebenfalls ein: In einer umfangreichen Polizeiaktion in der Nacht auf den 19. April verhafteten israelische Soldaten und Angehörige des Geheimdienstes Shin Bet in den Flüchtlingslagern des Gaza-Streifens und im Westjordanland, vor allem in Hebron, Tulkarem, Jenin und Ramalla, mindestens 200 Leute.

Und als dritte Antwort verfügte der Premier eine neue Kollektivstrafe für sämtliche Palästinenser in den besetzten Gebieten: Er liess, wie schon früher, das Westjordanland und den Gaza-Streifen abriegeln. Zehntausende von Palästinensern konnten ihrer Arbeit in Israel nicht mehr nachgehen, verloren ihr Einkommen: Statt dass ihnen der Friedensprozess wirtschaftliche Erleichterungen und eine Linderung des Besatzungsregimes brachte, wurde die Lage von Tag zu Tag schwieriger. Arafat stand jetzt unter kaum mehr erträglichem Druck, irgend etwas zu unternehmen.

9.8 Und nochmals fast ein Fiasko

Die Verhandlungen quälten sich weiter dahin und näherten sich allmählich ihrem Ende. Die ersten israelischen Polizeiposten im Gaza-Streifen wurden geräumt, die ersten palästinensischen Polizisten zogen ein. Also lud Hosni Mubarak auf den 4. Mai zu einer weiteren Friedensfeier nach Kairo ein. Sie fiel mit seinem 66. Geburtstag zusammen, und er wollte endlich auch im Scheinwerferlicht stehen, nachdem Ägyptens wichtige Vermittlerrolle hinter den Kulissen bisher zu wenig gewürdigt worden war. Israel und die PLO hatten sich bis zuletzt gestritten: über die Grösse der autonomen «Region Jericho», darüber, ob Arafat sich «Präsident» nennen, ob die Palästinenser eigene Pässe und Briefmarken ausgeben, ob sie eine eigene internationale Telefon-Vorwahl erhalten sollten. Noch am Abend des 3. Mai setzten sich Arafat und Rabin für sechseinhalb Stunden zusammen. Palästinensische Delegationsmitglieder bezeichneten die Stimmung als «ungemütlich».

Dann kam der Tag, den sich Mubarak als Höhepunkt vorgestellt hatte: Etwa 2500 Gäste und Medienleute versammelten sich im Internationalen Kongresszentrum vor einer Opernkulisse aus Sphinx, Pyramiden und Statuen vor einem Nachthimmel mit funkelnden, silbernen Sternen. Millionen von Fernsehzuschauern waren live dabei. Mit den weissen Punkten auf der Bühne wussten die Hauptakteure vorerst wenig anzufangen: Sowohl Rabin als auch Arafat irrten verwirrt umher. Schliesslich standen alle auf den ihnen zugewiesenen Plätzen; die Show würde mit einigen Reden beginnen; dann würden Rabin und Arafat das Abkommen unterzeichnen, das endlich, mit fast fünf Monaten Verspätung, den Weg für die Autonomie Gazas und Jerichos freimachte.

Die dunkel gekleidete Gruppe, bestehend aus Rabin, den Aussenministern Warren Christopher (USA), Andrej Kozyrew (Russland), Amer Mussa (Ägypten) und Shimon Peres (Israel) sowie dem PLO-Chefunterhändler Abu Mazen, aus der nur Arafat in seiner Khaki-Uniform hervorstach, lauschte brav der Rede Mubaraks. Dieser erinnerte an seinen Vorgänger Anwar as-Sadat, der Frieden mit Israel geschlossen hatte, pries den neuen israelisch-palästinensischen Vertrag jedoch als «ersten Schritt auf dem langen Weg zu einer neuen Welt im Nahen Osten».

«Nun werden der PLO-Vorsitzende Yassir Arafat und der israelische Premierminister Yitzhak Rabin die Abkommen unterschreiben», verkündete eine weibliche Stimme über die Lautsprecher. Arafat setzte sich an den Tisch, auf dem sich drei dicke, in Leder gebundene Vertragskopien und drei ebenso dicke, blaue Aktenordner breitmachten, zückte seinen mitgebrachten Filzstift und begann zu unterschreiben. Dann war Rabin an der Reihe, und alsbald entfaltete sich vor den geladenen Gästen und den Fernsehzuschauern eine ganz und gar unprotokollarische Komödie:

Rabin unterbricht das Kritzeln, ruft seinen Aussenminister herbei: «Shimon, er hat die Karten nicht unterschrieben.» – «Ich weiss nicht, wo das Problem liegt», antwortet der Aussenminister. Rabin steht auf und stellt sich demonstrativ wieder an seinen Platz; sein Gesicht ist gerötet. Peres geht zu Mubarak: «Herr Präsident, Arafat hat die Karte von Jericho nicht unterschrieben.» Christopher hat noch nicht mitbekommen, dass etwas nicht stimmt, schreitet zum Rednerpult und will seine Ansprache halten. Jemand ruft ihm zu, er müsse als Vertreter des Ko-Sponsors USA zuerst den Vertrag unterschreiben, ebenso wie Kozyrew für Russland. Mubarak geht inzwischen auf Arafat zu und fragt: «Was ist los, Yassir?» Dieser antwortet: «Wir haben vereinbart, die Grenzen Jerichos sollten offenbleiben für weitere Diskussionen.»

Über eine halbe Stunde lang wird auf der Bühne gefeilscht. Die Akteure werden immer nervöser; dem israelischen Premier steht die blanke Wut ins Gesicht geschrieben; der PLO-Vorsitzende wirkt eher wie ein trotziges Kind. Christopher diskutiert mit Mubarak, dann gehen sie zusammen zu Rabin. Rabin droht, seine Rede nicht zu halten, den Saal zu verlassen, die Feier platzen zu lassen und den Friedensprozess abzubrechen. «Wieso tust Du mir das vor der ganzen Welt an?» fragt der ägyptische Präsident den

PLO-Vorsitzenden. «Ya Kalb!» faucht der Präsident: «Du Hund!» Schliesslich verschwinden alle hinter der Bühne, wo sie massivsten Druck auf Arafat aufsetzen. Nach fünf Minuten tauchen sie wieder auf; Arafat unterschreibt auch die Karten, setzt aber handschriftliche Notizen hinzu. Rabin lässt diese von einem Übersetzer prüfen, bevor er selber seine letzten Unterschriften daruntersetzt.

Der PLO-Chef, erfuhr ich später in Tunis, hatte sich geweigert, die Jericho-Karten zu unterschreiben, weil er dachte, Israel und die USA wollten ihn in eine Falle locken. Offensichtlich hatte er vergessen, oder er wollte sich nicht daran erinnern, dass die Verhandlungsdelegationen in letzter Minute ein Zusatzprotokoll ausgehandelt hatten, welches ausdrücklich erklärte, die exakte Ausdehnung der autonomen Region Jericho sei offen für Verhandlungen.

Was nach dem Wunsch Hosni Mubaraks ein zweiter «historischer Handschlag» hätte werden sollen, wurde so zur Farce und beinahe zu einem weiteren Fiasko. Und gleichzeitig bewies sie anschaulich, wie viel Misstrauen zwischen der PLO und der israelischen Regierung weiterhin bestand. Arafat wollte Rabin anschliessend den Vortritt beim Reden lassen, doch der wollte das letzte Wort für sich. Die Rede des PLO-Vorsitzenden klang bitter und mürrisch. Er sprach von israelischen Menschenrechtsverletzungen und kritisierte, dass die jüdischen Siedlungen und der Status von Jerusalem – zwei Themen, deren Behandlung die Verträge auf später verschieben – «dem Geist des Friedensabkommens zuwiderlaufen». Mühsam kam ihm schliesslich wenigstens ein Satz für die Israelis über die Lippen: «Es ist unser gemeinsames Schicksal, als Nachbarn zusammenleben zu müssen. Also lasst uns das tun.»

Rabins Vortrag war nicht viel freundlicher: «Wir haben uns entschlossen, in die Zukunft zu blicken. Viel hängt von den Palästinensern ab», sagte er auf Hebräisch. Zum Schluss fand auch der Premier ein paar versöhnliche Worte: «Heute strecken wir die Hand zum Frieden aus. Heute beginnt ein neues Zeitalter.» – Es wäre wegen ein paar Strichen mit einem Filzschreiber beinahe verpasst worden.

10   Der Mukhtar von Gaza

Abu Ammar und sein Palästinenserstaat

*«Wir sind eine Gemeinschaft freier Menschen, die ihr eigenes Land
aufbauen wollen. Ja, es wird die Nation der freien Menschen
sein. Die Gläubigen werden die Sieger sein. Wir werden die Sieger auf
diesem Land sein.»*
(Yassir Arafat in seiner Rede in Gaza-Stadt, 1. Juli 1994.)

7. Dezember 1994; das Telefon klingelt. Am Apparat ist ein alter Bekannter aus der PLO-Zentrale, einst in Tunis, jetzt in Gaza. «Suha ist schwanger», sagt er.

«Richte Frau Arafat unbekannterweise meine Glückwünsche aus: Mabruk!»

«Stell dir vor, jetzt sind wir seit, seit, wart mal: seit vierzehn Monaten autonom. Und was ist das Resultat, was ist das einzige Resultat? Suha ist schwanger.»

Suha Tawil, die 31jährige Frau Arafat, ist ein Symbol für den Wandel, den der PLO-Chef durchgemacht hat. «Ich hätte gern eine Frau und Kinder», sagte Yassir Arafat einst einem Interviewer. Aber es wäre nicht fair, einer Frau «all die Schwierigkeiten zuzumuten, mit denen ich konfrontiert bin».[1] Mit dem Lotterleben des gejagten Fedaiyn, der aus Angst vor Attentaten jede Nacht in einem andern Bett schlief, war ein geordneter ehelicher Hausstand offensichtlich unvereinbar. Das Zitat war trotzdem einen Rarität. Normalerweise reagierte Arafat auf Fragen nach seinem Zivilstand oder seinem Umgang mit dem andern Geschlecht unwirsch oder aber mit einer nur leicht variierten Floskel: «Ich bin mit der Revolution verheiratet», oder: «Ich habe nur eine Braut: Palästina, und alle palästinensischen Kinder sind meine Kinder.»

Am 10. Februar 1992 galt diese Formel nicht mehr: Aus dem PLO-Hauptquartier in Tunis sickerte die Information, Arafat habe schon vor geraumer Zeit – vor zwei Jahren, gestand er später zögernd – seine junge Mitarbeiterin Suha Tawil geehelicht. Hinter dem Scoop steckte die Schwiegermutter, Raymonda Tawil, die nicht länger zuschauen wollte, wie Suha die prestigeträchtige Liaison verheimlichen musste. Sie entschloss sich, Journalisten eine unmissverständliche, aber unverbindliche Auskunft zu geben: «Ich kann es nicht dementieren, aber es ist das Recht des Vorsitzenden Arafat, es offiziell zu deklarieren.»[2]

Schon früher hatten Gerüchte zirkuliert: 1987 hiess es, von PLO-Sprechern umgehend dementiert, der Alte habe sich heimlich mit einer ägyptischen Publizistin vermählt. Und bis heute behauptet eine andere ehemalige Assistentin Arafats, Um Nasser, mit ihm lange Jahre verheiratet gewesen zu sein.

Suha Tawil hatte in der PLO einen schweren Stand; ihr glamouröses Auftreten und die damit verbundenen Ausgaben weckten Neid; dass sie eine griechisch-orthodoxe Christin war, erzeugte Misstrauen, ebenso der zunehmende Einfluss ihrer Familie auf den alternden PLO-Vorsitzenden und damit auf die Organisation. Alsbald begannen PLO-Leute zu meckern, die Frau bringe ihrem Chef Unheil.

Zwei Monate, nachdem das Eheglück publik geworden war, musste Arafats Flugzeug in der libyschen Wüste bruchlanden; es war in einen Sandsturm geraten, alle Instrumente waren ausgefallen, das Flugbenzin zur Neige gegangen. Der Pilot, der Kopilot und der Flugzeugingenieur starben; Arafat und alle andern an Bord wurden verletzt. Während mehr als einem halben Tag regierte in Tunis Panik: Das Wrack wurde 15 Stunden lang nicht gefunden; niemand wusste, ob Arafat überlebt hatte. Der kollektive Alptraum von einer führer- und richtungslosen PLO senkte sich über die Büros und Villen der Palästinenser. Arafat hatte stets jede Diskussion um seine Nachfolge erstickt und potentielle Kronprinzen kaltgestellt.

Gegen Ende desselben Jahres 1992 führte der PLO-Chef seine Organisation in eine völlig neue Richtung: Er stimmte geheimen Verhandlungen mit Israel in Oslo zu. Fortan war sein Leben viel weniger gefährdet; er brauchte nicht mehr von Versteck zu Versteck zu hetzen; er wurde bürgerlicher, sein Leben geordneter. Am 13. September 1993 stand der ewige Aussenseiter glühend vor Stolz im Mittelpunkt der Welt, auf dem Rasen des Weissen Hauses. Und nochmals achteinhalb Monate später zog er im chaotischen Triumphzug in Gaza ein, wo er sich bis zum endgültigen Umzug nach al-Quds, in die «Heilige Stadt» Jerusalem, einzurichten gedachte.

«Und jetzt», fragte mein Anrufer. «Was haben wir jetzt?»

«Zum Beispiel wird sich Arafat in drei Tagen den Friedensnobelpreis abholen.» «Friedensnobelpreis», klang es verächtlich aus dem Hörer: «Arafat wollte Präsident des Staates Palästina werden, und was ist er jetzt? Nobelpreisträger und Mukhtar von Gaza. Dafür ist Suha schwanger.»

Arafat riskierte tatsächlich, der «Dorfvorsteher von Gaza» und seiner Filiale Jericho zu bleiben. Denn die ersten Monate seiner Regierung liessen sich unerfreulich an, und der israelische Premier Yitzhak Rabin gab sich zunehmend unwillig, die weiteren Punkte auszuhandeln und zu realisieren, welche in den Abkommen von Oslo und von Kairo vorgesehen sind: Monatelang zogen sich Verhandlungen über den Rückzug israelischer Truppen aus weiteren Teilen des Westjordanlandes und über Wahlen in den besetzten Gebieten dahin. Ende 1994 waren die Wahlen bereits fast ein halbes Jahr überfällig; sie hätten spätestens am 13. Juli stattfinden sollen. Israel und die PLO konnten sich nicht einmal darauf einigen, was denn gewählt werden sollte, eine Exekutive zur Verwaltung der besetzten Gebiete, wie sie Rabin vorschwebte, oder die ausgewachsene gesetzgebende Versammlung, die Arafat forderte. [3]

10.1 Gaza zuerst – und zuletzt?

Wichtiger noch als der Streit darum, wer gewählt werden solle, war eine andere Bestimmung der Grundsatzerklärung: «Nicht später als am Vorabend der Wahlen» werde «eine Verlegung der israelischen Streitkräfte im Westjordanland und im Gaza-Streifen erfolgen», und zwar nach dem Prinzip, dass Israels Soldaten «ausserhalb von bevölkerten Gebieten stationiert werden», was meinte: ausserhalb jener Gebiete, in denen Palästinenser leben. Genau von dieser Bestimmung distanzierte sich Rabin im Spätherbst zusehends. Er begann davon zu reden, das Abkommen von Oslo müsse neu verhandelt werden; Wahlen könnten auch stattfinden, wenn die israelische Armee noch da sei, und so weiter. Kritiker hatten es schon immer gewusst: Das Oslo-Abkommen taugte nichts, führte nicht zu einem dauerhaften Frieden, hatte alle umstrittenen Fragen sorgfältig umgangen. Das stimmte: Dass jüdische Siedlungen in den besetzten Gebieten vorerst unangetastet blieben, erforderte die Anwesenheit beträchtlicher Truppen zu ihrem Schutz. Der endgültige Status von Jerusalem, das Arafat als letzten Höhepunkt am Ziel seines langen Marsches sieht, wurde von der ersten Autonomiephase ausgenommen. Dass die Israelis nicht im Traum daran dachten, Teile ihrer «unteilbaren, ewigen Hauptstadt» an Arafat abzutreten, liess bereits ahnen, dass sich hier neues Konfliktpotential ansammelte.

Die Antworten auf die wichtigste, vielleicht die einzige Frage, die langfristig zählen würde, sollten ebenfalls erst in einer nächsten Verhandlungsphase gesucht werden, die spätestens in zwei Jahren beginnen sollte: Wohin führt der ganze Friedensprozess überhaupt? Steht an seinem Ende ein unabhängiger Staat Palästina, wie Arafat ihn sich ausmalt? Oder werden die Palästinenser weiterexistieren in «fortgesetzter Marginalisierung, ein Volk, das in den peripheren Status einer halb gefangenen, halb freien Quasi-Nation verwiesen wird, regiert von den politischen Gesetzen des lokalen Kleingangstertums»? Der jordanische Kolumnist Rami G. Khouri, der die Frage stellte, hält diese «hässliche Aussicht» durchaus für möglich. [4]

Dadurch, dass Arafat, dessen PLO sich in höchster Seenot befand, hastig in ein ungenügendes Abkommen einwilligte, arbeitete er vor allem Israel in die Hände – und das dürfte Rabins wichtigstes oder einziges Motiv gewesen sein, sich mit dem «bittersten und hassenswertesten aller Feinde» überhaupt einzulassen. [5] Mit seiner Unterschrift unter den Pakt mit Israel öffnete Arafat die Schleusen. Die «geschlossene Front der Araber» war endgültig als politische Fiktion entlarvt; niemand brauchte sich mehr dem kollektiven Anspruch einer «Gesamtlösung» zu unterwerfen. Die Jordanier waren die ersten, die reagierten: Am 14. September 1993, einen Tag nach der «Gartenparty» im Weissen Haus, signierten sie eine Traktandenliste mit den Israelis, die offensichtlich längst vorbereitet war. Und sie brauchten nur ein Jahr, um einen vollen Friedensvertrag auszuhandeln, den sie am 17. Oktober 1994 im kleinen Rahmen im Hashimiya-Palast ausserhalb von Amman und am 26. Oktober in ganz grossem Rahmen im Araba-Tal unterschrieben, mit der Weltpresse als Staffage und Bill Clinton als Pate, der zwar wiederum, wie schon in Oslo, nichts beigetragen hatte zu Feier, sich aber gerne dafür danken liess.

Andere arabische Staaten, zuvorderst das Königreich Marokko, die Präsidialrepublik Tunesien und das Sultanat Oman, dazu in absehbarer Zeit wohl auch Syrien waren daran, sich mit Israel zu arrangieren. Mit einem strategischen Geniestreich hatte Rabin das erreicht, was frühere Regierungen, besonders jene unter Shamir, mit Sturheit und fehlender Flexibilität verpatzt hatten: Israel war daran, mit den Arabern Frieden zu schliessen, sich die arabischen Märkte zu eröffnen, sich aus der regionalen Isolation zu befreien; und den Preis, den man früher dafür verlangt hatte, musste es nicht bezahlen. Es wurde nicht dazu gezwungen, den Palästinensern jene Lösung anzubieten, die bis zur Friedenskonferenz von Madrid als einzig mögliche galt: Land gegen Frieden, Rückgabe des Westjordanlandes und des Gaza-Streifens im Austausch gegen Verträge mit den Arabern.

Der Preis, den Israel bezahlen musste, wirkte beinahe lächerlich: Er hiess Jericho, hatte vielleicht 20 000 Einwohner und war die einzige wirkliche Konzession, die Arafat und sein Verhandlungsteam aus den Israelis herausholten, nachdem diese vorerst, unter der griffigen Formel «Gaza zuerst», nur den Elendsstreifen am Mittelmeer angeboten hatten. Diesen als Preis zu bezeichnen, fiele schwer: Die meisten Israelis – mit Ausnahme einiger Extremisten und Sicherheitsfetischisten wie Ariel Sharon – hätten den Streifen schon lange verschenkt, wenn sich jemand gefunden hätte, der sich damit beschenken lassen wollte.

Israel hatte also vieles gewonnen; die PLO hatte dafür limitierte Kontrolle über Gaza und Jericho. Einer der Friedenspioniere erkannte den Wert dieses Geschenks früh: Haidar Abdash-Shafi, Delegationsleiter der

Palästinenser an der Madrider Friedenskonferenz, wandte sich degoutiert von Arafat ab.

Dieser war zwar der Nicht-ganz-Präsident einer halbautonomen Region am Mittelmeer und einer heissen Oase im Jordantal geworden. Er hatte dafür eine temporäre Lösung akzeptiert, die den Ausgang späterer Verhandlungen offenliess; ausdrücklich hatte er für die nächsten Jahre der weiteren Stationierung israelischer Truppen im Westjordanland, in den jüdischen Siedlungen des Gaza-Streifens und auf ihren Zufahrtsstrassen zugestimmt. Damit legitimierte Arafat den Anspruch der israelischen Besatzungsmacht, der bisher dem internationalen Recht widersprach», meinte Abdash-Shafi.[6]

Das Schicksal Gazas war besiegelt: der Landstreifen mit seiner Flüchtlingsbevölkerung und seinen kaum lösbaren sozialen, wirtschaftlichen und politischen Problemen war Arafat anvertraut, dem Mukhtar oder Rais.[7]

Jericho – «ein paar Verkaufsstände für Bananen, über denen eine PLO-Flagge in Bikini-Grösse flattert», wie die politischen Satiriker Nabil und Hisham in Amman spotteten – zählte nicht wirklich: Jericho war das winzige Zuckerbrötchen neben der ganz grossen Peitsche. Und was mit den übrigen Gebieten geschehen würde, war Ende 1994 völlig offen. Dass Arafat volle Souveränität über Ost-Jerusalem bekommen würde, war mehr als fraglich: Israel baute auf 1967 besetztem, später annektiertem Land eifrig an jenen Neubaugürteln weiter, welche die Altstadt und die arabischen Wohnquartiere strangulieren sollen. Aus dem Westjordanland wurde kein einziger Siedler, keine Siedlerin entfernt. Dafür baute Israel im Eiltempo neuen Strassen, welche die Siedlungen mit dem Kernland verbanden, ohne arabische Wohngegenden zu tangieren. Würde eine israelische Regierung Abermillionen für den Bau dieser Strassen ausgeben, wenn sie die ehrliche Absicht hätte, den Palästinensern Autorität über die ganzen besetzten Gebiete einzuräumen?

Die Besiedlung nach dem Krieg von 1967 war von Yigal Allon angeregt, von Premier Levi Eshkol genehmigt und von Moshe Dayan begrüsst worden, um «Fakten auf dem Gelände selbst» zu schaffen. Arafat war der Palästinenserführer, der sich auf einen Handel mit Israel einliess, ohne dass diese Fakten revidiert worden wären.

Ende 1994 bestand also die reale Möglichkeit, dass das, was ihm unter der Verpackung «Gaza zuerst» angedient worden war, nur «Gaza zuletzt» zum Inhalt hätte.

10.2 Benelux oder Bosnien

Arafat hatte sich zu Beginn der Autonomie gebrüstet: Gaza zu regieren werde nicht allzu schwierig sein, schliesslich habe er zehn Jahre lang den Libanon regiert. Dieser Satz verdient eine kurze Rückblende: In Arafats «Regierungszeit» im Libanon fiel der Beginn des Bürgerkriegs, an dessen Ausbruch die PLO massgeblich beteiligt war, der 15 Jahre dauerte und mindestens 150 000, vielleicht auch viel mehr Menschen das Leben kostete. In jene Zeit, von den späten sechziger Jahren bis 1982, da die PLO libanesische Innenpolitik mitbestimmte, provozierte sie zwei israelische Invasionen (1978 und 1982), wobei die zweite weit über das angebliche Ziel hinausschoss und zu einem brutalen Feldzug Ariel Sharons gegen den ganzen Libanon wurde. Israel hält seither etwa zehn Prozent des libanesischen Territoriums als Pufferzone besetzt. Die Syrer kamen ebenfalls, intervenierten vorerst auf Seite der libanesischen Christen gegen die PLO, dann für die PLO gegen die Christen, besetzten grosse Teile des Landes und sind ebenfalls bis heute geblieben.

Arafats Anspielung auf den Libanon war also ungewollt doppeldeutig: «Libanesische Verhältnisse in Gaza» – oder auch afghanische, bosnische oder somalische, die von andern Kommentatoren herbeigeschrieben wurden – waren eine Perspektive, die immer mehr Leute mit Bangen diskutierten. Und viele befürchteten, der autokratische PLO-Chef und Vorsitzende der Autonomiebehörde wäre der geeignete Mann, solche Verhältnisse zu schaffen.

«Blame it on the others», mach andere dafür verantwortlich, ist eine in arabischen Gesellschaften weit verbreitete Haltung, da braucht man nur die Zeitungskommentare zu lesen: Die Imperialisten sind schuld, die Kolonialisten oder «der Westen»; die Ölstaaten haben sich mit den USA gegen arabische Nationalisten verschworen, die Ungläubigen gegen die Muslime und die westlichen mit den zionistischen Imperialisten. Bassam Tibi, ein syrisch-deutscher Wissenschaftler, hat diesem «Trauma arabische Politik» ein ganzes Buch gewidmet. [8]

Arafats erste Regierungsmonate waren durch eine Reihe eskalierender Katastrophen gekennzeichnet, die ihre brutale Klimax in zwei Massenschlächtereien fanden: Am 19. Oktober wurden 22 Passagiere des Busses Nr. 5 in Tel Avivs Stadtzentrum von einer Bombe zerfetzt und verstümmelt, die ein Hamas-Selbstmörder gezündet hatte. Etwa 50 weitere wurden verwundet; die Szene erinnerte an die schlimmsten Kriegstage in Beirut. Genau einen Monat später kam es zum ersten Shoot-out der palästinensischen Polizei mit Hamas- und Jihad-Demonstranten, die nach dem freitäglichen Mittagsgebet vor der Palästina-Moschee in Gaza in guter alter

Intifada-Tradition mit Steinen und andern Wurfgeschossen auf die Ordnungshüter losgegangen waren. 13 Demonstranten wurden von eigenen «Sicherheitskräften» erschossen; Arafats Behörde behauptete allerdings, einige seien durch Kugeln ihrer eigenen Leute umgekommen. In Gaza herrschte eine Atmosphäre wie vor einem Bürgerkrieg. [9]

Viele arabische Kommentatoren erklärten die Ereignsse mit äusseren Einflüssen: Elend kann Gewalt gebären, und Arafats Regime war es nicht gelungen, das Elend zu lindern. Ihm waren die Hände gebunden, weil Länder, internationale Organisationen und die Weltbank zwar in der ersten Euphorie nach dem Vertragsschluss grossartige Versprechen gemacht, diese aber nicht erfüllt hatten. Für das Jahr 1994 waren 720 Millionen Dollar zugesagt; bezahlt wurde vielleicht ein Viertel. Auch die angesagten Investitionen blieben weitgehend aus.

Ausserdem waren die Israelis verantwortlich, weil sie die Gespräche mit der Palästinenserbehörde verschleppten und blockierten. Gleichzeitig trug Rabin zur weiteren Verschärfung der Wirtschaftskrise bei, indem er mehrmals den Gaza-Streifen abriegeln liess und jene Leute, die in Israel arbeiteten, daran hinderte, ihrer Arbeit nachzugehen und ihr Brot zu verdienen.

Aber die Geschichte hatte eine zweite, ganz andere Seite: Yassir Arafat, der in Interviews so gern von Freiheit, Demokratie, Gleichheit und Brüderlichkeit palavert, übertrug den Stil seiner fahrenden Einmann-Revolutionsshow eins zu eins auf sein Amt als Mukhtar oder Rais von Gaza und Jericho. Er hätte jetzt regieren müssen, nicht mehr nur posieren, hätte wie ein Bürokrat denken und handeln müssen. Er war nicht länger der romantische Held, der einen «Volkskrieg» gegen Behörden und Regierungen führte – er war jetzt Chef einer Behörde, der Palästinensischen nationalen Verwaltung oder PNA. Aber irgendwo auf dem Weg von Kairo über Kuwait, Amman, Beirut und Tunis nach Gaza hatte Arafat eine Abzweigung verpasst. Er hatte nicht mitbekommen, dass eine Regierung und eine Behörde nicht nur aus ihrem Chef, sondern aus einer Unzahl von Funktionären bestand, einige mit hervorragender Ausbildung und erstklassigem Fachwissen, denen man alle Aufgaben überlassen musste ausser der Formulierung der zentralen politischen Richtlinien. Arafat jedoch wollte weiterhin jeden Scheck von hundert Dollar und mehr selber unterschreiben; er wollte weiterhin nicht nur die wichtigsten, sondern alle Entscheide selber fällen. Das führte zu Situationen, die man von früher kannte, zu Beispiel von den Verhandlungen über das Oslo-Abkommen: Leute der PNA verhandelten mit potentiellen Investoren und Geldgebern und schlossen Verträge, nur um zusehen zu müssen, wie Arafat sie sofort umstiess.

Arafat war auch kein Demokrat, keiner, der akzeptieren konnte, dass

Demokratie bedeutet, die Freiheit zu haben, jene zu kritisieren, die über einen herrschen. So verbot die PNA beispielsweise für einige Zeit die Jerusalemer Zeitung «an-Nahar», die in ihrer Kommentierung eine eher projordanische Tendenz hat. Die Begründung für das Verbot hätte direkt aus einem Roman von Franz Kafka stammen können: Das Blatt habe es versäumt, bei der PNA eine Lizenz einzuholen. Das war das erste Mal, dass irgend jemand in den besetzten Gebieten davon hörte, die PNA gebe Zeitungslizenzen aus.

Als Shimon Peres und Mahmud Abbas (Abu Mazen) in Washington das Interimsabkommen unterschrieben, pinselten einige Kommentatoren – vor allem in den USA und Europa, wo man die Neigung hat, sich an alles zu klammern, was ein Ende des vertrackten Nahostkonflikts verspricht – die blühendsten Perspektiven: Israel, der Palästinenserstaat und Jordanien könnten so etwas wie die Benelux-Länder oder die Europäische Gemeinschaft werden. Doch die Euphorie erstickte bald unter der dichten Staubdecke der ökonomischen und politischen Realität.

Dass 1994 nur ein Bruchteil der versprochenen 720 Millionen Dollar nach Gaza floss, war nicht nur Böswilligkeit der Geldgeber; es standen sich da zwei völlig unterschiedliche Prinzipen gegenüber: Arafat wollte das Geld in einem zentralen Topf sehen, um es im Stil eines orientalischen Potentaten unter die Leute zu bringen: Um Loyalität zu kaufen, Abhängigkeit zu schaffen und Illoyalität zu ahnden. Er wollte darüber bestimmen, was wo investiert wurde; alles andere sei eine ungebührliche Einmischung in die internen Angelegenheiten «Palästinas», hatte er schon am zweiten Tag nach dem Einzug in Gaza verkündet.

Die Geldgeber hingegen forderten konkrete Projekte und detaillierte Abrechnungen, was in Arafats Denken beides nicht vorkommt. Natürlich gibt die Weltbank, von den USA dominiert, Versprechen ab, um gewünschte politische und wirtschaftliche Veränderungen durchzusetzen, nur um dann, wenn diese erzielt sind, ihre Versprechen nicht einzuhalten: «Wenn sie die Sandinisten abwählten, werde man ihre Wirtschaft mit grosszügigen Finanz- und Investitionshilfen wieder ankurbeln, erzählte man einst den Nicaraguanern. Doch nachdem diese den Rat brav befolgt hatten, war das Ziel erreicht und das Thema erledigt.» [10] Die Palästinenserverwaltung jedoch versuchte nicht einmal, den Anforderungen nachzukommen: «Nach Monaten und Monaten der wiederholten internationalen Aufforderung zu Rechenschaftsablegung und Transparenz hat der Palästinensische ökonomische Rat für Entwicklung und Wiederaufbau nicht viel dazu beigetragen, die Bedingungen der Weltbank zu erfüllen», schrieb der jordanische Kommentator Musa Keilani. [11] Arafat hätschelte dafür die Symbole: Die in stumpfem Dunkelgrün bemalten Chevrolet-Brückenwagen der «Nationalen

Sicherheitskräfte» waren wichtiger als die Frage, wie diese Sicherheitskräfte eingesetzt werden sollten, um die Lage in Gaza zu kontrollieren, ohne die Bevölkerung noch zusätzlich gegen die neue Behörde aufzubringen. Statt die Menschen von unerträglicher Unterdrückung zu befreien, schuf die PNA neue repressive Einrichtungen. Sie fanden Ausdruck zum Beispiel in den Checkpoints: Statt Strassensperren abzubauen, errichtete die PNA überall dort, wo ein israelischer gestanden hatte oder noch stand, zwei eigene, nur um das Territorium zu markieren. Arafat wollte eine vieltausendköpfige Polizei: Er bekam sie, hatte aber kein Geld, um sie anständig zu bezahlen, mit den nötigen Fahrzeugen, Büroeinrichtungen, Telefonleitungen, Laboratorien und so weiter auszustatten. Die Folge ist, dass aus verschiedenen Orten in Gaza von epidemischer Korruption berichtet wird: Nur, wer unter der Hand bezahlt, kommt – vielleicht – in den Genuss öffentlicher Dienstleistungen, so weit die PNA und ihre Funktionäre überhaupt in der Lage sind, diese zu erbringen.

Arafat hatte seinen Kredit bei der lokalen Bevölkerung und bei der israelischen Regierung Ende 1994 weitgehend aufgezehrt. Hamas gewann an Einfluss. Sie bot an, was die Israelis nicht anbieten wollten und Arafats Behörde nicht anbieten konnten: Ausbildung, medizinische Versorgung, Renten für die Familien von «Märtyrern».

Der PNA gelang es nicht, die Izzedin-al-Kassem-Brigaden, den «militärischen Flügel» der Hamas, zu entwaffnen. Das war auch den Israelis nicht gelungen, aber jetzt konnte man Arafat dafür verantwortlich machen. Die «Falken», theoretisch eine Nachwuchsorganisation von Arafats eigener Fatah, gerieten ausser Kontrolle und nahmen zum Teil den «bewaffneten Befreiungskrieg» wieder auf, dem ihr Chef abgeschworen hatte. Die marxistischen Volks- und Befreiungsfronten mischten ebenfalls mit. Es gab wieder Fälle von innerpalästinensischen Fememorden, einer üblen, gefürchteten Begleiterscheinung der Intifada. Und die Abwässer der Slumsiedlungen von Jabaliya über Khan Yunis bis Rafah flossen weiterhin auf die ungeteerten Strassen.

Abu Ammar, der werdende Vater, Chef der PLO und der PNA, war daran zu beweisen, dass er zum Regieren nicht taugte; er war dazu von seiner persönlichen Disposition, seiner Laufbahn und den dabei angenommenen Verhaltensmustern her nicht geeignet. Ausserdem waren die externen Faktoren ausgesprochen widerwärtig: Die israelische Regierung und die israelische Öffentlichkeit trauten ihm nicht. Die Geldgeber hielten versprochene Millionen zurück. Die wirtschaftliche Lage war trostlos und wurde mit jedem Tag trostloser, was den islamischen Extremisten Auftrieb gab.

Selbst wenn er ein genialer Administrator gewesen wäre, was er nicht ist, hätte Arafat eines bedenken müssen, bevor er den Handel mit Israel akzeptierte: Gaza war seit Hunderten von Jahren Untertanengebiet gewesen, beherrscht von den Osmanen, den Briten, den Ägyptern und schliesslich den Israelis, die den Streifen zur Endlagerung von Hunderttausenden von Vertriebenen benutzten. In den Jahrzehnten und Jahrhunderten der Unterdrückung hatte sich die Bevölkerung von Gaza eine ganz spezifische Grundhaltung angewöhnt: die des passiven oder, wenn möglich, aktiven Widerstandes. Gaza war, mit andern Worten, unregierbar geworden. Arafat wurde zwar am 1. Juli 1994 jubelnd begrüsst. Doch als er nicht lieferte und nicht liefern konnte, was von ihm erwartet wurde, war er alsbald nicht mehr der Befreier, sondern nur ein weiterer Vertreter eines weiteren autoritären Regimes.

Unter zynischen Intellektuellen in Amman wurden gegen Ende 1994 Wetten abgeschlossen, wie lange sich Arafat noch halten könne; ob er freiwillig gehen oder ob er mit einer Salve aus einer Maschinenpistole wegbefördert werde. Dem stand die Tatsache gegenüber, dass Arafat schon oft abgeschrieben worden war und sich schon oft als Überlebenskünstler erwiesen hatte. Ausserdem hatte Arafat einen mächtigen Verbündeten: die israelische Regierung. Für Israel war es wichtig, dass der PLO-Chef in Gaza blieb; so war er für den unregierbaren Landstrich verantwortlich, nicht Rabins Kabinett in Jerusalem. Ausserdem musste man wenigstens die Illusion eines möglichen Durchbruchs aufrecht erhalten. Ohne diese Illusion wäre auch das Westjordanland explodiert. Den Gaza-Streifen konnte man notfalls hermetisch abriegeln, und Rabin erwog gegen Jahresende 1994, diese Abriegelung, die Trennung von Palästinensern und Israelis, zu einer Dauerinstitution zu machen. Die «Grüne Linie» zwischen Westjordanland und Israel war viel weniger leicht zu kontrollieren; dort brauchte es andere Massnahmen als Stacheldraht und elektrisch geladene Zäune.

Nach dem «sauberen» Golfkrieg gab es einen vertrackten Frieden, bemerkte Avi Shlaim, und nach der durchgestylten Konferenz von Madrid vertrackte Verhandlungen. [12] Das gleiche galt auch für das Gaza-Jericho-Abkommen: ein scheinbar klarer Vertrag, der alle Ingredienzen eines vertrackten «Friedens» hat.

Anmerkungen

1   Krieg, Frieden und Propaganda

1   Zitiert nach Jay Murphy: For Palestine. Der Palästinenser Edward Said, ein weltbekannter Orientalist und vielbeachteter Publizist, ist Professor an der Columbia University in New York und ein profilierter Kritiker des israelisch-palästinensischen Friedensprozesses.

2   Interview mit dem Autor, Tunis, 14. Nov. 1989.

3   Flapan wurde 1911 in Polen geboren und emigrierte 1930 nach Palästina. Er war von 1954 bis 1981 in führender Stellung in der staatstragenden Mapam, der Vereinigten Arbeiterpartei, tätig.

4   Simcha Flapan: Die Geburt Israels – Mythos und Wirklichkeit.

5   Benny Morris: The Birth of the Palestinina Refugee Problem, 1947–1949.

6   Noam Chomsky: Deterring Democracy, S. 189. Chomsky, aus einer jüdischen Familie stammend, ein kritischer Nahost- und USA-Beobachter, ist Professor für Linguistik und Philosophie am Massachusetts Institut of Technology.

7   Newsweek, 15. Aug. 1994.

8   Weitere Beispiele dieser «neuen Geschichtsschreibung» sind etwa das Buch «My War Diary: Lebanon, June 5 – July 1, 1982», eine furchterregende Schilderung der Libanon-Invasion von Yermiya Dov, einem dissidenten Obersten der israelischen Armee, oder die schonungslose Enthüllung militärischer Allianzen Israels mit Diktatoren rund um die Welt, die Benjamin Beit-Hallahmi, Professor in Haifa, 1987 publizierte. (Sein Buch «The Israel Connection – Who Israel Arms, and Why» bekam in der deutschen Fassung leider den wenig aussagekräftigen Titel «Schmutzige Allianzen – Die geheimen Geschäfte Israels».)

9   Interview mit Milton Viorst, Sands of Sorrow, S. 102.

10   Yitzhak Shamir: Summing Up, S. 258.

11   Jane Corbin: Riskante Annäherung, S. 92.

12   George Orwell, Brief an Yvonne Davet, 18. Aug. 1938. Zitiert nach Michael Shelden: Orwell, The Authorised Biography; London, 1991; S. 322.

2   Triumphzug ins Ungewisse

1   Interview mit dem Autor, Tunis, 28. Mai 1994.

2   Interview mit dem Autor, Tunis, 26. Mai 1994.

3   Amos Elon: Jerusalem – City of Mirrors, S. 93/94.

4   Hamas ist das Akronym für die «Bewegung des islamischen Widerstandes» und meint als Wort gleichzeitig «Stolz» oder «Mut». Hamas ist ein Ableger der ägyptischen Muslimbrüderschaft im Gaza-Streifen und im Westjordanland. Sie spielte während der Intifada (ab Ende 1987) neben dem «Vereinigten Kommando» eine wichtige, unabhängige Rolle. Zusammen mit einer andern, kleineren radikalen Organisation, dem Jihad Islami («Islamischer Krieg»), bekämpft Hamas jeden Kompromiss mit Israel und damit auch die Friedenspolitik von Yassir Arafat. In ihrer Grundsatzerklärung vom 18. August 1988 nennt Hamas folgendes politisches Ziel: «Sie will das Banner Allahs über jedem Fussbreit Palästinas wehen lassen.» Der Islam werde Israel auslöschen. Palästina sei «ein islamisches Waqf», das heisst religiöses Besitztum, und werde «künftigen Generationen von Muslimen bis zum jüngsten Gericht gehören».

Hamas ist seit 1988 für eine ganze Reihe von Morden an Palästinensern und Israelis und für zahlreiche Attentate verantwortlich; in den autonomen Palästinensergebieten bildet die Organisation die stärkste und bedrohlichste Opposition gegen Yassir Arafat und seine Administration.

5   Olmert musste sich später den Vorwurf gefallen lassen, die Massendemonstration gegen Arafat und gegen die gewählte israelische Regierung mit Steuergeldern der Stadt finanziert zu haben.

6   Pressekonferenz, Jericho, 4. Juli 1994.

3   Das Verheissene Land

1   John le Carré: The Little Drummer Girl; London, 1983 (deutsch: Die Libelle; Köln, 1983).

2   Interview mit dem Autor, Hebron, 3. Juni 1985.

3   Saul Bellow: To Jerusalem and back (deutsch: Nach Jerusalem und zurück).

4   Meir Kahane, ein Amerikaner wie viele seiner Anhänger und viele Gush-Emunim-Aktivisten, wurde am 5. November 1990 in New York ermordet, vermutlich von einem Araber, der aber nie wegen Mordes, nur wegen illegalen Waffenbesitzes verurteilt wurde.

5   Interview mit dem Autor, Tunis, 9. März 1994.

6   Interview mit dem Autor, Kiryat Arba, 3. Juni 1985.

7   «Die Bibel kann zwar als moralische und ethische Richtschnur für unser Handeln gelten», sagte mir ein Kollege in Jerusalem, welcher der Friedensbewegung «Peace Now» nahestand. «Aber politisch und geografisch ist sie, Tausende von Jahren nach ihrer Niederschrift, wohl nicht mehr relevant. Du nimmst auch nicht Caesars «Gallischen Krieg» zur Hand, wenn Du Dich über das Frankreich von heute informieren willst.»

8   Samaria ist das Westjordanland nördlich von Jerusalem.

9   Heute Syrien.

10   Emil Bernhard-Cohn & Hayim Perelmuter: Von Kanaan nach Israel, S. 27.

11   Europäer führten im 19. Jahrhundert dem Namen Palästina, der ebenfalls verschwunden war, für das «Heilige Land» wieder ein. 1851 publizierte der Franzose Maxime du Camp, Reisebegleiter von Gustave Flaubert, ein Fotobuch unter dem Titel «Egypte, Nubie, Palestine et Syrie»; 1876 nannte sich ein Reiseführer von Baedeker «Palestine and Syria».

12   Howard M. Sachar, in A History of Israel, S. 6, zitiert Alkalai so: «Es steht in der Bibel: «Kehre wieder, oh Herr, unter die Zehntausenden von Familien Israels.» Aber worauf soll die göttliche Gegenwart ruhen? Auf Stecken und Steinen?» fragte sich der Rabbi. «Deshalb müssen wir als erste Phase der Erlösung unserer Seelen dafür sorgen, dass mindestens 22 000 in das Heilige Land zurückkehren.»

13   Kalischer war ein hochgelehrter Mann, aber er vergass die praktischen Aspekte der «Rückkehr» nicht: Er gründete eine «Gesellschaft für die Kolonisierung des Landes Israel» und scharte eine beachtliche Gefolgschaft um sich.

14   Biografische Notizen am Schluss dieses Buches.

15   Amos Elon: The Israelis, S. 111.

16   Sachar, S. 13/14.

17   Alle demographischen Zahlen zitiert nach Martin Gilbert: The Arab-Israeli Conflict.

18   Arthur Koestler: Promise and Fulfilment, S. 28.

19   Walter Hollstein: Kein Frieden um Israel, S. 74.

20   Sachar, S. 38ff. David Gilmour: Dispossessed, S. 40. Friedrich Schreiber & Michael Wolffsohn: Nahost, S. 15.

21 David Ben Gurion kämpfte an massgeblicher Stelle um die Unabhängigkeit Israels und seine Expansion; er wurde 1948 erster israelischer Premierminister.

22 Zitiert nach Benny Morris: The Birth of the Palestinian Refugee Problem, S. 25.

23 Transjordanien war seit 1921 ein eigenständiges Emirat, regiert vom Haschemiten-fürsten Abdullah unter britischer Protektion; Ben Gurion, mit andern Worten, wollte auch in jenen Gebieten militärisch eingreifen, die in Plänen, welche er vordergründig akzeptiert hatte, gar nicht für die «jüdische Heimstätte» vorgesehen waren.

24 Elon: The Israelis, S. 118.

25 Diese Tendenz zur Zersplitterung wurde halbwegs aufgehalten durch die Gründung einer Vereinigten sozialdemokratischen Arbeiterpartei 1919 (der Ahdut Haavodah), der Gewerkschaftsbewegung Histadrut 1920 und schliesslich der Untergrundorganisation Haganah («Verteidigung»), die den Auftrag erhielt, «jüdisches Leben, Eigentum und Ehre zu verteidigen».

26 Sachar, S. 163.

27 Sachar, S. 163. Gilmour, S. 12.

28 Elon, S. 152.

29 Schon Kalischer wusste das: Er schlug vor, zur Auswanderung bereite jüdische Jugendliche militärisch zu drillen.

30 Chancellor in einem Schreiben vom 27. Mai 1930 an den Privatsekretär des britischen Königs.

31 Gilmour, S. 45.

32 Morris: The Birth of the Palestinian Refugee Problem, S. 7ff.

33 Avi Shlaim: War and Peace in the Middle East, S. 3. Shlaim, geboren in Bagdad, aufgewachsen in Israel, lehrt Internationale Beziehungen an der Universität Oxford.

34 Die Briten hatten mehrere strategische Vorgaben: Sie wollten mit dem Suez-Kanal den Zugang zu Indien sichern; sie brauchten die Hilfe der lokalen arabischen Herrscher im Krieg gegen die Osmanen; sie musste sich mit den Franzosen arrangieren, die im Nahen Osten ebenfalls expansionistische Gelüste hegten, und mit denen die Briten im Krieg gegen die Zentralmächte verbündet waren; sie wollten sich die Unterstützung der Juden in Europa und in den USA sichern, um in Palästina ihre Interessen zu zementieren; und schliesslich suchte Grossbritannien auch die Kontrolle über die Ölquellen in Arabien und Persien.

35 Alle Dokumente zitiert nach The Israel–Arab Reader, herausgegeben von Walter Laqueur und Barry Rubin.

36 Shlaim, S. 17.

37 Martin Gilbert zum Beispiel zieht in seinem Geschichtsatlas kommentarlos eine Grenzlinie, die nicht nur westlich von Hama, Homs und Aleppo verläuft, sondern hinunter bis in den Süden des Toten Meeres.

38 Ein Memorandum des britischen Aussenministeriums von 1918 unterstützt diese Sichtweise: Palästina sei «ausdrücklich» in Husseins urprünglichen Forderungen enthalten gewesen und von McMahon «nicht ausdrücklich ausgeschlossen worden»; mit dem Brief des Hochkommissars in Kairo an den Sharif vom 24. Oktober 1915 sei Grossbritannien deshalb «vermutlich» die «Verpflichtung eingegangen, dass Palästina «arabisch» und «unabhängig» sein sollte».

39 Einigen Briten wurde bald bewusst, welches Chaos sie angerichtet hatten. Lord Grey von der libarelen Partei, bis 1915 Aussenminister, brachte es im März 1923 im britischen Oberhaus auf den Punkt: Die Balfour-Deklaration «hat eine zionistische Heimstätte ohne Nachteil für die zivilen und religiösen Rechte der Bevölkerung von Palästina versprochen. Eine zionistische Heimstätte, meine Lordschaften, das bedeutet oder impliziert eine zionistische Regierung über jenen Distrikt, in welchem sich dieses

Heim befindet, und wenn 93 Prozent der Bevölkerung Palästinas Araber sind, sehe ich nicht, wie man etwas anderes als eine arabische Regierung etablieren könnte, ohne deren zivilen Rechte zu benachteiligen.»

40   Bericht der King-Crane-Kommission, zitiert nach Laqueur/Rubin, S. 23ff.

41   Bassam Tibi: Die Verschwörung – Das Trauma arabischer Politik, S. 20 und 22.

42   Zitiert nach Laquer/Rubin, S. 18ff.

43   Die Grenzen des Irak zog die britische Regierung ausschliesslich nach eigenen Interessen: Das Land bestand zuerst aus den osmanischen Provinzen Bagdad und Basra; später fügten die Briten die ölreiche Kurdenprovinz Mosul hinzu. Im Vertrag von Sävres 1920, der die Trümmer des osmanischen Reiches neu ordnen sollte, hatte man den Kurden und Armeniern eigene Staaten versprochen; doch der Vertrag, von der neuen Türkei unter Atatürk heftig opponiert, wurde nie in die Tat umgesetzt. So schufen die Briten auch im Gebiet des früheren Babylonien die Grundlagen für Konflikte, welche die irakische, türkische und iranische Politik und die Beziehungen dieser Staaten untereinander bis heute beeinflussen.

44   Transjordanien wurde 1946 unabhängig und 1949 in «Haschemitisches Königreich Jordanien» umgetauft, nachdem Abdullah auch das Westjordanland seinem Staat angeschlossen hatte.

45   Brief an den Privatsekretär des britischen Königs, 27. Mai 1930.

46   Interview mit dem Autor, Kiryat Arba, 3. Juni 1985.

47   Shlaim, S. 21.

48   Alle Kommissionsberichte zitiert aus Laqueur/Rubin.

49   Brief MacDonalds an Weizmann vom 13. Feb. 1931, zitiert aus Laqueur/Rubin, S. 50.

50   Izzedin al-Kassem wird bis heute als erster palästinensischer Guerillaführer verehrt; der bewaffnete Arm der fundamentalistischen Hamas, die in den israelisch besetzten Gebieten operiert, ist nach ihm benannt.

51   Shlaim, S. 21.

52   Yitzhak Shamir: Summing Up, S. 26.

53   Laqueur/Rubin, S. 64ff.

54   Laqueur/Rubin, S. 76f.

55   «Jordan Times», 27. Juli 1994.

56   Der Kommissionsbericht, publiziert am 1. Mai 1946, enthielt unter anderem folgende Sätze: «Jude soll Araber nicht dominieren und Araber nicht Jude.» – «Die Feindseligkeiten zwischen Juden und Arabern … machen es fast sicher, dass jeder Versuch, jetzt oder in absehbarer Zeit entweder einen unabhängigen palästinensischen Staat oder unabhängige palästinensische Staaten zu bilden, in einem Bürgerkrieg resultieren würde, der den Frieden in der Welt gefährden könnte.»

57   Sieben UNSCOP-Mitglieder (Kanada, die Tschechoslowakei, Guatemala, die Niederlande, Peru, Schweden und Uruguay) plädierten für zwei unabhängige Staaten; drei (Indien, der Iran und Jugoslawien) schlugen ein föderatives Staatsgebilde mit einem jüdischen und einem arabischen Teil und Jerusalem als Hauptstadt vor.

58   Amos Elon, The Israelis, S. 191.

59   Interview vom 3. Juni 1985.

60   Simcha Flapan: Die Geburt Israels – Mythos und Wirklichkeit, S. 25.

61   Flapan, S. 15.

62   Interview vom 3. Juni 1985.

63   Amos Oz: Im Lande Israel.

64   Dieses Ereignis fand am 2. Oktober 1985 statt.

65   David Levy wurde später Aussenminister und ein erfolgloser Rivale Shamirs für den Likud-Vorsitz und das Amt des Premiers.

66   Interview vom 3. Okt. 1985.
67   Interview vom 5. Okt. 1985.

4   Ein Israel ohne Araber

1   Das Gespräch fand so, wie es hier wiedergegeben ist, am 17. Oktober 1988 statt. Die Namen der Beteiligten habe ich auf Wunsch geändert.

2   Premierminister zum Zeitpunkt des Gesprächs war Yitzhak Shamir; sein Likud-Block gewann die Wahlen zur 12. Knesset wenige Tage später, am 1. November 1988, knapp; Shamir wurde Chef einer neuen israelischen Regierung, in der wiederum, wie schon seit 1984, auch die Arbeiterpartei um Yitzhak Rabin und Shimon Peres vertreten war.

3   Menachem Begin hatte 1977 die Wahlen gewonnen und wurde der erste nicht-sozialistische Premier Israels. Begin trat im September 1983 zurück; sein Nachfolger war Shamir.

4   Yitzhak Rabin: The Rabin Memoirs, S. 16.

5   Avi Shlaim: War and Peace in the Middle East, S. 22.

6   Deutsch: «Nationale Militärorganisation». Die IZL hatte sich 1931 von der Haganah, der «offiziellen» Untergrundarmee abgespalten. 1936, während dem Generalstreik, trat sie durch antiarabische Terrorakte hervor, mit Attentaten auf Busse, mit Bombenanschlägen in Märkten und mit Morden.

7   Deutsch: «Kämpfer für die Freiheit Israels». Die Organisation, nach ihrem Gründer Avraham Stern auch Stern-Bande genannt, spaltete sich 1940 von der IZL ab, nachdem diese beschlossen hatte, Grossbritannien im Krieg gegen Deutschland zu unterstützen.

8   Yitzhak Shamir: Summing up, S. 15.

9   Shamir, S. 27.

10   Begin und Shamir gründeten nach der Unabhängigkeit neue Rechtsparteien; diese schlossen sich 1973 zum Likud-Block zusammen, der bei den Wahlen am 17. Mai 1977 die sozialistische Koalition besiegte.

11   «Newsweek» vom 15. August 1994.

12   Zitiert nach Friedrich Schreiber & Michael Wolffsohn: Nahost, S. 153.

13   Rabin: Memoirs, S. 21.

14   Zitiert nach Benny Morris: The Birth of the Palestinian Refugee Problem, S. 24.

15   Yosef Weitz, Direktor des Land-Departements in Jüdischen Nationalfonds, schrieb am 20. Dezember 1940 in sein Tagebuch: «Es muss klar sein, dass es im Land nicht Platz für beide Völker hat. ... Die einzige Lösung ist ein Land Israel, mindestens ein westliches Land Israel (d. h. Palästina), ohne Araber. ... Kein Dorf darf ausgelassen werden, kein Beduinenstamm.» Zitiert nach Morris, S. 27.

16   Morris, S. 24.

17   Mary C. Wilson: King Abdullah, Britain and the Making of Jordan, S. 169.

18   Golda Meir: My Life, S. 208–12.

19   Wilson: Abdullah, S. 165.

20   «Tatsächlich standen die (nach Transjordanien) abkommandierten britischen Offiziere unter dem Befehl, sich sofort vom Kampf zurückzuziehen, falls die Arabische Legion Territorien betreten sollte, welche die Vereinten Nationen als jüdisch definiert hatten.» Wilson, S. 170.

21   Rabin: Memoirs, S. 26.

22   Rabin, S. 28.

23   Morris, S. 217.

24   Morris, S. 235. Yigal Allon trat 1967, nach dem «Sechstagekrieg», als Verfasser eines

nach ihm benannten Plans hervor, der die Annexion und jüdische Besiedlung «strategischer» Gegenden im Westjordanland propagierte. Allon machte politisch weiter Karriere: 1968 wäre er als Nachfolger Levi Eshkols beinahe Premier geworden; Golda Meir machte das Rennen. Im Kabinett Rabin ab Juni 1974 war er Aussenminister und stellvertretender Premier. 1980 wollte Allon als Gegenkandidat zu Shimon Peres um das Amt des Labour-Parteichefs antreten; er starb jedoch überraschend.

25   Morris, S. 218.

26   Morris, S. 232.

27   Morris, S. 233.

28   Anthony Parsons: They Say the Lion, S. 159–160. Sir Anthony ist ein pensionierter britischer Diplomat, Arabienkenner und Publizist.

29   Shlaim: War and Peace, S. 28.

30   Schreiber/Wolffsohn: Nahost, S. 171.

31   Zitiert nach Michael Jansen: Dissonance in Zion, S. 29.

32   Amos Elon: The Israelis, S. 234.

33   Der «Diebstahl einer einzigen Kuh in Ramat HaKovesh wird Kalkilya (jenseits der jordanischen Grenze) schmerzen, und der Mord an einem Juden in Ruhama wird die Bevölkerung Gazas gefährden», deklarierte Generalstabschef Dayan. Zitiert nach Elon, S. 234.

34   Jansen: Dissonance, S. 30/31.

35   Jansen, S. 31.

36   Jansen, S. 29.

37   Zitiert nach Walter Hollstein: Kein Frieden um Israel, S. 171.

38   Die Darstellung der Kriegsgründe 1956 und des Kriegsbeginns stammt aus Hollstein, S. 172, und Shlaim, S. 29.

39   Shlaim, S. 29.

40   David Thomson: England in the Twentieth Century, S. 253.

41   Shlaim, S. 29.

42   Shlaim, S. 30.

43   Thomson, S. 254.

44   «Sunday Times», London, 16. Januar 1977.

45   Jansen: Dissonance, S. 33.

46   Haiym Goren Perelmuter: Von Kanaan nach Israel, S. 122.

47   Zitiert nach Noam Chomsky: Deterring Democracy, S. 189.

48   Chomsky, S. 189.

49   Weizmann wurde 1966 Stellvertreter von Yitzhak Rabin, der 1964 Generalstabschef geworden war.

50   Rabin, Memoirs, S. 47–51.

51   Zitiert nach Rabin, S. 52.

52   Rabin, S. 52.

53   Zitiert nach Walter Laqueur & Barry Rubin: The Israel–Arab Reader, S. 176.

54   Laqueur/Rubin, S. 179ff.

55   Rabin, S. 53.

56   Rabin, S. 59.

57   Rabin, S. 59.

58   Rabin, S. 62.

59   Rabin, S. 60.

60   Chomsky, Deterring Democracy, S. 189.

61   Rabin, S. 83.

62   Rabin, S. 89.

63   Rabin, S. 90.
64   Rabin, S. 92.
65   Rabin, S. 92f.

5   Ein palästinensischer Messias
1   «Welchen Frieden (peace) wollen Sie?» – «Wir wollen ein Stück (piece) vom Libanon,
       ein Stück von Syrien, und Palästina wollen wir an einem Stück.»
2   Interview mit dem Autor, Tunis, 9. März 1994.
3   Avi Shlaim: War and Peace in the Middle East, S. 41 und 45.
4   Chaim Herzog: The Arab-Israeli Wars.
5   Milton Viorst: The Sands of Sorrow, S. 102.
6   Gespräche mit dem Autor, Tunis, 26. und 27. Mai 1994.
7   Nadia Benjelloun-Ollivier: Yasser Arafat, S. 29.
8   Ausführliche Arafat-Biographien: Andrew Gowers and Tony Walker: Behind the
       Myth: Yasser Arafat and the Palestinina Revolution. John & Janet Wallach: Arafat – In
       the Eyes of the Beholder. Ein amüsantes Arafat-Porträt von T. D. Allman, Arafat in the
       Storm, fand sich in «Vanity Fair», Mai 1994. Ich habe mich teilweise auf diese Arbeiten
       abgestützt.
9   Wallach, Arafat, S. 56
10   Husseini erzählte mir die zitierte Reminiszenz Anfang März 1993 bei einem kurzen
       Gespräch auf der Treppe des Orient House, dem inoffiziellen PLO-Sitz in Ost-Jeru-
       salem.
11   Wallach: Arafat, S. 83.
12   Eine ausführliche Darstellung findet sich bei Mary C. Wilson: King Abdullah, Britain
       and the Making of Jordan.
13   Interview mit dem Autor, Tunis, 16. Nov. 1989.
14   1964 wurde Ahmed Shukeiri erster Vorsitzender der PLO.
15   Nagib hatte im Juli 1952 mit andern Offizieren gegen König Faruk geputscht; im
       September 1952 ernannte ihn der regierende Revolutionäre Kommandorat zum Pre-
       mierminister; im Juli 1953 wurde er Staatspräsident und Premier in Personalunion,
       bevor er im November 1954 von Gamal Abdal-Nasser aus allen Ämtern entfernt und
       unter Hausarrest gestellt wurde.
16   Interview vom 9. März 1994
17   Interview vom 16. Nov. 1989.
18   Hani al-Hassan behauptete später, Fatah habe Anfang der sechziger Jahre nur 70 bis 80
       aktive Mitglieder gehabt.
19   Interviews mit dem Autor, Tunis, 14. Nov. 1989, und Zürich, 21. Nov. 1989. Khaled
       al-Hassan, der sich mit Arafat schon wegen dessen Unterstützung Saddam Husseins
       nach der Kuwait-Invasion 1990 überworfen hatte, zog sich seit Beginn des Frieden-
       sprozesses mit Israel verbittert zurück, weil er Arafats Politik für autokratisch und
       unüberlegt hielt. Hassan starb nach langer Krankheit in der Nacht auf den 8. Okt.
       1994 in der marokkanischen Hauptstadt Rabat.
20   Rabin: Memoris, S. 47–51.
21   Shukeiri hatte eine Karriere hinter sich, die belegt, wie zweitrangig die Idee vom
       Nationalstaat unter den Arabern noch in der Mitte unseres Jahrhunderts war: 1949 bis
       1950 war der 1908 im späteren Israel geborene Anwalt Mitglied der syrischen Dele-
       gation bei den Vereinten Nationen in New York. Von 1951 bis 1957 diente er der Ara-
       bischen Liga als Untersekretär, zuständig u. a. für die Palästinenser; in dieser Zeit
       wurde sein Büro vom Hitzkopf Salah Khalaf und seinen Kumpanen verwüstet. Gleich-
       zeitig war Shukeiri weiterhin Mitglied der syrischen Uno-Delegation in New York

und wurde 1954 ihr Botschafter. 1957 engagierte ihn Saudi-Arabien als Staatsminister für Uno-Angelegenheiten und als Uno-Botschafter, eine Funktion, die er bis 1962 innehatte. Begabt war Shukeiri als feuriger Redner und martialischer Rhetoriker, ein «Heissluftballon», wie Faruk Kaddumi, der PLO-«Aussenminister», einst sagte.

22 Zitiert nach Walter Laqueur & Barry Rubin: The Israel-Arab Reader, S. 131ff.
23 Gowers & Walker, Arafat, S. 66f.
24 Zitiert nach Laqueur/Rubin, S. 189ff.
25 In seinem Buch Palestinien sans patrie (deutsch: Heimat oder Tod).
26 Interview vom 16. Nov. 1989.
27 Interview vom 9. März 1994.

6   Bomben und Steine

1   Besuch vom 17. Oktober 1988.
2   Interview mit dem Autor, Ramalla, 20. Okt. 1988.
3   Al-Haq, «Gesetz im Dienst der Menschen», ist eine 1979 gegründete Gruppierung. Sie arbeitet mit der Internationalen Juristenkommission in Genf zusammen, einer nicht-staatlichen Organisation, welche Verständnis und Einhaltung der Rechtsstaatlichkeit fördern und Menschenrechte schützen will.
4   Interview mit dem Autor, Jerusalem, 14. Okt. 1988.
5   Interview mit dem Autor, Bethlehem, 15. Okt. 1988. Freij war auch 1994 noch in seinem Amt. Zusätzlich hatte er in der palästinensischen Autonomieverwaltung das Ressort Tourismus und Archäologie übernommen.
6   Der Sozialist Rabin war damals Mitglied einer «Regierung der nationalen Einheit» unter Premier Shamir.
7   Interview mit dem Autor, Jerusalem, 19. Okt. 1988.
8   Das israelische Kabinett hatte administrative Internierung, Deportationen und andere Massnahmen schon am 4. August 1985 wieder eingeführt, über zwei Jahre vor Beginn der Intifada. Siehe Emma Playfair: Administrative Detention, publiziert von al-Haq, Ramalla, 1986.
9   Interview mit dem Autor, Jerusalem, 20. Okt. 1988
10 Pressekonferenz, 18. Okt. 1988.
11 Yitzhak Shamir: Summing up, S. 179.
12 Interview, 19. Okt. 1988.
13 Interview mit Jay Murphy, 12. Juni 1992, zitiert aus Murphy: For Palestine, S. 216.
14 Die PFLP war aus der 1953 gegründeten «Arabischen Befreiungsbewegung» (ALM) hervorgegangen. Ihr Gründer, der Arzt George Habbash, strebte ein marxistisches Palästina im Verbande eines marxistischen Arabiens an; Ziel der PFLP war nicht nur der Kampf gegen Israel, sondern auch gegen alle «feudalistischen», «imperialistischen» und «reaktionären» arabischen Regime. Im PFLP-Programm war Jordanien ein eigenes Kapitel gewidmet: «Das Problem der Revolution in Palästina ist dialektisch verbunden mit dem Problem der Revolution in Jordanien. Eine Reihe von Verschwörungen zwischen der jordanischen Monarchie, dem Imperialismus und dem Zionismus haben diese Verbindung belegt.» Der «korrekte Weg zur Lösung dieser Probleme» sei die Gründung einer marxistisch-leninistischen Partei in Jordanien, um «Bauern und Soldaten zu mobilisieren». (Zitiert nach Walter Laqueur & Barry Rubin: The Israel-Arab Reader, S. 382.)
    Eine zweite marxistische Gruppe, die «Demokratische Front für die Befreiung Palästinas» (DFLP) von Nayef Hawatmeh, einem Jordanier aus Salt, spaltete sich 1969 von der ALM und der daraus hervorgegangenen PFLP ab.
    Die PFLP spaltete sich weiter: Ahmed Jibril sprang ab, ein syrischer Offizier, welcher

der PFLP erst 1967 mit seiner eigenen «Palästinensischen Befreiungsfront» beigetreten war. Er gründete 1968 die «Volksfront für die Befreiung Palästinas – Generakommando» (PFLP–GC). Obwohl relativ klein, wurde die PFLP–GC zu einer gefürchteten Terrororganisation. Vgl. David Gilmour: Dispossessed, S. 148ff.

15   Der Traum ist nicht erfüllt worden: Der alte Mann starb im November 1994.
16   Jillian Becker: The PLO, S. 45.
17   John & Janet Wallach: Arafat, S. 134.
18   Wallach, S. 135.
19   Interview mit dem Autor, Kiryat Arba, 3. Juni 1985.
20   Radio Jordan, 13. Mai 1965; zitiert nach Becker, S. 49 und 251.
21   Für die Darstellung der Ereignisse in Jordanien habe ich mich zum Teil auf Gespräche gestützt, die ich 1994 mit einem Jordanischen Politologen und ehemaligen Mitarbeiter im Beraterstab von König Hussein führte. Name auf Wunsch zurückgehalten.
22   Becker, S. 53.
23   Interview mit dem Autor, Amman, 20. Feb. 1994; Name auf Wunsch zurückgehalten.
24   Andrew Gowers & Tony Walker: Yasser Arafat, S. 75.
25   Gowers/Walker, S. 76/77.
26   Becker, S. 252.
27   Abu Iyad (Salah Khalaf): Palestinien sans Patrie; Paris, 1978, S. 98/99.
28   Chaim Herzog: The Arab-Israeli Wars, S. 205.
29   Gowers/Walker, S. 78; Becker, S. 63.
30   Wallach, S. 311.
31   Interview vom 20. Febr. 1994.
32   Interview vom 20. Febr. 1994.
33   Gowers/Walker, S. 96.
34   Zitiert nach Gowers/Walker, S. 96/97.
35   Interview vom 20. Febr. 1994.
36   Interview mit dem Autor, Tunis, 16. Nov. 1989.
37   Henry Kissinger, der damalige Sicherheitsberater von US-Präsident Richard Nixon, schreibt in seinen Memoiren, Hussein sei «der erste arabische Führer» gewesen, «der sich bereit erklärte, über einen Frieden mit Israel zu sprechen, und der ständige, wenn auch fruchtlose Kontakte mit Jerusalem unterhielt». Kissinger, Memoiren, S. 391. Im Herbst 1994, nachdem Jordanien und Israel Frieden geschlossen hatten, räumte Hussein seine früheren, geheimen Gespräche mit der israelischen Führung ein.
38   Kissinger, Memoiren, S. 391.
39   Riad Ben Fadhel, Interview mit dem Autor, Tunis, 26. Mai 1994.
40   Gowers/Walker, S. 102.
41   Diese Formulierung sorgte für Verwirrung: Im englischen Text ist von «Territorien», im französischen von «den Territorien» die Rede. Die USA interpretierten den Text so, dass Israel sich nicht hinter exakt jene Grenzen zurückziehen müsse, die vor dem Junikrieg von 1967 bestanden hatten, sondern dass für künftige Verhandlungen ein gewisser Spielraum für Modifikationen des Grenzverlaufs offenbleiben sollte. Einige israelische Politiker behaupteten, die Forderung in Resolution 242 schon dadurch erfüllt zu haben, dass Israel nach dem Friedensschluss mit Ägypten den flächenmässig grössten Teil der 1967 eroberten Territorien, die Sinai-Halbinsel, zurückgab. Arabische Staatschefs und die Führung der PLO beharren darauf, jeder Quadratzentimeter besetzten Landes müsse zurückgegeben werden.
42   Zitiert nach Laqueur/Rubin, S. 365f.
43   Interview mit Abu Ammar in «Free Palestine», Aug. 1969. Zitiert nach Laqueur/ Rubin, S. 374.

44   Kissinger: Memoiren, S. 635.

45   Diese Darstellung wird von andern jordanischen Politikern bestritten.

46   Gowers/Walker, S. 106.

47   Gowers/Walker, S. 108.

48   Abu Sharif wurde später ein loyaler Anhänger Arafats und fungierte als dessen Pressesprecher. Ghassan Kanafani war ein bekannter palästinensischer Schriftsteller; 1972 wurde er in Beirut bei einer Bombenexplosion getötet.

49   Zitiert nach Wallach, S. 322.

50   Kissinger widerspricht dem: Israel habe den Grundsatz befolgt, «sich keiner Erpressung zu beugen»: Memoiren, S. 642.

51   Kissinger, S. 651.

52   Gilmour, S. 172.

53   Zeid ar-Rifai; zitiert nach Gowers/Walker, S. 110.

54   Kissinger: Memoiren, S. 656ff. Rabin: Memoirs, S. 146ff.

55   Kissinger, S. 661.

56   Rabin, S. 146.

57   Kissinger, S. 663/64.

58   Kissinger, S. 665/66.

59   Kissinger, S. 667.

60   Kissinger, S. 668/69.

61   Patrick Seale: Asad, S. 158.

62   Seale, S. 158–60.

63   Die Angaben über die Zahl der Opfer im September 1970 variieren von 3000 laut IKRK bis 20 000 laut Arafat.

64   Gowers/Walker, S. 111/12

65   Rabin, S. 148.

66   Moshe Shemesh: The Palestinian Entity, S. 146.

67   Becker, The PLO, S. 106.

68   Interview mit dem Autor, Tunis, 16. Nov. 1989.

69   Wallach, S. 334; Gowers/Walker, S. 118.

70   Interview vom 16. Nov. 1989.

71   Interview vom 16. Nov. 1989.

72   Wallach, S. 329.

73   Interview vom 16. Nov. 1989.

74   «Time», 3. Okt. 1994.

75   Rabin, Memoirs, S. 187.

76   Edward W. Said: The Question of Palestine, S. 199/200,

77   Schon als Kommandant während des Krieges von 1948/49 hatte sich Allon als Befürworter von «araberfreien» Gebieten einen Namen gemacht.

78   Diese Formulierung war eine Beleidigung Jordaniens und eine Tautologie: «Transjordanien», wie sich das ehemalige Mandatsgebiet einst nannte, meint bereits das Territorium östlich des Jordans.

79   Zitiert nach Widlanski: Can Israel Survive a Palestinian State? S. 130ff.

80   In den Erläuterungen zu seinem Plan schlug Allon vor, im Gaza-Streifen vorerst eine Militärregierung einzusetzen. Widlanski, S. 140.

81   Wallach, S. 340.

82   Zitiert nach Laqueur/Rubin, S. 518.

83   Erst 1988 vollzog der jordanische König diesen Schritt formell, indem er alle administrativen Bindungen mit dem Westjordanland für beendet erklärte.

84   Die USA, Grossbritannien, Kanada, Australien, Belgien Dänemark und die Nieder-

lande sprachen sich gegen die Resolution aus, weil nur Verteter von Staaten an Voll-versammlungen teilnehmen sollten. Unterstützt wurde die PLO von sämtlichen ara-bischen und muslimischen, von afrikanischen und kommunistischen Staaten, dazu unter anderem von Frankreich, Italien, Österreich, Norwegen und Schweden.

85 Zitiert nach Laqueur/Rubin, S. 504ff.
86 Zwei leicht lesbare Abhandlungen, geschrieben von zwei Journalisten, sind empfeh-lenswert: Robert Fisk: Pity the Nation; Thomas Friedman: From Beirut to Jerusalem (Deutsch: Von Beirut nach Jerusalem).
87 Für einige Likud-Leute erstreckt sich «Erez Israel» vom Nil bis zum Euphrat.
88 Edward W. Said: The Question of Palestine, S. 204.
89 Fisk, S. 360.
90 Zeev Schiff und Ehud Yaari: Israel's Lebanon War, S. 42.
91 Shamir, Summing up, S. 132.
92 Interview mit dem Autor, Beirut, 11. Juli 1993.
93 Interview mit dem Autor, Beirut, 8. Juli 1993.
94 Interview mit dem Autor, Beirut, 12. Juli 1993.
95 Daraus bestand sie Ende 1994 noch immer.
96 «Financial Times», 9. Juli 1993.
97 Interview mit dem Autor, Beirut, 7. Juli 1993.
98 Pressekonferenz vom 24. Juli 1993.
99 Die Resolution 425 des UN-Sicherheitsrates von 1978, nach der ersten israelischen Invasion des Libanon, sollte den «Rückzug der israelischen Truppen bestätigen» und den «internationalen Frieden wiederherstellen»; sie gab der Uno-Friedenstruppe UNIFIL im Südlibanon ihr Mandat. Siehe Fisk: Pity the Nation, S. 134/35. Wegen der anhaltenden israelischen Besetzung konnte die UNIFIL bis Ende 1994 nicht im ganzen vorgesehenen Gebiet stationiert werden.
100 Radio Israel, 28. Juli 1993.
101 Pressekonferenz, Beirut, 29. Juli 1993.
102 Telefoninterview mit dem Autor, 29. Juli 1993.
103 Gespräch vom 1. Aug. 1993, Beirut.
104 Augenschein am 2. Aug. 1993.
105 Pressekonferenz, Beirut, 1. Aug. 1993.

7 Verhinderte Friedensstifter

1 Besuch Anfang März 1993.
2 Gespräche mit dem Autor, Närz 1993.
3 Interview mit dem Autor, Gaza-Stadt, 7. März 1993.
4 Rantisi war einer der 415 Anhänger der HamasJihad Islami, die im Dezember 1992 von den Israelis ins südlibanesische Niemandsland abgeschoben worden waren.)
5 Siehe 3. Kapitel, Fussnote 24.
6 Knesset-Rede, 13. Juli 1992.
7 Gespräche mit dem Autor, März 1993.
8 Interview mit dem Autor, Gaza-Stadt, 7. März 1993.
9 Gespräch mit dem Autor, Khan Yunis, 7. März 1993.
10 Ramon wurde im Sommer 1994 zum Chef der mächtigen Gewerkschaftsbewegung Histadrut gewählt.
11 Avi Shlaim: War and Peace in the Middle East, S. 46/47.
12 William B. Quandt: American Proposals for Arab-Israeli Peace, in Willard A. Beling (Hrsg.): Middle East Peace Plans, S. 79/80.
13 Ein «Sechspunkte-Programm» der PLO vom 4. Dez. 1977 sprach von «Sadats verräte-

rischem Besuch des zionistischen Gebildes». Und ein Gipfel der Arabischen Liga in der libyschen Hauptstadt Tripoli vom 2. bis 5. Dez. 1977 verurteilte Ägypten scharf, weil es «die arabische Nation gespalten und ihre nationalen Interessen verpfändet» habe, indem es «eine Allianz mit dem zionistischen Feind eingegangen sei». Zitiert nach Walter Laqueur / Barry Rubin: The Israel-Araber Reader, S. 601.

14 Laqueur/Rubin, S. 607.
15 Shlaim, S. 52.
16 Das ausgebombte Gebäude diente danach während zehn Jahren Flüchtlingsfamilien als Notunterkunft; durch die weggerissene Fassade hatte man freien Blick auf die ärmlichen Behausungen.
17 Shlaim, S. 56.
18 Shlaim, S. 58.
19 Ansprache am jordanischen Radio und Fernsehen, 31. Juli 1988, zitiert nach «Mideas Mirror».
20 Interview mit dem Autor, Tunis, 16. Nov. 1989.
21 Die Resolution 338 des UN-Sicherheitsrates vom 22. Oktober 1973 rief zur sofortigen Einstellung des Kriegs zwischen Israel, Syrien und Ägypten auf, forderte Waffenstillstandsverhandlungen und bekräftige im übrigen die Resolution 242 von 1967.
22 Associated Press, 27. Nov. 1988. Der von Shultz verwendete Ausdruck «accessory to terrorism» kann laut «Langenscheidts Grosswörterbuch Englisch-Deutsch» sowohl Anstifter als auch Komplize oder Helfer meinen.
23 Interview mit dem Autor, Tunis, 22. Dez. 1993.
24 Interview mit dem Autor, Tunis, 21. Dez. 1993; Name auf Wunsch zurückgehalten.
25 Programm des Palästinensischen Nationalrates, Febr. 1969.
26 Interview, 16. Nov. 1989.
27 Andrew Gowers & Tony Walker: Yasser Arafat, S. 86.
28 Khaled al-Hassan behauptete später, er sei «von jenem Augenblick an, da wir die Kontrolle über die PLO gewannen», das heisst schon 1968, «stets und unmissverständlich für eine friedliche Lösung eingetreten.» Interview mit dem Autor, Tunis, 14. Nov. 1989.
29 Jillian Becker: The PLO, S. 186ff.
30 Howard M. Sachar: A History of Israel, S. 577.
31 Becker, S. 190.
32 Interview, 14. Nov. 1989.
33 Interview, 16. Nov. 1989.
34 Gowers/Walker, S. 406.
35 Interview mit dem Autor, Nikosia, 7. Febr. 1989.
36 «Tages-Anzeiger», Zürich, 13. Febr. 1989.
37 Yitzhak Shamir: Summing up, S. 200.
38 Shamir, S. 201.
39 Telefoninterview mit dem Autor, 13. Mai 1989.
40 Interview, 14. Nov. 1989.
41 Gowers/Walker, S. 411.
42 Communiqué, Tunis, 8. Aug. 1989.
43 Khaled al-Hassan, Interview, 14. Nov. 1989.
44 Die sechs Labour-Minister in Shamirs Innerem Kabinett stimmten den ägyptischen Vorschlägen zu; die sechs Likud-Minister lehnten sie ab.
45 Yassir Arafat: «Brief an das palästinensische Volk», Nov. 1989.
46 Gowers/Walker, S. 414.
47 Interview, 16. Nov. 1989.

| 48 | Interview, 14. Nov. 1989. |

48   Interview, 14. Nov. 1989.
49   Interview, 14. Nov. 1989.
50   Interview, 16. Nov. 1989.
51   Shamir, S. 207.
52   Shamir, S. 208.
53   Shamir-Rede, 14. Jan. 1990.
54   «Jordan Times», 29. Jan. 1990.
55   Telefoninterview mit dem Autor, 19. Febr. 1990
56   Interview mit dem Autor, Damaskus, 18. April 1989.
57   Interview mit dem Autor, Amman, 22. Jan. 1990. Al-Masri ein Palästinenser, präsidierte im 1989 gewählten jordanischen Parlament die aussenpolitische Kommission. Später war er kurzzeitig Premierminister. Nach den Wahlen von 1993 wurde er Parlamentspräsident; 1994 stellte er sich nicht zur Wiederwahl in dieses Amt.
58   «Financial Times», 7. Juli 1989.
59   Reuters, 20. Mai 1990. «International Herald Tribune», 21. Mai 1990.
60   Alle Zitate aus «Jordan Times», 21. Mai 1990.
61   Wafa (palästinensische Nachrichtenagentur), 21. Mai 1990.
62   Shamir: Summing up, S. 206.
63   Telefoninterview mit dem Autor, 12. Juni 1990.
64   Shamir: Summing up, S. 260.

8   Saddam befreit Palästina
1   «Jordan Times», 25. Febr. 1990.
2   Avi Shlaim: War and Peace in the Middle East, S. 89/90.
3   Patrick Seale: Abu Nidal, S. 109f.
4   Shlaim, S. 87.
5   Shlaim, S. 92/93.
6   Pierre Salinger & Eric Laurent: Guerre du Golfe, S. 68ff.
7   Interview mit einem hohen PLO-Funktionär, Tunis, 21. Dez. 1993. Name auf Wunsch zurückgehalten.
8   Andrew Gowers & Tony Walker: Yasser Arafat, S. 418.
9   Interview mit dem Autor, Tunis, 16. Nov. 1989.
10   «Time», 16. April 1990.
11   Die Schilderung dieser Session des Gipfels von Bagdad stammt aus Salinger/Laurent: S. 46ff.
12   Zur Beendigung der Entführung des Kreuzfahrtschiffes hatte Ägypten durchgesetzt, dass die Entführer freies Geleit nach Tunis bekämen. Sie bestiegen am 10. Oktober 1985 in Kairo eine Boeing 737 der Egypt Air; diese wurde von US-Jagdflugzeugen abgefangen und zur Landung auf dem Nato-Stützpunkt Sigonella auf Siziliern gezwungen. Die Entführer wurden in Italien zu hohen Gefängnisstrafen verurteilt, Mohammed Abbas allerdings in Abwesenheit: Ihn hatten die Italiener stillschweigend nach Jugoslawien entkommen lassen.
13   Associated Press (AP), 1. Jan. 1991.
14   «Mideast Mirror», 25. Juli 1990.
15   Shlaim, S. 95/96.
16   Mideast Mirror, 6. Aug. 1990.
17   Pressekonferenz, Amman, 8. Aug. 1990.
18   AP & Reuters, 10. Aug. 1990.
19   «Mideast Mirror», 11. Aug. 1990.
20   «Mideast Mirror», 13. Aug. 1990.

21 «Financial Times», 21. Aug. 1990.
22 «Mideast Mirror», 13. Aug. 1990.
23 Reuters, 12. Aug. 1990.
24 «Mideast Mirror», 13. Aug. 1990.
25 «Mideast Mirror», 13. Aug. 1990.
26 «Jordan Times», 13. Aug. 1990.
27 Rede vom 12. Aug. 1990, übertragen am jordanischen Fernsehen.
28 Pressekonferenz, Amman, 2. Sept. 1990.
29 «Newsweek», 20. Aug. 1990
30 Gowers/Walker, S. 449/50.
31 Reuters, 9. Okt. 1990.
32 «Mideast Mirror», 30. Nov. 1990.
33 «Mideast Mirror», 30. Nov. 1990.
34 Zitiert aus «Mideast Mirror», 7. Dez. 1990.
35 Zitiert aus «Mideast Mirror», 7. Jan. 1991.
36 Interview mit dem Autor, Tunis, 22. Dez. 1993.
37 Abu Iyad hatte mir gegenüber in einem Interview in Tunis im November 1989 Abu Nidal als «Massenmörder» und «gewöhnlichen Kriminellen» tituliert.
38 «Jordan Times», 15. Jan. 1991.
39 «Mideast Mirror», 17. Jan. 1991.
40 «Jordan Times», 21. Jan. 1991.
41 «Mideast Mirror», 17. Jan. 1991.
42 «Mideast Mirror», 31. Jan. 1991.
43 Gespräch mit dem Autor, Dubai, 31. Jan. 1991. Name auf Wunsch zurückgehalten.
44 «Mideast Mirror», 30. Jan. 1991.
45 «International Herald Tribune», 31. Jan. 1991.
46 «Al-Ahram», 29. Jan. 1991.
47 Primakow, ein früherer Nahost-Korrespondent der «Prawda», schilderte die Geschichte seiner «geheimen Verhandlungen» umgehend in einem Buch, das schon im April 1991 auf Französisch erschien: Missions à Bagdad.
48 AP, 16. Febr. 1991.
49 «Mideast Mirror», 28. Febr. 1991.
50 Telefoninterview mit dem Autor, 27. Febr. 1991. Abu Jaber wurde später Aussenminister Jordaniens und leitete dessen Delegation an der Friedenskonferenz von Madrid im Oktober 1991.
51 «Al-Yum», 27. Febr. 1991.
52 Pressekonferenz, Riad, 27. Febr. 1991.
53 Shlaim, S. 102f.
54 Gespräche in Kuwait, 1.–3. März 1991.
55 Interview mit dem Autor, Kuwait, 3. März 1991. Name auf Wunsch zurückgehalten.
56 «Mideast Mirror», 17. Jan. 1991.
57 «International Herald Tribune», 10. Okt. 1990.
58 Pressekonferenz, Damaskus, 14. März 1991.
59 Shamir, Summing up, S. 210.
60 Pressekonferenz, Damaskus, 24. April 1991.
61 Nachdem er 1992 abgewählt worden war, wurde von Shamir ein Satz kolportiert, der nicht nachgewiesen war, aber seinem Denken entsprach: «Ich hätte zehn Jahre lang mit den Arabern verhandelt und gleichzeitig in Judäa und Samaria mit beschleunigter jüdischer Besiedlung vollendete Tatsachen geschaffen.»
62 Pressekonferenz, Amman, 21. Juli 1991.

63   «Newsweek», 5. Aug. 1991.

64   Pressekonferenz, Algier, 4. Aug. 1991.

65   «Mideast Mirror», 8. Okt. 1991.

66   Pressekonferenz, Amman, 14. Okt. 1991.

67   Das war eine leicht übertriebene Aussage. Noch im Sommer 1994 hing zum Beispiel im Wohnzimmer der feministischen jordanischen Abgeordneten Tujan Feisal, der einzigen Frau in Jordaniens Unterhaus, ein Porträt des irakischen Diktators.

68   Interview mit dem Autor, Amman, 15. Okt. 1991.

69   Interview mit dem Autor, Amman, 16. Okt. 1991.

70   «Mideast Mirror», 21. Okt 1991.

71   «Mideast Mirror», 21. Okt. 1991.

72   Shlaim, S. 111

73   Pressekonferenz, Madrid, 29. Okt. 1991.

74   Pressekonferenz, Madrid, 30. Okt. 1991.

75   Shlaim, S. 112.

76   Zitiert aus dem offiziellen Transkript, veröffentlicht von der israelischen Delegation, Madrid, 31. Okt. 1991.

77   Zitiert aus dem offiziellen Transkript, veröffentlicht von der palästinensischen Delegation, Madrid, 31. Okt. 1991.

78   Shamir: Summing up, S. 240/41.

79   «Independent on Sunday», London, 3. Nov. 1991.

80   Shamir, S. 241.

81   Zitiert aus dem offiziellen Transkript, veröffentlicht vom US-Staatsdepartement, Madrid, 1. Nov. 1991.

82   Al-Majali wurde später jordanischer Premierminister und paraphierte am 17. Oktober 1994 im Hashimiya-Palast ausserhalb von Amman zusammen mit dem israelischen Premier Yitzhak Rabin den Entwurf zum jordanisch-israelischen Friedensvertrag.

83   «Haaretz», 24. Nov. 1991.

84   «Tages-Anzeiger», Zürich, 19. Dez. 1991.

85   «Haaretz», 4. Dez. 1991.

86   «Mideast Mirror», 5. Dez. 1991.

87   Shlaim, S. 120.

88   «Mideast Mirror», 18.und 19. Juni 1992.

89   «Mideast Mirror», 12. Aug. 1992.

90   Shlaim, S. 121.

91   Shlaim, S. 122.

92   Erschöpfende Darstellungen der Geheimgespräche finden sich in Jane Corbin: Riskante Annäherung, und Marek Halter & Eric Laurent: Unterhändler ohne Auftrag.

93   Shlaim, S. 123.

94   Später milderte Kaddumi sein Urteil etwas ab: «Wir haben Fehler gemacht, und wir werden weitere Fehler machen», sagte er mir in einem Interview am 22. Dezember 1993.

95   Briefe zitiert nach Halter/Laurent, S. 239ff.

9   Ein neues Zeitalter

1   Gespräch mit dem Autor, Tarkumia, 11. Dezember 1993.

2   Gespräch mit dem Autor, Rame bei Hebron, 11. Dez. 1993.

3   Interview mit dem Autor, Hebron, 11. Dez. 1993. Abdel-Majid al-Zir blieb nicht mehr lange Bürgermeister von Hebron: Anfang April 1994 vereinbarten Israelis und PLO,

den früheren Stadtpräsidenten Mustafa an-Natshe wieder einzusetzen. Natshe war 1967 gewählt und 1974 von der israelischen Regierung wegen angeblicher «terroristischer Aktivitäten» abgesetzt worden. Natshe hatte sich geweigert, die Umtriebe der zunehmend radikalen jüdischen Siedler in Hebron stillschweigend zu akzeptieren.

4   Interview mit dem Autor, Jericho, 10. Dez. 1993.
5   Interview mit dem Autor, Jericho, 10. Dez. 1993.
6   Interview mit dem Autor, Jericho, 10. Dez. 1993.
7   Telefoninterview mit dem Autor, 10. Dez. 1993.
8   DFLP-Communiqué, Damaskus, 12. Okt. 1993.
9   «Mideast Mirror», London, 12. Okt. 1993.
10   Gemeinsame Pressekonferenz, Kairo, 13. Okt. 1993.
11   Besuch am 21. Sept. 1993.
12   IKRK-Pressemeldung, 15. Nov. 1993.
13   Telefoninterview mit dem Autor, 15. Nov. 1993.
14   Communiqué des jordanischen Aussenministeriums, Departement für palästinensische Angelegenheiten, Amman, 13. Nov. 1993.
15   Telefoninterview mit dem Autor, 9. Dez. 1993.
16   «Mideast Mirror», 10. Nov. 1993.
17   Reuters, 11. Nov. 1993.
18   «Al-Hayat», 11. Nov. 1993.
19   «Jordan Times», 18. Nov. 1993.
20   «Jordan Times», 23. Nov. 1993.
21   «International Herald Tribune», 15. Nov. 1993.
22   Interview mit dem Autor, Beirut, 12. Aug. 1993.
23   Interview mit dem Autor, Beirut, 11. Aug. 1993.
24   Pressekonferenz, Granada, 9. Dez. 1993.
25   Pressekonferenz, Kairo, 9. Dez. 1993.
26   Pressekonferenz, Stockholm, 27. Nov. 1993 .
27   Pressekonferenz, Helsinki, 27. Nov. 1993.
28   Shimon Peres am israelischen Armeeradio, 3. Okt. 1993, zit. nach «Mideast Mirror».
29   «Jordan Times», Amman, 25. Okt. 1993.
30   Hamas-Communiqué, Amman, 27. Okt. 1993.
31   Pressmeldung der palästinensischen Nachrichtenagentur Wafa, 13. Nov. 1993.
32   Pressekonferenz, Kairo, 18. Nov. 1993.
33   Hamas-Communiqué, Jerusalem, 27. Nov. 1993.
34   Hamas-Flugblatt, Gaza-Stadt, 9. Dez. 1993.
35   Pressekonferenz, Amman, 6. Dez. 1993.
36   Interview mit dem Autor, Tunis, 21. Dez. 1993; Name auf Wunsch zurückgehalten.
37   Interview mit dem Autor, Gaza-Stadt, 13. Dez. 1993.
38   Für die Darstellung der Lage in Jericho am 13. Dez. 1993 danke ich meinem Kollegen Armin Wertz, dem Israel-Korrespondenten der «Frankfurter Rundschau» und des Zürcher «Tages-Anzeigers».
39   Interview mit dem Autor, Gaza-Stadt, 13. Dez. 1993.
40   Interview vom 13. Dez. 1993.
41   Gespräch mit dem Autor, Jabaylia-Flüchtlingslager, 13. Dez. 1993.
42   Interview mit dem Autor, Tunis, 21. Dez. 1993.
43   Interview mit dem Autor, Tunis, 22. Dez. 1993.
44   Riad Ben Fadhel, Herausgeber der arabischen Ausgabe von «Le Monde Diplomatique»; Gespräch mit dem Autor, Tunis, 19. Dez. 1993.
45   Interview, Tunis, 21. Dez. 1993.

46   Interview vom 22. Dez. 1993
47   Interview vom 21. Dez. 1993.
48   Interview mit dem Autor, Tunis, 20. Dez. 1993.
49   Zur Problematik der Resolution 242 siehe Fussnote 41 in Kapitel 5.
50   Gespräch vom 19. Dez. 1993.
51   Interview, Tunis, 21. Dez. 1993
52   Pressekonferenz, Kairo, 28. Dez. 1993
53   Interview mit dem Autor, Tunis, 9. März 1994.
54   Uri Savir, Mitglied der israelischen Delegation, zitiert nach «Newsweek», 21. Feb-
        ruar 1994.
55   Offizieller Text, «The Cairo Agreement», 9. Febr. 1994.
56   Telefoninterview mit dem Autor, 10. Febr. 1994.
57   Interview mit dem Autor, Tunis, 5. März 1994.
58   Interview vom 21. Dez. 1993.
59   Interview vom 9. März 1994.
60   «Der Befehl, nicht auf jüdische Siedler zu schiessen, war vom Generalstabschef, Ge-
        neralleutnant Ehud Barak, genehmigt worden»; «Davar», 11. März 1994.
61   Pressekonferenz vom 27. Febr. 1994.
62   Interview vom 9. März 1994.
63   Zitiert nach «Jordan Times», diverse Ausgaben, Ende Febr. 1994.
64   Pressekonferenz, Kairo, 25. Febr. 1994.
65   Interview mit Radio Monte Carlo, 25. Febr. 1994.
66   Telefoninterview mit dem Autor, 25. Febr. 1994.
67   Telefoninterview mit dem Autor, 26. Febr. 1994.
68   «Jordan Times», Amman, 26. Februar 1994.
69   Interview mit Agence France Press, 20. März 1994.
70   Marwan Kanafani, Telefoninterview mit dem Autor, 19. März 1994.
71   «Le Figaro», 14. März 1993.
72   «Mideast Mirror», 24. März 1994.
73   «Mideast Mirror», 13. April 1994.
74   Interview mit Radio Israel, zitiert nach «Mideast Mirror», 13. April 1994.

10   **Der Mukhtar von Gaza**
1   Associated Press, 10. Febr. 1992.
2   Reuters, 10. Febr. 1992.
3   Der Vertrag von Oslo, unterschrieben am 13. September 1993 in Washington, sieht
        eine «palästinensische Übergangs-Selbstverwaltungskörperschaft» vor, einen «gewähl-
        ten Rat für das palästinensische Volk im Westjordanland und im Gaza-Streifen».
        Diese Wahlen sollten «nicht später als neun Monate nach der Inkraftsetzung dieser
        Grundsatzerklärung stattfinden», was hiess: am 13. Juli 1994, denn das Abkommen trat
        «einen Monat nach Unterzeichnung in Kraft», also am 13. Oktober 1993. (Deutsche
        Version zitiert nach Fischer Weltalmanach '94, S. 163ff.)
4   «Jordan Times», Amman, 22. Nov. 1994.
5   Vorwort zu The Rabin Memoirs, S. III.
6   Interview mit dem Autor, Gaza-Stadt, 13. Dez. 1993.
7   Auf Arabisch durfte sich Arafat «Rais» nennen, was Präsident oder Vorsitzender
        heissen kann; auf Englisch billigten ihm die Israelis in zähen Verhandlungen nur den
        Titel «Chairman of the Palestinian Authority» zu: Vorsitzender der Palästinenser-
        behörde.
8   Bassam Tibi: Die Verschwörung.

9   «Jordan Times», 19. und 20. Nov. 1994.
10   Armin Wertz, früher Mittelamerika-, jetzt Israel-Korrepsondent der «Frankfurter Rundschau» und des Zürcher «Tages-Anzeiger», Anfang Dezember 1994 in einem Kommentar.
11   Jordan Times, 19. Nov. 1994.
12   Shlaim: War and Peace in the Middle East.

Zeittafel

ca. 1000–970 v. Chr.	David König der Israeliten.
950	Das Reich zerfällt in Juda im Süden und Israel im Norden.
722	Untergang Israels.
597	Erste Eroberung Jerusalems durch die Babylonier.
586	Zweite Eroberung Jerusalems durch die Babylonier. Beginn der «babylonischen Gefangenschaft».
538	Cyrus, König der Perser, besiegt Babylon. Heimkehr der Juden.
332	Alexander der Grosse erobert Judäa.
301–200	Judäa unter der Herrschaft der Ptolemäer.
200	Judäa gerät unter die Herrschaft der Seleukiden.
167	Aufstand der Makkabäer.
164	Friedensvertrag mit den Seleukiden.
63	Die Römer erobern Judäa.
6 n. Chr.	Judäa wird römische Provinz.
66–70	Erster jüdisch-römischer Krieg; Zerstörung des zweiten Tempels.
132–135	Zweiter jüdisch-römischer Krieg. Untergang Judäas; Vertreibung der Juden.
323–638	Palästina unter christlicher Herrschaft.
630	Mohammed erobert Mekka.
638	Eroberung Jerusalems durch die Araber.
1096	Erster Kreuzzug.
1099	Die Kreuzfahrer erobern Jerusalem.
1171	Saladin begründet die Dynastie der Ayubiden in Syrien und Ägypten.
1187	Saladin besiegt die Kreuzfahrer und erobert Jerusalem.
1517	Die Osmanen erobern Syrien und Ägypten und beenden die Herrschaft der Mamluken.
1797	Napoleon in Ägypten.
1869	Suez-Kanal eröffnet.
1882	Die Briten besetzen Ägypten. Beginn der zionistischen Besiedlung Palästinas.
1897	Erster Kongress der Zionisten in Basel.
1901	Ibn Saud beginnt seinen Eroberungsfeldzug auf der Arabischen Halbinsel.
1914–1918	Erster Weltkrieg: Die Türkei nimmt an der Seite der Deutschen am Krieg teil. Die Herrschaft der Osmanen im Nahen Osten geht zu Ende.
1915	Briten und Franzosen teilen Nahen Osten in Einflusssphären auf.
1916	«Grosse arabische Revolte» unter Hussein, des Sharif von Mekka, gegen die Türken.
1917	General Allenby erobert Palästina, Balfour-Deklaration.
1920	Grossbritannien wird Mandatsmacht im Irak, in Transjordanien und Palästina, Frankreich in Syrien und im Libanon. Chaim Weizmann wird Präsident der Zionistischen Organisation.
1921	Grossbritannien trennt Transjordanien vom palästinensischen Mandatsgebiet ab, setzt den Haschemiten Abdullah als Emir ein.

1921	Erste palästinensische Aktionen gegen jüdische Siedler in Palästina. Zionisten gründen die Verteidigungsorganisation Haganah. Feisal Ibn Hussein wird König des Irak.
1924/25	Ibn Saud vertreibt die Haschemiten aus Mekka.
1932	Britisches Mandat im Irak geht zu Ende. Ibn Saud proklamiert das Königreich Saudi-Arabien.
1933	Adolf Hitler wird deutscher Reichskanzler. Massenauswanderung von Juden in die USA und nach Palästina.
1936	Übergriffe auf jüdische Siedler in Palästina.
1939	Briten begrenzen jüdische Einwanderung nach Palästina. Der Zweite Weltkrieg beginnt.
1945	Gründung der Liga der Arabischen Staaten.
1946	Transjordanien wird unabhängig.
1947	Die Uno teilt Palästina in einen jüdischen und einen arabischen Staat. Zwischen Palästinensern und Juden beginnt ein Krieg; erste Vertreibung von Palästinensern.
1948	Nach dem Abzug der Briten erklärt Israel die Unabhängigkeit. Chaim Weizmann wird erster Präsident, David Ben-Gurion erster Premierminister. Krieg mit den arabischen Nachbarn; Sieg Israels. Jordanien besetzt das Westjordanland und Ost-Jerusalem, Ägypten den Gaza-Streifen; der Palästinenserstaat wird verhindert. Massenexodus und Massenvertreibung von Palästinensern.
1949	Waffenstillstand zwischen Israel und seinen Gegnern Ägypten, Syrien, Jordanien und dem Libanon.
1950	Jordanien annektiert das Westjordanland.
1951	Der jordanische König Abdullah wird in Jerusalem ermordet.
1952	Die «Freien Offiziere» übernehmen in Ägypten die Macht.
1953	Hussein Bin Talal wird König von Jordanien.
1954	Nasser wird Ägyptens Alleinherrscher.
1956	Israel, Frankreich und Grossbritannien greifen Ägypten an («Suez-Krise»).
1957	Israel gibt den besetzten Sinai und den Gaza-Streifen an Ägypten zurück.
1958	Erster Bürgerkrieg im Libanon; Intervention von US-Truppen. Arafat und andere Palästinenser gründen in Kuwait die Fatah. Zusammenschluss von Ägypten und Syrien zur «Vereinigten Arabischen Republik» (VAR). Putsch im Irak: Der haschemitische König wird gestürzt und ermordet.
1961	Auflösung der VAR.
1963	Erster baathistischer Putsch in Syrien.
1964	Arabische Staaten gründen die PLO.
1965	Fatah lanciert erste bewaffnete Aktionen.
1967	Sechstagekrieg: Israel bringt die Sinai-Halbinsel, den Gaza-Streifen, das Westjordanland, Ost-Jerusalem und die Golan-Höhen unter Kontrolle.
1969	Yassir Arafat wird Vorsitzender der PLO.
1970	Die Armee von König Hussein greift PLO-Guerillas in Jordanien an. Kurzer syrisch-jordanischer Krieg. Nasser stirbt; Nachfolger ist Anwar as-Sadat. Hafis al-Assad übernimmt in Syrien die Macht.
1972	Die Organisation «Schwarzer September» ermordet in München elf israelische Athleten.
1973	«Yom-Kippur-Krieg».

274

1974	Am Arabergipfel in Rabat wird die PLO zur «einzigen legitimen Vertreterin» der Palästinenser erklärt.
1975	Beginn des Bürgerkriegs im Libanon.
1977	Begin wird Premier Israels.
	Ägyptens Präsident Anwar as-Sadat reist nach Jerusalem.
1978	Israels erste Invasion des Libanon.
	Sadat und Begin unterschreiben Vereinbarungen von Camp David.
1979	Israel und Ägypten unterzeichnen Friedensvertrag. Begin und Sadat erhalten dafür den Friedensnobelpreis.
1981	Sadat wird ermordet. Hosni Mubarak neuer ägyptischer Präsident.
1982	Israels zweite Invasion des Libanon.
	Eingekesselt von israelischen Truppen, verlässt die PLO Beirut.
	Der neugewählte libanesische Präsident Bechir Gemayel wird ermordet.
	Die israelische Armee besetzt Beirut.
	Massaker von Sabra und Shatilla.
1983	Fatah-Aufstand gegen Arafat im Libanon. Arafat kehrt zurück, wird aus der nordlibanesischen Stadt Tripoli vertrieben.
	Begin tritt als israelischer Premier zurück, wird von Yitzhak Shamir abgelöst.
1984	Sturz der Regierung Shamir. Neuwahlen. Likud und Arbeiterpartei bilden eine «Regierung der nationalen Einheit». Shimon Peres wird Premier bis 1986.
1985	Israel zieht sich aus dem Libanon zurück, hält weiterhin sogenannte Sicherheitszone im Süden besetzt.
	Die israelische Luftwaffe greift das PLO-Hauptquartier in Tunis an.
	Die «Palästinensische Befreiungsfront» PLF entführt die «Achille Lauro».
1986	Shamir wird erneut israelischer Premier.
1987	Im Gaza-Streifen beginnt die Intifada.
1988	Khalil al-Wazir (Abu Jihad) in Tunis ermordet.
	Hussein von Jordanien gibt Anspruch auf Westjordanland auf.
	Der Palästinensische Nationalrat (PNC) erklärt einen unabhängigen Palästinenserstaat, akzeptiert die Uno-Resolution 242.
	Vor der Uno in Genf schwört Arafat dem Terrorismus ab und anerkennt Israel.
	Die USA nehmen Gespräche mit der PLO auf.
1990	Die USA brechen Dialog mit der PLO ab.
	Der Irak besetzt Kuwait.
	Auf dem Tempelberg in Jerusalem werden 20 Palästinenser masskriert.
1991	Luftkrieg, später Landoffensive der US-Streitkräfte und ihrer Verbündeten bringen raschen Sieg über den Irak.
	Salah Khalaf (Abu Iyad) in Tunis ermordet.
	In Kuwait Hatz auf Palästinenser und Jordanier. Fast alle werden vertrieben.
Okt./Nov. 1991	Nahost-Friedenskonferenz in Madrid.
	Beginn arabisch-israelischer Verhandlungen.
1992	Arbeiterpartei unter Rabin besiegt in Israel die rechtsnationale Koalition von Shamir.
Dez. 1992	Die israelische Regierung schiebt 415 islamistische Radikale über die libanesische Grenze ab.
1993	Geheimverhandlungen zwischen Israel und der PLO.
Sept. 1993	PLO anerkennt Israel; Israel akzeptiert PLO als einzige Vertretung der Palästinenser.
	«Historischer Handschlag» Rabins und Arafats in Washington.
Feb. 1994	Im Abraham-Heiligtum in Hebron Massenmord an Palästinensern.

Mai 1994	Palästinerbehörde unter Arafat übernimmt die Verwaltung des Gaza-Streifens und Jerichos.
Jul. 1994	Arafat zieht in Gaza ein.
Okt. 1994	Friedensnobelpreis für Arafat, Rabin und Peres.
	Jordanien und Israel schliessen Frieden.
	Einem Attentat der fundamentalistischen Hamas in Tel Aviv fallen über 20 Israelinnen und Israelis zum Opfer.
Nov. 1994	Grossdemonstrationen für und gegen Arafat in Gaza und im Westjordanland.

Kurzbiografien

Abbas, Mahmud (Abu Mazen), geb. 1935; PLO-Funktionär; an Geheimgesprächen mit Israel beteiligt. Unterzeichnete mit Peres am 13. Sept. 1993 in Washington die israelisch-palästinensische «Grundsatzerklärung».

Abed-Rabbo, Yassir, geb. 1944; Mitglied der «Demokratischen Front für die Befreiung Palästinas» (DFLP) und des PLO-Exekutivkomitees; PLO-Sprecher. Seit Mai 1994 «Kulturminister» in Gaza.

Abdullah Ibn Hussein, 1882–1951; zweiter Sohn von Hussein, Sharif von Mekka. 1921 Emir von Transjordanien, 1948 König von Jordanien. Annektierte das Westjordanland. 1951 in Ost-Jerusalem ermordet.

Abdal-Nasser, Gamal, 1918–1970; Ägyptischer Offizier; Beteiligt am Coup gegen König Faruk 1952; 1954–1970 Staatspräsident. 1956 militärischer Verlierer, politischer Sieger in der «Suez-Krise»; 1967 Niederlage im «Sechstagekrieg». Verfolgte die Idee eines vereinten, sozialistischen Arabiens; an der Gründung der Vereinigung der blockfreien Staaten und der Organisation für die afrikanische Einheit beteiligt.

Ali Ibn Hussein, 1880–1935; Sohn von Hussein, Sharif von Mekka; ältester Bruder von Abdullah (König von Jordanien) und Faisal I. (König des Irak). 1916 an der arab. Revolte gegen die Osmanen beteiligt. 1924 König des Hijaz, 1925 von Ibn Saud vertrieben.

Arafat, Yassir, geb. 1929; Ende der fünfziger Jahre Mitbegründer der Fatah, seit 1968 Vorsitzender der PLO. 1970 aus Jordanien, 1982 aus dem Libanon vertrieben; leitete die PLO 1982–1994 von Tunis aus. Seit 1989 «Präsident des Staates Palästina»; 1993 Abschluss eines Abkommens mit Israel; seit Mai 1994 Vorsitzender der Autonomiebehörde in Gaza und Jericho. Friedensnobelpreis 1994 mit Rabin und Peres.

al-Assad, Hafez, geb. 1929; Oberkommandierender der syrischen Luftwaffe; nahm 1963 am ersten Putsch der Baath-Partei teil. Übernahm 1970 Alleinherrschaft; seit 1971 mehrmals mit 99-Prozent-Mehrheiten zum Präsidenten Syriens gewählt.

Azzam, Abdar-Rahman, 1893–1967; ägyptischer Diplomat; erster Generalsekretär der Arabischen Liga 1945–52.

al-Banna, Sabri (Abu Nidal), geb. ca. 1935; Chef der Terrorgruppe «Fatah-Revolutionskommando», in den siebziger Jahren aus PLO ausgeschlossen und zum Tod verurteilt.

Begin, Menachem, 1913–92; geboren in Russland, 1942 nach Israel emigriert; 1943 Chef der Terrorgruppe Irgun. Nach Wahlsieg 1977 als Likud-Chef Israels erster nicht-sozialistischer Premier. Frieden mit Ägypten; Friedensnobelpreis 1978 zusammen mit Sadat.

Ben Gurion, David, 1886–1973; geboren in Polen, 1906 nach Palästina emigriert; 1920 Generalsekretär der Gewerkschaftsbewegung Histadrut, 1935 Präsident der Jewish Agency. 1948 erster Premier- und Verteidigungsminister Israels; Rücktritt 1953; 1955 erneut Premier. Endgültiger Rückzug aus der Regierung 1963, aus der Politik 1970.

Ben-Zvi, Yitzhak, 1884–1963; Präsident Israels 1952–63.

Dayan, Moshe, 1915–81; Mitglied der zionistischen Untergrundarmee Haganah; 1953–58 Generalstabschef. 1959–64 Landwirtschaftsminister; 1967–74 Verteidigungsminister; Held des «Sechstagekriegs». 1977–79 als abtrünniger Sozialist Aussenminister in der Regierung Begin.

Eban, Abba, geb. 1915; Israels Botschafter bei den Uno und in den USA bis 1959; 1963 stv. Premierminister unter Levi Eshkol; 1966–1974 Aussenminister in den Regierungen Eshkol und Meir.

Eshkol, Levi, 1895–1969; 1951–52 Israels Landwirtschafts-, 1952–63 Finanzminister. Ab 1963 bis zum Tod Premier.

Fahd, geb. ca. 1922; Sohn von Ibn Saud, seit 1982 König von Saudi-Arabien.

Faruk, 1920–65; König von Ägypten 1936 bis zum Sturz 1952.

Faisal I. Ibn Hussein, 1885–1937; Sohn von Hussein, Sharif von Mekka; Bruder von König Abdullah von Jordanien; König des Irak 1921–33.

Faisal II. Ibn Ghazi, 1935–58; Grosssohn von Faisal I.; König des Irak nominell ab 1939, gekrönt 1953; gestürzt und ermordet 1958.

Frangieh, Suleiman, geb. 1910; Präsident des Libanon 1970–76.

Gemayel, Amin, geb. 1942; Präsident des Libanon 1982–88 als Nachfolger seines Bruders Bechir.

Gemayel, Bechir, 1947–82; Führer der libanesischen Phalange und der Christenmiliz «Libanesische Streitkräfte». Während der israelischen Besetzung 1982 zum Präsidenten gewählt, vor der Inauguration ermordet.

Glubb, Sir John Bagot (Glubb Pasha), 1897–1986; britischer Offizier; Kommandant der jordanischen Armee ab 1939; Teilnahme am israelisch-arabischen Krieg von 1948/49; 1956 entlassen.

Habbash, Georges, geb. ca. 1925; Arzt; gründete in den sechziger Jahren die Volksfront für die Befreiung Palästinas (PFLP).

Hrawi, Elias, geb. 1930; libanesischer Präsident seit 1989.

Haschemiten: Familie aus Mekka, die von Fatima abstammt, der Tochter des Propheten Mohammed. Regierten in diesem Jahrhundert in Mekka (bis 1925), in Damaskus (1919–20), im Irak (1921–58), in Jordanien (seit 1921). Von den Haschemiten ist nur noch Jordaniens König Hussein an der Macht.

al-Hassan, Khaled (Abu Said), 1924–1994; Gründungsmitglied der Fatah; führender Moderater in der PLO; aussenpolitischer Sprecher des Palästinensischen Nationalkongresses.

Hawatmeh, Nayef, geb. 1934; Mitkämpfer von Habbash; trat 1969 aus dessen PFLP aus, gründete Demokratische Front für die Befreiung Palästinas (DFLP).

Herzl, Theodor, 1860–1904; «Vater des politischen Zionismus»; publizierte 1896 «Der Judenstaat – Versuch einer modernen Lösung der Judenfrage»; berief 1897 in Basel den ersten zionistischen Kongress ein.

Herzog, Chaim, geb. 1918; israelischer Staatspräsident 1983–93.

Haykal, Mohammed Hassanain, geb. 1923; Chefredakteur der ägyptischen Regierungszeitung «al-Ahram» 1957–74; Informationsminister, Vertrauter und Berater Nassers.

Hussein (al-Tikriti), Saddam, geb. 1937; starker Mann im Irak seit 1970, Präsident seit 1979. Verantwortlich für den Krieg gegen den Iran (1980–88) und die Besetzung Kuwaits (1990); 1991 von einer Koalition unter Führung der USA militärisch, aber nicht politisch besiegt.

Hussein Ibn Ali, ca. 1853–1931; Sharif von Mekka; König des Hijaz 1916–24; begann 1916 mit seinen Söhnen Ali, Faisal und Abdullah die «Grosse arabische Revolte» gegen die Osmanen. Wurde 1924 von den Saudis besiegt.

Hussein Ibn Talal, geb. 1935; Urgrossohn von Hussein Ibn Ali, Grosssohn von König Abdullah von Jordanien; König von Jordanien seit 1952; gekrönt 1953. 1967 Niederlage im «Sechstagekrieg», Verlust des Westjordanlandes. In den sechziger und siebziger Jahren geheime Kontakte mit Israel; keine Teilname am Krieg von 1973. Verbündeter der USA und Grossbritanniens. Gab 1988 Anspruch auf Westjordanland auf. Hielt 1989 und 1993 Parlamentswahlen ab. Ab 1991 offizielle Friedensgespräche, 1994 Friedensvertrag mit Israel.

al-Husseini, Abdal-Kader, 1907–48; Guerillaführer während der palästinensischen Revolte 1936–39 und zu Beginn des israelisch-arabischen Kriegs 1948/49.

al-Husseini, Faisal, geb. 1940; Sohn von Abdal-Kader; PLO-Chef in Ost-Jerusalem; prominentes Mitglied der palästinensischen Delegation an der Friedenskonferenz von Madrid 1991 und den Verhandlungen in Washington.

Husseini, Haj Mohammed Amin, ca. 1895–1974; Mufti von Jerusalem ab 1921; Präsident des Obersten Muslimischen Rates ab 1922. Politischer Führer der Palästinenser gegen Zionisten und Briten. Ging 1941 nach Nazideutschland; entkam nach dem Zweiten Weltkrieg nach Ägypten.

Ibn Saud (Abdal-Aziz Ibn Abdar-Rahman Al Saud), ca. 1880–1953; Gründer und erster König Saudi-Arabiens. Vater aller späteren Saudi-Könige. Besiegte 1924/25 die Haschemiten im Hijaz. Wichtige Rolle bei der Gründung der Arabischen Liga 1945.

Jibril, Ahmed, geb. ca. 1935; Ex-Offizier der syrischen Armee; überwarf sich 1968 mit Habbash, gründete Volksfront für die Befreiung Palästinas – Generalkommando (PFLP – GC).

Kaddumi, Faruk (Abu Lutuf), geb. 1931, Gründungsmitglied der Fatah, PLO-«Aussenminister». Opponiert Arafats Friedenskurs.

Kassem, Abdal-Karim, 1914–63; irakischer Berufsoffizier; Führer des Putsches gegen König Faisal II. Staatschef 1958; 1963 gestürzt und hingerichtet.

Khalaf, Salah (Abu Iyad), ca. 1930–91; Mitgründer der Fatah; ab 1969 dominierende Rolle in der PLO. Fatah-Geheimdienstchef; angeblicher Kopf der Terrororganisation «Schwarzer September». Trug als Ex-«Hardliner» Arafats Friedenspolitik ab 1988 mit. 1991 in Tunis von Abu-Nidal-Anhängern ermordet.

Lavon, Pinchas, 1904–76; israelischer Verteidigungsminister 1954–55.

Lawrence, Thomas Edward (Lawrence of Arabia), 1888–1935; britischer Archäologe, Schriftsteller und Offizier, Teilnehmer an der Arabischen Revolte von 1916.

Levy, David, geb. 1937; geboren in Marokko; Minister in der Regierung Begin ab 1977; nach Begins Rücktritt 1983 Rivale von Shamir um den Likud-Vorsitz. 1990 bis zur Likud-Niederlage 1992 Aussenminister.

Meir, Golda, 1898–1978; Israels Botschafterin in Moskau 1948/49. Knesset-Mitglied 1949–74; Arbeitsministerin 1946–56, Aussenministerin 1956–66. Labour-Generalsekretärin 1966–68, Ministerpräsidentin 1968–74.

Mubarak, Hosni, geb. 1928; Kommandant der ägyptischen Luftwaffe ab 1971. 1975 Vizepräsident; nach Anwar as-Sadats Ermordung 1981 Präsident. Einer der wichtigsten arabischen Verbündeten der USA. Unter zunehmendem Druck einer radikalen islamistischen Opposition.

Nagib, Mohammed, 1901–84; General, Putschist gegen König Faruk 1952; Präsident Ägyptens 1953/54, von Nasser gestürzt.

Netanyahu, Binyamin, geb. 1949; Sprecher der israelischen Delegation an Madrider Konferenz 1991; 1992 Chef der Likud-Opposition.

Peres, Shimon, geb. 1923 in Polen; Generaldirektor im Verteidigungsministerium 1953–59. Knesset-Abgeordneter seit 1959; stv. Verteidigungsminister 1960–65. 1974 Rivale Yitzhak Rabins für den Labour-Vorsitz. 1974–77 Verteidigungsminister. 1977 als Labour-Chef Wahlverlierer gegen Likud. 1984 Koalition mit Likud. 1984–86 Premier, 1986–88 Aussen-, 1988–90 Finanzminister. Seit Labour-Sieg 1992 Aussenminister; Friedensnobelpreis 1994 zusammen mit Rabin und Arafat.

Rabin, Yitzhak, geb. 1922; Mitglied der jüdischen Elitetruppen Palmach; 1964–68 Generalstabschef. 1968–1973 Botschafter in den USA. März 1974 Arbeits-, Juni 1974 Premierminister. 1984–90 Verteidigungsminister in Koalitionsregierungen. 1992 als Labour-Führer Wahlsieger und neuer Premier. Abkommen mit der PLO; Friedensnobelpreis 1994; im selben Jahr Friedensvertrag mit Jordanien.

ar-Rifai, Zeid, geb. 1937; jordanischer Premierminister 1973–76 und 1985–89; Stabschef am Königshof; politischer Berater König Husseins.

as-Sadat, Anwar, 1918–81; ägyptischer Offizier, Präsident 1970–81. Wies 1971 sowjet. Militärberater aus Ägypten aus. 1973 Krieg gegen Israel, danach Friedensbemühungen trotz Widerstands in arabischen Ländern und Israel. Besuchte 1977 Jerusalem, schloss 1978 mit Begin Camp-David-Abkommen, für welches beide den Friedensnobelpreis erhielten, und 1979 Friedensvertrag. Wurde 1981 von islamischen Extremisten ermordet.

Shaath, Nabil, geb. 1938; Berater Arafats; Chef der PLO-Delegation in Verhandlungen mit Israel; seit Mai 1994 «Planungsminister» in der palästinensischen Autonomiebehörde.

Shamir, Yitzhak, geb. 1915 in Polen; emigrierte 1935 nach Palästina; Mitglied der jüdischen Terrororganisationen Irgun und Lehi (Stern-Bande), Lehi-Chef ab 1942. Mossad-Agent ab 1955. Ab 1970 Mitglied der rechtsnationalen Herut-Partei; Knesset-Abgeordneter seit 1974. 1980–83 Aussenminister; 1983/84 Premierminister; 1984–86 Aussenminister in der Koalitionsregierung mit Peres; 1986–1992 wieder Premier. Rücktritt als Likud-Chef nach Wahlniederlage 1992.

Sharett, Moshe, 1894–1965; israelischer Premierminister 1954/55 als Nachfolger und Vorgänger Ben Gurions. Nov. 1955 Aussenminister, 1956 zum Rücktritt gezwungen.

Shukeiri, Ahmed, 1908–80; palästinensischer Anwalt, PLO-Vorsitzender 1964–67.

Sharon, Ariel, geb. 1928; im «Sechstagekrieg» und im Krieg von 1973 Kommandant einer Panzerdivison. 1972 Likud-Beitritt; 1977–1980 Landwirtschafts-, 1980 Verteidigungsminister; musste als Mitverantwortlicher der Libanon-Invasion Ende 1982 zurücktreten. 1984–1990 Handels- und Industrieminister; 1990 Wohnbauminister; verlor 1991 Kampf um Likud-Führung gegen Shamir.

Stern, Avraham, 1907–42; Dichter und israelischer Untergrundkämpfer, zuerst in der Irgun, dann als Chef seiner eigenen Terrororganisation Lehi («Stern-Bande»); wollte ein Israel «vom Nil bis zum Euphrat». 1942 von britischer Polizei erschossen.

Talal Ibn Abdullah, 1909–72; König von Jordanien 1951/52, dankte zugunsten seines Sohnes Hussein ab.

at-Tall, Wasfi, 1920–71; jordanischer Premierminister 1962/63, 1965–67 und 1970/71. Wurde 1971 in Kairo das erste Opfer der Terrororganisation «Schwarzer September».

al-Wazir, Khalil (Abu Jihad), 1936–88; Mitgründer der Fatah, deren «militärischer» Führer seit den siebziger Jahren. 1988 in Tunis von israelischem Kommando ermordet.

Weizmann, Chaim, 1874–1952; Chemieprofessor in Manchester 1904; Präsident der Welt-Zionistenvereinigung 1920–31 und 1935–46; 1949–52 erster Staatspräsident Israels.

Weizmann, Ezer, geb. 1924; Neffe von Chaim Weizmann; Mitglied der Irgun; Oberkommandierender der israelischen Luftwaffe; stv. Generalstabschef 1966–69; 1977–80 Verteidigungsminister unter Begin. Trat 1980 aus Herut aus; 1986 Mitglied der Arbeiterpartei. Mai 1993 Wahl zum Staatspräsidenten.

Literaturverzeichnis

Ahmad, Hisham H.: «Hamas – From Religious Salvation to Political Transformation: The Rise of Hamas in Palestinina Society»; Jerusalem, 1994.
Avnery, Uri: «My Friend – the Enemy»; London, 1986.

Becker, Jillian: «The PLO – The Rise and Fall of the Palestine Liberation Organization»; London, 1984.
Beit-Hallahmi, Benjamin: «Schmutzige Allianzen – Die geheimen Geschäfte Israels»; München, 1988. (Übersetzt aus dem Amerikanischen: «The Israel Connection – Who Israel Arms, and Why»; New York, 1987.)
Beling, Willam A. (Hrsg.): «Middle East Peace Plans»; London und Sydney, 1986.
Bellow, Saul: «To Jerusalem and Back»; New York, 1976.
Bennis, Phyllis: «From Stones to Statehood – The Palestinian Uprising»; New York, 1990.
Benjelloun-Ollivier, Nadia: «Yasser Arafat – La question palestinienne»; Paris, 1991.
Benvenisti, Meron mit Danny Rubinstein: «The Westbank Handbook – A Political Lexicon»; Jerusalem, 1986.
Bernhard-Cohn, Emil & Hayim Goren Perelmuter: «Von Kanaan nach Israel – Kleine Geschichte des jüdischen Volkes»; München, 1986.
Burke, Edmund (Hrsg.): «Struggle and Survival in the Modern Middle East»; London, 1993.

Chomsky, Noam: «The Fateful Triangle – The United States, Israel and the Palestininas»; London und Sydney, 1983.
Chomsky, Noam: «Deterring Democracy»; London, 1992.
Collins, Larry & Dominique Lapierre: «O Jerusalem»; London, 1982.
Cooley, John: «Green March, Black September»; London, 1973.
Cooley, John: «Payback – America's Long War in the Middle East»; Washington, 1991.
Cooley, John: «Riskante Annäherung – Die Geheimverhandlungen zwischen den Israelis und der PLO in Norwegen»; München, 1994 (Übersetzt aus dem Englischen: «Gaza First»; London, 1994.)

Dov, Yermiya: «My War Diary: Lebanon, June 5 – July 1, 1982»; Boston, 1983

Elon, Amos: «The Israelis – Founders and Sons»; New York, 1985.
Elon, Amos: «Jerusalem – City of Mirrors»; Boston, 1989.

Fisk, Robert: «Pity the Nation – Lebanon at War»; Oxford, 1991.
Flapan, Simcha: «Die Geburt Israels – Mythos und Wirklichkeit»; München, 1988 (Übersetzt aus dem Amerikanischen: «The Birth of Israel», New York, 1987)
Flores, Alexander: «Intifada – Aufstand der Palästinenser»; Berlin, 1988.
Friedman, Thomas L.: «From Beirut to Jerusalem»; New York, 1989.
Fromkin, David: «A Peace to End all Peace – The Fall of the Ottoman Empire and the Creation of the Modern Middle East»; New York, 1989.

Gilbert, Martin: «The Arab-Israeli Conflict – Its History in Maps»; Jerusalem, 1984.
Gilmour, David: «Dispossessed – The Ordeal of the Palestinians»; London, 1980.

Gowers, Andrew & Tony Walker: «Behind the Myth: Yasser Arafat and the Palestinian Revolution»; London, 1991.

Graff, James A. mit Mohamed Abdolell: «Palestinina Children & Israeli State Violence»; Toronto, 1991.

Green, Stephen: «Taking Sides – America's Secret Relations with Militant Israel»; London, 1984.

Hadawi, Sami: «Bitter Harvest, Palestine 1914–67»; New York, 1967.

Halabi, Rafik: «The West Bank Story: An Israeli Arab's View of Both Sides of a Tangled Conflict»; New York, 1982.

Halter, Marek und Eric Laurent: «Unterhändler ohne Auftrag – Die geheime Vorgeschichte des Friedensabkommens zwischen Israel und der PLO»; Frankfurt/M. 1994. (Übersetzung aus dem Französischen: «Les foux de la paix»; Paris, 1994.

Heller, Mark A. & Sari Nusseibeh: «No Trumpets, no Drums – A Two State Settlement of the Israeli-Palestinian Conflict»; New York, 1991.

Herzog, Chaim: «The Arab-Israeli Wars – War and Peace in the Middle East from the War of Independence to Lebanon»; London, 1982.

Hiltermann, Joost R.: «Behind the Intifada – Labour and Women's Movements in the Occupied Territories»; Princeton, 1991.

Hirst, David: «The Gun and the Olive Branch»; London, 1977.

Hollstein, Walter: «Kein Frieden um Israel – Zur Sozialgeschichte des Palästina-Konflikts»; Wien, 1984.

Hottinger, Arnold: «7 mal Naher Osten»; München und Zürich, 1988.

Hottinger, Arnold & Erich Gysling: «Krisenherd Nahost – Ein aktueller Dialog»; Zürich, 1991.

Hottinger, Arnold: «Islamischer Fundamentalismus»; Zürich, 1993.

Jansen, Michael: «Dissonance in Zion»; London und New Jersey, 1987.

Jumblat, Kamal mit Philippe Lapousterle: «I speak for Lebanon»; London, 1982.

Kapeliouk, Amnon: «Israel: La fin des mythes»; Paris, 1975.

Kepel, Gilles: «La revanche de Dieu – Chrétiens, juifs et musulmans à la reconquête du monde»; Paris 1991.

Khalaf, Salah mit Eric Rouleau: «Palestinien sans Patrie»; Paris, 1978. (Deutsch: «Heimat oder Tod»; Düsseldorf, 1979.)

Khalidi, Rashid: «Under Siege: PLO Decisionmaking During the 1982 War»; New York, 1982.

Khalidi, Walid: «From Haven to Conquest – Readings in Zionism and the Palestine Problem until 1948»; Beirut, 1971.

Kissinger, Henry: «Memoiren 1968–1973»; München, 1979. (Übersetzung aus dem Amerikanischen: «White House Years»; New York und London, 1979.)

Laqueur, Walter & Barry Rubin (Hrsg.): «The Israeli Arab Reader – A Documentary History of the Middle East Conflict»; New York, 1991.

Lewis, Bernard: «The Arabs in History»; New York, 1967.

Meir, Golda: «My Life»; New York, 1975.

Mergui, Raphael & Philippe Simmonot: «Israel's Ayatollahs – Meir Kahane and the Far Right in Israel»; London, 1987. (Übersetzt aus dem Französischen: «Meir Kahane: le rabbin qui fait peur aux juifs»; Lausanne, 1985.)

Morris, Benny: «The Birth of the Palestinian Refugee Problem, 1947–1949»; Cambridge, 1987.

Murphy, Jay (Hrsg.): «For Palestine»; New York, 1993.

Muslih, Muhammad Y.: «The Origins of Palestinian Nationalism»; New York, 1988.

Nassar, Jamal R. & Roger Heacock: «Intifada – Palestine at the Crossroads»; New York, 1990.

Parsons, Anthony: «They Say the Lion: Britain's Legacy to the Arabs – A Personal Memoir»; London, 1986.

Peres, Shimon mit Arye Naor: «The New Middle East»; New York, 1993.

Perlmutter, Amos: «Military and Politics in Israel – Nation Building and Role Expansion»; London, 1969.

Playfair, Emma: «Administrative Detention»; Ramalla, 1986.

Primakov, Evguéni: «Missions à Bagdad – Histoire d'une négociation secrète»; Paris, 1991. (Übersetzung aus dem Russischen.)

Rabin, Yitzhak: «The Rabin Memoirs»; Bnei Brak, 1994 (Neuauflage).

Radford Reuther, Rosemary & Marc H. Ellis (Hrsg.): «Beyond Occupation – American, Jewish, Christian and Palestinian Voices for Peace»; Boston, 1990.

Rolef, Susan Hattis (Hrsg.): «Political Dictionary of the State of Israel»; Jerusalem, 1993.

Roy, Susan: «The Gaza Strip: A Demographic, Economic, Social, and Legal Survey»; Jerusalem, 1986.

Sachar, Howard M.: «A History of Israel – From the Rise of Zionism to Our Time»; New York, 1979.

Sadat, Anwar: «In Search of Identity – An Autobiography»; New York, 1978.

Said, Edward W. & Christopher Hitchens (Hrsg.): «Blaming the Victims: Spurious Scholarship and the Palestinian Question»; New York, 1988.

Said, Edward W.: «The Question of Palestine»; London, 1992 (Neuauflage).

Salinger, Pierre & Eric Laurent: «Guerre du Golfe – Le dossier secret»; Paris, 1991.

Samara, Adel (und andere): «Palestine: Profile of an Occupation»; London und New Jersey, 1989.

Sayigh, Rosemary: «Palestinians – From Peasants to Revolutionaires»; London und New Jersey, 1991 (6. Auflage).

Seale, Patrick: «Asad – The Struggle for the Middle East»; Berkeley und Los Angeles, 1990.

Seale, Patrick: «Abu Nidal – A Gun for Hire»; New York, 1992.

Schiff, Zeev & Ehud Yaari: «Israel's Lebanon War»; London und Sydney, 1985.

Segev, Tom: «1949: The First Israelis»; New York, 1986.

Schreiber, Friedrich & Michael Wolffsohn: «Nahost – Geschichte und Struktur des Konflikts»; Opladen, 1989.

Shehadeh, Raja: «The Tird Way – A Journal of Life in the West Bank»; London, 1982.

Shemesh, Moshe: «The Palestinian Entity, 1959–1974 – Arab Politics and the PLO»; London, 1988.

Shimoni, Yaacov (Hrsg.): «Biographical Dictionary of the Middle East»; New York, Oxford, Sydney, 1991.

Shlaim, Avi: «Collusion Across the Jordan – King Abdullah, the Zionist Movement and the Partition of Palestine»; New York, 1988.

Shlaim, Avi: «War and Peace in the Middle East – A Critique of American Policy»; New York, 1994.

Taylor, Alan R.: «L'Esprit Sioniste»; Beirut, 1977 (Übersetzt aus dem Englischen: «The Zionist Mind»; Beirut, 1956.)

Taylor, Alan R.: «Prelude to Israel – An Analysis of Jewish Diplomacy»; New York, 1959.

Thomson, David: «England in the Twentieth Century (1914–63)», London, 1969.

Tibi, Bassam: «Konfliktregion Naher Osten – Regionale Eigendynamik und Grossmachtinteressen»; München, 1991.

Tibi, Bassam: «Die Verschwörung – Das Trauma arabischer Politik»; Hamburg, 1993.
Turki, Fawas: «The Disinherited: Journal of a Palestinian Exile»; New York, 1972.
Twite, Robin & Tamar Hermann (Hrsg.): «The Arab-Israeli Negotiations»; Tel Aviv, 1993.

Viorst, Milton: «Sands of Sorrow – Israel's Journey from Independence»; London, 1987.

Wallach, John & Janet: «Arafat – In the Eyes of the Beholder»; London, 1992.
Widlanski, Michael (Hrsg.): «Can Israel Survive a Palestinian State?»; Jerusalem, 1990.
Wilson, Mary C.: «King Abdullah, Britain and the Making of Jordan»; Cambridge, 1987.

Christian J. Jäggi
David J. Krieger

Fundamentalismus
Ein Phänomen der Gegenwart

240 Seiten, gebunden

Fundamentalismus ist heute eine weltweite Erscheinung,
die Gesellschaft, Religion und Politik berührt. Die
Autoren beschreiben das Phänomen in seinen ethnologischen
und sozialen Dimensionen. Zahlreiche Beispiele
führen von der Theorie in die lebendige Wirklichkeit.

Jean Rudolf von Salis

Kriege und Frieden
in Europa
Politische Schriften und Reden 1938–1988

294 Seiten, Leinen

« (...) Wie sich hier die genaue Kenntnis des Objektiven mit
der ganz persönlichen Sicht verbindet, ist so
einzigartig wie bezeichnend für diesen Zeitgenossen.»

Luzerner Neueste Nachrichten

Hernando de Soto

Marktwirtschaft
von unten

Die unsichtbare Revolution in Entwicklungsländern

320 Seiten, gebunden mit Schutzumschlag

Das Buch des bekannten peruanischen Wirtschaftsexperten
Hernando de Soto beschreibt und analysiert
ein aktuelles Gesellschaftsmodell für Entwicklungsländer.